CAMBRIDGE LIBRARY COLLECTION

Books of enduring scholarly value

Classics

From the Renaissance to the nineteenth century, Latin and Greek were compulsory subjects in almost all European universities, and most early modern scholars published their research and conducted international correspondence in Latin. Latin had continued in use in Western Europe long after the fall of the Roman empire as the lingua franca of the educated classes and of law, diplomacy, religion and university teaching. The flight of Greek scholars to the West after the fall of Constantinople in 1453 gave impetus to the study of ancient Greek literature and the Greek New Testament. Eventually, just as nineteenth-century reforms of university curricula were beginning to erode this ascendancy, developments in textual criticism and linguistic analysis, and new ways of studying ancient societies, especially archaeology, led to renewed enthusiasm for the Classics. This collection offers works of criticism, interpretation and synthesis by the outstanding scholars of the nineteenth century.

P. Ovidii Nasonis Ibis

Classical scholar Robinson Ellis (1834–1913) studied at Balliol College, Oxford, under Benjamin Jowett, before becoming a Fellow of Trinity and, in 1893, Corpus Professor of Latin. His 1876 *Commentary on Catullus* (also reissued in this series) publicised the *Codex Oxoniensis* but overlooked its significance and was criticised by other scholars in the field. Nevertheless, his commentaries became standard texts, including this 1881 publication of Ovid's *Ibis*. A vitriolic invective poem, written in exile, aimed at an enemy whose identity remains unclear, and invoking Callimachus' lost poem of the same name, it is probably Ovid's least-known work. This edition, including text, scholia, and Ellis's prolegomena and critical apparatus, illuminates nineteenth-century traditions of classical scholarship.

T0381705

Cambridge University Press has long been a pioneer in the reissuing of out-of-print titles from its own backlist, producing digital reprints of books that are still sought after by scholars and students but could not be reprinted economically using traditional technology. The Cambridge Library Collection extends this activity to a wider range of books which are still of importance to researchers and professionals, either for the source material they contain, or as landmarks in the history of their academic discipline.

Drawing from the world-renowned collections in the Cambridge University Library and other partner libraries, and guided by the advice of experts in each subject area, Cambridge University Press is using state-of-the-art scanning machines in its own Printing House to capture the content of each book selected for inclusion. The files are processed to give a consistently clear, crisp image, and the books finished to the high quality standard for which the Press is recognised around the world. The latest print-on-demand technology ensures that the books will remain available indefinitely, and that orders for single or multiple copies can quickly be supplied.

The Cambridge Library Collection brings back to life books of enduring scholarly value (including out-of-copyright works originally issued by other publishers) across a wide range of disciplines in the humanities and social sciences and in science and technology.

P. Ovidii Nasonis Ibis

EDITED BY ROBINSON ELLIS

CAMBRIDGE UNIVERSITY PRESS

Cambridge, New York, Melbourne, Madrid, Cape Town,
Singapore, São Paolo, Delhi, Mexico City

Published in the United States of America by Cambridge University Press, New York

www.cambridge.org
Information on this title: www.cambridge.org/9781108051026

© in this compilation Cambridge University Press 2013

This edition first published 1881
This digitally printed version 2013

ISBN 978-1-108-05102-6 Paperback

P. OVIDII NASONIS IBIS

ELLIS

London

HENRY FROWDE

OXFORD UNIVERSITY PRESS WAREHOUSE

7 PATERNOSTER ROW

P. OVIDII NASONIS IBIS

EX NOVIS CODICIBVS EDIDIT

SCHOLIA VETERA COMMENTARIVM CVM PROLEGOMENIS

APPENDICE INDICE ADDIDIT

R. ELLIS

COLLEGII TRINITATIS APVD OXONIENSES SOCIVS

Oxonii

E TYPOGRAPHEO CLARENDONIANO

M DCCC LXXXI

PRAEFATIO.

IBIN Ouidianam diu neglectam ut rursus in lucem protraherem ederemque fors potissimum effecit. Nam publicato in Catullum commentario dum Bodleianas opes peruagor incidi in librum rariorem, *Repertorium Vocabulorum Exquisitorum*, quem anno 1273 confecit Conradus de Mure Turicensis, saeculo xv Bertoldus quidam Basileensis typis excudit. Hic liber disposita tenet ordine litterarum nomina quae in fabulis Graecis Romanisue mythica maximam partem leguntur. Accedunt ipsae fabulae et loci quibus narrantur, Vergilii Lucani Statii sed praecipue Ouidii, neque ex Metamorphosibus solum et Epistulis sed, quod rarissimum, ex Ibide. Haec ego dum perlego intellexi me in nouum quasi thensaurum iter penetrasse; est enim in toto opusculo rudis quaedam simplicitas quae quo longius a doctrinae abest adfectatione, hoc magis sincera et antiqua et uere Heluetica est. Vt tribus uerbis omnia conprehendam, uisus sum mihi in uetustum codicem incidisse operis quo nullum magis ad uetustos fontes reuocari debebat.

Sed non intra hos limites fortuna mea terminata est : nam postquam ex Merkelii editione anni 1837 uideram inter multos quibus usus est codices Ibidis unum tantum Vindobonensem 885 interpolationis inmunem ab eo iudicari, qui ne ipse quidem saec. xiii excederet, indagabam num quis alius extaret codex qui et ignotior et sincerior et antiquior esset. Nec me fefellit opinio : nam duos certe inueni qui saec. xii attingerent, Cantabrigiensem (G) Turonensem (T). Qui quamquam adiectis Conradi excerptis carmini restaurando prope sufficiebant, non hoc contentus Phillippicum 1796, Parisinum 7994, utrosque optimos, prioribus addidi, quibus tamquam ualido fundamento editio mea niteretur. Duos communis familiae Holkhamicum et Mutinensem, Vaticanum 1602, Parmensem, cum Vindobonensi et Francofurtano quos ambos Merkelius ediderat, aut totos aut ubi boni aliquid suppeditabant exhibui. Nec tamen nescio posse alicubi latere etiam antiquiorem.

Ibis ut ante exstinctam Romanorum potestatem interpretes habuit, sic ne medio quidem aeuo legentibus et adnotantibus carebat, ut testantur Scholia quae uariis modis inmutata ad nos descenderunt. Sed numquam saepius legebatur quam aetate qua Graecorum in Italia reuiuiscebant litterae, circa 1440–1500. Italos certe hoc studio exarsisse saeculo xv non unus testis est. Velut Pius Bononiensis, discipulus Philippi Beroaldi, in Annot. Poster. cap. 12 explicationem Ib. 295 quam de Pausania uel Crateua duplicem protulit, a se ipso inuentam dicit, etsi ante eum Codrus publicauerit; cuius rei testem citat Lucam grammaticum Bononiae non incelebrem. Hic est Codrus Herberiensis, quem cum Laurentio Abstemio *multas eiusce nemoris feras domuisse, multa senticeta collucasse* tradit Constantius Fanensis Hecatostyos c. ix. Prodiit is* liber Fani anno MDVII, inter alia locos Metamorphoseon et Ibidis tractans. Insequente anno idem Constantius peculiare opusculum aliud edidit Fani, In Ibin Ouidii Sarritiones. Hic quos dicit Ibin ante se interpretatos hi sunt. Domitius Calderinus Veronensis integrum carmen addito Martiale edidit cum commentario Venetiis anno 1474. De Domitii commentario iudicium fecit Politianus Miscell. ix, edidisse quae bonae frugis essent ubi non fucum faceret et lectoris credulitatem ludificaretur: multa tamen in eo uana ridiculaque confinxisse ex tempore commodoque suo (lxxv). Qua in re Domitius quamquam excusationem habuit in uetustis scholiis quibus paria inlata fuerant mendacia, dedit exemplum quod secuti recentiores Ibin falsis fabulis non raro dehonestarunt. Quantum his dissimilis ipse Politianus! quantum Philippus Beroaldus fuit! Quorum hic in Annotationibus Centum duos locos ex Ibide 591 et 389 optime interpretatus est, ille grauissimum mendum quod 569 antiquitus insederat *agenor* doctissime ex Odyssia emendauit. Praeter hos et Pium citantur a Constantio Urceus Codrus ad *Amyntiaden* 295, *Eurydamas* 331, *dispar cultus* 346, *Filius et Cereris* 419, *et arbore natum* 503: Laurentius Abstemius (Lorenzo Bevilacqua) Maceratensis, ad *Nataque ut Aeacidae* 305, *dux Poenus* 389, *Inclusus cauea* 519, *Vt puer Harpagides* 545. Fuit hic Laurentius pater Nicolai Abstemii cui Sarritiones suas Constantius dedicauit, uir, eodem teste Constantio, *extra omnem ingenii ac doctrinae aleam* positus, edideratque *multis annis* ante quam Sarritiones in lucem prodirent *libellum prope aureum* in quo quattuor locos Ibidis exposuit.† Longe tamen melius ipse Constantius de Ouidio meritus est in opusculis quae supra memoraui, quorum exemplum (liber est rarior) praesto mihi fuit commodante I. Bywater.

Non fugit doctos circa Ibin praecipue uersari controuersiam de *L. Caecilii Minutiani Apuleii Grammatici fragmentis de Orthographia*

---

* Collectaneorum Hecatostys Prima Hadriano Cardinali dicata. Fani. Nonis Septembribus MDVII. Insequente anno editae sunt ab eodem Constantio Fani xii Calen. Quintiles MDVIII In Ibin Ouidii Sarritiones.

† Libri duo de quibusdam locis obscuris, Venetiis, sine significatione anni. Liber I editus est in Gruteri Lampade i. p. 878. Praefuit bibliothecae Guidi Vbaldi Vrbinatis ducis ibique Grammaticam docuit.

quae ex codice miscello bibliothecae Vallicellianae apud S. Philippum
Romae, manu propria Achillis Statii exscripta, Angelus Maius, qui
repperit, edidit anno 1823; mox a. 1826 repetiit Fridericus Osann
additis *Apuleii Minoris de Nota Aspirationis et de diphthongis libri II.*
Orthographiam istam a. 1829 primus Maduigius Opusc. i. 1–29
perspicuis fraudis notis inustam esse euicit: quem secutus Merkelius
Prolus. ad Ibin pp. 383-388 a Ludouico Caelio Rhodigino confictam
post annum 1508 ex Constantii Fanensis *Hecatostye* et *Sarritionibus*
demonstrare conatus est. Qua de re, quamquam Maduigio assentior
ficticia ea fragmenta uideri, praecipue propter scriptorum ignotorum
multitudinem qui in iis laudantur, (quod fraudis indicium etiam in
scholiis notabimus) nondum tamen mihi persuasit Merkelius ducta ea
fuisse ex Constantio. Illud suspicor, ficta fuisse quo tempore Ibis in
manibus adhuc esset eruditorum, sed postquam Graeci poetae et in
eos ueterum scholia innotuissent ac lectitarentur. Quae si iam anno
1507 paucorum manibus teri coepta est, uti confirmat Constantius
Hecat. iv, fragmenta ista ante finem saec. xv conflata crediderim. A
quocumque orta sunt, lectorem produnt Ibidis. Nam non solum
huius tres loci explicantur, § 4 de Delo quam *Apollinea humo* intelligi
ratus est u. 330, § 16 de Pyrrhi Epirotae sparsis ossibus u. 304,
§ 44 de Chao ubi u. 84 citat, sed ad Ibin manifesto reuocantur § 21
de Antaeo fratre Busiridis u. 395, § 39 de Laodamia filia Pyrrhi in
templo crudeliter trucidata ab Epirotis u. 305, fortasse etiam § 2 de
Busiride, § 3 de Clotho Lachesi Atropo, § 6 de Allia, § 11 Eumenides,
§ 43 de Batto poeta qui in Ibidis scholiis saepenumero tamquam
uersuum scriptor laudatus est: cf. Ib. 399, 243, 219, 225. Sed
dicendum est breuiter de tribus illis locis qui a Caecilio isto Apuleio
explicati sunt. § 4 *Rhoeo aspirat .r., filia Staphyli et Chryseidis,
sororibus Molpadia maior, Parthenia minor; quae ab Apolline compressa grauidaque facta a patre in arca inclusa est, et in mare deiecta, in
Delum appulit, filiumque genuit nomine Anium, qui clam ab Apolline
alitus et diuinitate donatus est, Polycarpi Alcimi Maximique testimonio.
C. Proculus in sua Lyde et Sextus Gracchus in libro amorum historiam
elegantissime exornarunt . . . Ouidius aut. u. a. q. l. a. o. n. a. d. h. . . .
Delum enim . . . Sed et M. Fontanus in nympharum et satyrorum
amoribus, et C. Melissus in . . .*
Legit igitur Nudus Apollinea destituaris humo, de Delo interpretans, ubi Anium, quem hic *Lenaeum* facit, Rhoeo sustulit. Eandem interpretationem Const. Fanensis tamquam ex Codro Vrceo
Herberiensi protulit Hecatost. vi. Neque ea tamen uera est, cum
Apollinea in codices non ante exiens saec. xv peruenerit (ego in Mutinensis margine *Appollinea* scriptum ea fere aetate inueni), *Amastriacis*

ab oris nequaquam Anio conueniat. Pro nihilo igitur est in hoc loco Caecilii Apuleii testimonium.

§ 16. *Illius* (Pyrrhi, regis Epiri) *Cadmus sepulchrum post aliquot annos Epirotarum princeps in cineres uersum dissipauit atque dispersit, ut in antiquitatibus Lycophron, Musaeus, Crispus et Naso prodidere. Cn. Camerinus in Troiae excidio...* Respexit Ib. 303, 4, quos uersus etiam B. G. Niebuhrius (Lectures on Ancient History iii p. 311) de Pyrrhi Magni diruto sepulcbro interpretatus est. Paus. i. 9. 9 Λυσίμαχος δὲ καὶ ἐς πόλεμον πρὸς Πύρρον κατέστη τὸν Αἰακίδου. φυλάξας δὲ ἐξ Ἠπείρου ἀπιόντα, οἷα δὴ τὰ πολλὰ ἐκεῖνος ἐπλανᾶτο, τήν τε ἄλλην ἐλεηλάτησεν Ἤπειρον καὶ ἐπὶ τὰς θήκας ἦλθε τῶν βασιλέων. Τὰ δὲ ἐντεῦθεν ἐμοί ἐστιν οὐ πιστά, Ἱερώνυμος δὲ ἔγραψε Καρδίανος Λυσίμαχον τὰς θήκας τῶν νεκρῶν ἀνελόντα τὰ ὀστᾶ ἐκρῖψαι. Eandem interpr. Constant. Fanensis sed inter alias protulit Hecatost. iv. Sed ne hic quidem uidetur rectum consecutus Apuleius, si modo uere tradit Hyginus Fab. 123 Neoptolemi *ossa per fines Ambraciae sparsa fuisse.* Hunc enim Pyrrhum manifesto Ouidius eisdemque uerbis denotauit.

§ 44. *Aeternus ae. diph. est qui nec principium nec finem habet, ut deus : quamquam Orpheus, Linus et Hesiodus deos ex chao ab initio erupisse dixerint, quos et plerique ex nostris sequuntur ut ab antiquo chao ueteresque diuique nouique i. n. t. d. c. a.* Respexit Ib. 84 ubi uitiose in codd. traditum est *chori.* Etiam Constant. Fanensis Sarrit. fol. 1ᵃ dicit in bonis exemplaribus non chori sed chao legi. Ego id non ante ed. Rubei 1474 inueni. Et hic quidem uerum est quod Apuleius tradit, etsi ex litteris conicio eum legisse *In nostrum* ducti (non cuncti) *tempus adeste chao.*

Non multum lucis Ibidi accessit ex commentariis Ascensii (1500) et Zarotti (1501). Nam Ascensius nonnisi Domitii commentarium supplere constituerat; etsi non desunt quae de obscuris locis noua protulerit, e. g. ad 122 ubi *Fortunae facies inuidiosa* non male interpretatus est, et 418 ubi eam explicationem secutus est quam in Anglica interpretatione carminis repetiuit Thomas Vnderdown (1569). Copiosior Zarottus, uix melior; nisi quod plerumque affert Scholiasten, nonnumquam aliter quam in meis codicibus traditus est.* Sed et in hoc sunt quaedam bonae frugis, e. g. ad 291 *parum mitis* ' uoluit enim prodesse et obfuit' et ad 419 *Filius et Cereris,* 545 *Vt puer Harpagides,* quibus ambobus locis uerum uidit primus ex editoribus, nam eadem melius post Zarottum Constantius monstrauit. Anno 1515 prodierunt Venetiis Ioannis Baptistae Egnatii in Heroidas Ouidii Sappho et Ibin obseruationes, quae quamquam breuiores sunt, laudem mererent uerae eruditionis nisi semper fere ab eodem Con-

---

* Hinc factum est ut Zarottum laudet Lobeckius Aglaoph. 601.

stantio occupatae essent. Primus tamen Egnatius u. 591 *Comicus ut
liquidis* de Eupolide Atheniensi interpretans locum Platonii περὶ
διαφορᾶς κωμῳδιῶν (Aristoph. Schol. p. i. 25 ed. Dübner) Ἴσμεν γοῦν τὸν
Εὔπολιν ἐπὶ τῷ διδάξαι τοὺς Βάπτας ἀποπνιγέντα εἰς τὴν θάλασσαν ὑπ᾽ ἐκείνου
εἰς ὃν καθῆκε τοὺς Βάπτας adtulit, sed tamquam ex Aristophanis scholiis :
idemque recte *Idmonaque audacem* (504) de uate fatum quod sibi prae-
uiderat non uitante explicauit.

Hic dicendum est de duobus uiris Iano Parrhasio, Francisco
Alciato, qui alter praeceptor, alter discipulus, sed diuerso fato usi,
ingenii uires in explicanda Ibide exercuerunt.   Quorum Parrhasius
(1470–1534) decem ex obscurissimis locis, a Domitio male intel-
lectos, nam huius solius commentarium nouerat, doctissime tractauit
in Epistulis * quas anno 1567 diu post ipsius mortem Henricus
Stephanus edidit et Ludouico Casteluetro dedicauit.   Hic, ut nihil
dicam de uersibus quos Constantius eodem modo explicabat 520
Non profecturae conditor historiae, 573 *Vtque patrem Psamathes,* 615
Obstructoque famem, 305 *Nataque ut Aeacidae,* noua ac plerumque
uera disputauit de his locis *Phaylleae* 502, *Vnum qui toto* 344 quem
de Aiace interpretatus est, 319 *Aut ut Atarnites* quem de Pactye,
499 *Inuida se scopulis* quem de Aglauro, 517 *Quodque ferunt Brotean.*
Nam Parrhasius, iudice H. Stephano, prae ceteris fere omnibus qui
poetas commentariis inlustrarunt, et uaria doctrina et iudicio et ingenio et memoria ualuit, limaque exactiore usus est.   Sed iniqua
sorte iactatus in summa penuria decessit, et eodem teste Stephano
tamquam unus e grammatistarum grege habitus est donec tribus et
triginta post annis editae epistulae inter peritissimos Romanae poeseos
explicatores hunc esse peruicerunt.   Parrhasii auditor Alciatus quanti
Ibin habuerit docet liber Emblematum qui pro Embl. 87 Ibin habet,
docent quae in Parergis Iuris sparsa enotauit de carmine : e. g. vi. 21
duas proposuit explicationes u. 471 *ut cui matertera Maia,* ix. 23
Achaei in 299 de Histiaeo Milesio, *Syracosio poetae* 549 de Theocriteo
illo qui se suspendit propter amorem pueri, x. 4 *Sparsa per Ambracias*
de Neoptolemo ex Hyg. 123 interpretatus est.

Anno 1550 Micyllus in tertio editionis Ouidii uolumine Ibin publicauit cum commentario.   Hic multos priorum errores sustulit, multa
noua addidit.   Qui quamquam post Saluagnii editionem rarius laudatur,
non pauca occupauit quae huic plerumque adsignantur.   Sic primus
ex ed. Veneta reuocauit *inermis opem* 256, quamuis id tardius in
editiones peruenerit, atque etiam in ed. Dan. Heinsii anni 1629
monstrum illud *inerme potens* compareat.   Idem Micyllus *cognato nomine*
301 de Aeacidis interpretatus est; 397 Thrasii nomen reuocauit, pro

---

* Iani Parrhasii Liber de rebus per epistolam quaesitis.

quo Domitius Ascensius Zarottus Trasillum uel Prasillum ediderant ;
512 recte de Simonide intellexit, quod ante eum fefellerat omnes.

Vnum Leopardus Belga quod certi, unum quod uero simile esset
adtulit in Emendationibus editis post mortem a. 1568, illud tamen
tam egregie ut cetera eum mireris latuisse. Nam u. 539 mutato
Myrrae in *Cyrae* lucem loco offudit ubi ante eum omnia in obscuro
erant. Magis incerta sunt quae de Biothea proposuit u. 517, sed ut
aliorum coniecturis de obscurissimo uersu facile excellant. Reliquis
in locis quos in Emendationibus tractauit uera iam pridem innotu-
erant: laudem tamen etiam in his meritus est, qui historias fusius
enarrando et ex multis scriptoribus, praesertim Graecis, uetera illa
et explosa, necdum abolita, penitus amouerit. Nam Leopardus ea
etiam aetate quae Victorium Turnebum Muretum tulerit dignus qui
primis adnumeraretur ; unde nihil fere scripsit quod non hodie quoque bonae frugis sit iudicandum. Quae igitur ante Leopardum iam
Micyllus uiderat, multo largius doctiusque apud Leopardum inuenies ;
quae Leopardus adtulit, in Saluagnii commentario pleraque com-
parent.

Nihil Victorius, aliqua Turnebus ac Schottus, unum alterumque
Iosephus Scaliger,* ad has soluendas ambages contulit : non multa
Sanctius, qui nimium sibi defuit in Commentario quem in Ibin edidit
Salmanticae 1598, etsi primus uidetur *Astacidaeque* in 515 restituisse.
Neque Hercules Ciofanus Sulmonensis, uir de conterraneo Ouidio
optime meritus, praecipue in Metamorphosibus, in Ibide multum
studii posuit, quamquam codicis Maffeiani lectiones, easque mediocres,
operae habuit adferre, opusculumque suum Mureto iuniori dedicauit
a. 1580. Editionem I. Mercerii cum comment. Paris. 1568 non uidi.

Insignior his opera fuit Valerii Andreae Desselii, Louaniensis, cuius
in Ibin notationes additis Sanctianis Antuerpiae prodierunt anno 1618
cum electis Metamorphoseon Iacobi Pontani. Hic commentarius
76 paginas continens, scriptas duabus singulas columnis, praeter
Saluagnianum longe optimus a me habetur. Fuit Desselius iuris-
consultus, discipulus idem Andreae Schotti, praeceptore suo non indig-
nus, si eruditionem spectes ; nam cetera non erant ex aequo. Sed
Pontano degrauatus, cuius liber est 655 paginarum, in profundum
abiit, atque hodie paene ignotus est. Ne nobis quidem facultas fuit
opus eius inspiciendi nisi post inpressum Commentarium et Excursus,
idque beneuolentia Henrici Bradshaw, qui ex Bibliotheca Cantabrigi-
ensi ingens uolumen et diu neglectum protraxit. Sunt tamen non
pauca ab hoc primo inuenta quae Saluagnio plerumque tribuuntur,
praecipue sumpta ex Graecis Lycophrone Apollonio Athenaeo Calli-

---

* Sic restituit *Leoprepidae* u. 512.

macho Philostrato Heraclide Pontico; ususque est scholiis uberrime
Tzetzae et Apollonii, sed et Iustini Epitoma Trogi Pompeii, quibus
nihil ad historias hasce indagandas utilius est. Noua adtulit haec:
u. 305 de Olympiade, matre Alexandri Magni, a Cassandri percussoribus confossa interpretatus est, in quod ego-quoque, nondum lecta
Desselii adnotatione, incideram: u. 417 *binominis* sic explicat tamquam alterum nomen Irus propter paupertatem acceperit, allato loco
ex Aphthonii Progymnasmatis iv. Σκόπει τὸν Ἶρον, ὃς Ἰθάκης μὲν εἰς
ἐγένετο, τὴν αὐτὴν δὲ τοῖς ἄλλοις πολίταις οὐ μετελάμβανεν ἄδειαν, ἀλλὰ
τοσοῦτον αὐτῷ τῆς ἐνδείας προσῆν ὡς μεταθεῖναι τῇ πενίᾳ τὴν κλῆσιν. Ἀρναῖος
γὰρ τὴν ἀρχὴν προκληθεὶς Ἶρος μετωνομάζετο, τὴν μετωνυμίαν ἐκ τοῦ διακονεῖν
κομισάμενος: u. 467 locum Philostrati de mendico sene lapidibus
obruto primus uidetur citauisse: u. 473 *Sanguine natus eodem* explicauit de Lycaone, Pelasgi filio, Iouis nepote, sic ut Salmoneus, Aeoli
filius, Iouis nepos fuit: u. 549 *Syracosio poetae* ad Empedoclem retulit.
Sed haec rariora; fuit enim plumbeus ingenio, nec qui per doctrinam
suam in noua plerumque duceretur, quippe quem, Iustino cum incu-
buerit, historia illa de Siritanis tamen latuerit, conperta serius a
Saluagnio.

Sed ne mei quoque laude sua careant, non est praetereundus
Thomas Vnderdown,* qui totum carmen Anglice uersibus reddidit
ediditque cum adnotationibus a. 1569. Qui si cum aliis comparetur
qui Ouidii scripta in nostrum sermonem transtulerunt, inter quos fuit
poeta summus Christophorus Marlowe,† cuius extant Ouidii Amores
Anglicis uersibus sed inprospere expressi, prope unicam gloriam
consecutus est. Libellus est rarior, dignissimus tamen qui perlegatur;
adeo in toto opere perlucet rudis et uernacula simplicitas, adeo acri et
ardenti et paene dixerim Anglico odio fertur. Lectitabantque Ibin
Angli eo tempore discebantque, si quidem poematio quo in Mariam
Scotorum reginam inuectus est scriptor ignotus in Froudii Hist. Angl.
c. 48 et ipsum carmen nominatim citauit et multa ex eo imitatus est.‡
Etiam in Peruuinis Indis inuentus est qui Ouidianas iras exprimeret,
Diego Mexia Limensis, a quo Ibis Hispanice uersa prodiit Hispali
1608.

§Tandem in Delphinati Galliae agro exortus est uir singulari

---

* Ouid his invective against Ibis. Translated into English Meeter, whereunto is
added by the Translator, a short draught of all the stories and tales contayned therein,
very pleasant to be read.
† Legerat hic Ibin ut docent uersus eius Tamburlaine iv. 3 *A sacred vow to Heaven
and him I make Confirming it with Ibis' holy name.*
‡ *Now all the woes that Ovid in Ibin Into his pretty little book did write*, etc. Hoc
mihi indicauit amicus Balliolensis, W. H. Forbes.
§ De uita Saluagnii omnia collegit Alfredus de Terrebasse in libello edito Lugduni
1850. Relation des principaux évènements de la vie de Salvaing de Boissieu, Premier
Président en la Chambre des Comptes de Dauphiné.

praeditus ingenio Dionysius Saluagnius Boessius (Denis de Boissieu de Salvaing) qui quaecumque de hoc carmine edita fuerant exigeret, uera falsis discerneret, omnia largae eruditionis luce inlustraret. Educatus fuerat non longe a domo sua Viennae in collegio Iesuitarum, mox in Vniuersitate Parisiorum, ubi Dionysium Petauium, Nicolaum Caussinum, Isaacum Habertum, Fredericum Morellum, Iacobum Sirmondum audierat. Iuri ciuili Valentiae incubuit anno 1621, iam confectis commentationibus in Ibin si credimus ipsi ad u. 637: 'quas admodum iuuenis auspicatus sum Viennae Allobrogum, promoui Lutetiae Parisiorum, absolui tandem in Voreano (*Vourey*) meo annum agens aetatis uicesimum.' Sed nescio qua causa inpeditus, fortasse amoribus quibus se nimium deditum fuisse confitetur in Elegia de Vita sua, et in libello quem de suis actis propria manu scriptum Gallice reliquit, Ibin non ante annum 1633 publicauit Lugduni. Eiusdem anni mense Iulio Romae, quo eum Ludouicus XIII oratorem cum Carolo Crequio Lesdigueriarum duce miserat, orationem habuit in aula regia Vaticana ad Vrbanum VIII (Maffeo Barberini) P. M. Hic et tum Saluagnium in summo honore habuit et per menses quattuor quibus Romae commorabatur saepius cum eo conlocutus est, plerumque de litteris et poesi, in qua ipse Pontifex non mediocrem gloriam consecutus erat. Sed et Luca Holstenio et Leone Allatio usus est familiariter adeo ut ab illo codices MSS. mutuatus sit, et cum Saluagnius Holstenio confirmasset extare editam Satyri Συναγωγὴν θαυμασίων ἀκουσμάτων, ille, qui eam numquam uidisset, emendationes in Ibin se conlaturum spoponderit,* si Saluagnius de Satyro fidem praestitisset. Reuersus in patriam praeses factus est Curiae Rationum Fisci apud Delphinates et in Voreano consenuit ibique mortuus est anno 1683, qui fuit uicesimus alter post Ibin iterum editam cum uetere Scholiasta a. 1661.

Gloriatus est ipse de se Saluagnius in elegia *Eduxi tenebris Ibin, salebrisque remotis Qua plano docui tramite lector eat.* Neque id inmerito fecit: nam cum hoc conlata etiam optima quae ante 1600 prodierunt, uelut Micylli, sordebunt: adeo cum ueris falsa, cum solidis inania et uana coniungunt. Primus et sensit et docuit nusquam latius falsum serpsisse; res si uera sed obscura suberat, pro ea aut prorsus fictam supponi, aut, quod propter Domitii exemplum multo fuerat crebrius, ueris falsa adfingi solere, idque etiam a doctissimis Merula Alciato Sanctio (pp. 198, 140, 255): nihil esse prius ab interprete exigendum, quam ut ficticia remoueret, sic ad ulteriora et rectiora progrederetur. Numquam igitur Saluagnio doctrinae adfectatio inposuit; sed qui omnia aut certe pleraque ueterum scripta nosset, ad

* De Terrebasse p. 125.

fontes quemque reuocando, coegit mendacia fateri. Eruditionem a patre susceperat; hic enim et commentarium in Lycophronis Alexandram scripserat (p. 305) et, quod testatur filius in * elogio, multarum linguarum peritissimus fuit (p. 212). Ipse quot legerit, ex toto Commentario intelliges; nec sane clarius ex ulla re apparebit quam uere difficile carmen sit. Nam restant non pauca quae etiam post Saluagnii secundas curas sint in obscuro: ut his in locis ipse de se professus est, uerum non repperisse. In uerborum interpretatione multum reliquit aliis; nonnumquam etiam errauit, ut p. 323 *doctissimus* tamquam de philosophorum genere, non de uno Socrate, p. 347 *Stygius liquor* tamquam de Arcadicae Stygis uiro, non de mortis strangulatione dictum esset. Neque melius ei res cessit, sicubi coniectura aliquid reponendum erat; nam neque *gramen habentibus aruis* p. 215, nec *Sic tuus ardescat stipitis igne rogo* p. 357, nec *Stygio seni* p. 374 multis persuaserit. Sed tamen ex Commentariis qui eius aeui sint nullum equidem noui qui Saluagniano par sit: nam etiam Casaubono Scaligero Lambino uiris omni laude maioribus, non raro contigit dubia atque adeo praua ponere: huic tam constans diligentia in opere suscepto fuit ut doctrinae Gallicae etiam nunc singulare extet monumentum.

Vsus est Saluagnius codice Bibliothecae San-Victorianae, quas membranas cariosas (p. 197) sed optimae notae (p. 144) uocat: qui cum hodie lateat, operae est hic proferre quae ex eo citauit, *Iazyges* (p. 74), om. uu. 291, 2 (p. 144), u. 316 *subsidens* (p. 158), u. 378 *spinga* (p. 197), u. 447 *aterque Medusae* (p. 241), u. 473 *ut nati sanguine eodem* (p. 264), u. 545 *Harpalyces* (p. 313), u. 621 *Aethalon—Isidius* (p. 370). Denique Veterem Interpretem ope duorum codicum manu scriptorum locupletiorem et emendatiorem edidit tamquam appendicem commentarii, quem iam iterum publicabat.

Saluagnium qui norat Nicolaus Heinsius cumque eo nonnulla de Ibide communicarat, (pp. 130, 189) ipse textum carminis recensuit in editione Ouidii operum quae inde ab anno† 1552 saepenumero repetita prodiit. Qui siue quod 'codices qui uetustatem et manum castigatam prae se ferrent, uix inuenirentur' Ibidis siue quod ea prae ceteris Ouidii scriptis sorderet, perpauca feliciter correxit, nisi quod 391 *Sex bis,* 602 *Orpheos,* 502 *Phalaeceae* reduxit. Cetera aut dubia uelut 189 *reorum* pro *uirorum,* 434 *Tereidesque,* 508 *Phryx tu uenator,* aut manifeste falsa, 225 *palustribus uluis,* 366 *Pisaeae foris,* 418 *quae tibi peior reit,* 599 *Meliti* pro *Anyti.*

Saluagnii commentarium totum in suam editionem transtulit P.

---

* Extat in Saluagnii Miscellis Fasc. ii. p. 207 et ap. De Terrebasse p. 127.
† De Heinsii editionibus disseruit Merkelius in praefat. Tristium pp. vi–x.

Burmannus, propria nonnulla adiecit, neque ea grandis pretii, saltem ubi de nouo res exploranda fuit. Itaque quaecumque fabula Saluagnium fefellerat, fefellit etiam Burmannum. Ne Merkelius quidem, qui anno 1837 Ibidis textum ex codicibus plus uiginti edidit, quorum Vindobonensem Mauricius Hauptius, Askeuianum ipse contulerat, interpretis munere, sed critici tantummodo plerumque functus est, etsi propter doctrinam quae in eo singularis est, iudicia si qua de Ibidis fabulis fecit, siue in apparatu codicum siue in Prolusione quam carmini praemisit, semper, ut decebat, exegi scrupulosissime. Scholia tamen uetera, Saluagnianis integriora, ex Askeuiano codice protulit in lucem, unde in hac editione rursus publicaui, conlata cum altero codice qui in Collegio Corporis Christi apud nos extat, turpissime ille quidem foedatus, sed ut pristinam speciem scholiorum fidelius interdum repraesentet Askeuiano. Non omittendus denique est A. Riesius qui editioni Tauchnitianae nonnullas lectiones ex Francofurtano codice praemisit.

Si quis autem leuitatis me arguerit quod opusculum diu neglectum rursus susceperim, discat non sic de Ibide iudicasse duos uiros quibus haud scio an nulli uel ingenio uel doctrina praestantiores extiterint. Sic enim Bentleius in dissertatione de Phal. Epist. i. p. 240 ed. Dyce. ' But he asks me, *where do I find that Phalaris was burnt in his bull ?* (p. 133) I find it in Ovid's Ibis :

> *Vtque ferox Phalaris, lingua prius ense resecta,*
> *More bouis, Paphio clausus in aere gemas ;* [439].

and in the old scholiast upon the place; *Phalaris ipsemet resecta lingua in taurum aeneum coniectus est.—But do you take up,* says Mr. B., *with the trifling author of the verses upon Ibis ?* A little while ago, *Ovid was one of the greatest wits of the ancients, and as much above Manilius as Nireus was handsomer than Thersites* (p. 28). But now the wind is changed again, and he's a trifling author . . . . But why, I pray, so severe upon Ovid? why must he have no credit in a matter of history? Will Mr. B. stigmatise him for a *lie-maker by profession* (p. 164), such as he obligingly declares all *poets are akin to ?* Of all the various histories that are touched on in Ovid's *Ibis*, there's not one in forty but what we have at this day other good vouchers for besides the poet himself. And, without question, he had authors for the rest, though they are not now extant;' additque ex Cicerone locum (Off. ii. 7) quo distichi Ibidis de Phalaridis tauro ueritatem confirmet. Non minor laudator B. G. Niebuhrius Ibin et lectitabat et celebrabat. Itaque et duos locos interpretatus est, 303–4 de monumento Pyrrhi M. diruto ab Epirotis,* quo tempore Deidamiam quoque interficerent (305–6), et

---

* Eadem fuerat sententia Casauboni ad Sueton. Tib. 54 *Amborum sic reliquiis dispersis, ut uix quandoque colligi possent.* ' Fuit saeuissimorum hominum mos, reliquias eorum

ipsum poema plus semel legentibus commendauit siue ob ingenium
quo proferuntur aenigmata, siue quod obscuritate sua quasi palaestram
quandam interpretationi exhibeat. Lectures on Ethnography ii. p. 271
'I have here mentioned the Ibis, on account of this historical fact,
which is not the only one in that poem. I recommend its study
to any scholar who wishes to ascertain whether he is thoroughly
conversant with poetical mythology and ancient history. One of the
most difficult problems in it is to explain the allusions ; there is not
much poetry in it, but a great deal of wit.' Lectures on Ancient
History iii. p. 311 'To this time we must assign the destruction of the
sepulchral monument of the great Pyrrhus, to which allusion is made
in a distich of the Ibis, this obscure Callimachean poem of Ouid. Let
anyone imagining that he understands mythology try his hand at this
poem ; I do not believe that there is any man who comprehends the
whole of it.'

Superest ut de me pauca dicam, qua in re si molestus fuero, ignos-
cent qui philologis, ut poetis, obtrectatores suos non deesse animum
aduerterunt. Possum igitur de me uere profiteri, in nulla parte sus-
cepti operis noua non adtulisse. Nam et codicibus sum melioribus
quam ante me usus quisquam est, et Scholia nulli prius aut uisa
aut saltem perlecta adhibui, et ad interpretationem siue rerum siue
uerborum non pauca de meo contuli, praecipue ex Lycophrone et
Tzetzae in eum Scholiis, quo nullum locupletius credo subsidium
extare uolentibus obscuriora persequi. Ex Lycophrone igitur *Phoenodamanteos leones* u. 383 reposui, ex Apollonio Rhodio *Aphidantum* u. 327,
ex Hygino et Parthenio *Teleique* u. 434, ex Homero *Panthoides* u. 447,
ex Etymologico Magno *Dexionesque* u. 470, quod in Praefatione
Lycophronis Kinkelius coniecerat p. iv, ex Callimacho *in Isidis*
u. 621. De locis quos Saluagnius interpretari alium posse ratus est
neminem 287, 310, 621–624 diuinare saltem aliquid, si non decernere,
licuit. Sed de me ne plura dixerim, non inutilem me operam existi-
mabo profudisse, si ad haec studia alios suscitauero. Nam si in Nuce
laudatur Wilamowitzius, in Epicedio Huebnerus, in Halieuticis Birtius,
in Epistula Sapphus Comparettus, possum mihi uel maiorem laudem
adrogare qui ad Ibin, opus non leue et in quo maxima ingenia elabo-
rarint, philologos iterum reuocauerim. Quo ut adspirare non uereor,
sic uerebor ne legentibus mea ipse inferior spe euadam.

Agendae denique grates sunt eis qui in hoc opere me adiuuerunt.
Inprimis sorori meae maiori, quae uerborum Indicem locupletissimum

post obitum spargere, quos uiuos uehementer odissent. Sic magni illius Pyrrhi
disiectae reliquiae, ut et historici testantur et Ouidius in Ibin.' Vide Desselium
ad 304.

confecit; tum Iosepho Haupt, Bibliothecae Vindobonensis praefecto, a quo codicis 885 lectiones accepi, E. Benoist, C. Dorange, Alex. Riese, Nicolao d' Anziani, qui nonnulla de codicibus Parisino 7994, Turonensi 879, Francofurtano, Florentinis a me rogati responderunt; Iordano, custodi bibliothecae Seminarii Patauini, qui codicem 36, Scholia saec. xvi continentem, inspiciendum mihi Patauii praebuit; Cardinali Pitra, Ioanni Bollig, custodibus Bibl. Vaticanae quorum ille codicum Ibidis Vaticanorum perscriptam seriem ad me misit, uterque summa humanitate studia mea Romae fouit: Hartuello D. Grissell, cubiculario P. M. Leonis XIII, per quem Vaticana mihi extra ordinem patuit; Gul. C. Sidgwick, qui nonnulla de Vaticano* 1602 ad me rescripsit; F. Madan, Adolpho Neubauer, ex praepositis Bodleianae; Alex. Napier qui Holkhamicum, Carolo Plummer qui Scholiorum codicem C. C. C. in usus meos adcommodarunt; E. M. Thompson, a quo de editionibus Musei Britannici certior factus sum; Henrico Bradshaw, praeposito Bibl. Publicae Cantabrigiensium, a quo Desselii editionem inspiciendam accepi; Roberto Sinker, H. A. I. Munro quorum alter codicem Galeanum transmisit, alter intercessit ut transmitteretur.

    Scribebam Oxonii mense Decembri 1881.

---

* Huius et Vaticanorum 1595, 3140, 2787 (numeri sunt conlatoris) tum et Menteliani conlatio extat in ed. Elzeuiriana 1629 quae in Bodleiana adseruatur.

INDEX.

b

PROLEGOMENA.

I.

OVIDIUS postquam anno Vrbis 761 uel 762 (uidetur enim uix satis explorata res esse) in exilium ire iussus erat, recens dolore calamitatis qua praeter mortem nihil miserabilius pati potuit, carmen *Ibin* in eum scripsit quem ex amicis inimicum, ex fidis infidelem sibi cognouerat. Hic quis fuerit, incertum est; Coruinum Caelius Rhodiginus (Antiq. Lect. xiii. 1 tamquam ex Caecilii Minutiani Apuleii fragmentis), C. Iulium Hyginum Saluagnius, M. Manilium poëtam Astronomicon Merkelius ad Ib. pp. 400–406 coniecerunt. Et Coruinus quidem si est Messala Coruinus de quo Ouidius haec dicit Pont. I. vii. 27–30 *Nec tuus est genitor nos infitiatus amicos, Hortator studii causaque faxque mei. Cui nos et lacrimas, supremum in funere munus, Et dedimus medio scripta canenda foro* (alium autem uix reperias) non potest is esse in quem Ibin poëta composuit: hunc enim ut amicum Ouidius elogio commemorauit. Nec argumentis suis euicit Merkelius Manilium eum fuisse; nam nihil est in Ibide quod poëtam significet, neque poëtae conueniunt illa 14 *Iactat et in toto nomina nostra foro*, 232 *Latrat et in toto uerba canina foro;* neque ignotum poëtam *publica damna* uocaturus erat, sed potius notum aliquem populo siue delatorem siue oratorem; neque de origine Manilii quidquam traditum est: *Poenus* autem quod in recentissimo codice Vossiano nomini adhaesit non plus habet auctoritatis quam Nauta quod Propertio, Coquus quod Martiali coniunctum inuenitur. Hyginus ut sit Ibis multa sunt quae in testimonium uocentur. De quo hoc tradit Suetonius Gramm. 20 *C. Iulius Hyginus Augusti libertus natione Hispanus— nonnulli Alexandrinum putant et a Caesare puerum Romam adductum Alexandria capta—studiose et audiit et imitatus est Cornelium Alexandrum grammaticum Graecum, quem propter antiquitatis notitiam Polyhistorem multi, quidam historiam uocabant. praefuit Palatinae bibliothecae, nec eo secius plurimos docuit; fuitque familiarissimus Ouidio poetae et Clodio Licino consulari historico, qui eum admodum pauperem decessisse tradit et liberalitate sua quoad uixerit sustentatum.* In his sunt quae in Ibin quadrare uideantur, (1) quod Alexandrinus habitus est a nonnullis. Nam Ibis in *Cinyphia humo* natus est (Ib. 222), quod pro Africa per synecdochen positum putat Saluagnius unde *popularis* ei *leaena* dicatur (501); (2) quod Hyginus, ut erat Alexandri Polyhistoris imitator, historias siue fabulas mythologicas conscripsit, quae etiamnunc superesse creduntur; unde Ouidius qui in Ibide plurimas huiusmodi *historias* (57) conquisiuit inimicum 'fabulis suis, quasi propriis armis,' iugulaturus merito fuit. (3) quod *familiarissimus fuit Ouidio poetae*: Ibis autem tamquam *male fidus* (85) et *perfidus* (130) arguitur, diciturque *gratiam* cum Ouidio *commissis suis rupisse* (40), unde etiam nulla ad Hyginum *nominatim* scripta extet epistula nec in Tristibus nec in libris de Ponto. (4) quod *admodum pauper decessit* Hyginus, quod de inimico suo Ouidius innuit 419, 420 *Filius et Cereris frustra tibi semper ametur Destituatque tuas usque petitus opes,* et (quod addit Merkelius) 580 *Perdat ob exiguas te tuus hospes opes.* Quibus etiam illud adiciendum erat, quod in Hygini Fabulis unus certe locus est quem ex Ibide sumpserit cxxiii *cuius (Neoptolemi) ossa per fines Ambraciae sparsa sunt,* cf. Ib. 304 *Sparsa per Ambracias quae iacuere uias* (Schmidt. Hyg. p. xxxi); nisi cui forte et hoc et alia uelut historiam de Thaso (ccxlvii) Ouidius potius ab Hygino mutuatus uideri potest. Sed sanius de re difficili credo iudicatum iri si quae de Ibide significauit Ouidius omnia quasi uno conspectu oculis subiecero. Quae igitur dixit in carmine sunt haec.

1. In Africa natus est, matre ignobili, et ut uidetur Afra. 221, 2 *Qui simul inpurae matris prolapsus ab aluo Cinyphiam foedo corpore pressit humum.* Habuit propinquos, fortasse uxorem et liberos, 56 *Hoc ego deuoueo teque* tuosque *modo.*

2. Vsus erat amicitia Ouidii, eumque postquam exul factus est prodiderat ac iacentem (29) calcauerat;. 85 *Carmina dum capiti male fido dira canuntur Et peragunt partes ira dolorque suas.* Cf. 40 *Gratia commissis, improbe, rupta tuis,* 130 *perfide.* Et hoc est quod tam saeue indignetur poëta: uix enim nisi in amicum perfidum scripturus erat inexorabilia ista 107–140 *Terra tibi fruges, amnis tibi deneget undas— Saeua sed in manis manibus arma dabo.* Idem innuunt 19, 20 *Et qui debuerat subitas extinguere flammas, Hic praedam medio raptor ab igne petit,* h. e. qui subitam ruinam debuerat propter familiaritatem auertere, lucri occasionem ex ea quaerit, tamquam inimicissimus.

3. Exulis Ouidii infamiam iam refrigescentem suscitarat ex integro habitis sermonibus in foro et apud populum, 11–14 *Ille relegatum gelidos Aquilonis ad ortus Non sinit exilio delituisse meo. Vulneraque inmitis requiem quaerentia uexat, Iactat et in toto nomina nostra foro;* eidem relliquias fortunae adimere ne senex haberet quo sustentaretur, neu coniux exilium tantum uiri, sed sua etiam mala ploraret, conatus est, 15 *Perpetuoque mihi sociatam foedere lecti Non patitur miseri funera flere uiri,* 21 *Nititur ut profugae desint alimenta senectae.*

4. Haec omnia fecerat adeo crudeliter ac uiolente 29 *At tibi calcasti qui me, uiolente, iacentem,* ut ipsam uitam poetae petiisse uideretur, 131 *hanc animam nimium tibi saepe petitam.*

5. Linguae acerbae fuit et rabiosae, unde caninum dentem poeta imputat tamquam mordacissimo. 229–232 *Gutturaque inbuerant infantia lacte canino; Hic primus pueri uenit in ora cibus. Perbibit inde suae rabiem nutricis alumnus, Latrat et in toto uerba canina foro.*

6. Videtur notus fuisse Romae: uix enim credibile est ignotum hominem *publica damna* uocari (224) nec ignoti natalem diem *Alliensi*

aequiperari (223). Non enim ea in Ouidio sui iactatio fuit ut exilium
suum cum excidio Vrbis compararet, nisi auctorem fugae siue factis
siue moribus publice inuisum iudicasset; uelut ap. Val. Max. ix. 11. 4
Seianus Alliensem diem uicisse dicitur; et in Cenotaphio Pisano pro
Alliensi memoriae proditur lugubris is dies quo die C. Caesar Augusti
nepos obiit. Et haec quidem in ipso carmine Ibidis leguntur. Sed et in Tristibus et in Epistulis ex Ponto sunt quae ad eundem inimicum scriptae
uideantur. Ex his proxime ad Ibin accedit Trist. iii. 11. Conferantur
19, 20 *Et tamen est aliquis qui uulnera cruda retractet, Soluat et in mores
ora diserta meos* cum Ib. 13, 14; tum 31 *Quid simulacra,* ferox,
dictis incessis amaris? cum Ib. 29; 37, 8 *Carnifici mea flenda
potest fortuna uideri Te tamen est uno iudice mersa parum* cum Ib. 7, 8
*Vnus (et hoc ipsum est iniuria magna) perennem Candoris titulum non
sinit esse mei; 56 Ad te, quisquis is es, nostra querella redit* cum Ib. 9
*Quisquis is est, nam nomen adhuc utcumque tacebo; 59, 60 Tot mala
sum fugiens tellure, tot aequore passus, Te quoque ut auditis posse dolere
putem* cum Ib. 205, 6 *Tot tibi uae misero uenient talesque ruinae Vt cogi
in lacrimas me quoque posse putem; 63 Ergo quicunque es, rescindere
carmina noli, Deque graui duras uulnere tolle manus. Vtque meae famam
tenuent obliuia culpae, Facta cicatricem ducere nostra sine* cum Ib. 13.
In eundem scripta est, ut uidetur, Trist. iv. 9 *Si licet et pateris, nomen
facinusque tacebo,* in qua eadem fere minitatur Ouidius quae in Ibide;
cf. 8 *Induet infelix arma coacta dolor* cum Ib. 10 *Cogit inassuetas
sumere tela manus; 21–32 Ibit ad occasum, quidquid dicemus, ab ortu.
Testis et Hesperiae uocis Eous erit. Trans ego tellurem, trans altas audiar
undas, Et gemitus uox est magna futura mei. Nec tua te sontem tantummodo saecula norint. Perpetuae crimen posteritatis eris. Iam feror in
pugnas, et nondum cornua sumpsi; Nec mihi sumendi causa sit ulla
uelim. Circus adhuc cessat, spargit tamen acer harenam Taurus et infesto iam pede pulsat humum. Hoc quoque quam uolui plus est. Cane,
Musa, receptus, Dum licet huic nomen dissimulare suum,* cum Ib. 45–54.
Denique Trist. v. 8 in Ibin composita est *Non adeo cecidi, quamuis
abiectus, ut infra Te quoque sim, inferius quo nihil esse potest;* cf. 10
Inposito calcas *quod mea fata pede* cum Ib. 29; 37 *Vtque ego te uideam
causa grauiore fugatum* cum Ib. 22, 113. Etiam inter Epistulas ex
Ponto una est quae cum modo memoratis Tristium et cum Ibide
mire consentiat iv. 3 *Conquerar an sileam? ponam sine crimine nomen,
An notum qui sis omnibus esse uelim? Nomine non utar, ne commendere
querella, Quaeraturque tibi carmine fama meo.* Cf. 27 *Vix equidem
credo, sed et insultare iacenti Te mihi nec uerbis parcere fama refert* cum
Ib. 29. Qua quidem in epistula nescio an non in uocabulo *ibis* luserit
inimicum respiciens in quem Ibin scripsit. 51–4 '*Litus ad Euxinum*'
si quis mihi diceret '*ibis Et metues arcu ne feriare Getae*' '*I bibe*'
dixissem '*purgantes pectora sucos, Quidquid et in tota nascitur
Anticyra**.'

---

* Has epistulas ex Tristibus et Epp. de Ponto ad Ibin scriptas fuisse uideo etiam
Graeberum iudicare Quaest. Ouid. p. x, in qua de amicis poëtae quos in exilio nominat
optime disseruit. (Elberfeld 1881.)

His omnibus perpensis nego Ibin Hyginum fuisse. Nam (1) Hispanus fuit, non Aegyptius; Alexandriae autem natus ideo dici potuit
quod Alexandrum Polyhistorem audierat, tralato ad patriam nomine
praeceptoris (Bunte Hyg. p. 2). (2) Ouidium aetate ita antecessit,
ut quo tempore is exul factus est, Hyginus iam esset senior. Nam si
Alexandrum Polyhistorem audiit, qui Romae floruit Sullae * temporibus
et postea (καὶ ἐπὶ τάδε Suid.); si a nonnullis creditus est puer adhuc
Romam aduectus anno 707|47 quo Alexandria capta est; uix post
697|57 nasci potuit. Atqui Ouidius natus est Hirtio et Pansa coss.
711|43; unde anno 761|2 = 8|9 post Ch. ipse annos 50|51, Hy-
ginus 64|65 habuisse colligitur. Atqui Ouidius cum amico eo quem
Ibin fuisse omnia indicant (Pont. iv. 3. 12) fuerat *uetusta Paene puer
puero iunctus amicitia.* Praeterea Hyginus paedagogus Vergili in
Georgicis scribendis dicitur a Columella i. 1. 13. Georgica Vergilius
uidetur composuisse 717–724 A.V.C., quo tempore Ouidius annos aetatis sextum ad decimum tertium agebat. (3) Quis credat Hyginum, qui
totus in litteris uersabatur, et ob multiplicem doctrinam bibliothecae
Palatinae praeerat, foro discurrentem Ouidio oblatrasse? Non conuenit
hoc uiro, quo nemo ea aetate nec πολυμαθέστερος fuit nec plura de
omni genere rerum reliquit. Commemorantur eius praeter ea quae
extant libri de re rustica, de apibus, de uita rebusque illustrium uirorum, Exempla, de proprietatibus deorum, de diis Penatibus, de urbibus
Italicis et familiis Troianis, commentarius in Heluii Cinnae Propemp-
ticon Pollionis, Commentarii in Vergilium. Etiam ius pontificium eum
attigisse testantur Gell. xvi. 6. 14, Macrob. vi. 9. 7. Itaque saepissime
citatus est et ab aequalibus et a posteris, Auieno, Verrio Flacco, Asco-
nio Pediano, Columella, tum a Plinio in Historia Naturali, Gellio,
Seruio, Macrobio, Hieronymo, Nonio Marcello (Bunte pp. 9–16).
Non hunc in foro latrantem, nec summi poetae ac familiarissimi
facta canino dente mordentem, neque eius uxori insultantem, neque
relliquias opum sibi conquirentem uidisses; sed aut in bibliotheca
inter poëtarum statuas legentem exscribentemue, aut uacantem dis-
cipulis aut cum docto aliquo loquentem. Neque ego non possum
Saluagnii opinionem mirari, Hyginum etiam ex uu. 19, 20 *Et qui
debuerat subitas extinguere flammas Hic praedam medio raptor ab igne
petit* elicientis; quippe libertum Augusti inter uigiles esse potuisse,
quibus incendiorum cura commissa esset. Quasi uero praeposito
bibliothecae Palatinae idem esset munus quod uigilum, aut incendia
restinguere, libros curare uni eidemque demandari posset.

Mihi nec poëta nec praefectus bibliothecae in Ibide designari uidetur: orator potius uel delator fuit. Hoc indicant non solum illa
Ibidis 14 *Iactat et in toto nomina nostra foro,* 29 *Calcasti qui me,*
uiolente, *iacentem,* 233–6 *Gutturaque inbuerant infantia lacte canino,
Hic primus pueri uenit in ora cibus. Perbibit inde suae rabiem nutricis
alumnus, Latrat et in toto uerba canina foro,* sed Trist. iii. 11. 19, 20
Et tamen est aliquis qui uulnera cruda retractet, Soluat et in mores ora
diserta *meos,* 31 *Quid simulacra, ferox, dictis incessis amaris?* v. 8. 3
Quae tibi res animos in me facit, improbe? curue Casibus insultas, quos potes

---

* Sulla mortuus est anno 676|78.

ipse pati? Nam quibus uerbis a Tacito Cassius Seuerus describitur Ann. iv. 21 *sordidae originis, maleficae uitae, sed orandi ualidus per immodicas inimicitias ut iudicio iurati senatus Cretam amoueretur effecerat*, eisdem fere Ibis adumbratur. Potuitque hic sane ipse Cassius esse. Nam et aequalis fere Ouidio fuit, cum nondum senex *Cretam amotus*, postea *bonis exutus interdicto igni atque aqua saxo Seripho consenuerit* usque ab anno 777|24, (Tac. Ann. iv. 21), et in foro multum uersabatur qui aliquem semper accusaret (Sen. Excerpt. Controu. 5), unde illud Augusti ap. Macrob. ii. 4. 9 *Cum multi Seuero Cassio accusante absoluerentur et architectus fori Augusti expectationem operis diu traheret ita iocatus est: Vellem Cassius et meum forum accuset;* et *uiros feminasque inlustres procacibus scriptis diffamabat* (Tac. Ann.·i. 72), et eloquentiae nomine omnes sui temporis disertos antecellebat (Dial. de Orator. 19, 26, Quintil. x. 1. 116) praecipue ob amaros sales quibus asperitatem indolis eloquebatur (Quintil. vi. 3. 27), et litterarum studiosus fuit, id quod demonstrat eius de Publilio Syro iudicium (Sen. Cont. vii. 18. 8) et admiratio qua Labieni libros edidicisse se testatur ap. Sen. Cont. x. Praef. 8, et de Aegypto scriptum edidit (Plin. Ind. xxxv, Prisc. ix. 53) et quo anno in exilium Ouidius iuit, ipse Romae, ut uidetur, fuit, necdum Cretam amotus est. Quae enim tradit Tacitus Ann. i. 72, primum Augustum cognitionem de famosis libellis specie legis eius (de maiestate) tractauisse commotum Cassii Seueri libidine qua uiros feminasque inlustres procacibus scriptis diffamasset, bene perspexerunt Weichertus de Cassio Parmensi p. 15, Meyerus Orator. Roman. Fragm. p. 530 ad idem referenda tempus esse ac Dionis 56. 27 καὶ μαθὼν (Αὔγουστος) ὅτι βιβλία ἄττα ἐφ᾽ ὕβρει τινῶν συγγράφοιτο, ζήτησιν αὐτῶν ἐποιήσατο καὶ ἐκεῖνά τε, τὰ μὲν ἐν τῇ πόλει εὑρεθέντα πρὸς τῶν ἀγορανόμων, τὰ δὲ ἔξω πρὸς τῶν ἑκασταχόθι ἀρχόντων κατέφλεξε, h.e. ad 765|12; Cassium autem Romae fuisse cum Labieni scripta conburerentur alius testis est Seneca Cont. x. Praef. 8. Sed et imperante Tiberio in senatu adfuisse dicit Plutarchus ap. Weichert. p. 16, cf. Drumann ii. p. 162.*

Per Ibin tamen non hunc designari idcirco crediderim quod nulla eiusmodi extet memoria. Cassius enim notissimus fuit, ut uix potuerit latere, si inter uiros quos diffamarat, Ouidium quoque insequi ausus esset. Quid quod iam multis ante annis Horatium dicitur insecutus? Nam si scholiastis credimus, in Cassium Seuerum Epodos sexta *Quid immerentis hospites uexas canis?* composita est. Quid quod Longulae, in oppido Latii a plerisque ortus creditur ex Indice Pliniano libri H. N. xxxv? Sic enim is locus distinctus legitur in editionibus Harduini et Silligii *Ex auctoribus ... Melisso, Vitruuio, Cassio Seuero Longulano, Fabio Vestale qui de pictura scripsit.* Sane poterat Longulanum eo consilio Plinius addere ut a Cassio Parmense (Ind. xxxi) et Cassio Hemina (Ind. xxxii) discerneret. Sed uere uidetur Bergkius ap. Ritschelii Parerg. Plautin. i. p. 40 obseruasse Plinium in his indicibus

---

* Hieronymum non multi facio, qui ad A. Abr. 2048, Ol. 202. 4 haec habet, *Cassius Seuerus orator egregius qui Quintianum illud prouerbium luserat xxv exilii sui anno in summa inopia moritur uix panno uerenda contectus.* Nam si hoc anno h. e. A. D. 32 mortuus est, factus est exul iam anno 7. (Cf. Clinton F. R. i. pp. 9 et 19).

tria nomina non coniungere, sed unum tantum aut certe duo non excedere ; distinguendum igitur post *Seuerum,* ut Longulanus alius quis et quidem ignotus sit. Quod quamquam certum non est, nam ut nihil dicam de M. Accio Plauto, habet index libri iii *L. Ateio Capitone,* adeo tamen est uero simile ut Brunnio (de Auct. Ind. Plin. p. 43) et Detlefseno sic potius interpungentibus facile adstipuler.

Est qui a Seneca in Controuersiis saepius cum Cassio Seuero memoratur, uir non dissimilis ingenii, T. Labienus. In hoc multa sunt quae in Ibide requiruntur. Sen. Cont. x Praef. 4 *De T. Labieno interrogatis ? declamauit non quidem populo, sed egregie. non admittebat populum et quia nondum haec consuetudo erat inducta et quia putabat turpe ac friuolae iactationis. adfectauit enim censorium supercilium, cum alius animo esset : magnus orator qui multa impedimenta eluctatus, ad famam ingeni confitentibus magis hominibus peruenerat quam uolentibus.* summa egestas erat, summa infamia, summum odium. *magna autem debet esse eloquentia quae inuitis placeat ; et cum ingenia fauor hominum ostendat, fauor alat, quantam uim esse oportet quae inter obstantia erumpat ? nemo erat qui non cum homini omnia obiceret, ingenio multum tribueret. color orationis antiquae, uigor nouae, cultus inter nostrum ac prius saeculum medius, ut illum posset utraque pars sibi uindicare. libertas tanta, ut libertatis nomen excederet et,* quia passim ordines hominesque laniabat, Rabies uocaretur; *animus inter uitia ingens et ad similitudinem ingeni sui uiolentus qui Pompeianos spiritus nondum in tanta pace posuisset. in hoc primum excogitata est noua poena : effectum est enim per inimicos eius ut omnes libri comburerentur : res noua et inusitata supplicium de studiis sumi. bono hercules publico ista in poenas ingeniosa crudelitas post Ciceronem inuenta est : quid enim futurum fuit, si triumuiris libuisset et ingenium Ciceronis proscribere ? sunt di immortales lenti quidem sed certi uindices generis humani et magna exempla in caput inuenientium regerunt ac iustissima patiendi uice quod quisque alieno excogitauit supplicio saepe expiat suo. quae uos, dementissimi homines, tanta uecordia agitat ? parum uidelicet in poenas notae crudelitatis est : conquirite in uosmet ipsos noua quibus pereatis, et si quid ab omni patientia rerum natura subduxit, sicut ingenium memoriamque nominis, inuenite quemadmodum reducatis ad eandem rem corporis mala. facem studiis subdere et in monumenta disciplinarum animaduertere quanta et quam non contenta cetera materia saeuitia est !* Di melius, *quod eo saeculo ista ingeniorum supplicia coeperunt quo ingenia desierunt ! eius qui hanc in scripta Labieni sententiam dixerat postea uiuentis adhuc scripta conbusta sunt; iam non malo exemplo quia suo. Non tulit hanc Labienus contumeliam nec superstes esse ingenio suo uoluit, sed in monumenta se maiorum suorum ferri iussit atque ita includi, ueritus scilicet ne ignis qui nomini suo subiectus erat corpori negaretur : non finiuit tantum se ipse, sed etiam sepeliuit . . . . Cassi Seueri, hominis Labieno inuisissimi, belle dicta res ferebatur illo tempore quo libri Labieni ex senatus consulto urebantur : nunc me, inquit, uiuum uri oportet qui illos edidici. monstrabo bellum uobis libellum quem a Gallione uestro petatis. recitauit rescriptum Labieno pro Bathyllo Maecenatis in quo suspicietis adulescentis animum* illos dentes ad mordendum *prouocantis. Puto iam nihil quod inter-*

rogetis restat. Erat igitur Labienus egens infamis odiosus, animo et ingenio pariter *uiolentus*, linguae adeo mordacis et efferatae ut *Rabies* uocaretur, et *canino dente* uti diceretur a populo. Haec omnia de Ibide eisdem paene urbis tradit Ouidius, u. 29 *Calcasti qui me*, uiolente, *iacentem*, 229 *Gutturaque inbuerant infantia lacte* canino, *Hic primus pueri uenit in ora cibus. Perbibit inde suae* rabiem *nutricis alumnus*, Latrat *et in toto uerba canina foro.* Quae autem Seneca addit de *ingeniosa in poenas crudelitate*, qua *per Labieni inimicos* effectum est ut historiae eius conburerentur, (cf. Suet. Cal. 16) quae res in annum 765|12 uidetur cadere (uide Dion. C. 56. 27) iis potuit ipsum carmen Ibidis oblique respexisse; nam et totum carmen in multiplici genere poenarum uersatur, et quae Seneca de redundante in Labieni inimicos supplicio dicit, multo uerius de ipso Labieno intelligerentur, si insectando Ouidium effecisset ut *supplicium de studiis sumeretur*, si pro uirili *ingenium* poëtae *proscripsisset*, si denique *in caput suum regestum iustissima patiendi uice quod Ouidiano excogitauerat supplicio* ipse *expiasset suo.* Hinc tractum existimo illud *Di melius!* quod et ap. Senecam et in Ib. u. 23 legitur Di melius, *quorum longe mihi maximus ille est* κ.τ.λ.; etiam fortasse Labieni mortem respexit Ib. u. 519 Inclususque *necem patiaris ut ille* Non profecturae conditor historiae. Nam et Callisthenes et Labienus historias scripserant, uterque inclusus periit, cauea ille, hic sepulchro.

T. Labienum in Africa natum esse quamquam nemo tradidit, non ex eo fit improbabile quod dicit Quintilianus i. 5. 7 *Barbarismum pluribus modis accipimus, unum gente, quale est, si quis Afrum uel Hispanum Latinae orationi nomen inserat: ut ferrum, quo rotae uinciuntur, dici solet 'cantus,' quamquam eo tamquam recepto utitur Persius, sicut Catullus 'ploxenum' circa Padum inuenit, et in oratione Labieni siue illa Corneli Galli est in Pollionem 'casamo' adsectator e Gallia adductum est.* Nam Quintiliani uerbis satis factum erit si de Gallia aut ut unius Corn. Galli Foroiuliensis patria dixisse putabitur, aut ut auita sede Labienorum, cum Labienus is qui legatus Caesari anno 696|58 et postea 700|54 ad 703|51 Galliae praefuit, ibi diu egerit ibique insignes res bello gesserit, unde famam militarem non mediocrem consecutus est. Hic Labienus postquam anno 705|49 a Caesare ad Pompeium transfugerat, anno demum 708|46 Cyrenas in Africam profectus, mox cum Afranio Petreioque dux Pompeianorum contra Caesarem decertabat, uti narratum est in bello Africano 12 sqq. Ibi in regione iuxta Syrtim Minorem, qua in regione oppida sunt Utica Ruspina Leptis parua Hadrumetum Thapsus, non longe a Cinype fluuio qui inter duas Syrtes medius fluit, Labienum illum, Ouidii obtrectatorem, editum credo Maura matre, siue eum ipse Labienus progenuerat, siue ex alio natum pro suo adoptauerat. Quae opinio si uera est, *hybrida* fuit; quod uocabulum nescio quo casu primus usurpauit scriptor Belli Africani de ipso Labieno loquens 19 *Labienus quos ibi* (in Africa) *postea ex hybridis libertinis seruisque conscripserat, armauerat.* Sane confluxerat eo mira colluuies *libertinorum, Afrorum, seruorum denique et cuiusquemodi generis hominum* (B. Afr. 36), quales inimicum suum procreasse Ouidius optasset certe, credo etiam significauit.

Nam errasse Saluagnium dum Cinyphiam humum (Ib. 222) Libycam interpretatur, docet non solum Ouidii usus, sed omnium poëtarum. Ipse uocabulum posuit Pont. ii. 7. 25 *Cinyphiae segetis citius numerabis harenas Altaque quam multis floreat Hybla thymis,* ubi loquitur de *uberrimis aruis* per quae Cinyps decidit (Mel. i. 37 ed. Parthey, cf. Lyc. 885 Αὔσιγδα Κινύφειος ἦν τέγγων ῥόος Νασμοῖς λιπαίνει); M. v. 124 *Cinyphius Pelates* ubi cum aliis Africae populis iungitur ut Marmaridis ac Nasamonibus ; M. xv. 754 *Numidasque rebelles Cinyphiumque Iubam* ubi Iubae uidetur regni finem ab occidente significare, cf. Luc. 9. 300; M. 272 *Squamea Cinyphii tenuis membrana chelydri,* nam abundabat serpentibus Cinypis regio unde Lucanus ix. 787 de sepe loquens *Cinyphias inter pestes tibi palma nocendi. Hircos Cinyphios* Vergilius G. iii. 312, Silius iii. 276, Martialis viii. 51. 11, xiv. 140. 2, scriptor Epigrammatis Anth. L. 186 ; *Cinyphias paludes* ut optimi lini feraces Gratius Cyn. 34 commemorat. Sed grauior testis nobis Silius erit, locorum diligentissimus enarrator Pun. ii. 59

> *Ammone hic genitus Phorcynidos antra Medusae*
> *Cinyphiumque Macen, et iniquo e sole calentes*
> *Battiadas late imperio sceptrisque regebat.*

et iii. 275 *Cinyphii didicere Macae* qui Cinypem Macis, populo regionis Syrticae (Herod. iv. 175, 6) adsignat, facitque Cyrenaeis conterminos.* Vide Cellarium ad Sil. ii. 59.

An aliter res odoranda est, ad aliud deducimur cubile? Nam quod habet scholiasta *P* ad 222 *uel quia natus est in ipsa Cinyphia ubi abundant hirci* ita potest uerum esse ut *Cinyphiam humum* non de ipsa regione Cinypis interpreteris, neque uero tamquam Libyca tantum sit, sed ut de regione dictum putes quae hircis abundabat. Talis erat Mendes, urbs Aegypti, ὅπου τὸν Πᾶνα τιμῶσι καὶ τῶν ζῴων τράγον Strab. 802, ubi uersus Pindari fr. 215 citat, cf. Herod. ii. 42, 46. Sed et ipse hircus *mendes* Aegyptiorum lingua uocabatur (Herod. l. c.). Nec deest homo † Mendesius aequalis Ouidio, potentia praecipuus et qui eum euertere posset. Thrasyllum dico, astrologum summum, quem propter peritiam Chaldaeorum artis Tiberius, ex quo scientiam eius expertus erat Rhodi, quo 748|6 ex Vrbe secesserat, inter intimos amicorum tenebat (Tac. Ann. vi. 20). Narrat ibi Tacitus Tiberium praecipitare eum in pelagus destinasse, nisi Thrasyllus *interrogatus an suam quoque genitalem horam comperisset,* cum *positus siderum ac spatia dimensus* esset, exclamasset *ambiguum sibi ac prope ultimum discrimen instare.*

---

* Non me fugit *Mauram* a Iuuen. vi. 308, x. 224 poni tamquam turpissimi scorti exemplum, uerbis utor Buecheleri Rhein. Mus. xxxv. 397, cuius contemptus primordia in Priapeis xlv. 3, xlvi. 1 idem Buechelerus notauit. Neque ideo tamen crediderim *Cinyphiam* hic matrem Ibidis tamquam *Mauram* h. e. sordidam lupam appellatam ab Ouidio.

† Plut. de Fluuiis xi. Non satis causae uideo cur alium hunc Clintonus statuerit F. H. iii. p. 555 : neque uero Seuino assentior opinanti Phliasium illum Thrasyllum ap. Plut. de Mus. xxi astrologum hunc, Tiberii et Ouidii aequalem, fuisse. Scripsit de Musica Thrasyllus Phliasius : quid huic cum astrologia ? Contra Mendesio aptum scribere Aegyptiaca : neque eius fidem uidetur eleuare Muellerus qui fragmenta collegit Hist. Graec. iii. pp. 501–504. Vide Recherches sur la vie et les ouvrages de Thrasylle par M. l'Abbé Sevin in vol. x des Mémoires de Littérature tirez des Régistres de l'Académie Royale des Inscriptions et Belles Lettres (1736).

Cf. Dion C. 55. 11. Hinc *contubernio* eum *admouerat* Tiberius, teste
Suet. Tib. 14. Sed et Augusto gratus erat, unde cum Areo philosopho ter coniungitur a Themistio Orat. v, viii, xi. Huius uerba ex
Orat. viii. p. 208 Harduin. libet exscribere, Διὰ τοῦτο καὶ ὁ πάνυ Σε-
βαστὸς μέγας ἦν ὅτι τὸν Ἄρειον καὶ τὸν Θράσυλον συμπεριήγετο· οὐχ ἵνα αὐτῷ
συνθέσεις οἰκοδομημάτων ἐξηγῶνται καὶ ἀναλύσεις, ἀλλ᾽ ἵνα πρὸς τὰ ἔργα τῆς
ἀρετῆς παρορμῶσι. Interfuitque Thrasyllus conuiuio quod paucis diebus ante mortem Augustus habuit (Suet. Aug. 98). Qui cum unius
ex dilectis, Masgabae nomine, quem quasi conditorem insulae Capreis
adiacentis Κτίστην uocare consuerat, *tumulum e triclinio animaduertisset
magna turba multisque luminibus frequentari, uersum compositum extem-
pore clare pronuntiauit,* Κτιστοῦ δὲ τύμβον εἰσορῶ πυρούμενον. *Conuer-
susque ad Thrasyllum, Tiberii comitem, contra accubantem, et ignarum
rei, interrogauit cuiusnam poetae putaret esse: quo haesitante subiecit
alium,* Ὁρᾷς φάεσσι Μασγάβαν τιμώμενον, *ac de hoc quoque consuluit.
Cum ille nihil aliud responderet nisi cuiuscumque essent, optimos esse,
cachinnum sustulit atque in iocos effusus est.*

Hic Thrasyllus ut Ibis fuerit conspirant non pauca. Nam filium
habuit (Tac. Ann. vi. 22) unde illa *teque tuosque* explices u. 56, et
doctissimus fuit qui *multarum artium scientiam professus postremo se
dedit Platonicae sectae* (Schol. Iuuen. vi. 575), unde commemorantur
eius libri de Platone, de Democriti scriptis quomodo legenda sint, de
temporibus, Aegyptiaca, de lapidibus, Thracica (Clinton F. H. iii.
p. 555); ut dignum credas in quem tot tam doctas historias Ouidius
congereret : et optime quadrat mathematico repetita totiens solis
lunae siderum caeli mentio, tam studiose inquisita et enuntiata genesis.
Quid quod Thrasylli nomen inter historias locum habet u. 331?
quod Aegyptium acrius mordent tot ducta ex Aegypto? quod melius
sic inter se comparantur u. 219 dies Alliensis, dies natalis Ibidis, cum
et Alliensis et Aegyptiacus dies ater fuerit? (Noris. Cenotaph. Pisan.
373). Praeterea ex Mendete si fuit, quae urbs non longe aberat a
Lycopoli, habes cur *lupos* bis induxerit poeta, 44 *Pax erit haec nobis* ...
Cum pecore infirmo quae solet esse lupis, 171, 2 *Deque tuo fiet, licet hac
sis laude superbus, Insatiabilibus corpore rixa lupis.* Iam Platonis qui
studiosus fuerit, idemque in periculum uenerit a muro praecipitandi
(Dion C. 55. 11), mirifice in hunc conuenit historia illa de Cleombroto
494, ne quid de aliis dixerim qui in Ibide ex alto deiecti dicuntur, quo
crudelissimo supplicio nihil magis Tiberius frequentauit.

Dixerit hic aliquis; Tu in Cassium Seuerum uel T. Labienum uel
Thrasyllum astrologum uel certum aliquem delatorem carmen Ibidis
scriptum existimas; uere tu quidem, nam non dubiis uerbis id poëta
significauit, u. 7 Vnus, *et hoc ipsum est iniuria magna, perennem Candoris titulum non sinit esse mei,* 93 *Neue minus noceant fictum execrantia
nomen Vota, minus magnos commoueantue deos, Illum ego deuoueo* quem
mens intelligit, *Ibin :* nomenque ut non uerbo positum sit, animo
certe concipiendum erat, ne ui sua careret execratio. Hoc enim indicant dirarum formulae qualis est ista C. I. L. i. 820 *Nomen delatum
Naeuiae L. L. Secundae seiue ea alio nomini est,* indicat bis repetitum
nomen ib. 819 *Danae,* et in Graeca Inscriptione ap. Kaibelium 1136

Σωσίκλεια, cf. quod ibi Kaibelius attulit ex Henzeno *Cn. Numidium Astragalum, illius uitam ualetudinem quaistum ipsumque uti tabescat morbus, hoc C. Sextius Tabsimado rogo.* Neque aliter in Diris Valerii Catonis siue cuicumque alii adsignantur, Lycurgi nomen additum est. Neque incredibile est nomen Ibidis, quamuis nunc lateat, *positis pro nomine signis* aliqua significatum fuisse (Trist. i. 5. 7). Et tamen est ubi Ouidius de inimico suo tamquam haesitans et incertus loquatur, e. g. 9 Quisquis *is est, nam nomen adhuc utcumque tacebo*, Trist. iii. 11. 56 *Ad te, quisquis is es, nostra querella redit.* Id ego duplici causa factum arbitror. Aut enim unum ipse intellexit, aliis alios uoluit intelligi, quo tutior esset neque omni spe regressus priuaretur ; aut reuera de homine dubitauit, etsi plerumque certum aliquem animo imaginatus est. Prius ut credam, faciunt quae de causa exilii dicit in Tristibus et Epistulis ex Ponto.* Ea quaecumque fuit, (errorem ipse dicit Trist. ii. 207, iv. 4. 37, Pont. ii. 3. 92) uidetur eiusmodi fuisse quae *cunctis nimium quoque nota* (Trist. iv. 4. 43) esset. Vnde igitur factum est ut neque ipse Ouidius neque alius quisquam aequalium causam ruinae posteris tradiderit ? Esto enim ut Augusti domus flagitia exul noluerit eloqui, quamuis ea tota Roma uulgarentur. At ceteros siluisse quod omnibus constaret, ausum neminem fuisse nobilissimi poëtae errorem declarare, unum Ouidium ex omnibus in ultima terrarum relegatum neque reuocatum fuisse ; haec adeo mirabilia sunt ut arcani aliquid latuisse suspiceris. Hoc quid fuerit, pro explorato non est : sed non desunt uestigia. Vt breui quid rear enuntiem, Isidis sacra Ouidium uiolasse existimo, ita tamen ut cum infamia id Caesarum coniunctum fuerit. Id siquis quaerat quomodo fieri potuerit, docebit Iosephus Antiq. xviii. 3. Narrat enim imperante Tiberio, Mundum quendam amore captum Paulinae quae Saturnino nupserat, cum ea muneribus non cederet, libertae Ides dolo ad stuprum sic induxisse. Colebat Paulina Isin ; huius sacerdotibus Ide persuasit datis uiginti quinque milibus drachmarum, alteris totidem promissis si rem perfecissent, ut mulierem per insidias Mundo conciliarent. Itaque qui natu maximus ex iis erat, secreto conloquio Paulinae confirmauit Anubidis se nuntium uenisse ; hunc eam amare, iubere ut ad se ueniret. Tum Paulina sciente marito cui rem patefecerat, in Isidis fano cum Mundo, quem Anubin esse rebatur, concubuit. Quod Tiberius cum rescisset Mundum in exilium exegisse, Isidis fanum diruisse, deae simulacrum in Tiberim proici iussisse. Sed et ipse Ouidius testatur *linigeram fieri quid possit ad Isin* (Am. ii. 2. 25, cf. Trist. ii. 297, Iuuen. vi. 490 *Isiacae sacraria lenae*, Preller Röm. Myth. p. 728.)† Vt igitur cum plerisque statuamus Ouidium minoris Iuliae, Augusti neptis, flagitium aliquod uidisse idque prae timore dissimulasse (Trist. iv. 4. 37, Pont. ii. 2. 19), habemus cur timuerit, si aut corruptis Isidis ministris aut insciis ac sero cognoscentibus in fano deae id factum est. Quamquam

---

* Peculiares libellos scripserunt de exilio Ouidii Thomas Dyer *On the cause of Ovid's Exile* in Musei classici Tom. iv. pp. 224-247, et A. Deville Essai sur l'Exil d'Ovide, Paris 1859. Cf. Merivale Hist. of the Romans under the Empire iv. 331-333, ed. min.

† Appianus tradit in Bello Ciuili Volusium quendam Isiaci linea stola et canino capite indutum effugisse (B. C. iv. 47).

satis erit ad rem si Iulia in Isidis aede operata abducta est inde per adulterum inspectante Ouidio et agnoscente, nihil tamen auso eloqui. Vix enim crediderim Ouidium sumpto habitu Isiaci sacerdotis Augustum adiisse, fretum uenia qua ille Athenodorum accepisset mulieris indutum specie sellaque in palatium aduectum cum gladio, monentemque ut a talibus insidiis posthac caueret, quod tradit Dion C. 56. 43.* Constat certe Augustum in deorum sacris religiosissimum fuisse; suorum autem flagitia inpatientius tulisse : ut ultra solitum morem in eum saeuiturus esset, quem in utraque re noxium compererat.

Hanc Isidis offensam quam sic Augustus ultus sit, unde tandem colligere audeo? Primum ex ipso carmine Ibidis: deinde ex Tristibus et Epistulis ex Ponto. De Ibide loquar posterius : nunc haec considera. Tristia qui legerit, nihil, ut opinor, totiens mirabitur quam Ouidium fertilem suam uenam prope destituisse, pro ubere rerum copia ac uerborum quam in Amoribus Fastis Metamorphosibus adhibuerit successisse sterile quoddam et ieiunum, quo calamitates suas iterum atque iterum queratur. Sane uidetur unum superesse uestigium ingenii in noua se erigentis quod singula disticha sententias habent, non ut in Amoribus Arte Fastis simpliciter decurrentes, sed compluribus membris inter se inplicatas ac conexas. Absque hoc foret, uix digna Ouidio uideri poterant; tanta in omnibus inest (praeter secundum librum Tristium) figurarum ac sermonis iteratio; adeo nusquam rerum ullam materiam dicendi nisi in miseriis suis habet.† Estque hoc ipsum quod legentes aduertat, eminens et exstans earundem rerum comparationum uerborum denique similitudo. Cui enim non recurret illud decantatum *Litora quot conchas, quot amoena rosaria flores* Trist. v. 2. 23 sqq., quod in unoquoque libro nec Tristium modo sed etiam Epistularum aliquatenus mutatum repetiuit? Vel illud de Busiride et Phalaride, quod ut in Ibide sic in Trist. et Epist. non semel legitur (Tr. iii. 11. 39, Pont. iii. 6. 41). Haec omnia recensere non est nostri operis : tantum afferam quae ad Isidis ritum mihi referenda uideantur. Nam ne obsoleti cultus uerba et uoces nesciamus obstant Inscriptiones et emortuarum relligionum enarrator Apuleius.

Quotiens enim Ouidius infortunium suum plagae comparat qua paene ad mortem confossus sit! Tr. i. 1. 99 *qui mihi uulnera fecit.* iii. 11. 63 *rescindere crimina noli, Deque graui duras uulnere tolle manus.* 66 *Facta cicatricem ducere nostra sine.* Pont. i. 3. 15 *Tempore ducetur longo fortasse cicatrix, Horrent admotas uulnera cruda manus.* Trist. iii. 6. 29 *Mensque reformidat ueluti sua uulnera tempus Illud.* Cf. Trist. iv. 1. 36, Pont. i. 6. 22, iv. 11. 4, 19, ii. 3. 94. Et multo uiuidius Pont. ii. 7. 41

    Sic ego continuo fortunae uulneror ictu
    Vixque habet in nobis iam noua plaga locum.
iv. 16. 51 *Quid iuuat extinctos ferrum demittere in artus ?*
    Non habet in nobis iam noua plaga locum.
Apul. M. xi. 15 *Nam in eos quorum sibi uitas in seruitium deae nostrae*

---

* Culpa Ouidii, quaecumque fuit, non minimum furoris habuit (Pont. ii. 3. 46): quod de *audacia* (an *escapade*) qualis Athenodori haec fuit, non male explices.

† Sen. Cont. Excerpt. iii. Praef. 5.

(Isidis) *maiestas uindicauit* non habet locum *casus infestus.* Quae
omnia ad Isidis caerimonias pertinere, quae discerptum corpus Osiridis
inueniens ac sepeliens quotannis inducta sit, non est quod moneam.
Optime ad rem facit Firmicus Maternus 2 *Hoc (idolum Osiridis)*
annuis luctibus plangunt, radunt capita, ut miserandum casum regis sui
turpitudine dehonestati defleant capitis, tundunt pectus, lacerant lacertos,
ueterum uulnerum resecant cicatrices, *ut annuis luctibus in*
*animis eorum funestae ac miserandae necis exitium renascatur.**
Rursus nihil in his scriptis saepius reperias quam ut naufrago se
poëta adsimilet. Trist. i. 6. 7 *Tu facis ut spolium non sim, nec nuder*
ab illis Naufragii tabulas qui petiere mei. iv. 5. 6 *Qui ueritus non es*
portus aperire fideles Fulmine percussae confugiumque rati. v. 11. 13
Quassa tamen nostra est, non mersa nec obruta puppis, Vtque caret portu,
sic tamen exstat aquis. v. 9. 17 *Naufragiumque meum tumulo spectarit*
ab alto, Nec dederit nanti per freta saeua manum. Pont. i. 2. 61 *credo*
Mollia naufragiis litora posse dari. 6. 33, ii. 3. 28 *In mediis lacera*
naue relinquor aquis. iv. 14. 21 *Ad ueteres scopulos iterum diuertor et illas*
In quibus offendit naufraga puppis aquas? Et hoc in Iside frequens
est, cuius in tutela naues erant; unde in pompa eius nauigium ferebatur, et naufragorum uotiuae tabulae in aede suspendebantur. Iuuen.
xii. 28 *pictores quis nescit ab Iside pasci?* Sed et in hymno Isidis ap.
Kaibelium 1028 πλωτὰ δὲ φιλεύδιος Ἀμφιτρίτα Νηυσὶ μελαμπρώροισιν ὑπαὶ
παχνώδεος αὐχμῶ, Ἀνίκα μειδάμων, ἱλαρὰν ἐρύθοισα παρειάν, Ἀμπετάσω Τηθὺν
γλαυκώλενον. Nam serenare ex procellis caelum ac mare eiusdem deae
erat. Apuleius M. xi. 7 de festo die Isidis loquens *Nec mora cum*
noctis atrae fugato nubilo Sol exurgit aureus ... ut pecora etiam cuius-
quemodi et totas domus et ipsum diem serena facie gaudere sentirem .....
Magnoque procellarum sedato fragore ac turbido fluctuum tumore posito
mare quietas alluuies temperabat, caelum autem nubilosa caligine disiecta,
nudo sudoque luminis proprii splendore candebat. Quod et ipsum plus
semel in Tristibus et Epistulis Ponticis occurrit. Trist. i. 2. 107 *Fallor*
an incipiunt grauidae euanescere nubes? Victaque mutati frangitur ira
maris? Pont. ii. 1. 25–28. Eodem referas *arae* et *portus* metaphoram,
qua saepius usus est. Pont. ii. 8. 68 *Vos eritis nostrae portus et ara*
fugae. Trist. iv. 5. 1, 2 *Vnica fortunis ara reperta meis.* Trist. v. 6. 14
Quae patuit dextrae firma sit ara meae. v. 2. 43 *sacram quamuis inuisus*
ad aram Confugiam, nullas submouet ara manus. v. 6. 2 *Qui mihi con-*
fugium, qui mihi portus eras. iv. 5. 5 *Qui ueritus non es portus aperire*
fideles Fulmine percussae confugiumque rati. Cum his comparentur
Apul. M. xi. 10 *Manibus ambabus gerebat altaria, id est, auxilia, quibus*
nomen dedit proprium deae summatis auxiliaris prouidentia. 12 *Quod tot*
ac tantis exantlatis laboribus, tot emensis periculis deae maximae proui-
dentia adluctantem mihi saeuissime fortunam superarem. 15 *Multis et*
uariis exantlatis laboribus magnisque fortunae tempestatibus et maximis
actus procellis ad portum quietis et aram Misericordiae uenisti, quae de

---

* An uiolatas has relligiones loco exilii Augustus declarauit? Nam *Tomi* propter
discerpta membra Absyrti (Trist. iii. 9) nomen habuerunt: ut ipso ex nomine discerpti
Osiridis fabula, atque adeo suum facinus qui haec uiolasset, Ouidio repraesentaretur.
Cf. Ib. 452.

homine per Isin ad salutem perducto dicuntur. Etiam illud quod est in Ibide 208 *Ora licet tribuas multiplicata mihi* et Trist. i. 5. 53 *Si uox infragilis, pectus mihi firmius esset, Pluraque cum linguis pluribus ora forent, Non tamen idcirco complecterer omnia uerbis, Materia uires exsuperante meas,* idem in referendis laudibus Isidis inducit Apuleius xi. 25 *Nec mihi uocis ubertas ad dicenda quae de sua maiestate sentio sufficit nec ora mille linguaeque totidem uel indefessi sermonis aeterna series.* Propius a uerbo accedunt quamuis paulo aliter deflexa sit oratio, illa Apuleii xi. 6 quo Isis cultorem suum alloquitur *Nec iniurium, cuius beneficio redieris ad homines, ei totum debere quod uiues* h. e. omne futurum tempus uitae tuae, et Trist. v. 4. 22 *Denique quod uiuat, munus habere dei* h. e. quod uiuat, nec mori coactus sit.

Sed multo magis res elucet ex ipso carmine Ibidis. Nam non ista solum quae in Trist. et Epistulis ex Ponto attuli etiam in Ibide recurrunt, e. g. 13 *Vulneraque inmitis requiem quaerentia uexat,* cf. Ib. 247, 17, 18 *Cumque ego quassa meae conplectar membra carinae Naufragii tabulas pugnat habere mei* sed totum Carmen ad Aegyptum redit et inter Aegyptiaca uersatur. Sed repetenda res altius, et ad origines uocanda est.

II.

Scripserat carmen Ibin Callimachus, poeta Alexandrinus, contra inimicum quem Suidas discipulum eius Apollonium, scriptorem Argonauticorum, fuisse tradit s. u. Καλλίμαχος. Τῶν δὲ αὐτοῦ βιβλίων ἐστὶ καὶ ταῦτα .... ᾽Ιβις· ἔστι δὲ ποίημα ἐπιτετηδευμένον εἰς ἀσάφειαν καὶ λοιδορίαν, εἴς τινα ᾽Ιβιν, γενόμενον ἐχθρὸν Καλλιμάχου· ἦν δὲ οὗτος ᾽Απολλώνιος ὁ γράψας τὰ ᾽Αργοναυτικά. Huius inimicitiae causa quae fuerit nescitur; a plerisque creditur orta ex inuidia quae inter riuales ex carminibus prouenerit. Constat Apollonium eductum in domo Callimachi cum Argonautica adhuc adulescens recitasset, adeo non placuisse audientibus ut cum rubore (ἐρυθριάσας) discederet (Vit. Apollonii pp. 532, 4 in Scholiorum ed. Keiliana), cumque ignominiam apud ciues et reliquorum poetarum calumniam ferre non posset, relicta patria in Rhodum iret. Creditur haec origo fuisse litium quas inter poetas extitisse nouimus, siue recitarat Apollonius nolente magistro, siue praeceptis eius minus obsecutus, ad uetera et uetita redierat et propterea Callimacheis atque adeo ipsi Callimacho displicuerat.* Quidquid fuit, supersunt quae rixam testentur. Haec collegit Merkelius et post eum Schneiderus et Couatius.† Nam Callimachus in Hymno Apollinis Apollonium creditur tetigisse his ultimis uersibus ‡

῾Ο Φθόνος ᾽Απόλλωνος ἐπ᾽ οὔατι λάθριος εἶπεν,

Οὐκ ἄγαμαι τὸν ἀοιδὸν ὃς οὐδ᾽ ὅσα πόντος ἀείδει.

---

* Hanc sententiam, cuius auctor fuit Gerhardus Lection. Apollonianarum p. 4, etiam Ritschelius probauit Chronologie der Ersten Alexandrinischen Bibliotheken p. 69.

† La querelle de Callimaque et d'Apollonius, extrait de l'Annuaire de l'Association pour l'encouragement des études Grecques en France. Année 1877.

‡ Hos uersus Couatius p. 29 censet quasi epilogum additos a Callimacho, cum is hymnorum totam seriem editurus ultimam manum certamini uellet imponere, et Apollinem in fine carminis testem faceret uictoriae, sicut ab eodem deo Apollonius in principio Argonauticon primordia operis duxisset.

Τὸν Φθόνον ὠπόλλων ποδί τ᾽ ἤλασεν ὧδε τ᾽ ἔειπεν·
'Ασσυρίου ποταμοῖο μέγας ῥόος, ἀλλὰ τὰ πολλὰ
Λύματα γῆς καὶ πολλὸν ἐφ᾽ ὕδατι συρφετὸν ἕλκει.
Δηοῖ δ᾽ οὐκ ἀπὸ πάντος ὕδωρ φορέουσι μέλισσαι,
'Αλλ᾽ ἥτις καθαρή τε καὶ ἀχράαντος ἀνέρπει
Πίδακος ἐξ ἱερῆς ὀλίγη λίβας, ἄκρον ἄωτον.
Χαῖρε, ἄναξ· ὁ δὲ Μῶμος, ἵν᾽ ὁ φθόρος, ἔνθα νέοιτο.

Quibus Apollonium manifesta parodia respondisse Arg. iii. 932

'Ακλειὴς ὅδε μάντις, ὃς οὐδ᾽ ὅσα παῖδες ἴσασιν
Οἶδε νόῳ φράσσασθαι,

Merkelius censet (Proleg. Apollonii p. xviii): illud certe potest ex Schol.
Οὐκ ἄγαμαι] Ἐγκαλεῖ διὰ τούτων τοὺς σκώπτοντας αὐτὸν μὴ δύνασθαι ποιῆσαι μέγα ποίημα, ὅθεν ἠναγκάσθη ποιῆσαι τὴν Ἑκάλην conici, quo tempore ea scriberentur a Callimacho, Apollonium fama epici carminis tantum innotuisse, ut pro riuali haberetur, neque se indignum putaret Callimachus ad prolixiora accingi.

Aliud superest rixae monumentum, si modo fuit, epigramma Anthologiae Palatinae xi. 275 quod 'Απολλωνίου γραμματικοῦ inscriptum est.

Καλλίμαχος τὸ κάθαρμα, τὸ παίγνιον, ὁ ξύλινος νοῦς,
Αἴτιος ὁ γράψας Αἴτια Καλλιμάχου.

Sic enim legendum uidetur ex codice Heidelbergensi, non quod uolebat Bentleius Καλλίμαχος, cum Καλλιμάχου etiam Eustathius exhibeat ad Hom. Od. 1422. Verba sic uerterim :—' Callimachus, that heap of rubbish, that fribble, that mind of wood, is to blame,* the same that wrote the Αἴτια of Callimachus;' h. e. Callimachus qui scripsit Αἴτια, carmen de causis deorum et heroum, plenum quisquiliis rerum, leue, nullius ingenii, ipse causam dedit huic de se iudicio; sic enim fere singula interpretatus est Merkelius Prolus. ad Ib. p. 342.†

Epigramma Apollonium Rhodi iam exulantem scripsisse, Callimachum eo lacessitum *Ibin* edidisse Merkelius et O. Schneiderus (Callim. ii. p. 276) crediderunt. Quod etsi ualde incertum est, tamen cum adulescens adhuc Apollonius in Rhodum secesserit, id autem Ritschelius ex comparatione temporum circa Ol. 131 (B.C. 256–253) cadere euicerit (Opusc. i. pp. 69 et 73), Ibis ante id tempus uix potuit scribi. Neque uero diu post eos annos scriptam crediderim, cum senex iam Callimachus deuotionibus riualem uix insectaturus fuerit. Nam si Ritschelium secuti Callimachi natales circa Ol. 114/115 B.C. 324–317, Apollonii Ol. 126/127 B.C. 276–269 ponimus, hic in Ol. 131 annos uiginti plus minusue, Callimachus sexaginta minimum habuit.

Ex Ibide Callimachea cum ne unum quidem fragmentum Graeci tradiderint nec nisi ex Ouidii Ibide et eius scholiis quicquam innotu-

---

* ' Poena dignus est ' uertit Gerhardus p. 5.

† Apollonii Rhodii num epigramma sit, dubites, cum γραμματικοῦ inscriptum sit, neque Apollonius solus inpatienter tulerit Callimachi poesin, cuius rei testis est Suidas s. u. Σεβηριανός. Τὰ μὲν οὖν τῶν ἄλλων ποιητῶν ἀπεδέχετο μετρίως, τὸν δὲ Καλλίμαχον εἰς χεῖρας λαβὼν οὐκ ἔστιν ὅτε οὐ κατέσκωπτε τὸν Λίβυν ποιητήν· ἀνιώμενος δὲ ἔτι μᾶλλον ἤδη πολλαχοῦ καὶ τῷ βιβλίῳ προσέπτυε. Anth. P. xi. 347, 8 Γιγνώσκοιμ᾽ ὅσα λευκὸν ἔχει στίχον, ἡ δὲ μέλαινα Ἱστορίη τήκοι τοὺς Περικαλλιμάχους.

erit, coniectura tantummodo qualis fuerit licet assequi. Qua tamen in
re quod a plerisque neglectum est, in eo summam uerti quaestionis
acute Merkelius perspexit. Nam Apollonius quamquam plerumque
et in utraque uita ap. Keilium pp. 532–534 Alexandrinus uocatur, Athenaeo teste 283 ab aliis Naucratites habitus est.* At in Naucrati, quod
erat oppidum Aegypti non longe distans Alexandria ab oriente, fuisse
olim deum quendam antiquum, Theuth nomine, cui sacra auis Ibis
dicata fuerit, confirmat Plato in Phaedro 274 C : unde Naucratica†
potissimum auis et Apollonii ciuis (uerbis utor Merkelii, p. 338) Ibis
fuit. Hinc praecipue riuali nomen Ibidis inposuisse Callimachum
reor ; nec dubito ut uolucrem, sic Mercurium siue Theuth, cui ea sacra
fuit, partes in diris eius habuisse. Nam et Ouidius hunc inducit Ib.
214. Qui etiam illud credo addidit ex Callimachea Ibide 449 *Et
quibus exiguo uolucris deuota libello est* Corpora proiecta quae sua
purgat aqua.

Hic non possum Schneidero suffragari existimanti Callimachi Ibin
tam *exiguum libellum* fuisse ut unum tantum conplexa genus dirarum
non ultra fines epigrammatis progressa sit. Esto enim ut quae in
ipsam auem inprecatus est non adeo multa fuerint ; at adicienda sunt
quae in Apollonium direxit. Quis enim diras in inimicum scribens
satis irae consultum putet si auiculae mala multa inprecetur, ipsi
nihil ? Quod si in eodem carmine et Ibin et Apollonium Callimachus
deuouit, aut longissimum epigramma fuerit necesse est, aut Ouidius
exiguum libellum Callimachi prae suo existimauit. Hoc ut uerum
credam, multa faciunt. Nam si Ibin suam *libellum* u. 51 dixit, quaeque in ea prolusit *pauca* u. 639 prae postmodo scribendis ratus
est—habet autem carmen uersus 644—eadem ratione Cyrenaei Ibin
exiguam dicturus fuit, si non ultra centum uel ducentos uersus producta esset. Vt exemplo rem illustrem, nulla est epistula Tristium
praeter librum secundum qui uersus 578 habet, nulla scriptarum ex
Ponto, quam non exiguum libellum dicturus fuerat : neque epistula ea
qua *Triumphum* suum Rufino mittit (Pont. iii. 4) breuiorem credo
ipsum *Triumphum* fuisse, quamuis *opus exiguum* id uocarit (5). Sed
et ipse sese interpretatus est uersibus de quibus perperam, si quid
Latine sapio, Schneiderus iudicauit. Dicit enim uu. 57–64

Nunc quo Battiades inimicum deuouet Ibin,
Hoc ego deuoueo teque tuosque modo.
Vtque ille historiis inuoluam carmina caecis,
Non soleam quamuis hoc genus ipse sequi.
Illius ambages imitatus in Ibide dicar,
Oblitus moris iudiciique mei.
Et quoniam qui sis nondum quaerentibus edo,
Ibidis interea tu quoque nomen habe.

* Ἀπολλώνιος δ' ὁ Ῥόδιος ἢ Ναυκρατίτης ἐν Ναυκράτεως κτίσει. Aelian. H. A. xv.
23 Ἀπολλώνιος ὁ Ῥόδιος ἢ Ναυκρατίτης.
† Sic Calchedonii ἐρωδιὸν siue ardeam tamquam προδότην notabant, quia urbem
hostes ceperant dum auem ex aduerso litore obseruant aquis exstare cibos colligentem,
eamque imitati ipsi per pontum tamquam in terra ad muros adgrediuntur, Anth. P. ix.
551.

Hic uersus 59–62 Schneiderus cum reliquis ita credit conexos non
ut in Ibide Callimachea fuerint *caecae historiae* sed ut ambages et
obscuritatem quas ille in carminibus alibi adfectauerit, Ouidius in sua
Ibide imitatus sit. Quasi uero boni poetae esset postquam dixisset
eodem se modo deuoturum inimicum quo Ibin Callimachus, id genus
rerum adnectere quod in *aliis* carminibus Callimachi, non in Ibide
esset. Talem nexum non Ouidianus solum stylus atque ordo dicendi,
sed ipsa loci sententia respuit. Quo enim modo Battiades Ibin
deuouit? Nempe *historiis caecis*, per ambages et aenigmata fabularum. Quae ut non magni ambitus in exiguo libello fuisse colligantur,
omnino certe abesse non poterant. Neque aliter locum interpretatus
est Bentleius ac ceteri praeter Couatium: estque res simplicissima,
nec quae ullis machinis ad id detorqueatur quod Schneiderus uoluit.
Quid quod singulis distichis 57–8, 59–60, 61–2, 63–4, Ibin nusquam
mittit, ab Ibide Callimachea ad suam (69) progreditur, obscuritatem,
nomen Callimacheae Ibidis in suum inimicum conuertit. Idem patet
et ex uerbis Suidae. Nam si hoc teste Ibis poema fuit ἐπιτετηδευμένον εἰς ἀσάφειαν καὶ λοιδορίαν, uero simile est non epigrammatis
in ambitum, sed nec in formam compositum fuisse. Sane ex Suida
et Eudocia scimus Archibium commentarium siue ἐξήγησιν scripsisse Callimachi Epigrammatum ; sed neque inter Epigrammata Ibin
quisquam ueterum retulit, nec si epigramma fuisset, latuisset credo sed
in Anthologiam peruenisset. Nunc cum non extet, eam speciem
habuit, opinor, quam ceterae eiusmodi Ἀραί. Scripserat κατευχὰς
Simonides, si recte nomen traditum est in Schol. Od. ζ. 164, Ἀρὰς
Moero Byzantia (Parthen. Erot. 27) et Euphorion Chalcidensis, hic in
furem qui poculum surripuerat, ut ex altero nomine carminis ποτηριο-
κλέπτῃ concludit Meinekius Anal. Alex. p. 20, illa de Alcinoe quam
Nicandra deuouerat, quod se cum toto anno apud eam laborasset
soluta tantum parte mercedis a domo exegisset. Hae perierunt :
Romanorum contra supersunt duo deuotionum carmina, Dirae Valerii
Catonis et Ouidii Ibis. Euphorionis ex Diris quem unicum uersum
seruarunt Steph. B. s. u. Ἀλύβη et Schol. Theoc. ii. 2 hexameter est,
ut nihil inde colligi possit de Callimachi Ibide quam Euphorion presse
secutus uideatur Meinekio. Nam *Diras* hexametris scripsit Cato seu
quis alius fuit : nec nisi ex Ouidiana Ibide et eius Scholiis afferas cur
non hexametris totae compositae sint et Callimachi et Euphorionis
deuotiones.

Illud omittendum non erat in hac re quod ad u. Ib. 315 *Vtque neca-*
torum Darei fraude secundi Sic tua subsidens deuoret ora cinis Scholiasta
Galeanus haec tradidit *Dareus fi. primi Darei quia hominibus suis*
iurauit quod non occideret eos ueneno sicut pater suus consueuit cinere
calido eos interfecit. Vnde Callimacus contra suum Ibin Sic tu depereas
sicut periere secundi Quos Dareus multo proruerat cinere (secundus Quos
multo Dareus obruerat cinere C cum Askeuiano). Etsi enim nihil
habent fidei supposticii uersus quales non pauci in his scholiis reperiuntur, potuit tamen historia tradi ex Callimachi Ibide prouenisse.
Certe in hoc uno loco Scholiasta, cum in multis Callimachum allegarit,
illud *in suum Ibin* adnexuit. Sed alternis hexametris et pentametris

Ibin scripsisse Callimachum non magis hinc collegerim quam uersus ipsos ex Graeco poeta ductos uel expressos esse : nam ipsae historiae quae in scholiis leguntur non raro ficticiae sunt. Non igitur iacebit, me iudice, inueterata iam de Callimachea Ibide opinio. Fuerit exiguus libellus, et multo minor Ouidiana; at historias habuit et inprecationes auiculae,—modo recte interpretes de uu. 449, 450 iudicarint,—et, quod ex Suida colligitur, ipsius Apollonii. Epigramma non fuit, fortasse ne elegiaco quidem metro scriptum est, sed ad exemplum Dirarum quae Catoni adsignantur.

III.

In Ibin uolucrem (duo genera tradiderunt antiqui, nigrum alterum, alterum candidum nisi quod nigrat aliqua parte, ut capite collo extremitatibus pinnarum ac tergi, Herod. ii. 76, Arist. H. A. ix. 103, Plin. x. 87) quid Callimachus inprecatus sit coniectura tantum est. Vnum poterit ex Ouidio colligi. Ib. 449

Et quibus exiguo uolucris deuota libello est,
Corpora proiecta quae sua purgat aqua,

ad quae Schol. Galeanus *Callimacus fecit in quemdam inimicum inuectiones, cuius nomen fuit ibis i. hermenia quae se rostro inferius purgat:* Askeuianus *Callimacus in inuidum scribens pro eius immunditia eum ibidem in libro suo appellauit, quia ibis s. ciconia rostro purgat posteriora et in hoc exercetur.* Haec si uere tradunt scholiastae, notarat Cyrenaeus inmunditiam quandam qua auis in purgando corpore utatur.* Sic sane Plinius H. N. viii. 97 *Simile quiddam et uolucris in eadem Aegypto monstrauit, quae uocatur ibis, rostri aduncitate per eam partem se perluens qua reddi ciborum onera maxume salubre est.* Aelianus H. A. ii. 35 Αἰγύπτιοι κλύσματα καὶ κάθαρσιν γαστρὸς οὐκ ἔκ τινος ἐπινοίας ἀνθρωπίνης λέγουσι μαθεῖν, διδάσκαλον δὲ σφίσι τοῦ ἰάματος τοῦδε τὴν ἶβιν ᾄδουσιν. Cic. de N. D. ii. 126 *Vomitione canes, purgatu autem aluos ibes Aegyptiae curant.* Plut. de Is. et Osir. c. 75 Ἡ δὲ ἶβις ἐδίδαξε πρώτη κενώματος ἰατρικοῦ χρείαν κατιδόντας οὕτω κλυζομένην καὶ καθαιρομένην ὑφ' ἑαυτῆς, et multo uberius Georgius Pisida quem ad uersum 450 Saluagnius citauit. His ab omnibus Ibis aluum iniecta per rostrum aqua purgare creditur, falso id quidem, ut docet Sauignius † in libello quem de hac aue scripsit, sed tanto consensu ut merito idem error Callimacho inputetur. Quamquam nihil tam singulare ex uerbis Ouidii eliciendum est : tantum dicit auem aquam proicere qua corpus purget. At hoc mundae auis est ; audio, sed ut sordes abluat quas ex limosa humo uel aqua semper colligit. Testis Aelianus x. 29 Πανταχοῦ δὲ καθιεῖσα ἶβις τὸ ῥάμφος, τῶν ῥυπαρῶν καταφρονοῦσα καὶ ἐμβαίνουσα αὐτοῖς ὑπὲρ τοῦ καὶ ἐκεῖθέν τι

---

* Simili modo creditur Hipponax Bupalum notasse χαραδριὸν uocando, quae auis ἅμα τῷ ἐσθίειν ἐκκρίνει, unde μεσσηγυδορποχέστης ἤγουν ὃς μεσοῦντος δείπνου πολλάκις ἀποπατεῖ ὡς πάλιν ἐμπίπλασθαι Eust. ad Odys. 1837 idem uocari poterat (Ten Brink in Philol. vi. p. 350).

† Histoire naturelle et mythologique de l'Ibis par Jules-César Sauigny, Paris 1805.

ἀνιχνεῦσαι, ὅμως δ᾽ οὖν ἐς κοῖτον τρεπομένη λούει τε πρότερον ἑαυτὴν καὶ ἐκκαθαίρει. Nam ut est uoracissima, non aquis tantum et paludibus incedens pisces ranasque et quae limum incolunt absumit, sed et uiarum quisquilias et macellorum purgamenta : ut semper aliquid uorare uel quod uoret rimari uideatur. Aelian. H. A. x. 29 Πολυβορώτατον ὂν καὶ κακοβορώτατον. Strab. 823 de Alexandria loquens Ἡμερώτατον δ᾽ ἡ ἴβις, πελαργώδης μὲν κατὰ σχῆμα καὶ μέγεθος, διττὴ δὲ τὴν χρόαν, ἡ μὲν πελαργώδης, ἡ δὲ ὅλη μέλαινα. μεστὴ δ᾽ αὐτῶν ἅπασα τρίοδος ἐν Ἀλεξανδρείᾳ, πῇ μὲν χρησίμως, πῇ δ᾽ οὐ χρησίμως· χρησίμως μὲν ὅτι πᾶν θηρίον ἐκλέγει καὶ τὰ ἐν τοῖς κρεοπωλίοις καὶ τοῖς ὀψοπωλίοις ἀποκαθάρματα· δυσχρήστως δὲ, ὅτι παμφάγον καὶ ἀκάθαρτον καὶ δυσκόλως ἀπειργόμενον ἀπὸ τῶν καθαρίων καὶ τῶν ἀλλοτρίων μολυσμοῦ πάντος. Nec ulla res constantius tradita est ab antiquis quam ibin uorare serpentes. Quod etsi nullo modo potest esse uerum, ut ex curatissima inquisitione Sauignius euicit, adeo peruulgatum est ut a plerisque etiamnunc pro uero habeatur. Nulli non innotuit fabula illa Herodoti ii. 75, 76, esse in confinio Arabiae et Aegypti locum iuxta urbem Buto ubi ineunte uere ex Arabia uolantes serpentes cum ibibus confligant ; a quibus quia uincantur ibin inter Aegyptios magno in honore esse. Eam fabulam repetiuerunt Cicero de N. D. i. 101, Plinius H. N. x. 75, Aelianus H. A. ii. 38 fin., Amm. Marc. xxii. 15. 26, Solinus p. 162. 14 ed. Mommsen. Serpentium uoracem ibin dixerunt Diod. i. 87. 6, Ioseph. Antiq. ii. 10, Mel. iii. 81, Iuuen. xv. 3, Aelian. H. A. x. 29 qui et scorpios ab ea comedi tradit, Amm. Marc. xxii. 15. 26, Solinus 162. 11 M. *Circa easdem ripas ales est ibis. ea serpentium populatur oua gratissimamque ex his escam nidis suis defert : sic rarescunt prouentus fetuum noxiorum :* quos locos congessit Sauignius pp. 101, 2 et post eum Mayor ad Iuuen. xv. 3.

Neque uoracitas solum et quae cum hac coniungitur creberrima sui purgatio in Ibide notari poterat. Nam et incessu fuit lento et paene uirginali (Ael. H. A. ii. 38) ut crura singulis passibus cubitum inter se dimetirentur (Ael. x. 29), et pullos gignere coitu per os facto credebatur (Ael. x. 29 μίγνυνται δὲ τοῖς στόμασι καὶ παιδοποιοῦνται τὸν τρόπον τοῦτον, Amm. Marc. xxii. 15. 26 *per rostra fetus edere accepimus*), et diutissime uitam producere (Ael. x. 29) et intestino esse praeter modum prolixo (nonaginta sex cubitorum prodit Aelianus x. 29), et cum Luna quendam habere naturalem consensum, quod obscurata ea coniueret donec in plenum orbem reuerteretur (Ael. x. 29), et ex auctu eius uel diminutione cibum augeret uel diminueret (ii. 35), et tot diebus pullos ouis excluderet quot ea cresceret senesceretque (x. 29). Haec Callimachus ut erat in auium natura indaganda curiosus, scripsit enim librum περὶ ὀρνέων,* aut omnia aut partem adhibiturus erat, quo plenius in aue inimicum insectaretur. Qui quamuis foeditatem potissimum auis incesserit, in Apollonio id arguens cuius ipse ab Apollonio arguebatur (Καλλίμαχος τὸ κάθαρμα)—idque in ibide insectatus quod in omnibus triuiis Alexandriae uidisse se Strabo testatus est, πᾶν θηρίον ἐκλέγουσαν καὶ τὰ ἐν τοῖς κρεοπωλίοις καὶ τοῖς ὀψοπωλίοις ἀποκαθάρματα—

* Fragmenta collegit O. Schneiderus Callim. ii. pp. 290-296.

non tamen hoc tantum ex aue deuouisse sed et alia crediderim propter uerba Ouidii *Et quibus (uotis) uolucris deuota est*. Haec enim uota non in unum aliquid, sed in multa inprecaturus erat. Nam ad iram taediumque mouendum, ipsa crebritas accessit, quod ibin necare capitale fuit (Herod. ii. 65, Cic. de N. D. i. 29. 82).

Venio ad Naucratin : nam et Apollonius Naucratites a nonnullis habitus est,* et ex Naucrati profectus est Theuth ille siue Hermes cui ibin dicatam idem Plato tradidit (Phaedr. 274). Ἤκουσα τοίνυν περὶ Ναύκρατιν τῆς Αἰγύπτου γενέσθαι τῶν ἐκεῖ παλαιῶν τινα θεῶν, οὗ καὶ τὸ ὄρνεον τὸ ἱερὸν ὃ δὴ καλοῦσιν Ἴβιν· αὐτῷ δὲ ὄνομα τῷ δαίμονι εἶναι Θεύθ. τοῦτον δὲ πρῶτον ἀριθμόν τε καὶ λογισμὸν εὑρεῖν καὶ γεωμετρίαν καὶ ἀστρονομίαν, ἔτι δὲ πεττειάς τε καὶ κυβείας, καὶ δὴ καὶ γράμματα.

Quanta fuerit inter hunc Hermen et ibin coniunctio declarat Aelianus H. A. x. 29 Καὶ τῷ Ἑρμῇ δέ φασι τῷ πατρὶ τῶν λόγων φιλεῖται, ἐπεὶ ἔοικε τὸ εἶδος τῇ φύσει τοῦ λόγου· τὰ μὲν γὰρ μέλανα ὠκυπτέρα τῷ τε σιγωμένῳ καὶ ἔνδον ἐπιστρεφομένῳ λόγῳ παραβάλλοιτο ἄν, τὰ δὲ λευκὰ τῷ προφερομένῳ τε καὶ ἀκουομένῳ ἤδη καὶ ὑπηρέτῃ τοῦ ἔνδον καὶ ἀγγέλῳ, ὡς ἂν εἴποις.

Fuitque ibis † huius dei Theuth insigne, neque ita solum ut ille cum capite ibidis pingeretur et dei nomen ibis in ligno stans cum semicirculo et duabus lineis exprimeret, sed ut anni primus mensis Thoth uocaretur, litterarum Aegyptiarum prima ibis esset (Cic. de N. D. iii. 22. 56, Plut. Symp. ix. 2. 2).‡ Itaque Hermopoli, qua in urbe praecipue Theuth colebatur, porticus templi quod ibi maximum ἰβικέφαλον deum cum famulis ibide et simio insculptos gerebat : et illuc deportata esse cadauera ibium, sicut ad Buto accipitrum, narrat Herodotus ii. 67. Ἴβεως Ἑρμαϊκῆς pinnas in magicum usum adhibet scriptor arcanus ap. Parthey Zwei Zauberpapyri p. 127 : nec minore cura ibin qui medicinae studebant quam Hermen, artis eius auctorem ac patronum, obseruabant. Sed et Lunae commune fuit Hermae cum ibide consortium, cum Plutarcho teste de Is. et Osir. 41 Hermes lunae insidens cum ea circuitum §faceret, Hermae simulacrum, tamquam Luni, lunula comitaretur ; ibis autem cum lunae nomine Hah siue Ioh coniuncta reperiatur (Wilkinson iii. p. 165), et lunam diuersitate plumarum

---

* Athen. 283. Scripsit Apollonius libellum Κτίσεις in quo urbium origines celebrauit. Commemorantur Alexandria, Caunus, Cnidus, Naucratis (Clinton F. H. iii. p. 516); unde errore Naucratiten dictum putauit Weichertus. Sed non uideo cur eadem dubitatio non etiam in hos admittatur qui cum Alexandrinum uocarunt, cum etiam Ἀλεξανδρείας κτίσιν scripserit. Vero similius est natum Naucrati, eductum Alexandriae fuisse. Ab hoc libello Apollonii suspicor Ouidium nonnulla sumpsisse, cf. 539 Conditor *ut tardae Blaesus cognomine Cyrae*.

† Haec sumpsi de libro Wilkinsoni Manners and Customs of the Ancient Egyptians iii. pp. 165 sqq. Cf. Kreuzeri Symbolik ii. pp. 101 sqq. Sauignii Histoire de l'Ibis pp. 148 sqq.

‡ Plut. Symp. ix. 2. 2 Ἑρμῆς λέγεται θεῶν ἐν Αἰγύπτῳ γράμματα πρῶτος εὑρεῖν. διὸ καὶ τὸ τῶν γραμμάτων Αἰγύπτιοι πρῶτον ἴβιν γράφουσιν, ὡς Ἑρμεῖ προσήκουσαν, οὐκ ὀρθῶς κατά γε τὴν ἐμὴν δόξαν ἀναύδῳ καὶ ἀφθόγγῳ προεδρίαν ἐν γράμμασιν ἀποδόντες. Constat Plutarchum litterarum Aegyptiarum numerum 25 fecisse, Is. et Osir. 56, sed harum prima utrum A fuerit, non liquet, praesertim cum recentissima dissertatione Emmanuelis de Rougé (Mémoire sur l'origine Égyptienne de l'Alphabet Phénicien, Paris 1874) B potius per Ibin significata uideatur. Eius libelli notitiam acceptam refero uiro illustrissimo Max. Muellero.

§ Plut. de Is. et Osir. 41 ἐνιδρυμένον συμπεριπολεῖν.

significarit (Plut. de Is. et Osir. 75, Clem. Strom. 242 *), et in con-
uiuiis Aegyptiorum cum accipitre pro luna ut is pro sole figurata
fuerit et ab Aeliano sacrata lunae dicatur † (H. A. ii. 38).
Eandem Mercurii cum Aegyptia aue consociationem declarat fabula,
quae apud Antoninum Liberalem 28, Ouidium M. v. 331, Hyginum
P. A. ii. 28 extat. Qui sic narrat. *Aegyptii sacerdotes et nonnulli
poetae dicunt, cum conplures dii in Aegyptum conuenissent, repente
peruenisse eodem Typhona, acerrimum giganta et maximum deorum hostem.
quo timore permotos in alias figuras se conuertisse; Mercurium factum
esse ibin, Apollinem autem quae Threicia auis uocatur, Dianam aeluro
similatam. quibus de causis Aegyptios ea genera uiolari non sinere demonstrant, quod deorum imagines dicantur.*
Callimachum igitur credo per ibin potissimum significasse Apollonium, quod, ut Apollonius, circa Naucratin uersaretur, et haberet quae in
Apollonii gestibus habituque morderentur, et eundem tamquam falsum
quendam Hermen siue Hermae famulum repraesentaret. Nam siue
scriba ipse uel pater fuerat, Hermes ille ἱερογραμματεὺς deorum habebatur; siue in carminibus nouum aliquid et intentatum affectarat, ad
Hermen redierunt γράμματα (Phaedr. 274) et quidquid ad homines ex-
colendos per litteras fit. Certe non desunt in Argonauticis, ut hodie
leguntur, Apollonii quae peculiare artificium sapiant; praecipue in
ordine quo litterae conectuntur, uocabula se excipiunt, unde distinctior
uersuum rhythmus fit et quasi per articulos expressior. Id singulare
munus Hermae siue Theuth Aegyptio Plato tribuit in Philebo 18, ut
litterarum tria genera, uocales (φωνήεντα), mutas (ἄφωνα), medias (φωνῆς
μὲν οὔ, φθόγγου δὲ μετέχοντά τινος) discerneret; neque a uero abhorret
hoc in Apollonii carminibus Callimacho displicuisse, quod uocalibus
modo inter se copulatis, modo artificiosius dispositis, consonantibus ita
distributis ut nihil in uersu nisi ex proposito asperius sonaret, nouam
quandam artem inducere uideretur.† Quod siquis obiciat hoc prae
omnibus Callimacheum esse, non ideo cadit coniectura, nam idem
in perpolito carmine exquisitum poterat, in adulescentis incohato opere
putidum uideri.
Unum praetermittendum non erat: Callimachum in insectanda

---

* Plut. de Is. et Osir. 75 Τῇ δὲ τῶν ποδῶν διαβάσει πρὸς ἀλλήλους καὶ τὸ ῥύγχος
ἰσόπλευρον ποιεῖ τρίγωνον· ἔτι δὲ ἡ τῶν μελάνων πτερῶν περὶ τὰ λευκὰ ποικιλία καὶ μῖξις
ἐμφαίνει τὴν σελήνην ἀμφίκυρτον. Vide Partheyum in loc. Clem. Strom. 242 S. Ἡ δὲ
ἶβις (σύμβολον) σελήνης, τὰ μὲν σκιερὰ τῷ μέλανι, τὰ δὲ φωτεινὰ τῷ λευκῷ τῶν πτίλων
εἰκαζόντων.
† Aelian. H. A. ii. 38 Ἱερὰ τῆς σελήνης ἡ ὄρνις ἐστί. τοσούτων γοῦν ἡμερῶν τὰ ᾠὰ
ἐκγλύφει, ὅσων ἡ θεὸς αὔξει τε καὶ λήγει. τῆς δὲ Αἰγύπτου οὔποτε ἀποδημεῖ. τὸ δὲ
αἴτιον, νοτιωτάτη χωρῶν ἁπασῶν Αἴγυπτός ἐστι, καὶ ἡ σελήνη δὲ νοτιωτάτη τῶν
πλανωμένων ἄστρων πεπίστευται. ' Tehuti represents the Moon, which he wears upon his
head, either as crescent or as full disk; and as our word *moon* is derived from the root
mâ, ' to measure,' .... we shall not be surprised if we find a very similar account of
the etymology and attributes of Tehuti. There is no such known Egyptian word as
tĕhu, but there is *teχu*, which is a dialectic variety, and is actually used as a name
of the god. This form supplies us with the reason why the god is represented as an
ibis. As Seb is the name both of a goose and of the earth-god, so is Techu the name
of an ibis and of the moon-god. Tehuti probably signifies, as M. Naville has suggested,
the " ibis-headed." ' Renouf, Religion of Ancient Egypt, p. 116.

ibide ab Aegyptiorum ritu ac more discessisse.   Hi enim tamquam
sacram uenerabantur ; atque adeo non inmundam ducebant ut qua ex
aqua ibis bibisset, eam solam in sacris adhiberent (Ael. H. A. vii.
45). Quod igitur ibin induxit tamquam dignam deuotionibus, Graecos secutus
uidetur ; nam sic Aristophanes dixerat Ἶβις Λυκούργῳ, ut alienum et
Aegyptium notaret.   Ergo aut Graecus origine Apollonius non fuit,
quod fortasse declarat rarius inter Graecos nomen patris Hillei siue
Sillei (Vit. ap. Keil. p. 534), aut eum Callimachus tamquam βαρ-
βαρίζοντα nec satis Graece sapientem notare uoluerat.   Nam quo
magis ipse locutionem affectabat cuius et exquisita et uere Graeca
et tamen propria forma esset, hoc acrius in discipulo insectaturus
fuit quodcumque uel sordere uel nimis magna spirare, uel denique
ita ad suas artes accedere iudicarat, ut eas tamen per imitationem
traduceret.   Neque hoc ideo inprobes, quod Apollonius postquam
Rhodum secesserit, uere Graecus poeta euaserit.   Nam quo diutius
inter Graecos commoratus est, hoc plus se excolebat.   Qui si in
Ibide tamquam *Aegyptius* diffamatus est a Graeco et βαρβαρίζων, potuit
Callimachus ut inerudito doctrinam, sic Aegypto Alexandriam op-
ponere.   An et Serapin, qui deus ab Alexandrinis potissimum colebatur, ceteris Aegyptiorum numinibus opposuit ?   Certe in anulis qui
Serapidis caput insculptum gerunt inscriptus titulus dicitur a Kingio
(Antique Gems p. 340) his uerbis ΝΙΚΑΟ CAPAΠΙC TON ΦΘΟΝΟΝ. Hoc
si tamquam proprium munus Serapis habuit, id autem non semel in
Callimachi scriptis inuenitur ut Liuorem uel Inuidiam a se amoliatur,
in huius quoque Ibide, sic ut in Ouidiana, latuit fortasse relligio.

IV.

Contra inimicum suum, quisquis fuit, tanto magis Ouidius saeuiturus erat, quanto maiorem iniuriam ulciscebatur.   Nam Callimachus
riualem ludebat potius quam oderat, eumque exulem fecit, non ipse
exul ab eo factus est.   Ouidio quae grauior poterat accidere iniuria ?
Vidit se ex summa fortuna ac felicitate deiectum repente ; Roma abire
iussus est sed et hieme et in locos desertos ; publicus poeta ex omnium
conspectu secessit.   Nam Cyrenaeum quidem populares sui norant,
norat Alexandria ; potuit etiam Athenas et in Asiam insulasque fama
peruenire.   At Ouidium totus terrarum orbis, omnis urbs Romanis
subdita celebrabat: tantumque inter aequales eminebat, ut post Vergilium Horatiumque tamquam unicus poeta spectaretur.   Iam recordare
qualis uir fuerit, quanto cultu, quam exquisita arte, studio, doctrina ;
rursus quam simplex candidusque, plane, quod dicit Plato (Rep. 495),
ὑπὸ φυγῆς καταληφθὲν γενναῖον καὶ εὖ τεθραμμένον ἦθος.   Nam ut ipse
testatur Trist. ii. 563 sqq.

   Non ego mordaci destrinxi carmine quemquam,
      Nec meus ullius crimina uersus habet.
   Candidus a salibus suffusis felle refugi.
      Nulla uenenato littera mixta ioco est.
   Inter tot populi, tot scripti millia nostri,
      Quem mea Calliope laeserit, unus ego.

Tam grauiter laesum quis miretur ultra modum indoluisse? Illud potius admiror, tam neglectum iacere carmen quo inmortale odium consecrauerit. Quod quamquam prope dimidia parte adeo obscurum est ut per nebulas tantum pleraque imaginet, in uersibus quibus inimicum deuouit nec uigorem Ouidii nec elegantiam desideres. Praeterea unus hic liber Dirarum, praeter Valerii Catonis, in manibus est : nam Graecorum 'Αραὶ perierunt.

Ex Callimachi Ibide quantum sumpserit Ouidius, incertum est, cum ne unum quidem fragmentum ex ea supersit. Saluagnius, adulescens pereruditus et cui multum tribuo ob iudicium, si annos spectes, singulare (si modo absoluit in Ibin commentationes annum agens uicesimum) totam Ouidii Ibin ex Callimachea expressam credidit. Verum id quidem non potest esse, si recte u. 449 interpretantur *Et quibus exiguo uolucris deuota libello est*, nam uolucrem nusquam Ouidius deuouit. *Historias* tamen, si quae in Callimachi libello *caecae* inerant, credibile est eum transtulisse. Sed ex tanta fabularum serie quae uu. 251–636 leguntur, paucae tantum inde uenire poterant, siue epigrammatis modum, siue longioris nec tamen magni libri conplexa est. Sed et Ibin et Αἴτια et alia fortasse scripta Callimachi secum in exilium Ouidius tulerat ; nam Leutschio assentior memoriter non tenuisse, praesertim obscurissima et quae facillime memoriam fugerent. Certe ex Callimacho * traxit historiam de Eteocle et Polynice quae bis Ib. 35, Trist. v. 5. 33 narrata est.

> Consilio commune sacrum cum fiat in ara
>   Fratribus alterna qui periere manu,
> Ipsa sibi discors, tamquam mandetur ab illis,
>   Scinditur in partes atra fauilla duas.
> Hoc, memini, quondam fieri non posse loquebɔr,
>   Et me Battiades iudice falsus erat.

Ex Callimacho etiam fluxisse uidetur historia de Simone Thessalo Eurydamantem *circa busta Thrasylli* (Ib. 331) raptante, ut testatur Schol. Il. xxii. 397, siue ex Ibide ut Bentleio uisum est, siue ex. Aetiis ut post Bergkium Schneidero (p. 627); de seruato Simonide, cum Scopas, ex Aleuadarum ortus sanguine, ruina domus extingueretur (Ib. 511, Callim. fr. 71 Schn.) ; de Limone (fr. 457); de Erysichthonis fame, qua nihil nobilius Callimachus scripsit (H. Cer. 33 sqq.), de Cleombroto (Ep. 25).

Ex Aetiis sumpta sunt uel poterant sumi haec : Minos a Cocali filiabus interfectus (fr. 5), Hippolyti exitus (fr. 7), Trasus in templo a canibus Deliis laceratus (fr. 9), Aiax Oileus propter uiolatam Cassandram ictus fulmine iuxta Euboeam (fr. 13ᵈ), Coroebus (fr. 13ᵉ), Phalaris et Perillus, si fides est Plutarcho seu quis alius Parallela scripsit (fr. 25). Haec enim in Aetiis fuisse ueteres tradiderunt, ut Bentleius demonstrauit. Sed et conplures alias historias quas Ibidi suae intexuit, Ouidium hinc sumpsisse uero simile fit ex eis quae Schneiderus disputauit Callim. ii. pp. 35–116. Velut in primo libro,

---

* Hanc Heckerus ad Ibin, ad Αἴτια post Ruhnkenium Schneiderus Callim. ii. p. 626 retulit.

ubi ludorum origines Callimachus narrasse creditur a Bernhardyo et
Schneidero, potuit de Nemeis loquens mentionem inicere Archemori
(Ib. 483); de Isthmiis, Inus et Melicertae (Ib. 497); de Argiuis,
Glauci Potniensis (Ib. 555), Danaidum (355), Psamathes Lini Coroebi
(Ib. 573, 480, 575), de Troicis, Patrocli (Ib. 375). Nolo nimium
insistere ambiguis; nec cum Schneidero ἀεροβατεῖν. Satis tamen etiam
ex Anth. P. vii. 42 edocemur quot mythos mythorumque causas
Aetiis suis Callimachus intexuerit.

> Τοῖα γὰρ ἄμμιν ἔφηνας, ἅ τ᾽ οὐ πάρος ἀνέρες ἴδμεν,
> ᾿Αμφί τε ἀθανάτους, ἀμφί τε ἡμιθέους,
> Εὖτέ μιν ἐκ Λιβύης ἀναείρας εἰς ῾Ελικῶνα
> ῎Ηγαγες ἐν μέσσαις Πιερίδεσσι φέρων,
> Αἱ δὲ οἱ εἰρομένῳ ἀμφ᾽ ὠγυγίων ἡρώων
> Αἴτια καὶ μακάρων εἶρον ἀμειβόμεναι.

Iam si cum Ibide conferas Tristia et Epistulas ex Ponto, communes
cum hac certas quasdam inuenies fabulas, ut de Telephi hasta quae
Achillem eadem uulnerauit et sanauit (Ib. 255, Trist. i. 1. 99, ii. 19, 20,
Pont. ii. 2. 26), de Busiride, Antiphate, Cassandreo, Alex. Pheraeo,
Phalaride, Theromedonte, Atreo, Diomede (Pont. iii. 6. 41–44, ii. 9.
41–44, i. 2. 53) de Encelado sub Aetna sepulto * (Ib. 597, Pont. ii.
10. 24), de flammis in ara Eteoclis et Polynicis numquam coeuntibus
(Ib. 35, Trist. v. 5. 33), de Scirone Sinide Polypemone quos Theseus
exstinxit (Pont. iv. 10. 79, 80, Ib. 407–412).

Harum si una certe, de flammis in ara fratrum numquam coeuntibus,
ex Callimacho sumpta est, non aliunde etiam ceterae duci potuerunt.
Suntque pariter Ibidi Tristibus Epistulis communia cum Callimacho
quae de *candore* suo (Trist. v. 3. 53, Pont. iv. 14. 43, Ib. 8), *liuore*
inimicorum iterat Ouidius (Pont. iii. 3. 101, iv. 16, 47). Nam Apollonium Callimachus non semel tamquam sui inuidum tetigit, ut H. Ap.
107, Ep. 23. 4 ῾Ο δ᾽ ἤεισεν κρέσσονα βασκανίης, fr. 292 ῎Ελλετε, βασκανίης
ὀλοὸν γένος. Eodemne reuocanda sint tot supplicia *repertorum* quae in
Ouidiana Ibide commemorantur,† non affirmarim. Duo certe horum
genera illic proueniunt. (1) *Artium* repertores. Prometheus qui
ignem inuenit Ib. 291, Perdix qui serram 498, Thamyras qui modos
Dorios 272, Amphion qui Lydios 583, Marsyas qui Phrygios et
geminas tibias 552, Amphiaraus qui ignispicia 354, Tiresias qui
auspicia auium 263, Lycaon qui inducias et ludos gymnicos 327,
Icarus qui uinum facere 611, Palamedes qui litteras, uigilias, alea
ludere 619, Archilochus qui iambum 525, Glaucus qui herbam ἀθανα-
σίας 556, Orpheus qui inlicito amore uti 600. (2) *Suppliciorum*.
Thrasius *sacri mostrator iniqui* 397, Perillus et Phalaris 437–

---

* Callim. fr. 382 Τριγλώχιν ὀλοῷ νῆσος ἐπ᾽ ᾿Εγκελάδῳ.

† Quae secuntur sumpsi ex Plin. H. N. vii. 191 sqq. Sed scripserunt περὶ εὑρημάτων
conplures, quos recenset post Bentleium (Dissertation upon Phalaris ii. p. 126 ed. Dyce)
in libello *De Rerum Inuentarum Scriptoribus Graecis* Christophorus Brusskern, Simonides
Ceus, Ephorus Cumanus, Aristoteles, Heraclides Ponticus, Theophrastus, Philochorus
Atheniensis, Strato Lampsacenus, Scamo Mitylenaeus, Antiphanes, Cydippus Mantinensis,
Aristodemi duo, Clemens Alexandrinus; quibus adde Hyginum Fab. 274 et 277, qui
ex iis quos Ouidius memorauit unum Perdicem nominat.

440, Diomedes 401, Sciron Sinis Polypemon Procrustes Cercyon
407–412. Sed Ouidius quamquam in simili causa similes fabulas
tractaturus erat, latius Callimacho uagatus, multa in suos usus conuertisse uideur quae aliunde proueniebant. Nam et in Lycophronis
Alexandra, quam ex Ib. 531 Ouidium perlegisse crediderim, extant
multae ex Ibidis fabulis notioribus, uelut Myrtilus ab Oenomao praecipitatus in mare 164, Hector ab Achille tractus 260 sqq., mors Priami 335,
naufragium Graecorum et Aiacis Oilei propter uiolatam Cassandram
357–395, excaecati Phoenix 423 Polyphemus 765, fulminatus Capaneus
436, occisus ab apro Calydonio Ancaeus 486, Vlyssis sociorum mortes
ad Scyllam et Charybdin, apud Polyphemum et Laestrygonas 648 sqq.,
ipsius naufragium 740 sqq. et mors ex aculeo trygonis 796, Glaucus
ex Anthedone 754, de Myrrha et Adonide 829 sqq., homines in saxa
conuersi a Gorgone 845, castratus Vranus 762, 869, Philoctetes ab
hydra morsus 912, Herculem in Oeta comburens 916, exitium Comae-
thus 934, 5, Melanippi cerebrum exsuctum a Tydeo 1066, Nauplii
dolus circa Caphareum 1093 sqq., quo Palamedis mortem ultus est
1097, Agamemnon a Clytaemnestra interfectus 1099–1105 cum Cassandra 1110–1117, Hecubae fatum 1174–1188, Absyrti interfectrix et
natorum suorum Medea 1319. Sed et nonnullae insunt ex obscurioribus: e. g. Achilles Iphigeniam quaerens ad Leuken Akten 185 sqq.,
Tennes cum Hemithea in arcam inclusi 235, Aiacis Telamonii unicum
uulnus 457, Phoenodamantis filiae expositae leonibus in Sicilia 470 sqq.,
Tiresiae iocosa lis 682, Aegialeae adulteria 612–614, mors Heraclis,
Alexandri M. filii, 801–804, quam ego historiam in Ib. 308 subodoratus
sum, Setaeae uirginis ad scopulum fixae cruciatus 1075–1080, imago
Palladis oculos cludens ne Siritanos a Crotoniensibus interfectos
uideret 985, Erysichthonis inexpleta fames 1389. Quid quod Lycophronis consuetudine nomina, ubicumque posset, supprimendi (Bach-
mannus ad Lyc. p. 209) et Ouidius usus est? Nam in Alexandra
quidem nonnisi per tenebras cernuntur omnia; nec nomina tantum,
sed res etiam adeo latent nube uerborum, ut prae hac Callimachi quoque ambages et Ouidii aenigmata in clara posita luce uideantur. Cuius
rei facilis ratio est, cum hi quos significant, non raro ex propinquis
ac genere descripserint, ille ne propinquorum quidem nomina nisi per
ambages induxerit. Quid quod παρωνομασίᾳ interdum et hic et illi
luserunt? Nam quod in Ouidiana Ibide Prometheus tamquam parum
Metis, uti enotauit Sanctius, Telegonus per teli genus significatur,
similia inuenies ap. Lyc. 960 μονοικήτους ἕδρας ubi subauditur κῆτος et
Callim. Ep. 28. 5, 6.

Neque illud omittendum quod iis uerbis nonnumquam concipiuntur
historiae quae non uni conueniant. Hoc et ex Scholiis patebit et
Commentario. Extabantque non pauca huiusmodi, si modo fides est
opusculo Plutarcheo quod παράλληλα inscriptum est. Quod quamuis
Plutarcho indignum ut est sic iudicetur a Cobeto Coniect. Graec. p. 502,
non inutile duco Romanorum proferre nomina qui Graecis, Graecorum qui Romanis similes casus subiisse in eo dicuntur. Itaque
Parall. 5 similis historia de Anchuro quae de Curtio tradita est, 6 de
Valerio Conato quae de Amphiarao, 7 de Pyraechma quae de Metto

Fuffetio, 9 de Icariis Romano altero, altero Graeco, 10 de Cassio Bruto quae de Pausania, 22 de Valeria Tusculanaria quae de Myrrha, 24 de L. Thymbri, Rustio, Gestio quae de Hecuba, Polydoro, Polymestore, 26 de Mamerco et Siluia quae de Meleagro et Althaea, 28 de Papirio et Canulia quae de Macareo et Canace, 34 de Cominio quae de Hippolyto, 37 de Fab. Fabriciano quae de Agamemnone, 38 de Fauno interfecto ab Hercule quae de Busiride, 39 de Aemilio Censorino et Aruntio Paterculo aenei equi repertore quae de Phalaride et Perillo aenei tauri fabricatore, 40 de Annio sese in Anienem praecipitante quae de Eueno in Lycorman. Et haec et quaecumque similia tunc legebantur, qualia dicit Artemidorus Oneirocrit. iv. 63 citatus a Meinekio Anal. Alex. p. 258 Εἰσὶ γὰρ καὶ παρὰ Λυκόφρονι ἐν τῇ Ἀλεξάνδρᾳ καὶ παρὰ Ἡρακλείδῃ τῷ Ποντικῷ ἐν ταῖς Λέσχαις, καὶ παρὰ Παρθενίῳ ἐν Ἐλεγείαις, καὶ παρὰ ἄλλοις πολλοῖς ἱστορίαι ξέναι καὶ ἄτριπτοι, cuius generis inter Romanos Cinna Smyrnam ediderat librum obscurum adeo ut et nonnulli eius aetatis grammatici in eum scripserint magnamque ex eius enarratione sint gloriam consecuti (Philargyr. ad Ecl. ix. 35), iam innotuisse Ouidio reor cum* Metamorphoses scribebat. Id opus Roma exiens inperfectum reliquerat, atque ipse sua posuerat maestus in igne manu (Trist. i. 7. 16), postea tamen conperto non esse penitus sublatum sed extare pluribus scriptum exemplis (ib. 23, 24), ipse seruatum uoluit praeposuitque sex illos uersus (Trist. i. 7. 35–40) Orba parente suo quicumque uolumina tangis, His saltem uestra detur in urbe locus. Quoque magis faueas, non haec sunt edita ab illo, Sed quasi de domini funere rapta sui. Quidquid in his igitur uitii rude carmen habebit, Emendaturus, si licuisset, eram. His intexuerat prope omnes fabulas quae in Ibide reperiuntur, unde non raro eisdem uerbis eaedem in ambabus recurrunt. Has in Ibin transferens quam normam adhibuerit, quid respiciens modo hoc adsumpserit, modo illud reiecerit, difficilis est quaestio. Sed in uniuersum eas uidetur elegisse quae miserrimum genus siue mortis siue tormenti haberent, unde multas quibus hoc non inest praetermisit. Huiusmodi suppliciis abundabant Graecorum tragoediae. Ael. V. H. iii. 29 Διογένης ὁ Σινωπεὺς συνεχῶς ἐπέλεγεν ὑπὲρ ἑαυτοῦ, ὅτι τὰς ἐκ τῆς τραγῳδίας ἀρὰς αὐτὸς ἐκπληροῖ καὶ ὑπομένει· εἶναι γὰρ Πλάνης ἄοικος πατρίδος ἐστερημένος Πτωχὸς δυσείμων βίον ἔχων ἐφήμερον. Quarum etsi maxima pars periit, argumenta extant apud Hyginum, cuius fabulae permultis locis Ibidi lucem offundunt. Legeratque Hyginus Ouidianam Ibin, ut ex Fab. 123 collegit Schmidtius:

---

* Certe quae res Ibin eadem Metamorphoses obscurat, crebrior usus patronymicorum. Sed et papponymicis atque etiam mammonymicis taedium uitauit: de qua re uide Meinek. Anal. Alex. pp. 70, 71 'Omnino satis frequens est papponymicorum usus. Ita Perseus apud Ouidium Metam. iv. 771 a proauo uocatur Agenorides. De Protesilao Phylacide idem adnotauit Hemsterhusius ad Lucian. p. 426. Atque ipsum illud Αἰακίδης de Aiace usurpatum attulit grammaticus Crameri Anecd. iv. p. 326, 25. Cf. Suidas s. v. Ἀλκείδης. Nec desunt mammonymicorum exempla, ex quo genere est Λητοΐδης de Aesculapio dictum ab Hesiodo Fragm. ed. Marckscheff. Cl. p. 317
πατὴρ δ' ἀνδρῶν τε θεῶν τε
Χώσατ' ἀπ' Οὐλύμπου δὲ βαλὼν ψολόεντι κεραυνῷ
Εκτανε Λητοΐδην, φίλον σὺν θυμὸν ὀρίνων.
In quibus praeter φίλον nil corruptum.'

ibi enim de Neoptolemo dicens adicit *cuius ossa per fines Ambraciae sparsa sunt, quae est in Epiri regionibus,* cf. Ib. 303, 4.

V.

Ventum est ad distributionem fabularum. Hic non unam semper rationem secutus est Ouidius, sed cum ea quam prae caeteris amauit, etiam alias coniunxit. Potissimum tamen id elaborauit, (i.) *ut simul commemoraret eodem supplicio affectos.* Et hic multo maximus numerus est. Recenseantur.

(1) Caecati.
> Phoenix, Oedipus, Tiresias, Phineus, Polymestor, Polyphemus, Phinidae, Thamyras, Demodocus (259–274).

(2) Aquis mersi.
> Ceyx, Ulixes (275–278). His post addidit Leandrum, Comicum, Palinurum (589–594). Nam Graios ab Ilio reuertentes et Aiacem Oilei, quamquam naufragio perierunt, aliter induxit, tamquam scopulis laceratos uel igni pariter atque aqua exstinctos.

(3) Cinere uel harena hausti.
> Sardanapalus, Ammonis templi uiolatores, occisi a Dareo II. (311–316).

(4) Proditione caesi.
> Hermias, Alexander Pheraeus, Aleuas Larisaeus (319–324).

(5) Equis raptati.
> Eurydamas, Hector, Limones adulter (331–336).

(6) Qui scopulis fixi uel icti fulmine in mari perierunt.
> Grai ab Ilio, Aiax Oilei f. (339–342).

(7) Insani.
> Aiax Telamonis f., Lycurgus, Hercules, Athamas, Orestes, Alcmaeon (343–348).

(8) Qui propter mulieres supplicia passi sunt (349–372).
> *a.* A coniugibus adulteris. Diomedes, uir Locridos, Amphiaraus, Agamemnon, Aegypti filii (349–356).
> *b.* Propter incestum.
>> (α) Sororum. Caunus, Macareus (357, 8).
>> (β) Filiarum. Thyestes, Cinyras, Epopeus (359, 360).
> *c.* A filiabus proditi amantibus inimicos.
>> Pterelas, Nisus, Tarquinius (361–364).
> *d.* Caesi propter sponsam quam cursu contendentes petebant.
>> Proci Hippodamiae, Atalantes, cumque his Oenomaus et Myrtilus (365–372).

(9) Qui homines tamquam uictimae perierunt.
> Caesi a Minotauro, in Patrocli funere, a Sphinge, in templo Bistoniae Mineruae, a Diomedis equis, a Therodomantis leonibus, in sacrificio Dianae Tauricae (373–384).

(10) Circa Ulixen qui perierunt.
> Ad Scyllam et Carybdin, a Polyphemo, a Laestrygonibus, proci Penelopes (385–388, 391, 2).

(11) Caesi ab Hercule.
    Antaeus, Busiris, Diomedes, Nessus, Eurytion (393-4, 399-404).
    His praemisit qui earundem fabularum in orbe partes habent, interfectos ab Antaeo, Lemnios a coniugibus necatos, Thrasium (395-398).

(12) Caesi a Theseo.
    Corynetes, Sinis, Sciron, Polypemon, Minotaurus, Pityocamptes, Cercyon (405-412).

(13) Propter inopiam uel famem pessum dati.
    (a) Achaemenides, Irus (415-418).
    (b) Quorum fames modum et fas excessit.
        Erysichthon, Tydeus, Thyestes, Lycaon (425-432).
    (c) Qui famem aliorum comesi expleuerunt.
        Pelops, Telei puer (433, 4).
        His adiunxit propter membra discerpta Absyrtum (435, 6).

(14) Aere cocti.
    Perillus, Phalaris, Pelias (437-442).

(15) Terra hausti.
    Curtius, Sparti (443-446).

(16) Diris deuoti.
    Menelaus ab Euphorbo, Ibis uolucris a Callimacho (447-450).

(17) Cultris caesi.
    Osiris, Galli, Attis (451-6). His subnexuit uiolatores Magnae Matris, Hippomenem et Atalantam (457, 8).

(18) Arca inclusi et in mare proiecti.
    Perseus, Tennes (463, 4).

(19) Fulminati.
    Capaneus, Aesculapius, Semele, Iasion, Phaethon, Salmoneus, Lycaonis filius, Macedon (469-476).

(20) Laniati canibus.
    Trasus, Actaeon, Linus (477-480). Post adiunxit Euripidem (595, 6).

(21) Anguium morsu perculsi.
    Eurydice, Archemorus, Laocoon (481-484). Prius dixerat de Philocteta (253, 4) et Eurylocho (287, 8).

(22) Praecipitati.
    Elpenor (485, 6), Lichas, Cleombrotus, Aegeus, Astyanax, Ino, Perdix, Lindiae (491-500). Prius dixerat de Echecratide (285, 6). Lichae subnexuit Thiodamanta et Cacum pariter ab Hercule caesos propter inhumanitatem (487-490).

(23) Caesi a feris.
    (a) Leonibus.
        Phalaecus (Apesantus?) (501, 2).
    (b) Apris.
        Ancaeus, Adonis, Idmon, Thoas (?), Attis (503-508).

(24) Qui in fluuios se praecipitarunt.
    Euenus, Tiberinus (513, 514).
(25) Qui scriptis exitium sibi pepererunt.
    Callisthenes, Archilochus, scriptor carminis in Athenienses,
    Timocreon (?) (519–526).
(26) Quibus membra mutilata sunt.
    Pentheus, Dirce, Philomela (533–538).   His post adiunxit
    Mamertam (547), Orphea (600).
(27) In saxa uersi.
    Niobe, Battus (585, 6), et ante hos a Medusa interfecti (553).
(28) Qui igne membris inplicito combusti sunt.
    Meleager, Creusa, Hercules (601–606).
(29) Qui noctu perierunt.
    Dolon, Rhesus (627–630), Ramnes cum suis (631, 2).
(ii.) Alterum genus est eorum *qui eiusdem nominis fuerunt.*
    Pyrrhi (301–8), Aiaces (341–344), Hippomenes uir Ata-
    lantae, Hippomenes Limones adulter (457–460), Glauci
    tres (555–558).
(iii.) Tertium, eorum *qui eiusdem familiae fuerunt.*
    Thessalus, Eurylochus (285–288); Philippus, Alexander
    (295–298); Hippodamia, Oenomaus (365–368); Antaeus,
    Busiris (395, 399); Amphion, Niobe, cum filiis filiabusque
    14 (581–584); Icarus, Erigone (611–614).
    Sed ex his Hippodamia cum Oenomao, Antaeus cum
    Busiride, denique Icarus cum Erigona etiam primae classi
    adsignantur, tamquam eodem mortis genere adfecti.
    Restant historiae quarum inter se conexum uix certo explices. Nam
interdum nullo uinculo cohaerent nisi quod unius fabulae pars sunt :
sic coniunguntur Philoctetes, Telephus (253–256), qui ambo in
Cypriis legebantur (Kinkel Ep. Graec. Fragm. pp. 18, 19); Vlysses et
Anticlus (567–570), quos uidetur simul commemorasse ex Odyssia
(Od. xi. 134, iv. 285–289), quamquam ibi nec Vlysses a Telegono
occisus, nec Anticlus periisse traditur ; Crotopus et Argiui quos Poena
occidit (573–576), quorum mentionem fecerat Callimachus (fr. 315,
fortasse in Ibide), et fecisse uidetur Antimachus in Thebaide, si quidem
inde in suum epos transtulit fabulam Statius Theb. I. 570 sqq.; Thiodamas et Cacus (486–490) quos ob inhumanitatem interfecit Hercules;
617–624 ad Vlyssem omnes referuntur, nisi quod interiecta est ignota
fabula Aethali.   Ex reliquis sunt quarum nexum in Commentario
expedire conatus sum; multo tamen plures eiusmodi sunt ut obscu-
riore filo copulatae ordinem aut nullum aut certe latentem sequantur.
    Sed in uniuersum mortes generatim non ordinauit ante u. 331, nec
post 508.   Contra intra hos terminos secuntur ordine distributo ac
paene certo, nisi quod quattuor fabulis de Vlysse addita est post
tertiam poena quam de Acerranis Hannibal exegit (389–390); post
mutilatos Osirin, Gallos, Attin, Hippomenes Atalantae uir et eiusdem
nominis adulter Limones, tum et Cassandreus commemorantur (459–
462); post Perseum et Tennen arca inclusos, nescio quam ob
causam Theudotus ad aram Phoebi mactatus, et Abderitarum κάθαρμα

adiuncti sunt; denique post Elpenorem nimio uino delapsum
Dryopes et Cacus cum Licha pariter ab Hercule caesi, quamuis alia
morte, inlati sunt.

Notabilis est in Ouidiana Ibide bis terue repetita de eisdem fabula,
neque ea Scholiastas fefellit. Nec quicquam totiens elaborarunt quam
ut repetitorum nominum rationes inuenirent. Nam bis induxit Prometheum (291, 543): bis Lycaonem (327, 431): bis Limonen, (337)
ubi adulteri poenam narrat, (459) ubi ipsius Limones : bis Herculem
et Oresten, ob insaniam (347, 8), mortes (605, 527); bis Attin (455,
507), Astyanacta (496, 564), Adonin (503, 565); ter Vlyssen, propter
naufragium (277), mortem ex Telegono (567), periculum ex Euryclia
(623); bis Danaides (177, 356), bis Canacen (357, 562), Myrrham
(360, 566), Polyphemum (269, 387), hic Vlyssis socios comedentem,
illic ab Vlysse excaecatum. Rursus post commemoratum Tydei
facinus (428), Menalippum, in quem hic saeuiit, induxit (515); post
Polymestorem ab Hecuba lumine orbatum (267), Polydorum quem
hic interfecit (579); post Atalantae procos (371), ipsam Atalanten
in leonem conuersam (457); post Eurydicen angue absumptam (482),
Orphea a Strymoniis matribus dilaniatum (600).

Hic subicienda est mortium series quibus *singuli* perierunt.

(30) Lapsus ex equo per aerem. Bellerophon (257, 8).
(31) Castratio. Vranus (273).
(32) Distractio per equos in diuersum. Mettius Suffetius (279, 280).
(33) Tormentum ex resectis palpebris et insomnia. Regulus (281).
(34) Ad aras interfectio. Priamus (284). Ad aras etiam hi perierunt, Theodotus (466) et Aethalos (622): sed ille sacrificatus, hic, ut uidetur, telis obrutus.
(35) Mors ex calida aqua. Minos (289).
(36) Exitium ex παιδικοῖς. Philippus uel Archelaus (297).
(37) In puteum coniectio. Acerrani (389). Eadem aut certe similis mors Milonis (325, 6).
(38) Post uulnera ingesta humo sepultura. Cassandreus (461).
(39) Lapidatio. Deuoti Abderitanis (468).
(40) Ruina domus. Scopas (512).
(41) Cerebrum exsuctum. Menalippus (515).
(42) In cauea inclusio. Callisthenes (519).
(43) Mors ex prima nocte coniugii. Eupolis cum uxore (529).
(44) Oculi apibus confixi. Vates Achaeus (541).
(45) Pellis detractio. Marsyas (551).
(46) In melle submersio. Glaucus (558).
(47) Piscis aculeus. Vlysses (568).
(48) In mortario contusio. Anaxarchus (572).
(49) Ictus disci. Hyacinthus (588).
(50) In arborem compressio. Milo Crotoniata (609).
(51) In aede occlusio. Pausanias (616).
(52) Corpus semicrematum. Alcibiades (633).

Praeterea multos induxit separatim, qui in aliquo genere cum aliis commemorandi erant: e. g. Philocteten, Telephum (253–256); Bellerophontem (257) Thessalum (285) Echecratiden (293) Glaucum (556) praecipitatos; Eurylochum (287) Oresten (527) anguibus morsos; Alexandrum (299) Pyrrhum (307) Socratem (559) uenenatos; Achaeum (299), Syracosium poetam (549) suspensos; Pyrrhum, Deidamian (303–307), Lycophrona (531), Amphiona cum filiis et filiabus (581–584), Remum (635) missilibus interfectos; Leuconem (309), qui iis adnumerandus erat qui per adulteram coniugem ceciderunt; Sicyonium (317), scriptorem carminis quo Athenae laesae (523), fame absumptos; Lycaona (327) fulminatum, Mithridaten (329) destitutum; Limonen (459) Glaucum (555) ab equo morsos; Corcyraeos ab externis caesos (510); Brotean (517) Empedoclem (597) in ignem sese conicientes; Battum (540) exulem in longinquas terras actum; Anticlum (570) fauce constrictum; in lapidem conuersos, Cephenas (553), Nioben (585), Battum (586); Haemona et Macareum (561, 2) interfectores sui; Argiuos (575) et Thebanos (378) hos a Sphinge, illos a Poena absumptos; Hippolytum uisa belua deiectum curru ac laceratum (577).

Huiusmodi supplicia quotiens perlego, subit animum recordatio poenarum, quas Mithrae sacris initiati patiebantur; de quibus Suidas s. u. Μίθρας. Οὐκ ἂν οὖν εἰς αὐτὸν δυνήσαιτό τις τελεσθῆναι, εἰ μὴ διά τινων βαθμῶν παρελθὼν τῶν κολάσεων δείξει ἑαυτὸν ὅσιον καὶ ἀπαθῆ. Ad quem locum Bernhardyus ex Nonni Comm. in Greg. Nazianz. p. 130 haec attulit βαθμοὶ δέ εἰσι κολάσεων τὸν μὲν ἀριθμὸν ὀγδοήκοντα, ἔχοντες δὲ ὑπόβασιν καὶ ἀνάβασιν· κολάζονται γὰρ πρῶτον τὰς ἐλαφροτέρας, εἶτα τὰς δραστικωτέρας· καὶ εἶθ' οὕτω μετὰ τὸ παρελθεῖν διὰ πασῶν τῶν κολάσεων, τότε τελεῖται ὁ τελούμενος. αἱ δὲ κολάσεις εἰσὶ τὸ διὰ πυρὸς παρελθεῖν, τὸ διὰ κρύους, διὰ πείνης καὶ δίψης, διὰ ὁδοιπορίας πολλῆς, καὶ ἁπλῶς διὰ πασῶν τῶν τοιούτων. Cf. eiusdem Nonni ad Greg. Naz. Orat. i. § 47 Migne et ad Orat. in Sanct. Lumina § 9, p. 1072 Migne. Ipse Gregorius haec habet Orat. iv. 109 Migne τὰς ἐν Μίθρου βασάνους καὶ καύσεις ἐνδίκους τὰς μυστικάς, ib. 123 εἵλκετο διὰ πλατειῶν, ὠθεῖτο καθ' ὑπονόμων· τῶν τριχῶν εἵλκετο, οὐκ ἔστιν ὅτου μὴ μέρους τοῦ σώματος, μιγνυμένης τῇ αἰκίᾳ τῆς ὕβρεως, παρὰ τῶν ἀξίως ἐν Μίθρου ταῦτα κολαζομένων (fortasse παρὰ τὸν—κολαζόμενον). Quae mirum quantum congruunt eis quae Ouidius commemorauit; nam et ignem et frigus et famem et sitim et longa exilia et tractus per terram corporum, et deiectus in puteos uel cloacas, et tormenta omnis generis frequentauit.

VI.

Sed redeo ad Aegyptum, unde in fine cap. iii digressus eram. Nam in hoc quoque Callimachum Ouidius secutus uidetur, quod in Ibide aut Aegyptium traduxit aut quaedam saltem intulit quae ad Aegyptiorum morem ac ritus pertinerent.

    i.   Et ne non fultum nuda tellure iaceret
            Molle super silices inposuere caput.

Moris erat sacerdotum humi dormire, capite in axem ligneum uel durioris aliquid materiae innixo (Wilk. i. p. 186). Hoc ad inimicum suum Ouidius sic transtulit ut Eumenides faceret infantis caput in saxo fulcientes.

ii. Obseruabant Aegyptii diligentissime genituras, quo quisque die, qua hora in lucem editus fuisset. Herod. ii. 82. At in Ibide nihil insignius istis 209 sqq.

Natus es infelix—ita di uoluere—nec ulla
Commoda nascenti stella leuisue fuit.
Non Venus illuxit, non illa Iupiter hora,
Lunaque non apto solque fuere loco.
Nec satis utiliter positos tibi praebuit ignes
Quem peperit magno lucida Maia Ioui.
Te fera, nec quicquam placidum spondentia Martis
Sidera presserunt, falciferique senis.
Lux quoque natalis, ne quid nisi triste uideres,
Turpis et inductis nubibus atra fuit.

Dies etiam tamquam prosperos aut improsperos notabant (Renouf Religion of Ancient Egypt p. 157): cf. Ib. 219, 220. Aderantque nascenti cuiuis deae quaedam fata praefinientes (Renouf p. 161), sicut nascentem Ibin suscipiunt Eumenides, infelicemque praesignant, confirmante Clotho quae in fatis posuerunt et rata faciente.

iii. At tibi calcasti qui me, uiolente, iacentem.

Saepius in sculpturis Aegyptiorum hoc recurrit, ut uictor in hostium prostratorum collo pedem inponat, quibus tamquam ὑποποδίῳ τῶν ποδῶν utatur. (Wilkinson iii. p. 403 ubi tabula picta huius rei imaginem fert.)*

iv. In loca ab Elysiis diuersa fugabere campis.
Quasque tenet sedes noxia turba, coles.

Elysiorum camporum rarior mentio apud antiquos, neque hic, ut uidetur, prouentura, nisi singulare quid subesset. Respexit credo Aegyptiorum sacra; nam et his *Aaru* siue *Aalu* imaginem quandam Elysiorum camporum referebat. In hoc agro segetem colere defuncti uita credebantur; circumdatumque habuit sibi murum ex ferro, in quo multae portae; perfluebat autem amnis diductus multifariam. Sed et Apuleius ubi sacris suis initiato Isin conloquentem inducit, Elysios campos commemorauit xi. 6 *Viues autem beatus, uiues in mea tutela gloriosus, et cum spatium saeculi tui permensus ad inferos demearis, ibi quoque in ipso subterraneo semirotundo me, quam uides Acherontis tenebris interlucentem Stygiisque penetralibus regnantem, campos Elysios incolens ipse tibi propitiam frequens adorabis.*

v. In Ibide *umbrae* inducuntur tamquam uiuae et uiuorum affectus retinentes. Nam et Ibidis *noxia mille modis* lacerabitur *umbra*, et poetae *umbra non* mores *solum* oderit inimici, sed et uultus insequetur, et *tendet* in ora gelidas manus. Apud Aegyptios singulis umbris sua persona et materies (Renouf p. 153); mortuorum laruae

---

* Records of the Past iv. p. 80 'I give thee all the lands, all the foreign countries, the barbarians collected under thy two sandals, for ever.'

uiuos insectantur, uelut in papyro Leidensi queritur maritus quod
defuncta coniunx malis modis adhuc se uexet (Ren. p. 154).

vi. Eodem refero quod in historiis Ibidis totiens narrantur incesti
amores. Nam ut frater sororem duceret, parens cum liberis concum-
beret, et quae alia huiusmodi sunt, usitatum Aegyptiis, inter alios rarius
fuit. Consecrauerant incestum Aegyptiorum flagitiosae fabulae, praecipue de Iside sorore ac coniuge Osiridis. Sed et aliae historiae quas
in Ibide ac Tristibus repetiuit Ouidius huc referri poterant. Velut illa
de Telephi hasta eadem uulnerante Achillem ac sanante similem sui
inter Aegyptios habuit; nam in libro Mortuorum c. cxii Anubis Hori
uulneratum oculum fouet quem prius ipse confoderat (Renouf p. 114);
quam fabulam aliter tradit Plutarchus de Is. et Osir. 55 λέγουσιν ὅτι
τοῦ Ὥρου νῦν μὲν ἐπάταξε, νῦν δ᾽ ἐξελὼν κατέπιεν ὁ Τυφὼν τὸν ὀφθαλμόν,
ut huc spectare potuerit narratio de Tydeo Melanippi cerebrum sugente,
quam his in Ibide induxit.

vii. Denique supplicia Inferorum, qualia Ibidi Ouidius inprecatur,
nusquam maiore apparatu nec longiore serie explicabantur quam in
Aegyptiorum sculpturis. Talia Thebarum exhibent subterraneae
cauernae (Syringas uocabant), praecipue uero sepulcrum Sethi I.* Et
confluentibus in Romam in dies tot populis, quis miretur haec, ut
cetera Orientis, in notitiam peruenisse Romanorum? Caligula certe
imperante *parabatur et in noctem spectaculum, quo argumenta Inferorum
per Aegyptios et Aethiopas explicarentur* (Suet. Calig. 57); unde non
sine causa Renanus colligit huiusmodi spectacula moris ac saeculi
fuisse.

VII.

Ouidianae Ibidis apud ueteres rarissima mentio. Duos tantum locos
ex ea citat Eutyches, uu. 11, 12 in Arte ii. 7 ubi de uerbo *relegare*
loquens allatis Vergilio et Lucano haec addit p. 475 Keil *Ouidius in
Ibide participium ponit. Ille relegatum gelidas Aquilonis ad oras (gelidos
—ortus* codd. Ouidii) *Non sinit exilio delituisse suo (meo* codd. Ouidii) et
u. 503 in Art. ii. 15 *leto letas. Ouidius in Ibide Quique Lycurgiden letauit
et arbore natum.* Itaque legebatur Ibis saeculo post Chr. sexto, si quidem
Eutyches Prisciani discipulus fuit, id quod ipse testatur Art. i. 8. p. 456
Keil, et Ouidii opus habebatur. Sed non desunt quae innotuisse eam
significent eis qui a poetae saeculo non longe aberant. Velut Hyginus
ex Ibidis u. 304 uidetur sumpsisse ista Fab. 123 *Cuius ossa per fines
Ambraciae sparsa sunt, quae est in Epiri regionibus,* unde uerba Ouidii
ad Neoptolemum referenda esse constat. Rursus Fab. 247 quae de
Thasio canibus interfecto tradit Hyginus ex Ib. 478 mutuari poterat.
Sed in uniuersum tanta inter Hyginum et Ibin ac Metamorphoses in-
tercedit cognatio, quanta inter amicos futura erat; nam *familiarissimus
hic fuit Ouidio poetae* (Suet. Gramm. 20), et easdem res tractauit.
Vnde in Commentario, quotiens licuit, Ouidii uerba ex Hyginianis

* Renan L'Antéchrist p. 170.

potissimum fabulis inlustraui, quamquam in Hyginum Ibin scriptam
fuisse non credo.*

Apud Velleium duo inueni cum Ibide communia, ii. 60 *inuidiosae
fortunae Caesaris* quod cum Ib. 122 *Fortunae facies inuidiosa tuae*
compares, ii. 64 *At tribunus Cannutius canina rabie lacerabat Antonium*,
cf. Ib. 229 *Gutturaque inbuerant infantia lacte canino . . . Perbibit inde
suae rabiem nutricis alumnus Latrat et in toto uerba canina foro.* Nec
longe ab Ouidianis *nec femina nec uir ut Attis* (455) recedunt uerba Val.
Maximi vii. 7. 6 *Genucium amputatis sui ipsius sponte genitalibus corporis
partibus, neque uirorum neque mulierum numero haberi debere.* In
Martialis epigrammatis tres locos † Zingerlius notauit qui ad Ibin propius accederent, xi. 84. 4 *Cum furit ad Phrygios enthea turba modos*,
cf. Ib. 454 *Incitat ad Phrygios uilia membra modos ;* xi. 82. 3, 4 *Paene
imitatus obit saeuis Elpenora fatis Praeceps per longos dum ruit usque
gradus*, cf. Ib. 485 *Neue gradus adeas Elpenore cautius altos ;* viii. 50. 3
*Qua bonus accubuit genitor cum plebe deorum Et licuit Faunis poscere
uina Iouem*, cf. Ib. 81 *Vos quoque plebs superum fauni satirique
laresque.* Quibus notabilius unum ipse deprendi x. 5, quod epigramma in maledicum poetam scriptum et ex Ouidiana Ibide paene
omne conflatum est. Cf. 3 *Erret per urbes pontis exul et cliui*, Ib. 113
Exul, inops erres alienaque limina lustres ; 4 *Interque raucos ultimus
rogatores Oret caninas panis inprobi buccas*, Ib. 114 *Exiguumque petas
ore tremente cibum*, 417 *Qualis erat nec non fortuna binominis Iri,
Quique tenent pontem, qui tibi maior erit ;* 8 *Vocet beatos clamitetque felices
Orciniana qui feruntur in sponda*, Ib. 123 *Causaque non desit, desit tibi
copia mortis, Optatam fugiat uita coacta necem ;* 10 *At cum supremae
fila uenerint horae Diesque tardus, sentiat canum litem Abigatque moto
noxias aues panno*, Ib. 161 *His uiuus furiis agitabere, mortuus isdem Et
breuior poena uita futura tua est. Nec tibi continget funus lacrimaeque
tuorum . . . Vnguibus et rostro tardus trahet ilia uultur Et scindent auidi
perfida corda canes.* Denique uu. 13–17 *Nec finiantur morte simplices
poenae, Sed modo seueri sectus Aeaci loris, Nunc inquieti monte Sisyphi
pressus, Nunc inter undas garruli senis siccus, Delasset omnes fabulas
poetarum* contraxit ex Ib. 195 *Nec mortis poenas mors altera finiet huius*
et 175–194 *Sisyphus est illic* κ.τ.λ.

Saluagnius etiam ex Pacati Panegyrico Theodosii locum citauit
quem ex Ibide ductum opinatus sit c. 42 *Nisi uero tu tuum, uenerabilis
Gratiane, carnificem furiis comitatus ultricibus obsidebas et irata ac*
(add. Behrensius) *minax umbra ob os eius oculosque fumantes infernis
ignibus taedas et crepitantia torto angue flagra quatiebas :* cf. Ib.
157–160 *Denique quidquid ages, ante os oculosque uolabo, Et querar, et
nulla sede quietus eris. Verbera saeua dabunt sonitum, nexaeque colubris
Conscia fumabunt semper ad ora faces*, et 183–186 *Hic tibi de Furiis
scindet latus una flagello, Vt sceleris numeros confiteare tui. Altera
Tartareis sectos dabit anguibus artus. Tertia fumantes incoquet igne*

---

* Locutiones in Ibide sunt non paucae quae *Propertium* sapiant, quod notauit Postgatus in Excerptis Propertianis : *uelocem puellam* Prop. i. 1. 15, *de tribus una soror* iii.
5. 28, *longinquis piscibus* iii. 7. 8, *pondus habere* ib. 44, *carmen inerme* iv. 6. 32.
† Martial's Ouid-Studien pp. 11, 31, 32.

genas. Ex Ibide etiam credo sumpsisse Boetium ea quae leguntur de Cons. Philosoph. ii. 6 *Cum liberum quendam uirum suppliciis se tyrannus adacturum putaret ut aduersus se factae coniurationis conscios proderet, linguam ille momordit atque abscidit, et in os tyranni saeuientis abiecit. . . . Busiridem accepimus, necare hospites solitum, ab Hercule hospite fuisse mactatum. Regulus plures Poenorum bello captos in uincula coniecerat, sed mox ipse uictorum catenis manus praebuit.* Nam non solum Anaxarchus Busiris Regulus quos hic commemorat in Ibide locum habent (571, 399, 281) sed in una Ibide, quantum scio, cum Busiride Regulus in exemplum adsumitur. Quod non cadit in Claudianum ; qui si in Ruf. i. 252 sqq. Sinin Scirona Phalarin Diomedem Busirin coniunxit, in Eutrop. i. 160 sqq. Thrasium Busirin Perillum Phalarin, potuit hos quidem in Ibide omnes legere, potuit etiam in Tristibus uel Arte Amatoria.

Alucinari fortasse uidebor, sed tamen non omittam locum Procopii quo Ouidianae Ibidis recordari potuit. Nam de Theodato, rege Gothorum, quem deposito regno fugientem inimicus occidit, haec narrat de bell. Goth. i. 11 Καὶ αὐτὸν ἐν ὁδῷ ἔτι πορευόμενον καταλαμβάνει· ἐς ἔδαφός τε ὕπτιον κατακλίνας ὥσπερ ἱερεῖόν τι ἔθυσεν. αὕτη τε Θεοδάτῳ καταστροφὴ τοῦ τε βίου καὶ τῆς ἡγεμονίας τρίτον ἐχούσης ἔτος ἐγένετο. Quae sane cum Ouidianis illis

Victima uel Phoebo sacras macteris ad aras,
Quam tulit a saeuo Theudotus hoste necem.

nescio quid habent congruentiae, ita tamen ut Ibidis uersus de Theodato illo scribi non potuerint. Nec quemquam fugiet qui Ibin norit quoties Gothorum annalibus hae historiae repraesententur. Vide me ad Ib. 634. Quo potius tempore, non Vlpiani, quod uidetur innuere Desselius ad uersum istum *Quodque ferunt Brotean fecisse cupidine mortis* tamquam ex Alciato,* Ibin scriptam fuisse ut suspicetur auctor sum ei qui Hyginum eam citasse, Martialem legisse atque imitatum esse persuasum non habuerit, neque intellexerit ut Eutychen, sic Politianum Leopardum Sanctium, sic Heinsium Bentleiumque, sic Niebuhrium ac Merkelium pro uera atque Ouidiana habuisse.

Post Eutychen, quem cum Seruio Donato Prisciano inter grammaticos commemorat scriptor hexametrorum editus cum Alcuino ap. Migne T. ii. p. 844, unum repperi qui Ibin uideatur legisse eum qui hexametros scripsit ap. Hagenum (Carm. Ined. Medii Aeui p. 133), siue Alcuinus, siue alius quis fuit. Hic enim dicit *Quis tam Cinyphiae mentis fuit atque malignae ?* quod nisi ex Ib. 222 uix explices. Legebatur tamen et interpretes habebat : inter quos erat *glossator in ibin* cuius mentionem fecit Conradus de Mure s. u. *Lacoon.* Idem Conradus in indice operum Ouidii quem duplicem exhibet s. u. *Ouidius* Ibin bis nouissimam facit. Eo magis admireris quod in lyrico carmine ap. Hagenum Carm. Ined. p. 208 ubi recensentur scripta Ouidii, Ibidis

---

* Verba Alciati haec sunt Parerg. Iur. iv. 4 Arbitror aliquem eius temporis studiosum Luciani exemplo hominis memoriae illudentem, Ouidiano carmini in Ibin inseruisse illud distichon : *Quodque ferunt Proteum fecisse cupidine mortis Des tua succensae membra cremanda pyrae.* Seu si quis synaeresin in Proteo reformidat, Protea quodque ferunt fecisse etc.

nulla est mentio. Conicias idem quod in Nuce factum esse, ut
omissum carmen tamquam leuius fuerit, mox separatim scriptum:
certe in antiquissimo codice Galeano saec. xii sic seorsim legitur. Cf.
quae de Nuce scripsit Behrensius Poet. Lat. Min. i. p. 88.

VIII.

De Codicibus Ibidis.

Codices Ibidis qui quidem mihi innotuerint ad unum omnes redeunt
archetypon. Omnes enim exhibent corrupta haec 256 *inerme potens*
pro *inermis opem*, 84 *chori* pro *chao*, 109 *clarus* pro *calidus*, 178 *egisti*
pro *egipti*, 321 *alebas* pro *aleuas*, 335 *passa est*, 359 *Thiesti*, 527 *Oresti*,
502 *paphagee* uel *pesagee*, 513 *ebenus* pro *euenus*, 549 *Siracusio* pro
Siracosio, 600 *Orpheon* uel *Orpheā* pro *Orpheos*. Praeterea post 130
duo uersus in omnibus interpolati sunt *Finiet illa dies quae te mihi
subtrahet olim Finiet illa dies quae mihi tarda uenit*. Insederant carmini haec uitia ante finem saec. xii, quo tempore Galeanus (G) et
Turonensis (T) descripti sunt. Sed non ab hoc archetypo deriuata
sunt excerpta Ibidis quae in Deflorationibus Gallicis et Britannicis
inueni. Nam hae habent 109 *calidus* non *clarus*, 43 *semper dum uita*
non *donec mihi uita*, *iaziges* non *iapides* Atrebatensis, unde apparet
extitisse aliud idque minus uitiatum exemplar. Etenim *clarus* in 109
non potest uerum esse, sequente *clara* in 110: neque uero ex cor-
rectore profectum est, cum non modo in Deflorationes omnes peruenerit, sed etiam in Vincentii Bellouacensis Speculo legatur. Sed
infelici casu factum est ut in Defloratione Parisina 15,155, saec. xii
uel xiii, excerpta quae olim inerant Ibidis (ut ex scriptorum indice
praemisso colligitur) non iam supersint; quamquam non dubito eadem
fere quae in ceteris fuisse.

Sed et alius fons restat qui a nostris codicibus aliqua ex parte
discrepare uideatur. Extat in bibliotheca Bodleiana liber rarior,
Repertorium Vocabulorum Exquisitorum, 'editum a doctissimo literarum
amatore Magistro Conrado turicensis ecclesie cantore et conpletus
anno domini m⁰ cclxxiii⁰. In uigilia assumptionis beate marie uirginis
Indictione prima.' In hoc libro continetur plurima pars historiarum
Ibidis, adiectis explicationibus ueris modo, modo falsis, ut ex scholiorum nostra editione elucebit. Hunc Conradum de Mure perbonis
codicibus usum esse sic intelligo. Solus habet *redemi* pro *redimi* 281
idque bis, quo modo ab antiquis uocabulum scriptum fuisse docet
Munro ad Lucret. i. 216, *terga* pro *pelle* 319, *eschimea* 330, *calliricesque*
348, *cigneus* 463, *Venator frigia* 508, *euenus* 513, *astacideque* 515, *stuto*
pro *trunco* ib., *Sollicitusque* pro *Sollicitoque* 559, *telegonius* et *teleogonus*
pro *teli genus* 567, *Quemque memor sacris* pro *Quem memor a sacris*
622, *certaque* h. e. *cretaque* 572; solus praeter T *uictus* pro *quintus*
293. Solus tamquam aliter lectum memorat in 488 *dymas*. Sed et
in Scholiis non desunt quae altius uideantur repetita apud Conradum;
uide quae disputaui in Diario Philol. Cantabrig. vii. 244–255, ex quibus

unum hic citandum uidetur 311 *interemit puluere lentus ager,* ubi et *interemit* et *ager* antiquitus tradita sunt, in nonnullis codd. *interimit aer* uitiose leguntur. Quae cum satis integrum fontem declarent, omnia in apparatu Critico edenda duxi quae Conradus tradiderit; pro quo gratos lectores me habiturum confido, praesertim qui ea primus exhibuerim. Sed dicendum est breuiter de aetate et aestimatione codicum nostrorum.

G. Olim *Galeanus* 213, nunc O. 7. 7 in bibliotheca Collegii Sanctae Trinitatis ap. Cantabrigienses. Post Bernardi Siluestris Megacosmum et Microcosmum, et Probae Falconiae Centonem, habet Ibin cum commentario usque a u. 253. Secuntur Senecae quaedam opuscula. Scriptus est circa 1180 iudice H. O. Coxio, cui adstipulatus est Westwoodius, estque aut optimus aut cui solus T aequiperetur. Habet peculiaria sibi haec 7 *Huius,* 16 *uiui,* 24 *non sinit,* 30 *Qua,* 48 *arma,* 65 *festo panique calendis,* 74 *ore,* 97 *mea uota,* 103 *mortales,* 120 *Et* pro *Qui,* 123 *desit quoque,* 126 *deserat* pro *torqueat,* 129 *moueo,* 131, 2 *om.* 137 *mitia pabula,* 139 *Tecum bella geram,* 159 *colubre,* 173 *uocabere,* 174 *impia,* 191 *credas,* 198 *liquido* marg. *libico,* 204 *multiplicanda,* 205 *Tot ue tibi uenient misero,* 210 *leuisue,* 211 *illuxit,* 229 *lactentia,* 264 *Clarus Apollinea sumptus,* 267 *postquam,* 270 *Telenus,* 279 *hic,* 285 *a summa,* 287 *euriloco,* 293 *ethreclides,* 296 *uerberet* marg. *uulneret,* 308 *matre parante,* 311 *gratissima,* 316 *ossa,* 325 *roma,* 329 *amalfriacis,* 345 *drianti de,* 365 *fastigia,* 409 *in humum,* 410 *aspicias,* 418 *qui tibi,* 437 *Aere Perille tuo,* 470 *dexionesque,* 476 *prior,* 486 *ipse,* 488 *Iuuit,* 492 *nomine fecit,* 538 *ante oculos,* 552 *frigii,* 593 *superabis,* 606 *Sic tua pestiferum corpora,* 625 *uiscera,* 629 *recumbas* marg. *quiescas,* 621 *sisiphon* marg. *isidius,* 644 *sub pede.*

Haec cum G aut solus aut cum uno alio, quod rarum, habeat uidetur singularem locum uel potius speciem obtinere. Est sane etiam in erratis suis prope unicus, nam ex suprascriptis sunt quae per errorem inlata sunt. Vnde cum cura adhibendus est, et ubi manifesto uitia admisit ex aliis corrigendus. Quanti uero sit non ex Ibidis tantum textu apparet, sed etiam ex Scholiis, quae minutissimis litteris aequalis manus adscripsit. Codicem mihi transmittendum curarunt uir eximius H. A. I. Munro et Robertus Sinker, custos bibliothecae.

T. *Turonensis* 879, in Dorangii Catalogo p. 393. Continet inter Ouidii scripta post Epist. ex Ponto Ibin, quam secuntur Metamorphoses. Scriptus uidetur circa 1200; nec credo uspiam extare uenustiorem, nec si totum spectes, meliorem. Sed ut G, sic T hactenus latuit: neque ego citatum eum a doctis memini. Scriptus est in Gallia duabus columnis in paginam, tam exquisite ut inter pulcerrima monimenta sit eius saeculi: et quod admireris, ne minimas quidem sordes contraxerit. Quam ob rem grates quas debeo maximas agere me profiteor Turonensibus, qui codicem pretiosissimum in Bodleianam mihi transmittendum curarunt.

Habet T solus ex nostris 76 *netis,* 125 *deserat artus Spiritus,* 142 *Exanguis,* 201 *inhorreat,* 211 *effulsit,* 275 *tumidis tibi sit melior,* 287 *yrioni,* 293 *uictus,* 334 *indiuturna,* post 338 caret disticho *Denique Sarmaticas—His precor,* 366 *Membraque,* 385 *rapax,* 430 *consternati,* 443 *uoramine,* 472 *Vt,* 501 *proprio.* Saepius tamen cum P aut X, nonnumquam cum Vat. conspirat contra G. His in locis plerumque praetuli consensum plurium.

P. *Phillippicus* 1796, saec. xiii uel xiv. Inter optimos est ut ex 512 apparet ubi *leotrepido* propius ad uerum accedit quam *leotepide* X, *licoride* T et plerorumque, 380 *deest* pro *dee est,* 101 *hominibusque* quod antiquitus traditum habeo pro usitatiore forma *Ominibus,* 181 *qui distat summus ab imo,* 193 *Hic erit et* ubi cum GX consentit contra T *Hic et erit,* 259 *trepidumque* ubi cum T consentit contra *trepidusque* reliquorum, 391 *Sex ut,* X *Sexus ut, Et uelut* GT, *Sex bis ut* Ouidius, 559 *aniti* solus recte, *animo* TX, *ueluti* G. Primus Cheltoniae contuli.

X. *Parisinus* 7994. Saec. xiii. Contuli Parisiis.

His quattuor codicibus et Conradi excerptis Ibidis textus maxime nititur, sed ita ut primus locus detur Galeano, secundus Turonensi. Praeterea subsidio fuerunt

V. *Vindobonensis* 885, saec. xiii. Hunc Merkelius, ex collatione Mauritii Hauptii exhibuit in ed. 1837. Ipsum non uidi, usus tamen sum apographo quod rogatu meo exscribendum curauit Iosephus Hauptius, custos Bibliothecae Palatinae Vindobonensis. Hunc Merkelius solum non interpolatum optimumque ex suis habuit : nostris quattuor GTPX inferiorem habeo.

Vat. *Vaticanus* 1602 circa finem scriptus saec. xiv, ut rogatus a me Studemundus iudicauit. Habet propria sui quaedam, quae ex bono codice per casum aliquem in non bonum peruenerunt 310 *piant* ex *piast,* 390 *Bis acto* si modo *bis* ex 391 superfuit, 418 *Quique tenet,* 512 *leo trepido,* 559 *auicti* quod ad *auiti* proxime accedit. Contuli Romae.

M. *Mutinensis.* Membran. saec. xv. Bibliothecae Publicae, ubi contuli. Cui simillimus est, quamuis aetate antecellat,

H. *Holkhamicus.* Bibliothecae Comitis de Leycestria in agro Norfolciensi. Saec. xiii. Eum ad me humanissime transmisit Alexander Napier, custos bibliothecae.

Hi duo HM adeo inter se consentiunt ut ex communi fonte deriuati uideantur.

Parm. *Parmensis* HH. x. 27, saec. xv chartaceus. Continet Ib. 1–372.

F. *Francofurtanus* in Bibliotheca publica. Heinsio iudice ap. Merkel. Trist. Praef. p. xxxi scriptus est circa finem saec. xii, recentioribus et Riesio uisus est saec. xiv uel xv. ' Interpolationis haud immunem' dicit Merkelius p. xxxii, qui eo usus est et in Trist. et Ibide. Contuli Francofurti; de nonnullis de quibus ambigebam postea rescripsit ad me Riesius, qui et ipse eum adhibuerat in ed. Ouidii Tauchnitiana.

Praeter hos in usu mihi fuerunt Canonicianus 20, Phillippici duo 3360, 23620, Musei Britannici tres Harl. 2538, 11972, Sloan. 777, Laurentiani xxxiii. 31, xxxvi. 34 quos contulit meo rogatu Nicolas d'Anziani, Vaticani Reg. 1801, Pal. 1709 qui solus annum testatur quo scriptus est 1494, sub Pontificatu Alexandri VI.

Postremo commemorandae sunt Deflorationes quae inter flores ex poetis Latinis excerptos Ouidii etiam nonnulla, in his Ibidis habent, Duacensis 690, Atrebatensis 65, Parisina 17903 saec. xiii, Brit. Musei 18459, Bodleiana Canon. Patr. Lat. 43, Phillippicae 1813, 1827.

IX.

De Scholiis Ibidis.

Scholiorum Ibidis ad hoc usque tempus incerta tantum notitia fuit. Nam editio Parisina a. 1573, in qua post carmen *Pub. Ouidii Nasonis in quendam quem uocat Ibin* postremo *nunc tandem adiectus est uetus Interpres nunquam antea in lucem missus,* * pusillus liber doctos latuit, quamquam iam anno 1564 Turnebus Aduers. ix. 25 ubi locos quosdam Ibidis explicauit, *Atarnites* reponens in u. 319, haec addidit, *quod et annotatum a uetere interprete fuerat, cuius scrinia alii interpretes compilarunt, et scripta etsi mendosa, unde tamen multa odorari poteramus, suppresserunt;* idemque ad u. 591 *Comicus ut liquidis* ' *hunc uersum de Menandro intelligit uetus interpres, ut aliorum relatione cognoscimus (nam illum interpretem desideramus).*' Sed nec altera editio quae Parisiis prodiit anno 1581, teste Saluagnio ad Vet. Interpr. p. 1 'fragmenta lacera et mendosa' continens multis uidetur cognita fuisse, languentibus in Ouidio eruditorum studiis et ad alia, praecipue Graeca, conuersis. Anno demum 1661 Dionysius Saluagnius Boessius editioni Ibidis quam† secundam Lugduni protulit adiecit tamquam 'diu desideratum' ueterem illum Interpretem, sed 'locupletiorem et emendatiorem ope duorum codicum MSS.' Hanc editionem Scholiorum citat Bentleius Phal. p. 240 ed. Dyce, et in Callimachi fragmentis; neque alia Burmanni est. Sed Merkelius, cum anno 1837 Tristia et Ibin ederet, ex codice Askeuiano (MSS. Diez. 21) Scholia quae in eo a u. 259 ad finem carminis extant, examussim descripsit, appositis ex Saluagnio nonnisi 'quae paulo maioris rei illic diuersa uel copiosiora' inuenerat.

His ex fontibus hausit Ehualdus ‡ notitiam Scholiorum, neque alia uiderat nisi breuia quaedam et mutila quae in margine cod. Paris. 7994 scripsit manus, ut uidetur, saec. xiii uel xiv. Ne Parisinas quidem editiones inspexit; quamquam inter priorem illam a. 1573 et Saluagnii Scholia artissima est cognatio. Nam in uniuersum Parisinorum cum Saluagnianis unum genus est; Merkelianorum alterum idque prorsus dissimile.

Sed ego, qui Ibin de nouo edere constituerim, ne hanc quidem partem operis mei sic uolui relinquere quemadmodum a prioribus acceperam. Qua in re iuuit me fortuna; nam qui codex carminis antiquissimus est G, idem perpetua scholia habet inde a u. 253. Haec

---

* Parisiis ex typographia Dionysii a Prato uia Amygdalina ad Veritatis Insigne.
† Prior editio Saluagniana Ibidis prodiit Lugduni 1633.
‡ De Scholiasta qui est ad Ouidii Ibin Commentatio. Gotha 1876.

omnia quam relligiosissime descripsi, quamuis adeo minutis litteris exarata essent ut nisi adiuuante uitro legi non possent. Tum ex codice Phillippico 1796, qui saec. xiii uel xiv scriptus est, scholiorum maximam partem desumpsi; nonnulla, sed parcius, ex Holkhamico. Quae Merkelius edidit ex Askeuiano, eadem in codice 66 Collegii Corporis Christi apud nos extant; unde collatis utrisque speciem conatus sum redintegrare qualem antiquitus fuisse credibile est. Aliud subsidium adfuit mihi Repertorium Vocabulorum Conradi de Mure; quo nihil habui utilius siue in carmine recognoscendo siue in scholiis. Neque his contentus ex Italorum commentariis, quales saec. xv non pauci in bibliothecis reperiuntur, aliqua in itinere excerpsi quae obscuris lucem adlatura uiderentur; praecipue ex Patauino codice et quattuor Vaticanis.

Horum qui prior est aetate G, scholia plerumque breuius ueriusque exhibet ceteris, nisi quod interdum ad ueritatem propius P et Mure accedunt. Nam Mure, quamquam Repertorium suum anno 1273 perfecit, codicibus uidetur usus perbonis, fortasse etiam antiquioribus quam nunc utimur. Constat certe nusquam sinceriores codices extitisse quam apud Heluetios, qualis hic Conradus de Mure fuit; nam in prima pagina Repertorii *doctissimus literarum amator magister Conradus Turicensis ecclesiae Cantor* dicitur. Aliis in locis P uera aut solus ex nostris seruauit, ut 259, 379, aut optime, ut de Leucone 310, de Atarnite Hermia 319, de Seruio et Tullia 364, de legatis ab Hannibale coniectis in puteum 389, de Procruste filio Polypemonis 407, de Menedemo 451, 459 ubi nomen *Hippukekores* in hoc uno extat, 463 de Abantiade. Et, quod mireris, nusquam in P reperias fictos uersus Galli Tibulli Propertii etc. qui in ceteris omnibus codicibus, ubi integra scholia seruata sunt, extant non pauci, olim autem ne a Bernensi quidem aberant.

Nam ante annos quadraginta extabat adhuc in bibliotheca Bernensi codex membranaceus saec. xi integra Scholia continens usque a u. 175 *Sisyphus est illic.* Huius apographon fecerat H. Keilius ante annum 1854, unde nonnulla descripsit Merkelius in ed. Apollonii Rhodii quae eo anno prodiit. Haec et breuia quaedam quae idem Merkelius a se enotata ad me misit, satis demonstrant codicem a ceteris non longe discrepasse: ipse codex, teste Hageno in Catal. Codd. Bern. p. 512, hodie deperditus latet; nec superest Keilii apographon. Vnum tamen testatus est ex memoria Merkelius, Callimachum saepius ibi citatum fuisse quam in Askeuiano.

Ad u. 319 *Aut ut Atarnites,* ubi totum scholion ex Bern. extat descriptum, isdem fere uerbis conceptum est quibus Saluagnianum et ed. Paris. 1573, sed additis ut in ed. Par. suppositiciis uersibus qui absunt a Saluagn. Rursus ad 329 *Aut ut Amastriacis* conuenit schol. Bern. Saluagniano et ed. Paris., uersus *Fanoxsino* tribuit. Rursus in 331 cum Saluagniano et ed. Paris. Callimachum facit auctorem fabulae de Eurydamante Thessalo. Denique ad 379 uidentur olim eadem scripta fuisse in Bern. quae nunc leguntur non solum in Salu. et ed. Paris. sed etiam in P. Sed et ad 281, 284, 285, 321 ad Salu. proxime accessisse colligitur ex fragmentis quae enotauit Merkelius. Contra ad

287, 310, 313, 315 cum C et Ask. uidetur consentire; certe ex communi fonte profluxerunt *partacon* (Bern.) *Spartacon* (C Ask.), quem Graecorum accusatiuum pro usitato *Spartacum* indicio habeo antiquitatis. Ad 293 consentit fere cum G, quicum etiam ad 301 uersus *Argos hostilem Meneforoni* cuidam adsignat. Quae satis sunt ad demonstrandum Bernensia scholia non adeo nostris dissimilia fuisse, ut multum inde nouae lucis Ibidi adcresceret. Ex uniuersis autem comparatis scholiis apparet antiquitus breuia quaedam tradita esse quae postea uariis modis inmutata et corrupta fuerint.

Nescio quo fato acciderit ut cetera Ouidii carmina bonos scholiastas nacta uideantur, in una Ibide falsariorum sollertia se exercuerit. Certe nec in Amoribus nec in Arte Amatoria nec in Tristibus nec in libro Metamorphoseon ficta equidem interpretamenta neque his conexos fictos uersus tamquam notorum poetarum Galli Tibulli Propertii etc. offendi : quamquam materia non deerat, siue propter obscuritatem, siue quod turpes historiae essent. An suppositicium opus Ibin credidit falsarius ? eiusque opinionis documentum ipse falsos uersus scholiis intulit ? An cum in incerto esset quorundam uersuum Ibidis explicatio, coniectura aliquis et interpretamenta sua et horum testes uersus finxit ? utut se res habet, tricies ter leguntur in scholiis huiusmodi ficti elegiaci hexametrique.

Elegiaci sunt hi,

> *Propertii* octo 257, duo 297, (ubi *Plautus* dicitur in G) duo 461, duo 463.
> *Batti* duo 299.
> *Galli* quattuor 285, duo 287, duo 325, duo 327, duo 352, duo 364, duo 465.
> *Tibulli* octo 307 (Gallo alii adsignant).
> *Lucretii* octo 419.
> *Varronis* (*Maronis*) duo 317, duo 319, duo 321.
> *Callimachi* duo 315.
> *Callistonis* (alii *Promptium* siue *Calmethen* dicunt) octo 273.
> *Democriti* (*Democridis*) duo 293.
> *Homeri* (*Menefronis*) duo 301.
> *Arionis* duo 310.
> *Luperci* duo 312, duo 314 (Neodē atestante *Bern.* 711, h. e. eodem Luperco cui priora illa *Vt cum defuncto* adsignantur).
> *Fauorani* (Fauorini ?) duo 329.
> *Darii* (*Clari* Mure, an *Callimachi* ?) duo 331, duo 335.

Hexametri sunt,

> *Callimachi* quattuor 279, quattuor 295 ubi dicitur Crinius h. e. Cyrenaeus.
> *Eupolidis* duo 255.
> *Homeri* (*Menefronis*) 305 duo.
> *Galli* duo 323.
> *Incerti* duo 269.

Hi uersus non semper falsis historiis adstruuntur, sed plerumque ueris. Nam cum tricies ter inlati sint, sedecies tantum falsarum fabularum complementum sunt 255, 285, 287, 293, 295, 297, 307, 323, 325, 327,

352, 364, 419, 461, 463, 465. Ceteris in locis historia aut uera aut leuiter modo corrupta est. Poetarum nomina ex arbitrio plerumque conficta sunt; nisi quod potuit antiquitus tradi Callimachus narrasse historias quae in uu. 279, 315, tum fortasse etiam 331, 335 continentur. Etiam *Arion* potuit esse Euphorion, sic enim hic uocatus est in uno codicum Tzetzae Schol. Lyc. 911, p. 872 Mueller. Fauorini autem nomen, cui duo uersus in Schol. ad 329 adsignantur, non prorsus inepte fictor mutuaturus erat siue ex Gellio, siue aliunde id cognouerat. Nam Fauorinus scripsit παντοδαπὴν Ἱστορίαν, quae siue eiusmodi erat qualis perstringitur a Gellio xiv. 6 (sic enim Nietzcheo duce credidit E. Maass in Kiesslingii et Wilamowitzii Philologisch.Vntersuchungen iii. p. 49), siue ueras historias et maioris res momenti, debuit in testimonium uocari rerum quales in Ibide narrantur. Reliqua nomina partim sumpsit ex Trist. iv. 10. 45–54 ubi Propertius Battus Tibullus Gallus in codicibus leguntur, partim ex Fulgentio Planciade, uel ex commentariis quales extant hodie Arateorum Germanici, Thebaidis Statii. Habet enim Fulgentius communia cum Ibidis scholiis non solum Propertii Callimachi Democriti nomina, sed etiam Tibulli (quem Flaccum uocat), Lucretii quem Comicum. Quamquam non est operae fontes aperire tam futtilium; nec sane 'ei qui haec consarcinauit, scriptorum nomina congerere aut fingere difficile fuit,' ut in re non dissimili, Orthographiae L. Caecilii Minutiani Apuleii fragmentis, uerissime docet Maduigius (Opusc. i. p. 13 ed. 1834).

Versus quo tempore scripti fuerint diuinare uix ausim. Carent plerumque uitiis prosodiae, nisi quod producuntur *a us er* nominatiuorum *Turbaque non minima superatis uirginem et unam* 305, *causa mortis* bis 310, 335, *Hermias captus indutus tergora tauri* 319. *Hanc iuuit facinus huic nocuit pietas, mater et amans* 307. Ad 273 quod scriptum est in G *Peccat uterque male, sed cum male peccat uterque* aliter in aliis traditum inueni: ad 287 *fuit* productum est ante *anguibus* in priore clausula pentametri, *at nihil huic* claudit pentametrum 307. Talia possis apud conplures reperire qui post A. D. 300 uersus fecerunt. Contra Leonini, qui dicuntur, uersus nulli sunt praeter 4 hexametros qui in uno G leguntur ad 279, quos serius ceteris confictos crediderim, etsi ad 285 prior pars uersuum ter habet in posteriore responsionem *modo—puto, potus—Ionus, nimis—necis*. Sed quod saepissime fit in carminibus post 300 A. D. laborat prosodia in nominibus hominum *Dărēŭs Phēreus Mīlo Hȳpermestra Iŏnides* (pro *Iŏnides*), de qua re dixit Duhnius in Appendice Dracontii p. 104. Semel tantum indicium inueni temporis, *Tam male qui peccat nec deus est nec homo* (273), qui uersus respicere uidetur Christianorum controuersias de natura Christi, ut ante Arium (320–330 A. D.) scribi uix potuerit.

Sunt tamen praeter uersus etiam fabulae ficticiae, Milesii Daretis 255, Eurylochi 287, Echecratidis 293, Statilii et Celini 295, Broteae 297, Magnatis 307, de Sardone palude 311, Alebae 323, Milonis 325, Adimanti 327, Astrophanei ac Penthidae 348, Hypermestrae 352, Therodomantis 383, Asterionis 419, de Penthide et Hipponacte 447, Theodori siue Theodoti 465, Procustae (?) 469, Socratis 494, *Ibici Lydi filiae 499, *Amephini 503 quae in C et Ask. et cod. Saluagnii

extat, abest a reliquis, de Alebae filia 511, Brotheae 517, poetae qui
laesit Athenas 523, poetae seueri 525, poetae Achaei 541, poetae
Syracosii 549, Agenoris 569, Aethali 621, Melanthei 623.   Has com-
mentus est aliquis qui uersus eos Ibidis interpretatione carere uiderat.
Pleraeque ex ipso uersu pendent, nonnumquam male intellecto ut in
511, ubi ex corrupta scriptura codicum *Stella leotrepido* scholiasta Aleban
in stella leone natum finxit, et 311 ubi cum *Sardana pallus* separatim
scriptum esset Scholiasta paludem in Sardone intellexit.   Hinc post
uitiatos demum codices Ibidis et hae et ceterae fictae historiae scholiis
inlatae uidentur.   Has omnes, ne legentem fallerent, asterisco, uersus
fictos et inclinatis litteris et asterisco, notaui.

Supersunt tamen non pauca quae declarent non uno tempore sed
adcrescentibus per multos annos atque etiam saecula uitiis eam
speciem scholia sumpsisse qua nunc utimur.   Insunt enim etiam sin-
cerioribus errores, praecipue nominum, nonnumquam etiam rerum.
Exemplo sit Schol. 259 quod in uno P incorrupte traditum est.   *Amintor
filium suum Phoenicem caecauit quia coniux eius est conquesta sibi Phoenicem uoluisse ei uim inferre, quod tamen falsum erat.*   Filios Phoenicis
G Tesallam et Dorilam, *Mure* Thirilam et Doricam, *C* et *Ask* Thetillam
(Totilam) et Dorillam (Dorissam) tradunt, et a nouerca Licostrata
siue Affa, filia regis Gothorum, accusatos.   Cuius erroris orgio talis
uidetur fuisse.   Scriptum fuerat in margine u. 259 *Phoenix*.   Hoc
scholiasta ad alterum Phoenicem, patrem Phinei Thracis, transtulit.
Huic Phoenici filii fuerunt Doryclus et Oreithyius.   Thracia autem
cum anno 376 A. D. Gothis trans Danubium in eam traiectis occupata
esset (Gibbon Decline and Fall ii. c. 26, cf. Claudian. B. Get. 166),
Gothorum regnum uocari potuit: sicut Totila notum nomen in Gothis
fuit.   Similiter corruptum est Scholion u. 285.   *Ionus* enim uere fortasse
traditum est; cetera conficta sunt.   Sic ad 293 Mure uestigia ueri
seruasse iudico, si quidem Echecratiden Ouidius Erycem nominauit ab
Hercule ter uictum.   Rursus 305 recte possunt Scholia de Pyrrhi filia
interpretari ; sed hanc *Perpilicam* uocatam fuisse, seu quid aliud latet,
nemo demonstrauit.   Ad 315 Scholiasta Val. Max. secutus est, sed in eo
errauit quod Darium II filium primi fecit, cum fuerit Artaxerxis.   Idem
factum est in Scholiis ad 321, 364, 379, 404, 417, 475, 485, 501, 529,
539, 573 (cod. Salu.), 633.   E quibus maxime notandum duco Schol.
ad 417 de Iro, in quo mirificam historiam conflarunt Scholiastae,
cuius ne minima quidem pars apud Homerum est.   Sed neque Elpenora
amasium Agamemnonis (485), nec Eupolidis uxorem Medelam (529),
nec Leium regem Murrae ciuitatis conditorem (539), nec Leucotheae
patrem Sameum (573) nec Cliniaden Persicum alius quisquam commemorauit.

Hae corruptelae ut obscuris in uniuersum causis, ita non raro a
tralatis per errorem nominibus exortae sunt.   Sic ex u. 404 ubi adno-
tatum fuerat *Atrax*, uitiose ad 399 tralato nomine factum est in G
Trax et Anteus fratres fuerunt.   Ex u. 411 *Cercyon* ad 409 retro
reuocatum est, sed iam corrupta scriptura in *Geryon;* quod non nisi
post inductam codicibus barbariem effectum est.   In fine Scholii ad
353 post uerba *cepit mechari* G habet *et eum rossum expuit*, quae mani-

festo ad Tydei facinus quo Menalippi cerebrum exsorbuit referuntur.
Itaque ex alio uersu siue 427 siue 515, huc tralatum est. Ad 408
homo parte sui, parte iuuencus erat adscripserat aliquis *Minotaurus siue
Asterion.* Hinc aliquis memor Claudianei uersus 54. 9 *Ipse et dispariles
monstro commissus in artus* 11 *Cres puer* h. e. Minotaurus, transtulit
haec ad 419 *Cres puer Asterion,* cumque uersus primo confinxisset
adiecit historiam. Denique Hermione in 307, ex 303 fluxit, aut
tralatum tantum, aut iteratum pro Harmonia, quae Themisto* nupserat, eratque neptis Pyrrhi.

Restat maxima atque optima pars Scholiorum, quae ueras explicationes conplectitur. Haec quanti sit, non ex notis uulgatisque fabulis
aestimabis, sed multo magis ex obscurioribus. Insunt enim Ibide
multa quae ex solo libro Metamorphoseon facile explicari poterant ;
qui liber nullo non tempore latine scientibus tritus est, nullo scholiis
caruit. Alia ex Arte Amatoria Tristibus Epistulis ex Ponto cog-
noscere licuit : alia ex Vergilio Statioque et scholiastis eorum,
praecipue Seruio Lactantioque. Sed non sic expedias quomodo
factum sit ut in nostra scholia obscurissimarum historiarum explicatio,
et quidem uera peruenerit ; quales sunt Hermiae 319, Eurydamantis
331, Limones 335, Aegiales 350, Siritanorum 379, Hannibalis 389,
Trasi 477, Lindii sacrificii, Lydiarum uirginum 499, Ambraciotae
uenatoris 501, uenatoris Carici siue potius Lucanici 505, Eueni 513,
Callisthenis 519, Telegoni 567. Scholiasta Venetus Il. xxii. 397
narrat Eurydamantem Thessalum, Thrasyllo fratre Simonis occiso, ab
hoc circa tumulum mortui raptatum fuisse : id narrasse Callimachum.
Ipsos uersus Callimachi Proclus ad Plat. Rep. p. 391 citat. Con-
parentque haec eadem in Ibidis scholiis, unde ea ducta nisi ex sincero
aliquo fonte, qui in hoc loco incorruptus mansit, alias foedatus ad nos
descendit ? Iam Limones supplicium nemo Romanus, quod sciam,
memorauit : seruant id tamen scholia Ibidis, atque adeo cum Graeco
nomine quo locus is insignitus est. Siritanorum tragoediam 379 unus
Romanorum Iustinus xx. 2 seruauit, Graecorum Lycophron cum
Scholiis in eum ac Tzetza. Vnde igitur Ibidis scholiasta conpertum
habuit eo referendum esse distichon 379, 380 ? Non ex Iustino, apud
quem de Thracia Minerua ne uerbum quidem. Confirmo antiquitus
id traditum fuisse, quamquam turbate : nec dubito eandem rem
a Callimacho narratam, eodem teste Scholiasta. De ceteris unum
dico quod Merkelium Schneiderumque latuit ; aliquas apud Nonnum
extare in Συναγωγῇ Ἱστοριῶν pp. 986 sqq. tom. ii. operum Gregorii
Nazianzeni ed. Migne, sed Graece : Anaxarchi xv, Herculis cum Thiodamante ac Dryopibus xli, Lindiorum lvi. Non quod hinc in Scholia
Ibidis uenerint, nam quae in his nusquam conparet, historia Cleombroti
Ambraciotae (493, 4) non solum apud Nonnum, ceterosque Gregorii
interpretes extat, sed etiam apud Ciceronem Tusc. Disp. i. 34, Pro
Scauro § 4, Lact. iii. 18, et eodem teste Cicerone Callimachi epigrammate celebrata est. Quod sane mirum : fabulam quae multos opti-
mosque habuit auctores, in his Callimachum, Scholiastam adeo fefellisse

---

* An hinc in Schol. 297 uenit *Themisto?*

ut nec Callimachi quem alias non raro usurpauit, nec Cleombroti
uestigium seruauerit; falsa omnia eaque perinepta de Alcibiade con-
finxerit.   Rursus considerentur scholia 475 de Telchinibus, 561 de
Haemo et Rhodope.   Esto ut uera in his non sit explicatio uersuum;
uerae tamen historiae, neque eae uulgares, ut a bono fonte deriuandae
fuerint.   Certe Leuconis et Spartaci, regum Ponti, nomina quae
scholiastae habent ad 310 uera ex uero fonte, siue Diodoro siue alius
quis fuit, profluxerunt: quamquam dubito num ad hos historia pertineat.   Ex Diodoro ea sumpta ut credas, potest adlegari schol. 505 quod
cum in Saluagnii codice sic scriptum sit *In Andragathia regione uenator*
κ.τ.λ. recte Ehualdus intellexit ex Diodori uerbis iv. 22 κυνηγὸν ἐν τοῖς
κατὰ τὴν θήραν ἀνδραγαθήμασι διωνομασμένον pendere, sed male intellectis.
Verum Saluagnii codices ualde uereor ne saeculi xv fuerint: eius
certe saec. codex est Vaticanus in quo idem nomen inueni, ut testatus
sum ad loc. Qui codex quo plenius locum Diodori citauit, hoc certius
doctrinam sapit renascentis Graeciae, dico eruditos saec. xv.
    Hanc uetustatis opinionem, ex rebus ductam, etiam alia confirmant.
Velut in C et Bern. quod legitur *Spartacon* 310, *edos* (*Aeolos*) 388
quod in C, *ancilla siquidem latris uocabatur* 352 quod latet in P, *Tauros*
384 in C et Ask, *Aten* (*Attin*) 507 in Ask, ex eo tempore supersunt
quo Graeca nomina Graeco more scribebantur.   Contra quod G
habet in 547 *Mammertus uel ta* diligentiam demonstrat scribae qui de
uera inflexione uocabuli haesitabat.
    Notiores fabulas Scholiastae ita narrant ut ubi apud Ouidium uel
Statium extant ex his ipsis duxisse uideantur.   Rarius Seruii uel Lactantii commentarios, neque umquam ipsis uerbis, secuti sunt.   Velut
339 de Palamede quae habent GC Ask extant ea quidem ap. Seru.
Aen. ii. 82 et Mythographos Vaticanos i. 35, ii. 200, sed eis uerbis, quae
latine scientem prodant ; Ibidis scholiastae sermone utuntur in-
compto plerumque, nonnumquam barbaro uel in barbariem uergente.
Etiam Mure qui Lactantii uerba ad Stat. Achil. i. 93 presse secutus
est, multa tamen inmutauit.   Iam 366, 473, 555 historiae Oenomai
Salmonei, Glauci equarum, Ibidis scholiis cum Seruio et Mythographis
Vaticanis communes sunt.   Sed Seruium Mythographi exscripserunt,
Ibidis scholiastae bis semelue referunt, 366 *cereis axibus*, 555 *dilacerauerunt.*   Qua in re errauit Ehualdus dum uerborum deprehendit con-
centum qui aut nullus aut tenuissimus est, quemadmodum perperam
ad Valerium reuocauit scholia de Euripide et Milone 595, 609, ad
Hyginum de Pelopia et Nyctimene 359, de Idmone et Ancaeo 503,
de Hippolyto nepote Aethrae 577.
    Idem Ehualdus ex loquendi genere colligit scholia haec in Gallia a
clerico conscripta fuisse septimo uel octauo saeculo; dein huius
adnotationes bis auctas et inmutatas esse, primum decimo uel un-
decimo saeculo, iterum postea ab eis ad quos codices Saluagniani
sunt referendi.   Ego, qui praeter C Ask et Saluagniana nouos duos
PG excussi, intelligo praeter uersus ficticios ac nomina quae eis sub-
nectuntur perpauca ad nos ita descendisse ut commune aliquod genus
dicendi in iis inuestigaremus : neque ex locutionibus quas Ehualdus
congessit aetatem uniuersorum colligo.   Habent sane C et Ask cum

Mure *binomium* de Iro; sed non hinc sequitur scholion septimo demum uel octauo saeculo scriptum fuisse, cum *binomius* apud Paulum legatur, p. 36 Müller, etsi ad rem decidendam Festi uerba non supersint. Suntque cetera similia quae attulit; ante saeculum quintum scribi uix poterant; sed fluctuante post 300 A.D. usu latine scribentium multa iam tum usurpabant quae plerumque seriori saeculo adsignantur. Sed tamen duo sunt quae si in scholiis erant quo tempore primum concepta sunt, recentissimum auctorem prodere non infitior : (1) *quod* pro *ut*, (2) *sibi se* pro *ei eum eis eos*. At haec in C Ask tantummodo perpetua sunt : in GP rarius occurrunt; poterant igitur abesse antiquitus, post inuectam sermoni barbariem ingredi. Neque uero clericum mihi Ehualdus, neque in Gallia haec enotasse persuasit.

Mihi totum corpus scholiorum exigenti nihil significantius uidetur quam quod ad 259 regulus Gothorum dicitur is qui reuera rex in Thracia fuit, Phineus ; neque id solum, sed et uxor eius et filii Doryclus et Othryllus siue Oreithyius, Gothorum ut uidetur acceptis nominibus, Affa Dorilas Totilas appellantur.* Id neque ante admissos in Thraciam Gothos nec post oblitteratum ibi Gothorum nomen fieri potuit. Hinc suspicor neque ante annum 376 A.D. nec diu post Iustiniani aetatem 482–541 ea nomina scholiis inuecta fuisse. Quod si uere conicio iam ante id tempus 376–541 supererat in codice aliquo Ibidis breuis quaedam adnotatio rerum nominumque, in quam animi causa uel notarius uel scholiasta sexto uel septimo saeculo, fortasse ipse Gothus sicut Iordanis (de Getar. Orig. 50), ficta nomina simul et ficticios uersus interpolauit. Clericum hunc fuisse nihil indicat ; nec sane uero est simile historias ab huiusmodi homine confingi, obscena pleraque et pagani moris amplectentes. Versus maximam partem crediderim ab eodem confictos ; nonnulla alii addidisse uidentur, sicut ne historias quidem omnes ab uno profectas arbitror : nam uitiatis demum nominibus *leotrepido Sardana pallus* scholia uersuum 512, 311 inlata sunt.

---

* Non desunt et alia nomina quae aut Gothorum sunt aut in Gothorum annalibus proueniunt. Conferantur *Andugenes* (schol. 329) et Iordanis *Andagis, Neodes* (schol. 313, 317) et Iordanis *Neoda* siue *Netad*. Sic *Asterius Darius Andragathius* (schol. Ibid.) inueniuntur ap. Gibbon iii. p. 209, 213, ii. p. 513 ed. Milman.

ADDENDA ET CORRIGENDA.

Ib. 118. Accendas *coni. Iortinus in Miscellan. Obseruat. I. p.* 227.

Ib. 280. *Pro* aquis *inprimendum erat* equis.

Ib. 549. Syracosio *correxit Const. Fanensis.*

Ib. 573. Psamathes *in nonnullis codicibus legi testatur Const. Fanensis.*

Schol. 103. *Nescio an huc pertineat Hesychianum* φῆρος· ἡ τῶν ἀρχαίων θεῶν τροφή. *Cf. Lob. Aglaoph. p.* 866.

Schol. 305. *Cf. Hesych.* Περφίλα· Σωσίβιος. κύριον ὄνομα. *An est* Pyrpile? *cf. Solin. p.* 83 *M.*

Schol. 385. *Cf. Pacat. Paneg. Theodos.* 26.

Schol. 451. *Clementi Alex. Protrept.* 12 *S. Menedemus* δαίμων *est Cythniorum.*

Comment. ad. u. 28. Constant. *non* Constantin. *scribendum erat.*

IBIS.

Tempus ad hoc, lustris bis iam mihi quinque peractis,
Omne fuit musae carmen inerme meae :
Nullaque quae possit scriptis tot milibus extat
Littera Nasonis sanguinolenta legi :
Nec quemquam nostri nisi me laesere libelli,.
Artificis periit cum caput Arte sua.
Vnus—et hoc ipsum est iniuria magna—perennem
Candoris titulum non sinit esse mei.
Quisquis is est—nam nomen adhuc utcumque tacebo—
Cogit inassuetas sumere tela manus.   10
Ille relegatum gelidos Aquilonis ad ortus
Non sinit exilio delituisse meo :
Vulneraque inmitis requiem quaerentia uexat
Iactat et in toto nomina nostra foro.

11. Eutyches Art. II. 7 Ouidius in Ibide participium ponit, Ille relegatum gelidas Aquilonis ad oras Non sinit exilio (Non ausus sit exliso
codex Bobiensis Keilii) delituisse suo.

Incipit liber ouidii in ibin *G*   Incipit Ouidius denibin *X*
Ouidii Nasonis liber in ibim incipit *F*   Incipit liber .o. de ibin *H.*
        ľï
1. in hoc *FP*   ad *H*   iam nunc mihi *G*   v. *pro* quinque *H.*
4. Littera *GHTX*   Litera *P.*
7. Huius *G solus*   perhennem *FGHTX.*
8. Candoris *T.*
        c   ľ latebit
9. adhuq *H*   latebit *TX*   tacebo *H.*
10. inassuetas *GTX*   in assuetas *P*   mansuetas *uel* inasuetas
Scholiasta C.C.C.
11, 12 *extant apud Eutychen Art. II. 7 p.* 475 *ed. Keil.*
11. religatum *H.*
12. suo *P et Eutyches.*
13. inmitis *GHX*   inmittis *F*   immitis *T.*
14. uerba canina *FTX.*

B

Perpetuoque mihi sociatam foedere lecti   15
Non patitur miseri funera flere uiri.
Cumque ego quassa meae conplectar membra carinae,
Naufragii tabulas pugnat habere mei.
Et qui debuerat subitas extinguere flammas,
Hic praedam medio raptor ab igne petit.   20
Nititur ut profugae desint alimenta senectae.
Heu quanto est nostris dignior ipse malis!
Di melius, quorum longe mihi maximus ille est,
Qui nostras inopes noluit esse uias.
Huic igitur meritas grates, ubicumque licebit,   25
Pro tam mansueto pectore semper agam.
Audiet hoc Pontus.   Faciet quoque forsitan idem
Terra sit ut propior testificanda mihi.
At tibi calcasti qui me, uiolente, iacentem,
Qua licet ei misero debitus hostis ero.   30
Desinet esse prius contrarius ignibus umor,
Iunctaque cum luna lumina solis erunt,
Parsque eadem caeli zephyros emittet et euros,

15, 16 *post* 18 *scripti sunt in P.*
   16. uiui *pro* miseri *G*   l' uiri mei *P.*
   17. Dumque *V*   complectar *T*   qplectar *G*   cōplectar
FX   qplector *P.*
   22. quantum *F* to *fortasse recentiore*   ille *GHX.*
   23. Dii *codd.*   est *om. T fortasse uere.*
   24. nostras melius inopes *V*   non sinit *G*   uoluit *P et T nisi me
fallunt oculi.*
   25. Hinc *FH*   h *G quod uidetur esse* huc   magnas grates *H*
al. ut
quascūque *Parm.*
   27. Audiat *G*   queque *P.*
   28. sitū *G pro* sit ut   ut *om. X*   potior *P et Parmensis.*
   30. Qua *G, idque Merkelium secutus reposui*   Quā *P*   Quam *Vat.*
Quod *FHTX*   libet *Vat.*   hei *FTH*   heu *GX*   et *P*
e *Parm.*   ei *Merkelius*   *Fortasse* deditus, *cf. Birtii Halieutica p.* 31.
   31–44 *extant in Deflorationibus Atrebatensi* 65, *Parisina* 17903, *Brit. Mus.*
18459, *sed ita ut omissi fuerint in Atrebat. et Paris.* 35, 36, 41, 42, *in Brit.*
32, 33, 39–42.
   31. *Signum paragraphi* ſ Desinet *in Vat.*   humor *codd. et Deflorationes*
umor *Riesius.*
   32. Cunctaque *Deflor. Paris*   tempora *pro* lumina *H.*
   33. Pars *F Paris.*

Et tepidus gelido flabit ab axe notus,
Et noua fraterno ueniet concordia fumo, 35
Quem uetus accensa separat ira pyra;
Et uer autumno, brumae miscebitur aestas,
Atque eadem regio uesper et ortus erit;
Quam mihi sit tecum positis, quae sumpsimus, armis,
Gratia commissis, improbe, rupta tuis; 40
Quam dolor hic umquam spatio euanescere possit,
Leniat aut odium tempus et hora meum.
Pax erit haec nobis, donec mihi uita manebit,
Cum pecore infirmo quae solet esse lupis.
Prima quidem coepto commitam proelia uersu, 45
Non soleant quamuis hoc pede bella geri.
Vtque petit primo plenum flauentis harenae
Nondum calfacti militis hasta solum;
Sic ego te nondum ferro iaculabor acuto,
Protinus inuisum nec petet hasta caput; 50
Et neque nomen in hoc nec dicam facta libello,
Teque breui qui sis dissimulare sinam.
Postmodo, si perges, in te mihi liber iambus

34. gelido tepidus *G* flēbit *G* auxe *Deflor. Brit. Mus.* nothus
GTVX Deflorationes.
36. Quam *FGHMPTVX Parm.* quem *Phillippicus* 23620 *Saec.* XV
pira *FGPTV* pyra *X.*
37. autumpno *GPTVX Deflorat.* autūno *H.*
39. sumsimus *T.*
40. Irā *Deflor. Paris.* conmissis *sic F* improbe *GP* inprobe *Deflor. Paris.*
41, 42 *om. GP Vat. qui tamen scriptos habent post* 132 Auferet illa dies
quae mihi sera uenit. *Idem uersus* 41, 42 *in F ante* 39 *scripti sunt. Et hic
quidem possunt abesse, post* 132 *aegre desiderantur.*
42. aura *T.*
43, 44 *extant in Flosculis Ouidii in Ibim* (libim *cod.*) *Bodl. Canon. Patr.
Lat.* 43 *fol.* 89ᵇ *saec.* XV semper dum uita *Fl. Bodl., Deflorationes Atrebatensis Parisina Mus. Britannici* peccore *Paris.* pectore *Atrebat.*
45. tamen *HM* cepto *codd.*
47. harene *FGHTX* arene *P.*
48. calfati *HP* uelitis *P Parm.* arma *pro* hasta *G quod
fortasse ex* asta *ortum* Post hasta *spatium in F.*
49. ferro nondum *FP Parm.*
50. Protinus *codd.* ne *HMX* petat *MX* asta *P.*
51. neque in hoc nomen *V* neque—neque *GH* neque—nec *T.*
52. quis *HM* sim *V* disimulare *G* sciam sinam *V.*
53, 54. In te—dabit *citat Conradus s. u.* Archemorus.
53. pergis *F.*

B 2

Tincta Lycambeo sanguine tela dabit.
Nunc quo Battiades inimicum deuouet Ibin,   55
  Hoc ego deuoueo teque tuosque modo.
Vtque ille, historiis inuoluam carmina caecis,
  Non soleam quamuis hoc genus ipse sequi.
Illius ambages imitatus in Ibide dicar,
  Oblitus moris iudiciique mei.   60
Et quoniam qui sis nondum quaerentibus edo,
  Ibidis interea tu quoque nomen habe.
Vtque mei uersus aliquantum noctis habebunt,
  Sic uitae series tota sit atra tuae.
Haec tibi natali facito Ianique Kalendis,   65
  Non mentituro quilibet ore legat.

Di maris et terrae, quique his meliora tenetis
  Inter diuersos cum Ioue regna polos,
Huc precor huc uestras omnes aduertite mentes,
  Et sinite optatis pondus inesse meis.   70
Ipsaque tu tellus, ipsum cum fluctibus aequor,
  Ipse meas aether accipe summe preces.
Sideraque et radiis circumdata solis imago,
  Lunaque quae numquam quo prius orbe micas;

54. Dicta *P an* Ducta?   licambeo *codd.*   licanbeo *F.*

                                                              c
55 *citat Conradus s. u.* Bathus.   N *G*   quoque *HX*   batiades *T*
balciades *FG*   baciades *PV*   bachiades *HX*   bathyades *Conradus*
ibin *G*   ibim *HFVX*   ibī *PT.*
  56. quoque *pro* ego *T*   modos *X.*
  57. vt *H*   istoriis *G*   crimina *P.*
  58. Quamuis non soleam *G*   loqui *etiam G, sed habet in margine* ⸆ loq
sequi.
  60. indiciique *H.*
  61. qui *PX Vat.*   quis *GHMT*   nondum quis sis *G.*
  62. habes *P.*
  64. series uite *F.*
  65. festo panique *G*   iamque *H.*
  67. *Signum paragraphi* ʃ *in G Vat. In T uocabulum* Dii *caeruleo ac rubro*
colore distinctum et solito maius est.   Dii *codd.*   hiis *GX*   his *T.*
  69. Nunc precor *GT*   omnes uestras *V Riesius*   nostras *P Vat.*
auertite *P*   diuertite *Parm.*
  72. p̄ees *F ut uidetur.*
  73. circumdata *F*   ymago *HV.*
       l' orbe
  74. ore *G.*

Noxque tenebrarum specie reuerenda tuarum,   75
  Quaeque ratum triplici pollice netis opus ;
Quique per infernas horrendo murmure ualles
  Inperiuratae laberis amnis aquae ;
Quasque ferunt torto uittatis angue capillis
  Carceris obscuras ante sedere fores ;   80
Vos quoque plebs superum fauni satirique laresque,
  Fluminaque et nymphae semideumque genus,
Denique ab antiquo diui ueteresque nouique
  In nostrum cuncti tempus adeste chao ;
Carmina dum capiti male fido dira canuntur,   85
  Et peragunt partes ira dolorque suas.
Annuite optatis omnes ex ordine nostris,
  Et sit pars uoti nulla caduca mei.
Quaeque precor, fiant, ut non mea dicta, sed illa
  Pasiphaes generi uerba fuisse putet.   90
Quasque ego transiero poenas, patiatur et illas.

76, 77 *transuerso ordine scripti sunt in V.*
76. netis *T*   nectis *FGHPX*   nectit *V.*
77. herendo *H*   orrendo *P.*
78. Inperiurate *HTX*   Ipiurate *G*   Imperiurate *FP*   annis *F.*
80. obstrusas *HM.*
81. pleps *G.*
82. Flumina *H*   nimfe *T.*
83. diuum *F.*
84. cori *G*   thori *H Vat.*   chori *FMPVX Parm. idque in*
codicibus saec. XV *constanter inueni, etsi Constantinus Fanensis in Sarritionibus*
Annotationum in Ibin, quem librum Nicolao Abstemio dedicauit Fani MDVIII
testatur in bonis exemplaribus non chori *legi sed* chao, *ut sit ab antiquo chao*
.i. a mundi primordio. Ego chao *impressum inueni in edit. Rubei Veneta anni*
1474. *Nescio quid tribuendum sit libro de orthographia qui L. Caecilii Minu-*
tiani Apuleii Grammatici habitus est §§ 44 'Quamquam Orpheus Linus et
Hesiodus deos ex chao ab initio erupisse dixerint, quos et plerique ex
nostris sequuntur : ut ab antiquo chao ueteresque diuique nouique i. n. t.
d. c. a.' *Non dissimili errore* cohum *in* chorum *abiit Apul. de deo Socratis*
§§ 121 *Oudend. Cf. uersus ex papyro magica quam edidit Parthey* 1. 315, 316
Κλῦθι μάκαρ κλῄζω σε τὸν οὐρανοῦ ἡγεμονῆα Καὶ γαίης χάεός τε καὶ ἄιδος ἔνθα
νέμονται.
85. malefido *G*   nil fido *V*   canuntur *GPX*   canentur *T*
canantur *HM Parm.*
86. peragent *PT*   peragant *HMX Parm.*
88. sit pars *FHT*   pars sit *GPVX.*
89. non ut *F*   mihi *pro* mea *G*   set *Vat.*   ille *ed. Rubei.*
90. Pasiphes *codd.*
91. patiantur *P.*

Plenius ingenio sit miser ille meo.

Neue minus noceant fictum execrantia nomen
Vota, minus magnos commoueantue deos,
Illum ego deuoueo, quem mens intelligit, Ibin,   95
Qui scit se factis has meruisse preces.
Nulla mora est in me : peragam rata uota sacerdos.

Quisquis ades sacris, ore fauete, meis,
Quisquis ades sacris, lugubria dicite uerba,
Et fletu madidis Ibin adite genis,   100
Ominibusque malis pedibusque occurrite laeuis,
Et nigrae uestes corpora uestra tegant.
Tu quoque, quid dubitas ferales sumere uittas?
Iam stat, ut ipse uides, funeris ara tui.
Pompa parata tibi est, uotis mora tristibus absit.   105
Da iugulum cultris, hostia dira, meis.

Terra tibi fruges, amnis tibi deneget undas,
Deneget afflatus uentus et aura suos.
Nec tibi sol calidus, nec sit tibi lucida Phoebe,

94. commoueantque *GT Vat.*
95. ibin *G*   ibī *FPX*   ibim *H.*
96. scit se *FG*   se scit *HPTX*   se sit *Vat.*   fatis *Vat.*   suis
pro preces *Parm.*
97. mea *pro* rata *G*   uerba *Vat.*
98. ades *GX Merkelius*   adest *FHMPTV Parm.*   rogo *pro*
meis *P*   precor *T*   fauere ueto *H.*
99. ades *GX*   adest *FHMPTV Parm.*
101. Hominibusque *P h. e.* Ominibus   Ominibusque *GHMTVX*
Parm.   Oṁibusque *F*   Nominibusque *V Saluagnius Merkelius*
pedibus *H*   occurite *X.*
102. pectora *HV.*
                          mortales
103. mortales *G*   ferales *H*   uittas *FP*   uestes *GHT.*
107–118, 120, 123–125 *extant in Flosculis Ouidii Canon. Patr. Lat.* 43
p. 89^b *saec.* XV, 107–126 *in Deflorationibus Atrebatensi et Parisina,* 107–118,
120, 123–126 *in Defloratione Brit. Mus. (Add.* 18459).
107. potus tibi deneget unda *F*   aquis *pro* amnis *Flosc. Bodl.*
ānis *Brit. Mus.*   anius (? annis) *Atrebat.*   undis *Deflor. Paris.*
Ante hunc uersum signum paragraphi in Vat.
Vu. 109, 110 *inuerso ordine scripti sunt in P.*
109. calidus *Vincentius Bellouacensis et sic Flosculi Bodl. et Deflorationes*
clarus *codd.*   calida *pro* lucida *Deflor. Brit. Mus.*

Destituant oculos sidera clara tuos.   110
Nec se Vulcanus, nec se tibi praebeat aer.
Nec tibi det tellus nec tibi pontus iter.

Exul, inops erres, alienaque limina lustres,
Exiguumque petas ore tremente cibum.
Nec corpus querulo nec mens uacet aegra dolore,   115
Noxque die grauior sit tibi, nocte dies.

Sisque miser semper nec sis miserabilis ulli.
Gaudeat aduersis femina uirque tuis.
Accedat lacrimis odium, dignusque putere
Qui mala quum tuleris plurima, plura feras.   120
Sitque, quod est rarum, solito defecta fauore
Fortunae facies inuidiosa tuae.

Causaque non desit, desit tibi copia mortis,
Optatam fugiat uita coacta necem.

110. lumina *G.*
111. Nec tibi Vulcanus *Fl. Bodl. et Deflor. Brit. Mus.*   ether *G*
ether *H.* ^{l'aer}
112. pondus *Atrebat.*   ponthus *Paris.*   iter *om. Brit. Mus.*
Vu. 113–118, 123–4 *insunt duabus Anthologiis saeculi xiii Bibliothecae Phillippicae* 1813, 1827 *iidemque omisso* 118 *in cod. Duacensi* 690.
113. inobs *Deflor. Paris.*   lumina *V, pr. F, pr. P, Fl. Bodl. Anthologiae Phillippicae et prima manus Atrebat.*
114. petens *X*   uomente *Vat.*
115. q̄ulo *G Num* corylo? *Sen. Cont.* 10. 33. 2 *de mendicantibus* Hinc caeci innitentes baculis uagantur, hinc trunca brachia circumferunt. uaccet *Deflor. Brit. Mus.*
116. Norque *altera Anthologiarum*   dies̩ *G*   stet *P.*
117. Bisque miser semper ne sis *Deflor. Paris.*
119. Accipias *Atrebat. et Paris.*   hodium *P*   dinusque *F*   putere *TX Parm. Merkelius*   puteris *FGHMV*   putare *Paris.*
120. Et *pro* Qui *G*   nulla *Fl. Bodl.*   contuleris *Duacensis*   feres *Duacensis.*
121. defrecta *Vat.*   deserta *V Phillippicus* 23620 *saec.* XV. *Atrebat. Paris. Riesius.*
122. Erumpne *X Vat.*   fatias *Paris.*
123. co pia *F erasa una littera*   quoque *pro* tibi *G.*
124. fugiet *H*   fugias *Brit. Mus.*

Luctatusque diu cruciatos spiritus artus   125
Deserat et longa torqueat ante mora.

Euenient. Dedit ipse mihi modo signa futuri
Phoebus et a laeua maesta uolauit auis.
Certe ego, quae uoueo, superos motura putabo,
Speque tuae mortis, perfide, semper alar.   130
Et prius hanc animam, nimium tibi saepe petitam,
Auferet illa dies quae mihi sera uenit;
Quam dolor hic umquam spatio euanescere possit,
Leniat aut odium tempus et hora meum.
Pugnabunt arcu dum Thraces, Iazyges hasta,   135
Dum tepidus Ganges, frigidus Ister erit,
Robora dum montes, dum mollia pabula campi,

---

125. Luctatoque *Fl. Bodl.*   Luctatosque *Paris. et Brit. Mus.*
cruciatur *P*   deserat artus Spiritus *T Riesius.*
   126. Spiritus et *TV*   deserat *pro* torqueat *G*   arte *Paris.*
   127. dabit *X*   modo mihi *T.*
   128. sonauit *PX Vat.*   sonauit *Parm.*   uolabat *V.*
   [l' uolauit]
   129. quod *V*   męueo *G*   moueo *H*   mųtura *G.*
   130. pessęme *G*   pessime *PX Parm. Vat.*   perfede *V m. pr. Post*
130 *codices habent hoc distichon* Finiet illa dies que te mihi subtrahet
(subtrait *Vat.*) olim Finiet illa dies que mihi (tibi *G*) tarda uenit, *nisi quod*
F positos habet post 132.   *Inueteratam interpolationem fuisse G demonstrat, qui*
subditicios uersus Finiet—Finiet *seruauit, omisit* Et prius—Auferet. *Origi-*
nem corruptelae ingeniose explicauit Merkelius.
   131, 2 *om. G.*
   131. saeue *Heinsius.*
   133, 134 *om. Merkelius Ries.*
   133. uanescere *malebat Heinsius.*
   134. aura *HM*   ora *P.*
   Vu. 135–144 *cum* 155–158 *extant in Defloratione Atrebatensi,* 135–142
cum 157–158 *in Parisina.*
   135. Pugnabant *X*   traces *codd.*   iaziges *Atrebat.*   iapiges *T*
iapides *FGHMX Parm.*   yapides *Vat.*   ypides *P*   asta *P*
traces tuscus et hasta *V miro errore*   Pugnabunt iaculis dum Thraces,
Iazyges arcu *Heinsius et Merkelius, idemque impressum fuerat in ed.* 1477.
   136. trepidus *X Atrebat.*   rapidus *Vat.*   gęnges *G*   hister
FGTVX Paris. Atrebat.   ister *HP.*
   137. mollia pabula *FTV Paris. Atrebat.*   pabula mollia *PX*   mitia
pabula *G.*

Dum Tiberis liquidas Tuscus habebit aquas,
Tecum bella geram : nec mors mihi finiet iras
Saeua sed in manis manibus arma dabo.   140
Tum quoque, cum fuero uacuas dilapsus in auras,
Exanguis mores oderit umbra tuos.
Tum quoque factorum ueniam memor umbra tuorum,
Insequar et uultus ossea forma tuos.
Siue ego, quod nollem, longis consumptus ab annis,   145
Siue manu facta morte solutus ero ;
Siue per immensas iactabor naufragus undas,
Nostraque longinquus uiscera piscis edet ;
Siue peregrinae carpent mea membra uolucres,
Siue meo tinguent sanguine rostra lupi ;   150
Siue aliquis dignatus erit supponere terrae
Et dare plebeio corpus inane rogo ;
Quidquid ero, Stygiis erumpere nitar ab oris,
Et tendam gelidas ultor in ora manus.

138. tyberis *PTVX*   flauas *coni. Sanctius*   fascus *Parm.*
139. Tecum bella geram *G*   Bella geram tecum *cett.*   nec *cum*
signo paragraphi Vat.   finiat *Paris.*   iram *G.*
   140. in manis *X Parm.*   in manes *GHPT Paris.*   dabit *Heinsius*
Merk.
   141. Tum *GP*   Tunc *FGH Atrebat.*   Tu *X*   Nunc *Paris.*
fuso *V*   uacuas fuero *H*   dilapsis *V m. pr.*   delapsus *G.*
   142. Exanguis *T cf. Met. IV.* 443   Exanimis *cett. cum Deflorationibus*
                                                                            oderit
mores *GPV et Deflorationes*   manes *FT Parm.*   audiet *G.*
   143, 4 *post* 155-8 *extant in Annalibus Ricardi II (Cod.* 7 *Collegii Corporis
Christi apud Cantabrigienses).*
   143. Tum *FPT*   Tunc *GH codex Annalium*   Tu *X.*
   144. forma *codd. .et codex Annalium cum Deflor. Atrebat.*   larua
*Saluagnius testatur se in quibusdam exemplaribus comperisse, recepit Merkelius.
Ego id nusquam inueni.*
                                                     u
   145. nolim *Phillippicus* 23620, *Merkelius*   consumptis *G.*
   146. manufacta *H.*
   147. inmensas *GHX*   īmensas *T*   immensas *P.*
   148. longinqus *GTX*   corpora *HT*   edit *V*   edāt *G.*
   150. tingent *GHPVX*   tinguent *FT*   nostra *P.*
   151. subponere *VX.*
   152. plebeo *X*   phebeio *V.*
   153. Quicquid *GHPTVX*   *Sed uide Lachmannum ad Lucr. V.* 264,
                                              l' ab horis
Munronem ad I. 22.   erit *G Vat.*   harenis *G*   horis *FTVX*
oris *P*   undis *Parm.*

Me uigilans cernes, tacitis ego noctis in umbris   155
    Excutiam somnos uisus adesse tuos.
Denique quidquid ages, ante os oculosque uolabo,
    Et querar, et nulla sede quietus eris.
Verbera saeua dabunt sonitum, nexaeque colubris
    Conscia fumabunt semper ad ora faces.   160
His uiuus furiis agitabere, mortuus isdem,
    Et breuior poena uita futura tua est.
Nec tibi continget funus lacrimaeque tuorum ;
    Indeploratum proiciere caput.
Carnificisque manu populo plaudente traheris,   165
    Infixusque tuis ossibus uncus erit.
Ipsae te fugient, quae carpunt omnia, flammae,
    Respuet inuisum iusta cadauer humus.
Vnguibus et rostro tardus trahet ilia uultur,
    Et scindent auidi perfida corda canes.   170

Annal. Ricardi II ed. Riley p. 218. Sed Rex, licet tunc laetaretur de
perpetrato negotio, mox sub breui temporis spatio indicibiliter turbabatur
in somnis et in somnio : uidebatur nempe umbra Comitis, mox ut
dormire coepisset, ante eius oculos uolitare, minari sibi, et horribiliter
deterrere eum, quasi diceret sibi illud poeticum quod habetur in Ibin :
Me uigilans cernes—Excutiam—Denique—Et querar—Tunc quoque
factorum—Insequar.

155–158 *extant in Annalibus Ricardi II* (*p.* 218 *ed. Riley Lond.* 1866) *quem*
librum scripsisse creditur ante annum 1424 *Willelmus Wyntershylle e monasterio*
S. Albani.   Horum Annalium diuersum exemplar superest in codice Cottoniano
(*Faustina B.* IX) *et Bodleiano* 462.
    155. tacitis ego *codd. et Faustina B.* IX.   taciturnae *cod. Cantabri-*
giensis Annalium   noctis (notos *Faustina B.* IX) in *GHTV et Faustina B.* IX
conditus *PX Parm. Vat.*
    156. sompnos *FGPTVX.*
    157. quicquid *GHTX*   uidebor *codices Annalium.*
    158. parte *Parm.*
                                            l' torta
    159. seua *GMPTX Parm.*   seua *H*   torta *V*   torua *F*
l' texte
nexeque *H*   colubre *G et sic coni. Merkelius ex M. IV.* 492.
    161. Hiis *GX*   hiisdem *G*   hisdem *FH.*
    163. contingent *Vat. Merkelius*   fumus *PX.*
    164. proitiere *T.*
    167. carpent *X.*
    169. Vmguibus *H*   crudus *Heinsius.*
    170. auide *F.*

Deque tuo fiet—licet hac sis laude superbus—
Insatiabilibus corpore rixa lupis.
In loca ab Elysiis diuersa fugabere campis,
Quasque tenet sedes noxia turba coles.
Sisyphus est illic saxum uoluensque petensque,   175
Quique agitur rapidae uinctus ab orbe rotae;
Quaeque gerunt umeris perituras Belides undas,
Exulis Aegypti turba cruenta nurus.
Poma pater Pelopis praesentia quaerit, et idem
Semper eget liquidis, semper abundat, aquis.   180
Iugeribusque nouem qui distat summus ab imo,
Visceraque assiduae debita praebet aui.
Hic tibi de Furiis scindet latus una flagello,
Vt sceleris numeros confiteare tui.
Altera Tartareis sectos dabit anguibus artus,   185
Tertia fumantes incoquet igne genas.
Noxia mille modis lacerabitur umbra, tuasque
Aeacus in poenas ingeniosus erit.
In te transcribet ueterum tormenta uirorum,
Manibus antiquis causa quietis eris.   190

171. fiat *T*   ac *P*.
172. reta *V*.
173. *Signum paragraphi in Vat.*   elisiis *codd.*   uocabere *G*
campi diuersa fugare *V*.
174. impia *G*.
175 *citat Conradus de Mure s. u.* Sisiphus   Sisiphus *GHV*
Sysiphus *FPTX*   ille qui *Conradus.*
176. roge *V*.
177 *citat Conradus s. u.* Belides   Quique *X*   humeris *codd.*
178. egisti *FGPTVX Vat.*   egesti *HM*   egypti *Laurentianus XXXVI.* 21
cum Phillippico 3360.
179. patri *X*   captat *FT*.
180. habundat *codd.*
181. $\overline{ue}$x *G*   qui distat summus *P Vat.*   summus qui distat *GHTX*.
182. Vesceraque *G*   assiduo *X*.
183. sic tibi *V*   ima *HX*.
184. numeros sceleris *H*   confitare *X*.
186. inquoquet *FHX*   incoquit *V*.
188. Eacus *codd.*   eat *T*.
189. transcribent *V*   monumenta *G*   reorum *Heinsius secundum*
Senec. H. F. 580, *Claudian. in Rufin. II.* 495.
190. Manibus *F cum quattuor Laurentianis XCI Sup.* 25. *XXXVI.* 21, 31,
34   Omnibus *GHMPTVX*.

Sisyphe, cui tradas reuolubile pondus habebis.
Versabunt celeres nunc noua membra rotae.
Hic erit et ramos frustra qui captet et undas,
Hic inconsumpto uiscere pascet auis.
Nec mortis poenas mors altera finiet huius,   195
Horaque erit tantis ultima nulla malis.
Inde ego pauca canam, frondes ut siquis ab Ida
Aut summam Libyco de mare carpat aquam.
Nam neque quot flores Sicula nascantur in Hybla,
Quotue ferat dicam terra Cilissa crocos,   200
Nec, cum tristis hiemps aquilonis inhorruit alis,
Quam multa fiat grandine canus Athos.
Nec mala uoce mea poterunt tua cuncta referri,
Ora licet tribuas multiplicata mihi.
Tot tibi u*a*e misero uenient talesque ruinae,   205
Vt cogi in lacrimas me quoque posse putem.
Illae me lacrimae facient sine fine beatum.
Dulcior hic risu tunc mihi fletus erit.
Natus es infelix, ita di uoluere, nec ulla

---

191. Sysiphe *FPT*   Sisiphe *GHV*   credas *G*.
192. tunc *F*.
193. erit et *GPX Parm*.   et erit *FHMTV*   erit in *Vat*.   et undis
G sed in marg. l' et undas.
194. auis *X*   aues *GPT*.
195. penam mor *H*.
197. ego *om. P*   ab *GT*   in *FHMPX Parm. Vat*.   ibla *HM*.
198. sumam *P*   liquido *marg*. libico *G*   carpet *P*.
199. nec *F*   nascantur *V*   nascuntur *FGHMPTX Parm*.
pascuntur *Vat*.   ibla *FG*   ybla *HPX*.
200. Quo*t*ue *P*   Cylissa *HM*   calissa *P*   cilisca *FGTX Parm*.
Falisca *V*.
201. hiemps *FV*   hyemps *HX*   yemps *P*   iems *G*   hyems *T*
inhorreat *T*   inorruit *P*.
202. fiet *V*.
203. Nec tua *F*   mala cuncta *F*.
204. multiplicanda *G*.
205. ue *codd*.   Tot ue tibi uenient misero *G*   ueniant *T*
tanteque *F*.
206. queque *P*   putes *Vat*.   put*e*as *P*.
207. mee *P*.
208. is *F*   tum *PX*   tunc *GHTV Merkelius*.
209. *Ante hunc uersum signum paragraphi in Vat*.   dii *FGHTVX*.

Commoda nascenti stella leuisue fuit.   210
Non Venus illuxit, non illa Iupiter hora,
Lunaque non apto solque fuere loco.
Nec satis utiliter positos tibi praebuit ignes,
Quem peperit magno lucida Maia Ioui.
Te fera, nec quicquam placidum spondentia, Martis   215
Sidera presserunt, falciferique senis.
Lux quoque natalis, ne quid nisi triste uideres,
Turpis et inductis nubibus atra fuit.
Haec est in fastis cui dat grauis Allia nomen,
Quaeque dies Ibin publica damna tulit.   220
Qui simul inpurae matris prolapsus ab aluo
Cinyphiam foedo corpore pressit humum,
Sedit in aduerso nocturnus culmine bubo,
Funereoque graues edidit ore sonos.
Protinus Eumenides lauere palustribus undis,   225
Qua caua de Stygiis fluxerat unda uadis ;
Pectoraque unxerunt Erebeae felle colubrae,

---

210. Comoda *P*   leuisue *G*   leuisque *FPTX*   nascendi *X*
stellaque clara fuit *H.*
   211. Nec *G*   illuxit *G*   effulsit *T*   affulsit *HPVX*   non illa *P* (in)
non ulla *X*   nec in illa *FTV Vat.*
   212. alto *F.*
   214. Que *VX*   Ioue *Parm.*   roim *V.*
   215. nequicquam *F.*
   216. falciferique *P.*
   217. tibi *pro* nisi *GX.*
   218. indutis *F.*
   219. faustis *P*   allia *FGHPT*   alia *Parm.*
   220. ibim *F Parm.*   ybim *X*   ybin *P*   dapna *G*   danpna *F*
dampna *HTVX*   danna *P.*
   221. inpure *GH*   in pura *P*   impura *T*   īpura *X*   aluo
T Vat.   aluo est *FGHMPV In X* est *recentiore atramento uidetur
additum.*
   222. Cinifeam *T*   Cynifeam *X*   Sciniphiā *V*   Cynipheam *P*
Cenīfam *G*   Cinnipheam *H*   Ciniphiam *Conradus de Mure s. u.*
Ciniphes   phedo *P.*
   223. auerso *F*   culpmine *G*   limine *F.*
   225. heumenides *Vat.*   uluis *Heinsius*   paludibus udis *Saluagnius*
' *Ego non offendo in repetitione uel maxime Ouidiana si modo recte haec pro-
nuntientur.*' *Merkelius. Fortasse* urnis, *cf. M. III.* 162.
   226. Quae *G.*
   227. ūxerut *X*   iunxerunt *V*   herebee *FGTX*   collubre *P.*

Terque cruentatas increpuere manus;
Gutturaque inbuerant infantia lacte canino;
Hic primus pueri uenit in ora cibus.   230
Perbibit inde suae rabiem nutricis alumnus,
Latrat et in toto uerba canina foro.
Membraque uinxerunt tinctis ferrugine pannis,
A male deserto quos rapuere rogo.
Et ne non fultum nuda tellure iaceret,   235
Molle super silices inposuere caput.
Iamque recessurae uiridi de stipite factas
Admorunt oculis usque sub ora faces.
Flebat ut est fumis infans contactus amaris;
De tribus est cum sic una locuta soror: 240
'Tempus in immensum lacrimas tibi mouimus istas,
Quae semper causa sufficiente cadent.'
Dixerat. At Clotho iussit promissa ualere,
Neuit et infesta stamina pulla manu.
Et ne longa suo praesagia diceret ore,   245
Fata canet uates qui tua, dixit, erit.
Ille ego sum uates, ex me tua uulnera disces,

229. Guturaque *F*   inbuerant *Vat.*   ībuerant *GHTX*   imbuerant *P*
imbuerunt *Harl.* 2538   infantia *om.* *T*   lactentia *G*   camino *X*.
  230. ore *X*.
  231. Ebibit *F*   Praebuit *Parm.*   alumpnus *GHPTX*.
  232. camina *X*.
  233. Menbraque *FH*   iunxerunt *GP, F ut mihi uisum est, Parm.*
uinxerunt *T*   ūxerunt *X*   tinxerunt tactis *V*   panis *H*   tinctis
ferugine pānis *P*.
  234. Ah *V*   Et *G*   quas *G*.
  235. nedum *X*.
  236. silicem *H*   imposuere *GPTX*   īposuere *H*   capud *H*.
  237. nitidi *X*   cespite *G*   cespite *duae Phillippicae* 23620, 3360.
  239. ut ut *P*   furiis *G Vat.*   infans fumis *HP*   contractus *H*.
  241. immensum *P*   inmensum *FGHT*   uouimus *Parm.*
  242. cadunt *P*   cadant *F*.
  243. et *Harl.* 2538 *ed. Pr. Heinsius Merkelius Riesius*   Cloto
FGHMPTVX.
  244. Ne uitet *P*   infecta *F*   pulsa *VX*.
  245. duceret *Vat.*
  246. iter *pro* erit *X*.
  247. Lille *V*   per me *F*   in me *Parm.*

Dent modo di uires in mea uerba suas,
Carminibusque meis accedant pondera rerum,
Quae rata per luctus experiare tuos.   250

Neue sine exemplis aeui cruciere prioris,
Sint tua Troianis non leuiora malis.
Quantaque clauigeri Poeantius Herculis heres,
Tanta uenenato uulnera crure geras.
Nec leuius doleas quam qui bibit ubera ceruae,   255
Armatique tulit uulnus, inerm*is* *opem*.
Quique ab equo praeceps *in* Ale*i*a decidit arua,
Exitio facies cui sua paene fuit.
Id quod Amyntorides uideas, trepidumque ministro
Praetemptes baculo luminis orbus iter.   260
Nec plus aspicias quam quem sua filia rexit,
Expertus scelus est cuius uterque parens.

---

248. Dent modo dii (dum *V*) *codices nostri*   Di modo dent *Merkelius.*
249. accedant *FGHMPTX Parm. Vat.*   accedent *Merkelius.*
250. experiere *GHPTX Vat.*   experiare *F Parm.*
251. *Signum paragraphi in Vat.*
253, 4 *citat Conradus s. u.* Alcides.
253. clauigera *X*   peantius *codd.*   peanthius *V*   heres *FHX*
Conr.   ʰeres *P*   heros *GT.*
254. uenenata *Conr.*   uulnerẹ *G*   crura *P.*
255 *citat Conradus s.:u.* Dareus   Ne *P.*
256. Armatisque *P Parm.*   Armatusque *FGHMTVX Vat.*   uulnus
V Parm.   uulgus *FGHMPTX*   inerme (inherme *P* inherme *T*) potens
codices omnes cum ed. Pr. et Rubei. ' *Lege* inermis opem. *uoluit enim poeta
unico pentametro omnem Telephi fortunam comprehendere, qui armatus ab Achille
grauissimum uulnus accepit, rursus supplex et inermis opem et auxilium ab eodem
Achille impetrauit*' *cod.* 36 *Seminarii Patauini saec.* XVI. *Iam in Parm. super
scriptum fuerat* inerme pro inermis.
257. aliena in decidit arua *HMPX*   alienis decidit (incidit *FTV*)
aruis (armis *G*) *FGTV Parm. Hinc conicias duplicem extitisse scripturam* in
Aleia decidit arua, *et* in Aleis decidit aruis. *Priorem quam post Heinsium
praetulit Merkelius ego quoque ut magis Ouidianam retinui.*
258. Excicio *G*   Exitii *H*   pena *GH.*
259. aminctorides *G*   amintorides *PTV*   amyntorides *X*
trepidusque *FGHX*   trepidumque *PT*   tepidusque *V.*
260. Pretemptes *FHTVX Parm.*   Pretemtes *G*   Pretentes *P.*
261, 2 *citat Conradus s. u.* Anthigone.
261. Ne *Conradus*   quemquam *V.*
262. facinus *pro* scelus est *F.*

Qualis erat, postquam est iudex de lite iocosa
    Sumptus, Apollinea clarus in arte senex,
Qualis et ille fuit, quo praecipiente columba   265
    Est data Palladiae praeuia duxque rati.
Quique oculis caruit, per quos male uiderat aurum,
    Inferias nato quos dedit orba parens.
Pastor ut Aetnaeus, cui casus ante futuros
    Telemus Eurymides uaticinatus erat.   270
Vt duo Phinidae, quibus idem lumen ademit,
    Qui dedit, *u*t Thamyrae Demodocique caput.
Sic aliquis tua membra secet, Saturnus ut illas
    Subsecuit partes unde creatus erat.
Nec tibi sit tumidis melior Neptunus in undis,   275
    Quam cui sunt subitae frater et uxor aues.
Sollertique uiro, lacerae quem fracta tenentem
    Membra ratis Semeles est miserata soror.
Vel tua, ne poenae genus hoc cognouerit unus,

---

263. est *om. GV*   iocasa *G.*
264. Clarus Apollinea sumptus *G*   apolinea *P*   appollinea *H*
arce *G.*
265. ipse *PTX*   ille *GH*   precipitante *X.*
266. Et *H.*
267. Quaeque *G*   postquam *pro* per quos *G.*
269, 270 *citat Conradus s. u.* Thelephus.
269. ethneus *GTVX Conradus*   etthneus *F*   ethnetis *P*
etheneus *H*   qui *Conradus.*
270. Telenus *G Harl.* 2538   Telemus *Parm.*   Theolemus *H*
Thelemus *V*   Telefus *P*   Telephus *FT*   Thelephus *X Con-*
radus   eurimides *HTV Conradus*   eurimicles *P*   eurimedes *X*
        d
euirmeṇes *G.*
271, 2 *citat Conradus s. u.* Thamira, Demodosus.
271. Et *GPT*   finide *G.*
272. ut *F*   et *GPTVX Parm. Conradus*   tamire *FGH Conradus*
thamire *TVX Conradus*   tamyre *P*   demodosique *Conradus s. u.*
demodof(ph *F*)ique *FT*   demolophique *X Conradus s. u.* Thamira
demophoique *G*   demodophique *V*   Demodocique *Canon.* 20
capud *H.*
275. tumidis melior *GHPX Parm.*   melior tumidis *FH*   tumidis
tibi sit melior *T.*
        l' cui
276. qui *H*   uise (ę *Parm.*) *pro* subite *T Parm.*
277. Sollertique *FGPTX.*
278. Menbra *FH.*
279. peng' *pro* pene genus *F*   hic *G.*

Viscera diuersis scissa ferantur aquis.   280
Vel quae qui redemi Romano turpe putauit,
A duce Puniceo pertulit, ipse feras.
Nec tibi subsidio sit praesens numen, ut illi,
Cui nihil Hercei profuit ara Iouis.
Vtque dedit saltus a summa Thessalus Ossa,   285
Tu quoque saxoso praecipitere iugo.
Aut uelut Eurylochi, qui sceptrum cepit ab illo,
Sint artus auidis anguibus esca tui.
Vel tua maturet, sicut Minoia fata,
Per caput infusae feruidus umor aquae.   290
Vtque parum mitis, sed non inpune, Prometheus,
Aerias uolucres sanguine fixus alas.
Aut ut Echecratides, magno ter ab Hercule quintus,

280. secta *HM*   mersa *X*   trahentur *H*   aquis *FT*.
281, 2 *citat Conradus s. u.* Regulus *et* Paulus.
281. redemi *Conradus bis*   redimi *codd.   Vide Munronem ad Lucr. I.* 216.
romanos *Phillippicus* 23620.
282. Cenipheas *pro* puniceo *Phill.* 23620   ille *HM*   foras *V*.
283. nomen *marg.* numen *G*.
284. nil *FGHTVX Parm.*   nichil *P Vat.*   rethei *FGHVX et hic*
quidem post rasuram   ethei *P*   etherei *T*   ercei *Parm.*   arcei
Vat.   Rhoetei *Merkelius in ed.* 1877.
285 *citat Conradus s. u.* Ionus   Vt ue *H*   de *FHV*   e *PTX*
Vat. Parm. Conradus   a *G*   summo *F*   tessalus *GT*.
286. precipitare *F*.
287 *citat Conradus s. u.* Ericlous uel Eurilocus   uelud *T*   euriloco *G*   euriloci *P*   eriloci *FHM*   ericloi *Conradus*   yrioni *T*
erroli *V*   erioli *Bodleianus F.* IV. 24   euriali *ed. Pr.*   ceptrum *G*.
289, 290 *H ponit post* 291, 2.
289 *citat Conradus s. u.* Crocalus.
290. humor *GPT*.
291. fidus *pro* mitis *F*   si non *X ni fallor*   inpune *GV*   im-
pune *T*   Vtque parum Metes '*id est parum prudens aut parum Prometheus*'
Sanctius   Vtque operum mitis *Merkelius*   Vtque procul Scythiae
pendens in rupe Prometheus *Riesius*.
292. Aereas *T*   corpore *FHMV*   fixus alas *PT*   pascit alas
Vat.   pasce tuo *FGHMV*   uiuus *coni. Riesius*.
293 *citat Conradus s. u.* Eacrides uel Ethecratides   sicut *P*
                                        c
ececratides *T*   echecratides *X*   exegratides *H*   excegra-
tides *M*   encratides *P*   ecratides *Parm. et sic F ut mihi quidem uisum*
est   ethreclides *G*   etracides *V*   eacrides *uel* ethecratides *Con-*
radus   Etracides *Merkelius*   Eurycrates *Riesius*   ter *om. P*   tibi
Conradus bis, sed interpretans tamquam ter *esset*   uictus *T*   '*Vel*
aliter ut legatur tibi ab hercule uictus   *Nam hercules cuidam tyranno*
homines spodonanti uicto tribus uicibus ueniam dedit' *Conradus   Num* magno
ter ab Herculis ictu (actu) *ut ad Lichan referatur?* cf. M. ix. 217 Corripit

Caesus in immensum proiciare fretum.

Aut ut Amyntiaden, turpi dilectus amore   295

Oderit et saeuo uulneret ense puer.

Nec tibi fida magis misceri pocula possint,

Quam qui cornigero de Ioue natus erat.

More uel intereas capti suspensus Achaei,

Qui miser aurifera teste pependit aqua.   300

Aut ut Achilliden cognato nomine clarum,

Opprimat hostili tegula iacta manu.

Nec tua quam Pyrrhi felicius ossa quiescant,

Sparsa per Ambracias quae iacuere uias.

Nataque ut Aeacidae iaculis moriaris adactis.   305

Non licet hoc Cereri dissimulare sacrum.

Vtque nepos dicti nostro modo carmine regis,

Cantharidum sucos dante parente bibas.

---

304. Hyginus 123 Orestes iniuria accepta Neoptolemum Delphis sacrificantem occidit et Hermionem recuperauit : cuius o s s a p e r fines A m-
b r a c i a e s p a r s a sunt, quae est in Epiri regionibus, *quem ιocum ex hoc
uersu Ibidis sublectum fuisse dicit Mauricius Schmidt p. XXXI ed. suae.*

Alcides et terque quaterque rotatum Mittit in Euboicas tormento fortius
undas.
     294. immensum *GHTV*   proiciere *X*.
     295, 6 *citat Conradus s. u.* Amincius.
     295. aminthiadē *G*   amintiaden *T*   amintiadē *FX*   aminc-
(ch *V*)iadē *HV*   amantiadem *P Parm.*   amiciadē *Conradus.*
     296. uerberet *marg.* l' uulneret *G*.
     297, 8 *citat Conradus s. u.* Themisto.
     297. poccula *F*.
     299, 300 *citat Conradus s. u.* Acheus.
     299. capiti *pr. X*   achei *GHT*   acei *X*   athei *P*.
     300. Qua *X*.
     301, 2 *citat Conradus s. u.* Pirrus *et* Achilleides uel Achillides.
     301. Achillidē *GX Conradus s. u.*   achilliden *T*   achillidem *Con-
radus s. u.* Pirrus   achilleidē *FH*.
     302. Opprimit hostile *V*   missa *Conradus.*
     303. pyrri *PX*   pirri *FGHTV*.
     304. ambracias *HP*   ambrachias *FGTVX*.
     305 *citat Conradus s. u.* Peripelica   Nata *H*.
          l' ueneri
     306. cereri *H*   dissimulasse *H*   sacrum *GPTX Vat.*   nefas
FHM.
     307, 308 *citat Conradus s. u.* Magnetes.
     308. Cantaridum *GP*   Tantaridum *H*   Tessalidum *T*   Thes-
salidum *Conradus*   Thessalidis *F*   Thessalicum *V*   sucos *PV*
succos *FGHTX*   matre parante *G*.

Aut pia te caeso dicatur adultera, sicut
Qua cecidit Leucon uindice dicta piast.   310
Inque pyram tecum carissima corpora mittas,
Quem finem uitae Sardanapallus habet.
Vtque Iouis Libyci templum uiolare parantes,
Acta noto uultus condat harena tuos.
Vtque necatorum Darei fraude secundi,   315
Sic tua subsidens deuoret ossa cinis.
Aut ut oliuifera quondam Sicyone profecto,
Sit frigus mortis causa famesque tuae.
Aut ut Atarnites, insutus pelle iuuenci
Turpiter ad dominum praeda ferare tuum.   320
Inque tuo thalamo ritu iugulere Pheraei,
Qui datus est leto coniugis ense suae.
Quosque putas fidos, ut Larisaeus Aleuas,
Vulnere non fidos experiare tuo.
Vtque †Milo sub quo cruciata est †Pisa tyranno,   325

309, 310 *citat Conradus s. u.* Leucon.
309. cesa *X.*
310. uidice (? iudice) *F*   pia dicta est *P*   pia est *codd. praeter*
Vat. piant *Vat.*   piast *ego.*
311, 312 *citat Conradus s. u.* Sardanaballus.
311. piram *GPT*   km̄a *X*   gratissima *G.*
312. Quam *H*   sardanapallus *T*   sardanapalus *G*   sardana
palus *FHP*   sardanaballus *Conradus.*
313, 314 *post* 315, 316 *scripti sunt in X.*
313 *citat Conradus s. u.* Cambises   parentes *X*   paratos *Conradus.*
314. notho *FGHPTVX*   harena *GHTX*   contegat unda *V.*
315. priamei *V.*
316. subsidens *FHPTV Vat.*   succindens *G*   succendens *Phil-*
lippicus 23620   succedens *X*   ossa *G*   ora *HPTX*   cirus *X.*
317, 318 *citat Conradus s. u.* Neodes   olimfera *Conr.*   olifera *H*
sitione *FGPTV*   sithione *X*   sicione *H Conradus.*
319, 320 *citat Conradus s. u.* Acarnites   acarnides *T Parm.*   atar-
nides *HMP*   atharnides *X*   atharni(e *V*)tes *FV*   atarmites *G nisi*
me oculi fallunt   carnites *uel* acarnites *Conradus*   Atarnites *Const.*
Fanensis Sarrition. ad loc.   indutus *HM*   leonis *HM*   terga
pro pelle *Conradus, quantum scio, solus.*
321 *citat Conradus s. u.* Phereus   thalomo *G*   tuis talamis *F*
iugulare *F*   ferei *GPV*   pherei *FHT Conradus.*
323, 324 *citat Conradus s. u.* Alebas   lariseus *Vat. FH*   larisseus *GPTX*
Conradus   alebas *GHPTVX Conradus*   alepas *F*   alebes *Parm.*
abesbes *Vat.*   Aleuas *Canon.* 20.
324. experiere *H*   tuos *G.*
325 *citat Conradus s. u.* Mylo   Vtue *HV*   Vtne *Conradus*   Vt quoque *T*   milo *FGHPTX Conradus*   nullo *Vat.*   milon *Leidensis*

Viuus in occultas praecipiteris aquas.

Quaeque in A*phid*antum Phyl*ac*esia regna tenentem,

A Ioue uenerunt, te quoque tela petant.

Aut ut Amastriacis quondam Lenaeus ab oris,

Nudus Achillea destituaris humo.   330

Vtque uel Eurydamas ter circum busta Thrasylli

Est Larisaeis raptus ab hoste rotis:

Vel qui, quae fuerat tutatus moenia saepe,

Corpore lustrauit non diuturna suo.

Vtque nouum passa genus Hippomeneid*e* poenae,   335

malo *V*   sub qua *Vat.*   est *om. Vat.*   pisa *HPT Conradus*
pysa *X*   ipsa *F*   pyra *Vat.*   roma *G solus.*
327, 328 *citat Conradus s. u.* Adimantus.
   327. adimantum *GHPTX Parm.*   adimanthum *Conradus*   achi-
matrum *Phillippicus* 3360   philesia *FG Vat.*   phylesia *PX*   phil-
lesia *TV*   pylesia *Parm.*   phiseia *HM*   philacia *Conradus*
philaceia *uidetur legisse is qui glossam adscripsit* filius philaci *quam in Parm.
et Phill.* 3360 *repperi* Phliasia *Scaliger* Aphidantum Phylacesia *ipse
conieci ex Paus.* 8. 45, 1. *Scriptum fuerat* Aridantum (*ut in Schol. Eurip. Orest.*
1647) *quod non intelligens scriba in* Adimantum *mutauit. Potest tamen uerum
esse* Phyllesia : *nam Phyllus Arcadiae regio teste Lactantio ad Stat. Th. IV.* 45.
   328. A *codd. et Conradus.*   missa *pro* tela *Conr.*
329, 330 *citat Conradus s. u.* Lempneus.
   329. ut *om. V*   a mastriacis *Conr.*   amathriacis *X*   amastiacis
T Vat.   amalfriacis *G fortasse uere, cf. Solin.* 19, 1 *ed. Mommsen* Ante Bory-
sthenem Achillis insula est cum aede sacra quam aedem nulla ingreditur
ales : et quae forte aduolauerit, raptim fugam properat. Oceanum Sep-
temtrionalem ex ea parte qua a Propanisso amne Scythia adluitur,
Hecataeus Amalcium (Amalfium *cod. Sangallensis*) appellat, quod gentis
illius lingua significat congelatum, *qui locus ex Plin. H. N. IV.* 93, 94 *tra-
latus est* lēneus *GX*   lenneus *FH*   lēpneus *P Conr.*   leneus *T*
leneuus *Vat.*   lemneus *V*   horis *FGTVX P m. pr. et Conr.*
   330. achillea *FGPTX*   achinnea *M cuius in marg. serior manus
adscripsit* appollinea   achimnea *H*   acumea *Laur. XXXIII.* 31
eschimea *Conradus*   *Fortasse* Echidnea *uel, quod idem est,* Echinea
Apollinea *uidetur legisse L. Osann de Anio interpretans* ' *qui clam ab Apolline alitus et diuinitate donatus est.*' *Sed duorum uersuum* 329, 330 *litteras tantum primas citauit,*
Ouidius aut u. a. q. l. a. o. n. a. d. h. *Eandem coniecturam bis* (Hecatostyos *c.*
VII., Sarritionum in Ibin p. 7) *exhibuit Constantinus Fanensis allata historia
ex Diodoro V.* 62, *unde etiam sua uidetur duxisse is qui Orthographiam confecit.
Disputauit de hoc loco Orthographiae Merkelius p.* 386 *ed.* 1837.
331, 332 *citat Conradus s. u.* Euridamas.
   331. euridamas *FPX Conradus*   eurimadas *G*   eridamas *TV*
trasili *GHT*   trasilli *FPV Conr.*
   332. lariseis *F*   larisseis *GHPTX Conradus.*
   333. Vt *H.*
   334. indiuturna *T.*
   335 *citat Conradus s. u.* Lymone   passa est *GHMPTX Vat. Parm. et*

Tractus E*recht*hea fertur adulter humo.
Sic ubi uita tuos inuisa reliquerit artus,
Vltores rapiant turpe cadauer equi.
Viscera sic aliquis scopulus tua figat, ut olim
Fixa sub Euboico Graia fuere sinu.   340
Vtque ferox periit et fulmine et aequore raptor,
Sic te mersuras adiuuet ignis aquas.
Mens quoque sic Furiis uecors agitetur, ut illi
Vnum qui toto corpore uulnus habet.
Vtque Dr*y*antiadae R*h*odopeia regna tenenti,   345
In gemino dispar cui pede cultus erat.
Vt fuit *O*etaeo quondam, generoque draconum,
Tisam*e*nique patri, Calli*rho*esque uiro.

Conradus gēs *X*   ypomeneida *P*   hy(a *V*)pomenida *FV*   ipo-
menia *G*   hypomenia *T*   y(i *Conr.*)pomeneia *HM Conr.*   hipomeneia *X*
ipomoneia *Vat.*   passa genus Hippomeneide *Aldina a.* 1502
pene genus ypomeneia passa *Laurentianus XXXIII.* 31   *Potest tamen
uerum esse quod habet ed. Parmensis anni* 1489   Vtque nouum passa est
genus Hippomeneia poenae Tractus et Actaea fertur adulter humo.
    336. et actea *FGHMP Parm.*   et altea *Vat. et Sloan.* 777   in
actea *TX*   Erechthea *Heinsius.*
    337. Sicubi *T*   inuita *V*   irrisa *X.*
    Post 338 *sequitur in FGHMPV hoc distichon* (637, 8) Denique sarmaticas
inter geticasque (ieticasque *P* sciticasque *G*) sagittas His (Hiis *G*)
precor ut uiuas et (ne *G*, nec *Bodl. F. IV.* 24) moriare (moriere *HM*)
locis, *dein in FHMV* 439 Vtque(Vtue *V*) ferox   440 More bouis   461
Aut ut Cassandrus   462 Saucius ingesta   339 Viscera sic. *In GP post inter-
positum distichon* 637, 8 *sequitur* 339. *In T distichon illud non illatum est sed
inter* 338 *et* 339 *idem quattuor uersus qui in FHM eodem leguntur ordine.
Verus ordo iam in ed. Rubei.*
    339. scopulis *PT Parm.*
    340. eubaico *F*   eboico *H.*
    341, 2 *citat Conradus s. u.* Ayax.
    341. Atque *V*   petiit *G.*
    342. mēsuras *Conradus.*
                                 l' habet
    344. cui *F*   erat *F*   erat *G.*
    345 *citat Conradus s. u.* Drias *et* Lygurgus   driantides *P*   drian-
tide *TV*   drianthide *Conr. bis.*   driantiᵃde *G unde* Dryantiadae
scripsi cum Riesio et ed. Rubei   rodopeia *FGPTV*   robepeia *X ut
mihi uisum est.*
    346. Ingenio *Parm.*
    347, 8 *citat Conradus s. u.* Thesimadus *et* Etheus *et* Aristophanes.
    347. etheo *FGHVX Conradus s. u.* Etheus   acteo *PT Vat. Conradus
bis.*
    348. Tyssimanique *X*   Te(The *V*)simanique *GV Parm.*   Tis-
manique *H*   Tisimanique *FP*   Tessimachique *T*   Thesi-

Nec tibi contingat matrona pudicior illa,
  Qua potuit Tydeus erubuisse nuru,   350
Quaeque sui uenerem iuncxit cum fratre mariti,
  Locris, in ancillae dissimulata nece.
Tam quoque di faciant possis gaudere fideli
  Coniuge, quam Talai Tyndareique gener,
Quaeque parare suis letum patruelibus ausae   355
  Belides assidua colla premuntur aqua.
Byblidos et Canaces, sicut facis, ardeat igne,
  Nec nisi per crimen sit tibi fida soror.
Filia si fuerit, sit quod Pelopea Thyesti,
  Myrrha suo patri, Nyctimeneque suo.   360
Neue magis pia sit capitique parentis amica,
  Quam sua uel Pterelae, uel tibi, Nise, fuit.

madique *Conradus ter*   Calliricesque *Conradus s. u.* Thesimadus
Calligonesque *FT Conr. bis*   Caligonesque *GHPVX Vat.*   cali-
gonisque *pr. X ut E. Benoistio uisum est*   calliroes *Canonicianus* 20. ' *Non-*
nulli uetusti codices habent Callirhoesque uiro : *quae lectio mihi probatur,'*
Const. Fanensis Sarrition. ad loc.
    349, 350 *citat Conradus s. u.* Egiale, 350 *etiam s. u.* Dyomedes.
    349. puditior *GV.*
    350. Quā *H*   tideus *FGPTX*   tydeus *Conr. s. u.* Egiale   thydeus
Conr. s. u. Dyomedes   eurubuisse *P.*   muru *Conr. s. u.* Egiale.
    351, 2 *citat Conradus s. u.* Locris.
    351. iunxit uenerem *TV Conradus*   iuncxit *H*   frate *P.*
    352. necem *F Parm. ed. Rubei Fortasse* in ancilla dissimulata necem.
Certe amat Ouidius accusatiuum hoc modo iungere cum passiuo dissimulari
A. A. I. 689 Achilles Veste uirum longa dissimulatus erat, *F. VI.* 507
Dissimulata deam.
    353. Tam modo *X*   Tam tibi *F*   dii *FGHPTVX.*
    354. tali¹a *G*   thalai *H*   Tyndareique *P*   Tindareique
FGHTVX.
    355. necem miseris *T.*
    356. premantur *G.*
    357. Biblidos *FGHPV*   sic *P   num* sic tu ?   seue *pro* sicut *F*
facit *Const. Fanensis*   ardeas *V.*
    358. sic *F*   crinem *M*   sit fida ᵗⁱᵇⁱ soror *X.*
    359, 360 *citat Conradus s. u.* Athreus.
                si fuerit
    359. Filia quae niso sit quae *G*   pelopea *GHT*   pelepea *X*
pelopeia *FP Parm. Conr.*   tiesti *G*   thiesti *FHPTVX Parm.*   thyesti
Conr.   thiestei *Vat.*   thesti *H*   Thyestae *Merkelius.*
    360. Mirra *FGHTVX Conr.*   nictimeneque *FGPTVX. Conr.*
    361, 2 *citat Conradus s. u.* Calocarpis *et* Cherelus.
    361. sunt *Conr. semel.*   capitique (captique *V*) parentis amica
FGHV Conr.   capitiue *Conr. semel.*   Filia n. m. capiti sit fida parentis
PTX Parm. Vat. Veram scripturam restituit Burmannus.
    362. sua *GPVX*   tua *FT Conr.*   tibi *M*   pterele *P*   pterere

Infamemque locum sceleris quae nomine fecit,
Pressit et inductis membra paterna rotis.
Vt iuuenes pereas, quorum uestigia uultus   365
Brachia Pisaeae sustinuere fores.
Vt qui perfusam miserorum saepe procorum,
Ipse suo melius sanguine tinxit humum.
Proditor ut saeui periit auriga tyranni,
Qui noua Myrtoae nomina fecit aquae.   370
Vt qui uelocem frustra petiere puellam,
Dum facta est pomis tardior illa tribus.
Vt qui tecta, noui formam celantia monstri,
Intrarunt caecae non redeunda domus.
Vt quorum *A*eacides misit uiolentus in altum   375
Corpora cum senis altera sena rogum.
Vt quos obscuri uictos ambagibus oris,
Legimus infandae Sp*h*inga dedisse neci.
Vt qui Bistoniae templo cecidere Mineruae,

Vat.   pteleri *F*   sterole *T*   terele *HV*   cherele *X*
cerele *M*   terei *G*   therele *Conr.*   uel tua *F.*
  363, 4 *citat Conradus s. u.* Seruius Tullius.
  365, 6 *citat Conradus s. u.* Athreus.
  365. quorum fastigia (f*ạ*stigia *G*) uultus *FGHMPTX Parm. Vat.*
proiecta cadauera quorum *V Leid. Conr. Merkelius Ries.*   *Equidem praetuli*
quod habet G ita tamen ut dubitem meliusne scripturus fuerim quod habent tot
tam incorrupti codices fastigia.   *Nam ut ad fores brachia, ita uultus in fas-*
tigiis merito proponendi erant.
  366. Brachia *FGHM Vat.*   Membraque *T*   Oraque *Leid. Conr.*
Merkelius Ries.   Olim *Parm. et Sloan.* 777   Quorum *PX Harleianus*
2538   physee *P*   foris *Const. Fanensis.*
  367. sepe *FGX*   cede *HPT.*
  369 *citat Conradus s. u.* Athreus   periitque *Laurentianus XXXIII.* 31.
  370. mirthoe *GTX*   mirtee *H.*
  371. Et qui *H*   ue loc*ē P.*
  372. facta *FHT*   capta *GPX Vat.*
  373. celancia *F.*
  374. oete *M.*
  375. altum *FHMTV*   altos *Leid. Sloan.*   altis *PX*   artis *G.*
  376. seua *X*   rogum *HTV*   rogos *Sloan. Leid.*   rogis
FGPX Vat.
  377, 8 *citat Conradus s. u.* Spinx.
  377. obscuris *PX*   uinctos *HM*   horis *P.*
  378. spinga *FHPTVX Conr.*   spinda *G.*
  379, 380 *citat Conradus s. u.* Lempnenses.
  379. bystonie *T*   occidere *Conradus.*

Propter quod facies nunc quoque tecta deaest.   380
Vt qui Threicii quondam praesepia regis,
Fecerunt dapibus sanguinolenta suis.
Therodamanteos ut qui sensere leones,
Quique Thoanteae Taurica sacra deae.
Vt quos Scylla uorax, Scyllaeque aduersa Carybdis,   385
Dulichiae pauidos eripuere rati.
Vt quos demisit uastam Polyphemus in aluum,
Vt Laestrygonias qui subiere manus.
Vt quos dux Poenus mersit putealibus undis,
Et iacto canas puluere fecit aquas.   390
Sex bis ut Icaridos famulae periere procique,
Inque caput domini qui dabat arma procis,
Vt iacet Aonio luctator ab hospite fusus,
Qui (mirum) uictor, cum cecidisset, erat.
Vt quos Antaei fortes pressere lacerti,   395
Quosque ferae morti Lemnia turba dedit.
Vt qui post longum sacri mostrator iniqui,

---

380. quos *T Conr.*   faties *G*   tecta *FGPVX Conr.*   torta *HMT*
torua *Harl.*   uersa *Merkelius*   deest *FP*   dee est *GHTVX*
Vat.   dee *Conr.*

381. treicum *P*   treicii *GHTV*   presagia *X*   ₚₛₐ₉ᵢₐ *G.* (presepia)
383 *citat Conradus s. u.* Therodamus   Therodamanteos *PT*
Theroda(do *Conr.*)mantheos *FX Conr.*   Terodomant(th *V*)eos *GV*
Te rodomantheos *H   De Phoenodamante, quem hic Therodamanta appellat,*
locus explicandus uidetur : uide Commentarium.
384. Quiqui *G*   toantee *FG*   toanthee *V*   thaurica *PX.*
385. cilla *G*   sylla *P*   rapax *T*   cilleque *G*   silleque *P.*
386. Dulichee *F.*
387, 8 *citat Conradus s. u.* Anthyphates.
387. dimisit *FGHPVX Conr.*   demisit *T*   peliphemus *G.*
388. Aut *FHV*   lestricomis *V.*
389. penus *FGPT*   putaelibus *F.*
390. Bis acto *Vat.*
391, 2 *citat Conradus s. u.* Melancius.
391. Sexus ut *X Vat.*   Sex ut *P*   Sex bis ut *Leid. et marg. Phil-*
lipp. 3360   Et uelut(d *HT*) *FGHMTV*   Aut uult *Conr.*   ycaridos
PTV   icharidos *FX*   ytaridos *Conr.*   ytaridis *M*   famuli
TV Conr.   fame *Sloan.*
392. domine *P Vat.*   q̄ *Vat.*
394. mirum est *F*   nimium *Harl.*   c̄c̄ediset *F m. pr.*
395. anthei *FGHPTV.*
396. lēnia *FGP*   lennia *HT.*
397. post annum *GPT Harl.*   post longum *HVX*   post langum *F*

Elicuit pluuias uictima caesus aquas.
Frater ut Antaei, quo sanguine debuit, aras
Tinxit, et exemplis occidit ipse suis.   400
Vt qui terribiles pro gramen habentibus herbis,
Impius humano uiscere pauit equos,
Vt duo diuersis sub eodem uindice caesi
Temporibus, Nessus Dexamenique gener.
Vt pronepos, Saturne, tuus, quem reddere uitam   405
Vrbe Coronides uidit ab ipse sua.
Vt Sinis et Sciron et cum Polypemone natus.
Quique homo parte sui, parte iuuencus erat.
Quique trabes pressas ab humo mittebat in auras,
Aequoris aspiciens huius et huius aquas.   410
Quaeque Ceres uidit laeto pereuntia uultu

---

pes lugum *Vat.*   post tanto *Heinsius*   *num* post tantum?   mostrator *H*
monstrator *GTV*.   *Burmannum sequor*.
  398. *An* aduena? *Pont. III.* 2. 58.
  399, 400 *citat Conradus s. u.* Pigmalion.
  399. anthei *FHPTVX Conr.*   ancei *G*   Ancaei *Micyllus.*
  400. Tixit *G*   ille *GHM.*
  401. per *V*   gramine *M*   gramina *coni. Sanctius.*
  402. Impius *HPT*   Ipius *G*   sanguine *HV*
  403. iudice *G.*
  404. Temporibus *GPTX Harl. Sloan.*   Vulneribus *FHV Merkelius*
nessi *X*   nexsi *P*   nexi *Vat.*   dexame(i *V*)nique *GHV*   dexa-
merique *F*   daxamenique *P*   dexemanique *T*   de-cami-
nique *Vat.*
  405, 6 *citat Conradus s. u.* Coronides.
  405. neptunne *Laur. XXXVI.* 21   Saturne *etiam Conradus et Schol.*
  406, *sic FGHPX Conradus*   Ipse—urbe *T Vat.*   ab ipse urbe *V*   choro-
nides *X*   cocinetes *F.*
  407 *citat Conradus s. u.* Chinis   Senis *T*   Semis *G*   tinis *F*
scinis *P*   schinis *Conr.*   ci(y *X*)nis *HMVX*   sciron *FH*
scrimeon *P*   schiron *V Conr.*   chi(y *T*)ron *GT*   cum *FPTX*
de *G*   polifemone *T*   poliphemone *FHPV*   poliphomone *G*
notus *coni. Merkelius.*
  408. parte una *P.*
  409 *citat Conradus s. u.* Cercio   prabes *V m. pr. ut uidetur*   in
humum *G*   ab humo *etiam Conradus*   ab umo *Vat.*   ad
auras *H.*
  410. aspiciens *FT*   aspicias *G*   aspectans *HM*   aspectes
P Vat.
  411, 412 *citat Conradus s. u.* Geryon.
  411. Quique *X*   celes *Conr.*   Seres *Vat.*   leto uidit *FH Conr.*
uidit leto *GPTX.*

Corpora Thesea *Cercy*onea manu.
Haec tibi, quem me*n*tis iustis*sima* deuouet ira,
Eueniant, aut his non leuiora malis.
Qualis Achaemenides Sicula desertus in Aetna,   415
Troica cum uidit uela uenire, fuit.
Qualis erat necnon fortuna binominis Iri,
Quique tenent pontem, qui tibi †maior erit.
Filius et Cereris frustra tibi semper ametur,
Destituatque tuas usque petitus opes.   420
Vtque per alternos unda labente recursus,
Subtrahitur presso mollis harena pedi;
Sic tua nescio qua semper fortuna liquescat,
Lapsaque per medias effluat usque manus.
Vtque pater solitae uarias mutare figuras,   425
Plenus inextincta conficiare fame.
Nec dapis humanae tibi sint fastidia, quaque
Parte potes, Tydeus temporis huius eris.

412. tesea *G*   gerionea *FGHMPTVX Vat. Conr.* cerc*i*onea *marg.*
cercionea *Sloan.   Eadem lectio etiam in Pal.* 1709 *a.* 1494 *et Reg.* 6021.
    413. quem *PT*   que *GHM*   meritis iustis mea *GPTX*   meritis
precibus mea *FHV Merk. Ries.*   iustissima *ed. Bonon.* 1480   mentis *ipse*
conieci ex u. 95.
    414. Euenient *FPVX*   multis *PX*   hiis *G.*
    415, 416 *citat Conradus s. u.* Achymenides   *Eosdem uersus post*
417, 418 *habet V.*
    415. achimenides *GHTV Conr.*   achamenides *P et pr. X*   ethna
FT Conr.   ora *GHMP*   hora *VX.*
    416. Troiaca *F.*
    417, 418 *citat Conradus s. u.* Yrus *et* Ariston.
    417. bynominis *P*   bynonis *Conr. s. u.* Yrus   yri *HTVX Conr. s. u.*
Ariston.
    418. tenet *Vat.*   pontum *X*   que *FHMPVX*   quē *Vat.*   qui
G Conr. bis   maphor *Canon. Lat.* 20 *unde Adolphus Neubauer coniecit* mabor
quo uocabulo Hebraice pons appellari poterat, ut pote quo transeatur. Quod si
uerum est irridetur Ibis tamquam aut Iudaeus aut certe affinis Iudaeorum.
    419, 420 *citat Conradus s. u.* Asterion.
    419. ut *FGHMPTVX Conr.*   et *Aldina*   Cereis *PV*   celii *Harl.*
    420. sepe *G.*
    422. Subtraitur *FH*   arena *Vat.*   pede *X.*
    424. Lassaque *X*   Ipsaque *V.*
    425, 6 *citat Conradus s. u.* Erisichto.
    426. in extincta *P*   conficiare *GP Harl. Sloan.*   confitiare *X*
destituare *FT Conr. Merk. Ries.*
    427. sint *G Sloan.*   erunt *FHPTX Vat.*
    428. quāque *H*   potest *Vat.*   Parce potens fueris tydeus huius eris *V.*

Atque aliquid facias a uespere rursus ad ortus
Cur externati Solis agantur equi.   430
Foeda Lycaoniae repetes conuiuia mensae,
Temptabisque cibi fallere fraude Iouem.
Teque aliquis posito temptet uim numinis opto,
Tantalides *ut* sis *ut* Teleique puer.
Et tua sic latos spargantur membra per agros,   435
Tamquam quae patrias detinuere uias.
Aere Perilleo ueros imitere iuuencos,
Ad formam tauri conueniente sono.
Vtque ferox Phalaris, lingua prius ense resecta,
More bouis Paphio clausus in aere gemas.   440
Dumque redire uoles aeui melioris in annos,
Vt uetus Admeti decipiare socer.
Aut eques in medii mergare uoragine caeni,

429, 430 *citat Conradus s. u.* Athreus.
429. facies *FPX*   rursus *PT*   ruris *Vat.*   solis *FGHVX*
                ad
Conr.   et *G*   ortum *Conr.*   ortūs *V.*
430. consternati *T*   solis *HPTVX Vat. Conr.*   rursus *FG.*
431. repetens *G*   repetent *P*   repetas *H*   referens *X*
contagia *X*   cene *V.*
432. Temptabilisque *H*   Temptabuntque *P*   que *om. G*
Temptabunt alii *V*   tibi *T*   aliqua *GX.*
433. Tecum *P*   Te tam̄ *Vat.*   positus *P Vat.*   temtet *G*
ui numeris *H.*
434 *citat Conradus s. u.* Athreus   Tantalide *F*   tu sis *codd. et Conradus*
ut sis *Micyllus*   tu teleique *pr. G*   tu tereique *GPTVX Sloan.*   tu
cereique *Conr.*   tu thereique *Vat. Harl., idemque uidetur habuisse F
priusquam erasae essent litterae inter* the que   tindareique *HM*
Tereidesque *Canonicianus* 20 *et sic post Heinsium ediderunt Merkelius et
Riesius*   Threiciusque *Sanctius*   ut Teleique *scripsi: nam qui Hygino*
206, 238 *nepos est Schoenei, Euphorioni ap. Parthen. Erotic.* 13 *Telei, Ouidio
poterat esse filius Telei.*
435. tu *G*   largos *X.*
436. Tanquam *PT.*
437, 8 *citat Conradus s. u.* Phalaris.
437. perille tuo *G*   perylleo *X*   uersos *P*   imitare *V*
scrutere *M.*
439, 440 *om. HMTV in quibus leguntur post* 338.
439. falaris *HP*   ore *G Vat.*
440. Ore *pro* More *Vat.*   phario *duo Phillippici*   in hore *Vat.*
441. uolens *F.*
442. ameti *F.*
443. Aut *G*   Vtque *T*   Atque *FHPX*   eques *scriptum est
super* in *in G*   uoramine *T*   *num* foramine ?   ceni *GPT.*

Dum modo sint facti nomina nulla tui.
Atque utinam pereas, ueluti de dentibus orti   445
    Sidonia iactis Graia per arua manu.
Et quae Panthoides fecit de fratre Medusae
    Eueniant capiti uota sinistra tuo.
Et quibus exiguo uolucris deuota libello est,
    Corpora proiecta quae sua purgat aqua.   450
Vulnera totque feras, quot dicitur ille tulisse
    Cuius ab inferiis culter abesse solet.
Attonitusque seces ut quos Cybeleia mater
    Incitat ad Phrygios uilia membra modos.
Deque uiro fias nec femina nec uir, ut Attis,   455
    Et quatias molli tympana rauca manu.
Inque pecus subito magnae uertare Parentis,
    Victor ut est celeri uictaque uersa pede.
Solaque Limone poenam ne senserit illam.
    Et tua dente fero uiscera carpat equus.   460

444. sunt *H*   fati *V Merkelius*   uera *F Harl.*
445. Vtque utinam *TV*   Atque ut *H.*
446. sparsi *HM*   sparsis *Riesius*   arma *X.*
447, 8 *citat Conradus s. u.* Penthides.
447. pentides *GHMPX Vat.*   penthides *F Conr.*   pentelides *T*
pithoides *Canon.* 20   pitoides *Harl.*   Pytheides *Sanctius de Hipponacte*
Pythei filio interpretans   Panthoides *ipse conieci*   de fratre *FHMTV*
Conr.   fraterque *GPX Sloan.*   de patre *Harl.*   meluse *Harl.*
preluse *V m. pr.*   medullae *Phillippicus* 3360   Et quae Pitthides fecit
pariterque Molinae *coni. Merkelius ex Paus. V.* 2. 2.
448. Euenient *H.*
449. Ex *FGHMPX*   Et *T Sloan.*   Vt *V*   est *post* exiguo
habet Harl. post libello *HT Sloan.*, omittunt utroque loco *FGP.*
450. coniecta *HM.*
451, 2 *citat Conradus s. u.* Menedemus.
451. quod *Conr.*
452. inferis cultri *Conr.*   cultus *P et Phillippicus* 23620   ab esse.
FH.
453. Cybeleia *TX*   Cybeleya *P*   cibeleia *FGHV.*
454. frigios *GPTVX.*
455. nec uir nec femina *HM Harl.*   atis *P*   athis *FGHTV*
Attys *Merkelius.*
456. timpana *FGHT.*
457. magne subito *P*   uertere *X.*
458. Vltor *G*   Victor et ut sceleri *H*   sceleri *etiam X.*
459, 460 *citat Conradus s. u.* Lymone.
459. lunone *F*   limonē *H a m. pr.*   ne penam *G Conr.*   illa *P*
ullam *H.*
460. Vt *P*   equs *GX.*

Aut ut Cassandr*e*us, domino non mitior illo,
Saucius ingesta contumuleris humo.
Aut ut Abantiades, aut ut L*yr*nesius heros,
Clausus in aequoreas praecipiteris aquas.
Victima uel Phoebo sacras macteris ad aras,   465
Quam tulit a saeuo Theudotus hoste necem.
Aut te deuoueat certis Abdera diebus,
Saxaque deuotum grandine plura petant.
Aut Iouis infesti telo feriare trisulco,
Vt satus Hipponoo †Dexionesque pater,   470
Vt soror Autonoes, ut cui matertera Maia,
Vt temere optatos qui male rexit equos.

461, 2 *hic om.* HM*TV in quibus leguntur cum* 439, 440 *post* 338.   *Eosdem uersus citat Conradus s. u.* Cassandrus.
461. Qui *pro* Aut ut *Vat.*   Cassandrus HM*T Conr.*   Canssandrus *G*   Cassandreus *F*   Cassandrei *PX Vat.*   domino GHM*T Conr.*   dominus *FPX*   Casandreus *Merkelius idemque scripsit Pont. II.* 9. 43 *Otto Korn* Non tibi Casandreus pater est gentisue Pheraeae.
462. Sautius intecta *H.*
463, 4 *citat Conradus s. u.* Naupulus.
463. ab anchiades *Conr.*   abanciades *GP*   abanthiades *X* aut *pro* aut ut *F*   ligneius *GHM*   lignetus *V*   lignesius *PT*   lignosius *Vat.*   licnesius *Reg.* 1801   linerius *X*   lineius *F*   'ligneius heros uel aliter ut legatur cigneus' *Conradus*   Lirnesius *ed. Pr. Videtur olim extitisse duplex lectio* Cygneius *et* Lyrnesius. *Nam Tenedos Leucophrys dicta et Phoenice et Lyrnesos (Plin. V.* 140).   *Conicias tamen uel* Lelegeius *ut de Telepho intelligatur (Strab.* 584), *uel* Lyrceius, *ut de Anio (Parthen. I.* 1, *Diod. V.* 62).   *An ortum est ex* Lynceius (linceius), *quod super* Abantiades *scriptum erat? Nam Lynceus pater Abantis (Apollod. II.* 2. 1).
465, 6 *citat Conradus s. u.* Theocritus uel Theodatus.
465. febo *G.*
466. Qua *F*   t(th *La*)eodorus *G Laurentianus XXXIII.* 31 th(t *Vat.*)eodotus *FTV Vat.*   todotus *P*   theodus *HX*   theudocus *Conr.*   Theudotus *ed. Rubei   num* Troilus ? *Tzetz. ad Lyc.* 307.
467 *citat Conradus s. u.* Abdera   deuoueas *G*   addera *X* abdrida *P*   ablerda *Phillippicus* 23620.
469, 470 *citat Conradus s. u.* Procustes.
470. ypomoo *P*   hypomoo *T*   ipomoo *GX*   hipomoo *F* ipponeo *M*   ypponoo *H*   ypomeo *Conr.*   hipodoro *V*   dexionesque *G*   dexithoe(o *F*)sque *FHMT*   dexitoesque *P Conr.* desith̊esque *X*   desithoosque *V*   Dosithoesque *Merkelius*   paterque *Conr.*
471. antonoes *G*   anthonoes *HV*   aut *GPX*   est *post* Maia *addunt FT om.* GHMPX.
472. Vt *T*   Et *GHMPX*   Aut *V.*

Vt ferus *A*eolides, ut sanguine natus eodem
Quo genita est liquidis quae caret Arctos aquis.
†Vt Macelo rapidis icta est cum coniuge flammis,†   475
Sic precor aetherii uindicis igne cadas.
Praedaque sis illis, quibus est Latonia Delos
Ante diem rapto non adeunda Traso.
Quique uerecundae speculantem labra Dianae,
Quique Crotopiaden diripuere Linum.   480
Neue uenenato leuius feriaris ab angue,
Quam senis Oeagri Calliopesque nurus;
Quam puer Hy*p*sipyles, quam qui caua primus acuta
Cuspide suspecti robora fixit equi.
Neue gradus adeas Elpenore cautius altos,   485
Vimque feras uini quo tulit ille modo.
Tamque cadas domitus, quam quisquis ad arma uocantem
Iuuit inhumanum Thiodamanta Dr*y*ops.

473 *citat Conradus s. u.* Appaste   fer\u0322os *G*   sexus *V m. pr.*
474. liquidisque *H*   archos *X*   arthos *FH*   artos *GV.*
475 *citat Conradus s. u.* Macedon uel Macedo   macedo *HMPV*
macedon *X Conr.*   macelo *FT*   machelo *G*   ictus *TX*
iactus *Conr.*   iacta est *FGHMP Vat.* '*uel aliter ut legatur* iacta' *Conr.*
Vt macedon ictus rapidis *X*   coniunge *V.*
476. prior *G.*
477, 8 *citat Conradus s. u.* Trasus.
477. est *om. H*   laconia *Conr.*
478. capto *Conr.*   traso *GPTX Conr.*   Thraso *FHM*   Thaso
V Merkelius   *Sane apud Hygin.* 246 Thasius *exhibet codex Frisingensis
Schmidtii.*
479. speculatus *Vat.*   peculatus *F.*
480 *citat Conradus s. u.* Lynus   crotopyadē *X*   trotopiadē *V*
cotropiaden *H*   erotopiadem *Vat.*   crothopaidem *Conr.*   cicro-
piadē *GT*   cecropiadem *M*   limum *P*   canes *X.*
481. uenato *X.*
482. oenagri *G*   oeagrii *X*   caliopesque *PV.*
483, 4 *citat Conradus s. u.* Archemolus uel secundum quosdam Archemorus.
483. hysiphiles *T*   ysiphiles *HMP Conr.*   isiphiles *FGV*
isyphiles *X*   cana *Conr.*
484. fexit *uel* fecit *V m. pr.*
485, 6 *citat Conradus s. u.* Alphenor.
485. habeas *T*   atteas *V m. pr.*   elpemore *V*   helpenore *G*
alphenore *H Conr.*   cautior *T*   caucior *F.*   caucius *G Conr.*
486. uim *pro* uini *Conr. et sic Laurentianus XXXVI.* 34   ipse *G.*
487, 8 *citat Conradus s. u.* Agilleus *et* Driops *et* Therodamus.
487. si quis *Conradus s. u.* Agilleus   furentem *Conr. s. u.* Driops.
488. Iuuit *G*   Iuit *T Vat.*   Luit *P*   Vidit *FHMVX Conradus*

Quam ferus ipse suo periit mactatus in antro,
Proditus inclusae Cacus ab ore bouis.   490
Quam qui dona tulit Nesseo tincta ueneno,
Euboicasque suo nomine fecit aquas.
Vel de praecipiti uenias in Tartara saxo,
Vt qui Socraticum de nece legit opus.
Vt qui Theseae fallacia uela carinae   495
Vidit, ut Iliaca missus ab arce puer.
Vt teneri nutrix, eadem matertera, Bacchi,
Vt cui causa necis serra reperta fuit.
Lydia se scopulis ut uirgo misit ab altis,
Dixerat inuicto quod mala uerba deo.   500
Feta tibi occurrat patrio popularis in aruo,
Sitque Phalaeceae causa leaena necis.

---

ter   thiodamanta *FX*   thiadamanta *T*   tiodomanta *G*
thiodomata *H*   thyodomanta *P*   theodamanta *al.* thiodomanta
Conradus s. u. Agilleus, therodomante *al.* thyodomanta *s. u.* Driops,
therodamanta *s. u.* Therodamus *et sic V*   driops *GPTVX Conradus*
bis   driobi *Conradus s. u.* Agilleus   dymas *aliter legi testatur Conradus*
s. u. Agilleus *et* Driops.
    489. Qua *X*.
    491, 2 *citat Conradus s. u.* Alceus.
    491. tibi *pro* qui *X*   lerneo *Laurentianus XXXIII.* 31.
                                sanguine tinxit
    492. Eboicasque *H*   nomine fecit *G*   sanguine tinxit *FHPTVX*
Conr.   *Verum unus G seruauit. Met. IX.* 226 Nunc quoque in Euboico
scopulus breuis eminet alto Gurgite et humanae seruat uestigia formae.
Quem quasi sensurum nautae calcare uerentur Appellantque Lichan.
Hyg. 36 Tunc Hercules Licham qui uestem attulerat rotatum in mare
iaculatus est, qui quo loco cecidit petra nata est quae Lichas appellatur.
    493, 4 *citat Conradus s. u.* Socrates.
    493. ad *T*.
    495. vel qui *T*   tesee *G*   fallentia *P.*
    496. et *G*   Vt uidet illiaca *V.*
    497. eadem et *PTVX*   bachi *FGHPTVX.*
    498 *citat Conradus s. u.* Dedalus   sera *HP.*
    499, 500 *citat Conradus s. u.* Lidie uirgines.
    499. Lidia *TV Conr.*   Līdia *G*   Lindia *FHMX Vat.*   Lyndia *P*
Liuida *Parrhasius*   Inuida *Merkelius Ries.*   ut iugo (? uigo) *V.*
    500. inuicto *G*   in uoto *HM*   inuito *FPTV Vat. Conr.*
                                                            o
inuita *X*   quod *FHMPV Conr.*   quae *G.*
    501, 2 *citat Conradus s. u.* Pegasus uel Pegaseus.
    501. Sera *V*   proprio *T*   medio *H*   populatrix *P*   popu-
lare marito *Conr.*
    502. Sit *G*   paphagee *GTX*   paphegee *P Vat.*   pefagee *F*
pegasee *HM Conr.*   pesagee *V*   Phalaeceae *Heinsius Merk. Ries.*

Quique Lycurgiden letauit, et arbore natum,
Idmonaque audacem, te quoque rumpat aper.
Isque uel exanimis faciat tibi uulnus, ut illi   505
Ora super fixi quem cecidere suis.
Siue idem simili pinus quem morte peremit,
Phryx et uenator sis Berecyntiades.
Si tua contigerit Minoas puppis harenas,
Te Corcyraeum Cressia turba putet.   510
Lapsuramque domum subeas, ut sanguis Aleuae,
Stella Leoprepidae cum fuit aequa uiro.

Eutyches Art. II. p. 484 Keil, p. 2185 P. Leto letas Ouidius in Ibide
Quique Lycurgiden letauit et arbore natum.

Phaylleae *Parrhasius Epist.* VIII *ex Aeliàni H. N.* XII. 40 *Num*
Apesanteae? Plut. Fluu. 18, 4 τὸ μὲν ʼΑπέσαντον ἐκαλεῖτο πρότερον Σελη-
ναῖον. ʽΗρα γὰρ παρʼ ʽΗρακλέους δίκας βουλομένη λαβεῖν σύνεργον παρέλαβεν
τὴν Σελήνην· ἡ δὲ ἐπῳδαῖς χρησαμένη μάγοις ἀφροῦ κίστην ἐπλήρωσεν, ἐξ ἧς
γεννηθέντα λέοντα μέγιστον ʼΙρις ταῖς ἰδίαις ζώναις ἐπισφίγξασα κατήνεγκεν εἰς
ὄρος ʼΟφέλτιον· ὁ δὲ ποιμένα τινὰ τῶν ἐγχωρίων ʼΑπέσαντον σπαράξας
ἀνεῖλεν.
   503, 4 *citat Conradus s. u.* Ythmon.
   503. ligurgidē *FGHPTVX*   ligurgidem *Conr.*   licorciden *corr.*
ligorciden *cod. Bobiensis Eutychis p.* 484 *Keil*   letauit *FGHPTX Eutyches*
lacerauit *Conr.*   arcadem anceum *pro* arbore natum *F*   natam
cod. Bobiens. Eutychis.
   504. rumpat *Conr.*
   505, 6 *citat Conradus s. u.* Driamas.
   505. exanguis *Laurentianus XXXIII.* 31   exanimi *V.*
   506. superfixi *GH Conr.*   super fixi *T*   cedere *Conr.*
   507, 8 *citat Conradus s. u.* Athis.
   507. Atque *FHV Conr.*   Idae *coni. Riesius.*   morte *om. X.*
   508. Phryx et] Frigia *GHMV Vat.*   phrigia *P*   Frixia *X et*
Harl.   Frigida *Laurentianus XXXIII.* 31   phitia *T*   *F quam litteram*
habuerit inter i i *non potui dispicere* (Fri ia)   berethintiades *P*   berechinciades *G*   berecinciades *H*   here cinthiades *V*   berecyn-
thyades *Conr.*   Phryx tu uenator *Heinsius*   Phryx et uenator
Merkelius   Venator frigia *Conr. fortasse recte.*
   509 *citat Conradus s. u.* Cretenses   minoias *F*   minoras *G*
arenas *F*   harenas *HM Conr.*   ad undas *GPTX Vat.* *Num ad*
exemplum Artis Am. II. 701 Ad Venerem quicumque uoles attingere
seram?
   510. cochireum *G*   corcirreum *T*   corcicacerum *V*   cor-
tireum *F*   colcyreum *H*   Cressia *GH*   cresia *FPV*   cresya *X*
petat *Laurentianus XXXIII.* 31.   regia *Canonicianus* 20.
   511, 512 *citat Conradus s. u.* Alebas.
   511. Lapsuram *Conr.*   alebe *FGHPTX Vat. Conr.*   aleue *V*
aleuae *Canon.* 20.

   512. leporide *G*   leotepide *X*   leotrepido *P Vat.*   leto-°

Vtque uel E*u*enus torrenti flumine mersus,
Nomina des rapidae, uel Tiberinus, aquae.
Astacidaeque modo, defixa cadauera *sunto*.   515
Digna feris hominis sit caput esca tuum.
Quodque ferunt Brotean fecisse cupidine mortis,
Des tua succensae membra cremanda pyrae.
Inclususque necem cauea patiaris, ut ille
Non profecturae conditor historiae.   520
Vtque repertori nocuit pugnacis iambi,
Sic sit in exitium lingua proterua tuum.
Vtque parum stabili qui carmine laesit Athenas,
Inuisus pereas deficiente cibo.
Vtque lyrae uates fertur periisse seuerae,   525
Causa sit exitii dextera laesa tui.
Vtque Agamemnonio uulnus dedit anguis Oresti,
Tu quoque de morsu uirus habente cadas.

ride *F*   lycoride *T Conr.*   licoride *HM Sloan. Harl.*   lieo-
ridē *V*   Leoprepidae *Scaliger. Auson. Lect. II.* 29   Lycoritae *Alciatus*
Parerg. 6. 21   cum *GP Conr.*   cui *FHMTX Sloan.*
    513 *citat Conradus s. u.* Ebenus uel secundum quosdam Euenus   hebe-
nus *GT*   habenus *V*   ebenus *FPX Conr.*   ebeneus *H*
obeneus *M.*
    514. uel ut *P.*
    515, 6 *citat Conradus s. u.* Menalippus.
    515. Astacideque *Conradus idemque coni. Sanctius*   Tacideque
G   Ytacideque *P*   Nirtatideque *Vat.*   Hir(Ir *HM*)tacideque
FHMV   Hyrchadieque *X*   meo *Conr.*   defixa *FGPTVX Conr.*
det fixa *Vat.*   des fixa *Laurentianus XXXVI.* 34   decisa *HM*
cadauera *FGHMPTVX Vat. Harl. Sloan. sex Laurentiani Conr.*   stuto
Conr. unde restitui sunto   trunco *codd.*   decisa cadauere trunco
Heinsius Merk. Ries.
    516. feras *Vat. H*   homini *F*   fit *Conr.*
    517 *citat Conradus s. u.* Brotheas   Quotque fuerunt *Conr.*   broteā
FT   broteam *G*   brotheā *X*   brotheam *Conr.*   boream *Vat.*
protheā *V et Pal.* 1709   prothea *Sloan.*
    518. crem̄da *V*   cremenda *P.*
    519, 520 *citat Conradus s. u.* Caliphones.
    519. Illususque *V*   nece *V*   caueā *Conr.*
    520. Nom *X*   profuture *P Laur. XXXVI.* 34   ystorie *P.*
    522. excicium *G*   exicium *F.*
    523, 4 *citat Conradus s. u.* Meuius.
    523. Vtue *GX*   vt *P*   Athenin *coni. Turnebus et Andreas Schottus,*
recepit Bergkius ad Hipponactis fr. 13.
    524. Inursus *H.*
    525. Vtue *GPTVX*   Vt linguae *F*   perisse *pr. F*   sonore *HM.*
    526. exicii *FV*   excicii *G*   excidii *ed. Rubei.*
    527. agam̄nio *G*   oresti *FPV*   horesti *GHMTX*   Orestae *Merkelius.*

D

Sit tibi coniugii nox prima nouissima uitae.

Eupolis hoc periit et noua nupta modo.   530

Vtque cothurnatum periisse Lyco*phr*ona narrant,

Haereat in fibris fixa sagitta tuis.

Aut lacer in silua manibus spargare tuorum,

Sparsus ut est Thebis angue creatus auo.

Perque feros montes tauro rapiente traharis,   535

Vt tracta est coniunx inperiosa Lyci.

Quodque suae passa est p*ae*lex inuita sororis,

Excidat ante pedes lingua resecta tuos.

Conditor ut tardae, *B*laesus cognomine, *C*yrae,

Orbis in innumeris inueniare locis.   540

Inque tuis opifex, uati quod fecit Ach*ae*o,

529, 530 *citat Conradus s. u.* Eupolis qui secundum alios dicitur Ypolis.
530. Eupolis *GP Conr.*   Xupolis *T*   Enpolis *X nisi fallor*   Hu-
bolis *V*   Heu polus *F*   Heubolus *HM*.
531 *citat Conradus s. u.* Lycoforus   coturnacum *Conr.*   coturnatum
GHPTX   pise *Conr.*   cecidisse *H*   licofona *F*   licofora *GPX*
licophora *HMT*   licefora *Conradus*.
532. sagita *F*.
533. silua *GPTVX*   siluis *FH*   spargere *X*.
534. febis *P*   ethebis *pro* est thebis *V*   ano *V*.
536. trata *F*   coniux *T*   inperiosa *G*   imperiosa *FHPT*.
537. Quidque *P*   Queque *T*   pelex *FGHPTVX*   inuisa *GP*
inuita *FHTX*   sorori *GPX*   sororis *FHT*.
538. oculos *G*.
539, 540 *citat Conradus s. u.* Leius.
539. Cognitor *FGMPVX*   conditor *HT Harl.* 'Conditor uel
aliter ut legatur Cognitor' *Conr.*   tarde *FHMV Conr.*   tardus *GPTX*
Vat.   Iesus *FGHMPTVX Vat.*   leius *Conr.*   Blaesus *Scholia
Vaticana* (*Reg.* 1801) *et sic ed. Bonon.* 1480   mirre *FGHMVX Vat.*   myrre
PT   mirae *Laur. XCI. Sup.* 25.   Conditor ut tardae, Blaesus cognomine, Cyrae *Leopardus Emendat. III.* 11. *Disputaui de hoc loco in Diario
Philolog. Cantabrig. VII.* 251–253 *ubi uersum sic scribebam* Cognitor ut
tardae laesus cognomine Myrrhae, *interpretans de Cinyra qui* '*cognito crimine
coitus cum Myrrha filia perpetrato uagus et profugus hostiatim mendicauit,*'
*quae uerba sunt Conradi de Mure. Nam Cinyras post duodecim demum noctes
cum filia se concubuisse intellexit, unde* Cognitor tardae Myrrhae *dici potuit;*
laesus *autem cognomine ideo fuit, quod eum nutrix simulato Myrrhae nomine
decepit, quo certius alienam se adire crederet; quo facinore patris officium in
filiam uiolatum est: cf. Nemes. Cyn.* 26 impia Myrrhae Conubia et saeuo
uiolatum crimine patrem Nouimus. *Nec male uerba* in innumeris inueniare locis *de Cinyra intelligas, siue laceratus et multis locis inueniendus* (*Tr.*
3. 9. 28), *siue in exilium pulsus Oedipi more longinquas regiones peragrasse
fingitur. Nunc Merkelium et Riesium secutus Leopardi emendationem recepi.*
540. Orbus *P*   in īmundis *P serius fortasse scriptum.*
541, 2 *citat Conradus s. u.* Acheus.

Noxia luminibus spicula condat apis.
Fixus et in duris carparis uiscera saxis,
Vt cui Pyrrha sui filia fratris erat.
Vt puer *H*arpa*g*ides referas exempla Thyestae,   545
Inque tui caesus uiscera patris eas.
Trunca geras saeuo mutilatis partibus ense,
Qualia Mamertae membra fuisse ferunt.
Vtue Syrac*o*sio praestricta fauce poetae,
Sic animae laqueo sit uia clausa tuae.   550
Nudaue direpta pateant tua uiscera pelle,
Vt Phrygium cuius nomina flumen habet.
Saxificae uideas infelix ora Medusae,
Cephenum multos quae dedit una neci.

541. apifex *V*   atheo *V*   ateho *M*   aceho *H*   pati quod
fecit achei *Phillippicus* 23620.
542. apes *HMPX*.
543. uiscere *HMPV*   flammis *H*.
544. tibi *pro* cui *T*   phyrra *P*   pyra *X*   pirri *V*.
545, 6 *citat Conradus s. u.* Arpacides uel secundum quosdam Arapagies.
545. pueri *Conr.*   arpacides *P Vat.*   harpatides *Laur. XXXIII*. 31
arpasige *G*   arpagige *FVX*   arpagie *T Conr.*   arphagie *HM*
Harpagides *ed. Pr. quod tuetur Laurentius Abstemius in IV Annotationum
Variarum.*   Harpalyces *Saluagnius ex cod. Sanuictoriano* Merk. Ries.*
tieste *G*   thiestis *HMTV*.
546. tuis esus *Vat.*   sectus *pro* caesus *HM*   scelus *M*   excisus *F*
eat *X*   eras *V*.
547, 8 *citat Conradus s. u.* Mynerius et Minerinus.
547. genis *T*   mutulatas *X*   matilatis *V m. pr.*
548. mammerte *G*   mamerte *V Sloan.*   mamyrte *ed. Pr.*   mī-
merti *F*   mannerini *X nisi me fallunt oculi*   minermi *PT Vat.*
inbieri *Conradus*   mimerni *H*   Mamertae *Merkelius incertus tamen de
historia. Mihi Mamercus is intelligendus uidetur de quo Plutarchus dixit
Timol.* 31–34, *Polyaenus V.* 12 *ubi plerique codices exhibent Milarcum. Sed quae
habent Ibidis codices non infitior potuisse ex duplici scriptura nominis Mimnermi
oriri qualis apud Graecos traditur, uelut est apud Suidam* Μίμνερμος Μίμερμνος
Μίμνερμνος.   seuisse *X*.
549, 50 *citat Conradus s. u.* Theocritus uel Theodatus.
549. Vtque *Conr.*   Siracusio *codd. et Conr.*
                e
550. tuo *G*.
551. Nudaque *FH*   Nullaque *X*   direpta *GHMPT*   directa *VX*
derepta *F*   patent *P*   palle *X sed* e *scripta in marg.*
552. frigium *V*   frigii *G*   phrigius *X*   habent *T*.
553. hora *P*.
554. populos *Laurentianus XXXIII*. 31   qui *V*   dedi *H*.

* 'Apposite ad mentem Ouidii, qui Thyestis et Clymeni fabulas contulit : uterque nimirum
filium in epulis consumpsit, uterque filiam compressit. Et uero satius est fabulam fabulae iungi
quam historiam.' Saluagnius.

Potniadum morsus subeas ut Glaucus equarum,   555
  Inque maris salias Glaucus ut alter aquas.
Vtque duobus idem dictis modo nomen habenti,
  Praefocent animae noxia mella uiam.
Sollicitoque bibas, Anyti doctissimus olim
  Inperturbato quod bibit ore reus.   560
Nec tibi siquid amas felicius Haemone cedat,
  Vtque sua Macareus, sic potiare tua.
Vel uideas quod iam cum flammae cuncta tenerent,
  Hectoreus patria uidit ab urbe puer.
Sanguine probra luas ut auo genitore creatus,   565
  Per facinus soror est cui sua facta parens.
Ossibus inque tuis teli genus haereat illud,
  Traditur Icarii quo cecidisse gener.
Vtque loquax in equo est elisus guttur acerno,
  Sic tibi claudatur pollice uocis iter.   570
Aut ut Anaxarchus, pila minuaris in alta,

555, 6 *citat Conradus s. u.* Glaucus.
  555. Potniadum *H*   Pothnya dum *Conr.*   Postniadum *G*
Poeniadum *X*   Porniadum *P*   Pegniadum *F*   Totmadum *Vat.*
Fauniadum *T*   claucus *V*   aquarum *X.*
  556. aquis *X.*
  557, 8 *citat Conradus s. u.* Glaucus.
  557. nullum *pro* nomen *Conradus.*
  558. Eripiant *X*   Preficiant *Conr.*   Gnosia *FHMPT. Merk. Ries.*
  559 *citat Conradus s. u.* Socrates   Sollicitusque *Conr.*   aniti *P*
auicti *Vat.*   animo *TX*   ueluti *FGHMV Conr.*
  560. In(Ī *G*)perturbato *GHT*   Imperturbato *PX.*
  561. emone *PV*   hermone *HM.*
  562. macareus *G*   machareus *HPTVX*   tu *pro* sic *FHMT*   tua *P.*
  563, 4 *citat Conradus s. u.* Astianax.   *Spurios habuit Sanctius.*
  563. Et *F*   quid *P*   flame *G*   cuncta *H om.*
  564. ab urbe *GT*   in urbe *FPVX Conr.*   ab arce *HM.*
  565. saguine *H*   prora *G*   proba *F.*
  566. proh facinus *V.*
  567, 8 *citat Conradus s. u.* Alcidima *et* Thelegonius.
  567. celi gens *X*   teleogonus *uel* telegonius *Conr.*   herat *Conr.*
s. u. Alcidima.
  568. icarei *F*   ycarei *H Conr. bis*   icharei *V*   cedisse *X.*
  569 *citat Conradus s. u.* Agenor   loquar *Conr.*   elisum *HM*
acerbo *FHM*   agenor *GPTVX Vat. Conr.*   acerno *Politianus Mis-*
cellan. 75, *idemque in Canon.* 20 *inueni.*
  571, 2 *citat Conradus s. u.* Anaxareus.

Ictaque pro solitis frugibus ossa sonent.
Vtque patrem Psama*thes* condat te Phoebus in ima
Tartara, quod natae fecerat ille suae.
Inque tuos ea pestis eat, quam dextra Cor*o*ebi   575
Vicit, opem miseris Argolicisque tulit.
Vtque nepos Aethrae Veneris moribundus ob iram,
Exul ab attonitis excutiaris equis.
Propter opes magnas ut perdidit hospes alumnum,
Perdat ob exiguas te tuus hospes opes.   580
Vtque ferunt caesos sex cum Damasichthone fratris,
Intereat tecum sic genus omne tuum.
Addidit ut fidicen miseris sua funera natis,
Sic tibi sint uitae taedia iusta tuae.
Vtue soror Pelopis, saxo dureris oborto,   585
Vt laesus lingua Battus ab ipse sua.
Aera si misso uacuum iaculabere disco,
Quo puer *O*ebalides ictus ab orbe cadas.
Si qua per alternos pulsabitur unda lacertos,

571. anaxaracus *G*   anaxeretus *V*   anaxareus *FTX Conr.*
anaxares *P*   anaxarrus *uel* anaxarnis *H*   anagsarchus *Palatinus*
1709   alta *HT Conr.*   ima *G*   una *X Vat.*
  572, 3 *om. X.*
  572. Ictaque *FG*   Iactaque *HMPTV*   Certaque *Conr.* an Creta
h. e. minutatim cribellata?   Fractaque *Hugo Bluemner*, *cf. Med. Fac.* 58
salitis *G quod fueritne ex* săl*ĕ*re *nescio*   solent *V.*
  573. sametis *G*   samacis *HT*   psamaris *P Vat.*   psamacis *F*
febus *T.*
  575 *citat Conradus s. u.* Corebus   qua *P*   chorebi *PV.*
  576. ausiliumque *G.*
  577. uepo *X*   moribundus *GX*   moriturus *FT*   periturus *HP.*
  578. atonitis *X*   excrucieris *HMV.*
  579. perderet *X*   alumpnum *FGPVX*   alūnū *T.*
  581 *citat Conradus s. u.* Damasithon   fratres (fratris *Vat.*)
cesos *GPTX Vat.*   cesos fratres *FHV Conr.*   damasithone *Conr.*
damasitone *FGTV*   damasictone *HMPX*   tot *pro* sex *X.*
  585. indureris *V*   oborto *TX*   aborto *FGHM*   ab orto *P*
ab ouo *V.*
  586. Et *T*   Vtque *H*   battus *P*   batus *FGHTVX*   ut *T*
tua *V ex correct.*
  587 *citat Conradus s. u.* Ebalides   Fera si in misso *V*   submisso
HM   sic misso *T Vat.*   si inmisso *coni. Riesius*   liquidum
FHVX Conr.   uacuum *GPT Vat.*
  589. iactabitur *FGV.*

38 IBIS.

Omnis Abydena sit tibi peior aqua. 590
Comicus ut liquidis periit dum nabat in undis,
Et tua sic Stygius strangulet ora liquor.
Aut ubi uentosum superaris naufragus aequor,
Contacta pereas, ut Palinurus, humo.
Vtque cot*h*urnatum uatem tutela Dianae, 595
Dilaniet uigilum te quoque turba canum.
Aut ut Trinacrius, salias super ora Gigantis,
Plurima qua flammas Sicanis *A*etna uomit.
Diripiantque tuos insanis unguibus artus
Strymoniae matres, Orpheo*s* esse ratae. 600
Natus ut Altheae flammis absentibus arsit,
Sic tuus ardescat stipitis igne rogus.
Vt noua Phasiaca conpressa est nupta corona,
Vtque pater nuptae, cumque parente domus.
Vt cruor Herculeos abiit diffusus in artus, 605
Corpora pestiferum sic tua uirus edat.
Qua sua †Penthiladen proles est ulta L*y*curgum,

590. O dis *Vat.*   Amnis *fortasse scribendum*   abydea *X.*
591. Comidus *Vat.*   Cominus *HM*   natar *M*   natat *HX*
undas *F m. pr.*
592. stigiis *P*   stragulet *H*   strangulat *X.*
    i
593. Aut u*t T*   At ubi *HM*   uentorum *X*   superabis *G.*
    n
594. paliurus *T.*
595, 6 *citat Conradus s. u.* Lupercus.
595. coturnatum *GPTV.*
596. Dilaceret *V Conr.*   iugulum *P.*
597. tenacrius *V*   tinacris *P.*
                                    ehna
598. flammis *V*   Siccanis *F*   ora *G*   ethna *FHMPTVX*
mouet *GHX.*
600. Strimonee *X*   Stricmonie *H*   orpheon *GMPTX*   orfeon *H*
orpheam *Vat.*   orpheā *F*   orphean *V*   *Pari modo scriptum*
est Scorpion *pro* Scorpios *Manil. II.* 213   ratē *V.*
601. altee *GTVX*   alcee *P*   athee *F*   actee *HM*   ardentibus *X.*
603, 4 *citat Conradus s. u.* Chreon.
603. uasiaca *Conr.*   conpressa *P*   q pressa *G*   compressa
T Conr.   conpraensa *Canon.* 20.
604. Atque *HM.*
605, 6 *citat Conradus s. u.* Alceus.
605. herculeus *V Conr.*   abit *H.*
606. Sic tua pestiferum *G Ceterorum ordinem seruauit Conr.*
607 *citat Conradus s. u.* Lygurgus   Quam *TX*   pentiladen *G*

Haec maneat teli te quoque plaga noui.
Vtque Milo robur diducere fissile temptes,
Nec possis captas inde referre manus.　　　　　　610
Muneribusque tuis laedaris, ut Icarus, in quem
Intulit armatas ebria turba manus.
Quodque dolore necis patriae pia filia fecit,
Vincula per laquei fac tibi guttur eat.
Obstructoque famem patiaris limine tecti,　　　615
Vt legem poenae cui dedit ipsa parens.
Illius exemplo uioles simulacra Mineruae,
Aulidis a portu qui leue uertit iter.
Naupliadaeue modo poenas pro crimine ficto
Morte luas, nec te non meruisse iuuet.　　　　620
Aethalon ut uita spoliauit *in* Isidis hospes,

penteliden *FHTX Vat.*　　　penthelidē *PV*　　　penteiidon *M*　　　penthidem *Phillippicus* 3360 *Conr.*　　　　Pantaliden *uel* Paetaliden *conieci ex
Ptol.* 3. 11. 12, *Malchi excerptis fr.* 17 *in Muelleri Hist. Graec. Fragm. IV.
p.* 126, *Steph. Byz. s. u.* Παιταλία　　　ultra *Conr.*　　　Ligurgum *FGHPTVX
Conr.*　　　Lucinum *Harl.*
608. tali *V.*
609 *citat Conradus s. u.* Mylo　　　in illo *HM*　　　uillo *Vat.*　　　malo *F
sed paene erasa priore parte litterae* a　　　diducere *FGPTV Conr.*　　　dedu-
cere *HX*　　　fisile *F*　　　cernis *pro* temptes *X.*
611, 612 *om. G Vat.*
611. letaris *HM.*
613. sua *pro* pia *F*　　　felia *pr. V.*
614. gutur *F*　　　eant *T.*
615. Obstructusque *F*　　　Obstrususque *V*　　　Obstrictusque *GPT Vat.*
Obstractusque *HM*　　　Abiectusque *X*　　　fame *HM*　　　paciaris *G*
lumine *G*　　　lumina *Laur. XXXIII.* 31 *An* Obstructus limina?　　　templi
Const. Fanensis.
616. ipse *T.*
617. moles *X*　　　deorum *X*　　　diane *F.*
619 *citat Conradus s. u.* Nauplius　　　Naupliadeue *GT*　　　Vauplia-
deue　　　Naupliadeque *PX*　　　Naupliade uenis *Conr.*　　　falso *FH Conr.*
ficto *GPTX.*
620. putes *HM.*
621, 2 *citat Conradus s. u.* Athalus.
621. Et thalon *GP*　　　Et talon *F*　　　Et talem *Vat.*　　　Oethalon *T*
Ethalon *HMX*　　　Athalon *Conr.*　　　uite *G*　　　sisiphon *marg.* ū.
　　　　　　　　　　　　　　　　　　　ⁱ
isidius *G*　　　ysidius *T Conr.*　　　isid us *F*　　　ysindius *PX Vat.*
insidius *V*　　　spoliauerit Indius hospes *HM*　　　Isindius *Ed. Pr. Merkelius fortasse recte cf. Steph. B.* "Ισινδος *eundemque ad* "Αμβλαδα *et* Σινδία.
in Isidis *scripsi ex Conradi interpretatione* 'in templo Isidis interfecit.'
Callim. Ep. LII. 1 'Ιναχίης ἔστησεν ἐν"Ισιδος　　　*An scriptum fuerat* Hysirius
pro Osirius? καὶ γὰρ τὸν "Οσιριν " Υσιριν ἔοικεν ἀκηκοέναι ὑπὸ τῶν ἱερέων
λεγόμενον *Plut. de Is. et Osir.* 34.

Quem memor a sacris nunc quoque pellit Io ;
Vtque Melanthea tenebris a caede latentem
Prodidit officio luminis ipsa parens ;
Sic tua coniectis fodiantur uiscera telis,   625
Sic precor auxiliis inpediare tuis.
Qualis equos pacto, quos fortis agebat Achilles,
Acta Phrygi timido est, nox tibi talis eat.
Nec tu quam Rhesus somno meliore quiescas,
Quam comites Rhesi tum necis, ante uiae.   630
Quam quos cum Rutulo morti Ramnete dederunt
Inpiger Hyrtacides Hyrtacidaeque comes.
Cliniadaeue modo, circumdatus ignibus atris
Membra feras Stygiae semicremata neci.
Vtque Remo muros auso transire recentes,   635
Noxia sint capiti rustica tela tuo.
Denique Sarmaticas inter Geticasque sagittas
His precor ut uiuas et moriare locis.

622. Quemque memor sacris *Conr.*   io *GPVat.*   yo *T*   ion *FV*
yon *HMX.*
623, 4 *citat Conradus s. u.* Melanteus.
623. Quemque *FV*   Queque *HM*   melantea *GP*   melanthea *HMVX Conr.*   melantheum *FT Vat.*   latente *P*   latantem *F.*
624. Perdidit *X*   Edidit *H*   ipse *X*   orba *Vat. ed. Pr.*
625. uiscera *G*   corpora *P Vat.*   pectora *FHT.*
626. īpediare *FG*   impediare *HPTX.*
627 *citat Conradus s. u.* Dolon   pactus *Vat.*   habebat *X.*
628. tumido *G*   est *om. GX*   erat *F m. pr.*
629, 30 *citat Conradus s. u.* Rhesus.
629. resus *codd.*   rhesus *Conr.*   sompno *GT*   recumbas
marg. quiescas *G.*

630. resi *codd.*   rhesi *Conr.*   Rheso *Merkelius*   tum *PT*   te *G*
tu *HMVX Vat.*   tunc *F*   uie *FPT*   diem *GHMVX Vat. Verba post*
Rhesi *om. Conradus.*
631. rutilo *GHMPTVX*   rutulo *F Can.* 20   rampnete *G*
rānete *FHT*   rannete *PV*   regnante *X.*
632. Inpiger *F*   Īpiger *G*   Impiger *HP*   irtacides irtacideque
GP   hitacideque *H.*
633 *citat Conradus s. u.* Cliniades   Cliniadeue *FGHPTV Conr.*
Cliniadeque *X*   Cliniadaeque *ed. Rubei* 1474 *Merk.*   circūdatus *G.*
634. semicraemata *F*   semicremanda *P Laur. XXXIII.* 31.
635. Vtue *FHM*   Vt ueromo *V*   recentes *P, ntes a seriore manu ut*
uidetur nocentes *V.*
637, 8 *om. hic FHPV, habent post* 338.
637. ieticasque *P*   sciticasque *G.*
638. Hiis *GX*   precor *om. X*   moriere *H.*

Haec tibi tantisper subito sint missa libello,
Inmemores ne nos esse querare tui.　　　　　640
Pauca quidem fateor, sed di dent plura rogatis,
Multiplicentque suo uota fauore mea.
Postmodo plura leges et nomen habentia uerum,
Et pede quo debent acria bella geri.

639. per subito tantum *Vat.*　　sint *GTX*　　sunt *FPV.*
640. Imemores *FG*　　Immemores *HPTX.*
641. dii *FGPTVX*　　tibi *pro* dent *G.*
643. Post modo *GPX*　　sed *pro* et *H.*
644. Sub *pro* et *G.*
Hic liber Ouidii nasonis finit in Ybin *P*　　Explicit Ouidius de
nibin *X*　　EXPLICIT L. O. IN IBIM *F*　　Explicit liber publii
ouidii nasonis de Ibin *M*　　Explicit *H.*

SCHOLIA IN IBIN.

INTENTIO Ouidii in hoc opere est reprehendere quemdam aemulum suum et omnes per eum qui uxores aliorum appetunt non solum reprehendit sed etiam maledicit : ut per male dictionem retrahat eum ab adulterio uxoris quam blanditiis fefellerat. Causa intentionis est ut haec et his similia deuitemus, ne nobis contingat tales incurrere maledictiones. Nomen eius quem reprehendit ignotum est sed uocat eum ibin causa inproperii : ibis enim auis est quae rostro purgat posteriora. Iste uero accusarat Ouidium de uxore Augusti, similiter de libro amatorio : quibus causis missus est in exilium. Alii dicunt quod noluit imperatricem stuprare ab illa rogatus ; quae dolens de repulsa accusabat eum apud dominum suum. His dictis sic ad litteram descendimus : plures poetae reprehensoria carmina scripserunt, sed quod ego feci usque ad hoc tempus fuit inerme .i. sine reprehensione. *G.*

Intentio Ouidii est in hoc opere imitari Callimachum, quia sicut Callimachus fecit inuectiuam contra inimicum suum et ipsum duxit ad mortem, ita iste uult facere inuectiuam contra inimicum suum, quem non nominat pro despectu sed ipsum appellat ibim pro maiori dedecore, quia ibis est auis sordidissima. *P.*

Ait Ouidius in libro Tristium Dum iuuat et uultu ridet fortuna secundo Indelibatas cuncta sequuntur opes. At simul intonuit fugiunt nec noscitur ulli Agminibus comitum qui modo cinctus erat. Sic igitur dum Ouidius prosperitate floreret domus eius turba nobilium frequentabatur, postquam uero in exilium relegatus est, omnes paene discesserunt metuentes propter familiaritatem eius iram imperatoris incurrere. Quidam etiam de eo malos rumores ferebat in curia metuens ne de exilio ipse repatriaret, Ouidii possessiones sitiens et uxorem. Hac igitur de causa compulsus Ouidius in eum facit inuectiones, uel odio suo quod erga inuidum habebat et irae suae cupiens satisfacere uel per inuectiones istas a detractionis uitiis absterrere. Materia igitur huius auctoris in hoc opere est execratio inuidi, intentio execrari inuidum faciendo inuectiones in ipsum, causa intentionis duplex uel ut irae suae et odio in inuidum satisfaciat uel ut eum execrando a detractione deterreat. Vtilitas est tota auctoris s. delectatio quam habet maledicendo inuido, uel utilitas est lectoris s. cognitio fabularum in hoc opere compilatarum. Titulus talis est

44 SCHOLIA

Publii Nasonis Ouidii liber inuectionum in Ibin incipit. Non dicitur primus, quia non sequitur secundus, non est enim nisi unus. Sciendum tamen est quod Ouidius nomen inuidi sui reticet ut in Ouidio de Ponto ait Nomine non utar ne commendere querel*l*a, etc. Per similitudinem tamen ibin eum nominat, et merito : ibis enim est auis rostro rubeo cauda nigra cetero corpore albo. Per rubedinem rostri designatur flamma inuidiae qua inflammatus inuidus Ouidii sanguinem sitiebat. Per candorem corporis simulatus amor notatur cuius turpis finis per caudae nigredinem aperitur. Item ciconia rostro suo purgare inferiora dicitur, unde in ea nihil rostro sordidius inuenitur. Vnde per simile potest dici de inuido quod ore suo nihil sordidius habebat, de quo detractiones prodeunt et inuidiae fel destillat. Id autem quod dicitur de ciconia recte uidetur inuido conuenire. Vnde merito nomine ibidis designatur. *X.*

7. Vnus : i. inuidus quem aliter non nominabo, non sinit, maledicendo de me. Hoc ipsum quod maledicit de me est mea iniuria, quia a nullo uituperari merui nec potissime ab illo cui maxime seruiui. *C.*

9. utcumque latebit : i. aliquo modo, non appellando ipsum proprio nomine sed factis. Hoc dicit quod non omnino latet, imo quibusdam coniecturis in hoc libro per descriptiones positis aliquantulum apparere poterit. *C.*

13. requiem quaerentia. Hoc ideo dicit quia, cum ipse mittit epistulas amicis suis ut adiuuent eum, est ei contrarius dehortando amicos illius ut non adiuuent. *P.*

18. pugnat. Inmensam eius exprimit ferocitatem et inhumanitatem, quia, cum deberet miseriis suis compati, pugnat habere re*l*liquias sui naufragii, metaphora sumpta a naufragio. *C.*

19. qui debuerat : i. qui mihi auxilium praestare deberet et meis necessitatibus suffragari post mea conatur arripere, metaphora sumpta ab incendio ad quod *specie* extinguendi multi ueniunt sed posteaquam possunt, rapiunt. *C.*

21. profugae. Per uxorem meam quam retrahit ab officio. Nam Ouidio mittebantur reditus suarum possessionum unde uiuebat in exilio ab uxore sua : nunc autem inuidus dissuadebat. *C.*

senectae. Malum est enim seni necessaria auferre, peius profugo, sed pessimum· seni et profugo. *C.*

30. debitus hostis ero : i. debitas inimicitias exercebo.

35. Et noua fraterno. Eteocles et Polynices fuerunt fratres, alter quorum mortuo patre regnum fratri ad tempus relinquens Creonta regem adiuit. Postea uero rediens regnum a fratre petiuit et fratrem nolentem sibi regnum reddere bello inuasit et sic uterque interfectus

9. appetere i. apparere *C.*
13. ut ipsum non adiuuarent *P.*
18. in mensum *C.*
19. ad quod ipse extinguendi *C.*
21. ab officio meo *C.*
35. Teucles et pollinices *P*   Creonta] *immo Adrastum.*

positus est in pira ut combureretur. Sed ne uetus liuor occultaretur flamma una se diuisit in duas partes. *P.*

Historiam tangit de Eteocle et Polynice : quam concordiam uetus ira separat pira accensa i. in rogo, quia sicut uiri discordauerunt, ita flamma eorum discors et separata fuit. *C.*

47. Vtque petit primo. Facit quamdam similitudinem quasi diceret Sicut ille qui alonge iaculatur hostem suum nec stat*im caedit* sed sic uult illum inprimis terrere ut fugiat, sic ego inprimis praetendens tibi quasdam minas per *quas* resipiscas non statim iaculabor te i. nondum tangam te acriori reprehensione. *H.*

54. Tincta Lycambeo. Licambes Neobulen filiam suam Archilocho desponsauit et dotem promisit; quam quia postea negauit, Archilochus in *i*ambico metro inuectiuam *in* ipsum fecit et tam turpia de eo dixit quod ipsum et uxorem et filiam ad laqueos coegit : maluerunt enim mori quam sub turpibus obprobriis uiuere. *C.*

55. Quasi diceret Et quomodo Ca*l*limachus filius Batti male dixit aemulum suum cui hoc nomen s. ibis imposuit, hoc modo et tam execrabili maledictione maledicam tibi ut ita dicar a te illum esse imitatus imponens tibi hoc idem nomen quod *eius* aemulus habuit. *C.*

ib. Nunc quo Battiades. Ca*l*limachus filius Ba*t*ti fecit haec inuectiua contra Ibin. *H.*

57. Vtque ille historiis. Ca*l*limachus inuoluit carmina sua caecis historiis. *H.*

60. Oblitus moris iudiciique : quod est non de bello tractare sed de ioco. *H.*

70. Et sinite optatis pondus inesse meis : sinite uerum esse quod precor. *H.*

74. quae nunquam quo prius orbe micas : quia aut crescis aut decrescis. *H.*

78. Inperiuratae. Victoria diis pugnantibus cum gigantibus, filia stigis infernalis fluuii qui inperiuratus dicitur, in auxilio fuit: cui fluuio gratia filiae hunc honorem dederunt ut *a* nemine periura*r*etur. *H.*

79. angue capillis : i. Alecto Tisiphone et Megaera quarum crines colubrini sunt. *P.*

80. Carceris. Metamorphoseos quarto (iv. 452) Carceris ante fores clausas adamante sedebant. *C.*

81. Vos quoque plebs. Isti dii de plebe sunt caeli, non de nobilitate. *C.*

90. Pasiphaes generi. Theseus gener Pasiph*ae*s execrauit filium suum *H*ippolytum pro falsa criminatione uxoris suae Phaedrae, et contingat tibi sicut illi fecit. *H.*

35. separet *C.*
47. nec stat *H*   per resipiscas *H.*
54. Licambes neobolem *C*   ambicho *C*   infectiuuam *C*   *in*] et *C.*
55. Calimachus *C*   bachi *C*   etralium *C*   exacrabili *C*   *eius*]
suus *C*   Calimacus *H*   bati *H.*
57. Calimacus *H.*
80. adamantis *C*   sedebat *C.*
90. teseus *H*   pasiphes *H*   ypolitum *H.*

92. Plenius ingenio: i. plus quam possit excogitari. *H.*

95. Ibin: i. similis ibidi propter inmunditiam. *C.*

96. has: quae sunt in libro meo. preces per contrarium id est imprecationes et maledictiones in me. *C.*

97. in me. Metaphora est sumpta a sacerdote qui facta diis uictima securius uouet ut sua fiant uota; *c*ui debent fauere in suis uotis qui intersunt sacris. *C.*

101. Pedibus laeuis. In gaudio occurritur dextro pede, in funere laeuo. *C.*

102. Et nigrae: sicut in funere, quia inuidis fun*us* inminet. *C.*

103. ferales: i. mortiferas a feron quod est mortuum. *C.*

uittas: quibus inuoluuntur capita mortuorum, uel tedas quae ferebantur ad sepulturam cum non esset tunc usus candelarum, quia ex ipsis accendebatur ignis siue rogus. *C.*

104. funeris ara tui. Rogus est accensus cum quo mortuus combureris. *H.*

107. Terra tibi. Ecce uerba tibi execrantia quasi sacerdotis sacrificaturi. *C.*

114. ore tremente: i. querulo, sicut mendicus quaerens per ostia panem. *C.*

119. odium. Odio habearis ex tuis aduersitatibus. *C.*

121. solito fauore i. miserantium compassione. *C.*

122. *Aerumnae facies* quia dicit mala ualentia inferre mortem. *C.*

127. Euenient. Precor ut haec mala eueniant tibi et certe euenient. *C.*

quae mihi tarda uenit: ut meam finiat miseriam. *C.*

132. sera uenit: quantum ad te, quia uelles me iam mortuum esse, uel quantum ad me, quia miseris mors est inuocare mortem. *C.*

152. plebeio: sicut solet habere plebs, quia non honorifico. *C.*

173. Elysiis. Elysii sunt campi piorum. *C.*

209. Natus es infelix. Planetarum alii benigni tantum, ut Iupiter et Venus; alii mali, ut Mars et Saturnus; alii mediocres, ut Sol et Luna; nam Sol aliquando per aspectum nociuus est. *C.*

ib. Probat auctor quod dixit supra quod aptus sit inuidus ad poenas innumerabiles patiendas, et hoc probat primo quantum ad sidera disponentia, 2° quantum ad signa malum significantia ibi, Lux quoque natalis, tertio quantum ad fata cooperantia ibi, Protinus Eumenides uel ibi, Sedit. *C.*

96. imprecationis execratio *C.*
97. qui debent *C.*
102. funis *C.*
103. uittas] uictus *C.*
107. uerba tibi *sic codex*   exacrantia *C.*
114. hostia *C.*
127. euenient *C.*
132. mortuum esse uel tibi et est idem sensus *C.*
171. elisii *C.*
209. quod quod d. s. *C.*

212. fuere loco: ut essent benigni. In hoc nota quod luna et sol mediocres sunt. Nam per adiunctionem fiunt boni et mali. *C.*
214. Maia Ioui. Mercurius filius Iouis et Maiae filiae Atlantis, cuius stella cum bonis bona est, cum malis mala. *C.*
216. presserunt: ad infelicitatem inclinauerunt ut pote ponderosā. *C.*
falciferique senis. Ad falcem respicit *Saturni.* Saturnus enim senex per Iouem a regno expulsus, in Italiam fugiens a Iano qui iam ibi regnabat receptus est, quia eum docuit usum falcis et uinearum; uel quia tempus designat, quod est recuruum ad modum falcis recuruatae. Aliter: quia iste planeta non minus nocet in retrogradatione quam in progressione, quemadmodum et falx. *C.*
222. Cinyphiam: i. terram ita turpem sicut est Cinyphia. Vel quia natus est in ipsa Cinyphia ubi abundant hirci; quare turpis esse dicitur. *P.*
234. A male deserto. Alicuius pauperis qui deseritur ab hominibus. *H.*
253. Quantaque clauigeri. Nota est fabula de Philoctete filio Poeantis. *G.*

255. Nec leuius doleas. *Dareus filius Milesii Daretis nouis tormentis et exquisitis ciues suos affecit, eisque lac ceruae propinans idem passus est ab eis teste Eupoli.* *G.*
*Daretis †Talaris rex filius Milesii tormentorum inquirens genera quibus homines suos possit affligere lac ceruinum quod nimiae est amaritudinis cogebat eos potare, idemque tandem a ciuibus suis depre*n*sus coactus est pati *Eupolio testante: Lac ceruae †premendo suos perimebat †eosdem Exemploque suo potuque peremptus eodem est.* *C.*

Dareus uel Darius pulsus a patria in exilio a cerua quamdiu uixit pastus est. Aliter: Dares Daretis Milesii filius crudelium tormentorum exquisitor ciues suos coegit bibere ceruinum lac uino mixtum et sic eos affecit: quod ipse tandem a suis ciuibus bibere coactus mortuus est. *Mure.*

257. Quique ab equo prae-

Bellerophon Proeti fratris Acri-

212. sol in hoc mediocres *C.*
216. Saturni *om. C* ista *C.*
222. Cynipheam *P* cynifea *P* Cyniphea *P* habundant hyrei *P.*
253. *Ab hoc inde uersu extant scholia in G* filotete *G* peantis *G.*
255. *Historia ficticia, uersus supposticii** dereus *G* melesitaretis *G* milexii *C* *correxi ex Askeuiano quem exhibuit Merkelius in ed. anni* 1837 Daretes phalaris *Ask.* genera inquirens *Ask.* posset *Ask.* ideoque tandem *Ask.* deprehensus coactus est idem pati *Ask.* pressando *Ask.* potando suos Dareus perimebat *cod. Saluagnii* parentus *C* peremptus *Ask.* E. s. potu consumptus eo em est *cod. Saluagnii.*
257. bellorofon *G* stenobea *G* cicidit *G* propercius *G* propicius *C* bellerofon nō stī G monstrum φ (*Phillippicus* 3360) bello

* *Asteriscum posui ubi falsum scholion uel suspectae fidei erat: uersus supposticios inclinatis litteris signaui.*

ceps. Bell*e*rofon accusatus a nouerca sua St*h*enob*oe*a falso crimine adulterii apud patrem suum missus est ut Chimaeram interficeret : a qua rediens cecidit in campis Liciae a Pegaso ibique crus sibi fregit. *Vnde Propertius: Bellerofon nō stī potuit superare Chimaeram. Crus laesisse tamen dicitur ipse suum. Omnia, ni fallor, pereunt bona, sed mala crescunt. Huic sua pro facinus poena fuit pietas. Pro pudor et pietas, pro numina summa deorum ! Hanc iuuit facinus, huic nocuit pietas. Hic potuit monstrum, nequeo superare puellam. Vincam si potero nescius ipse quidem.* G.*

sii filius accusatus a St*h*enob*oe*a nouerca de adulterii crimine [unde po*tius ipsa* deberet accusari], more *H*ippoliti a nouerca Ph*ae*dra accusati, a patre suo, quia durum erat ei de filio dignam tanti criminis poenam suscipere ad †Eriba(n)tem regem †Ca(li)strati filium Sthenob*oe*ae uxoris suae patrem missus est ut ei p*oe*nam crimine dignam iniungeret. Ille uero sub specie probitatis ad Chimaeram monstrum ut uinceret misit. Chimaera monstrum est in prima parte leo, in media serpens, in ultima capra. Sed Pallas eius miserata quia pro castitate perimebatur misit ei Pegaseum equum alatum, [quo a*s*censo Chim*ae*ram superauit, sed inde uictor rediens in campis Liciae] de equo cecidit et sibi crus fregit. *Vnde Propertius, κ.τ.λ. C et Ask.*

259. Id quod Amyntorides.

*Phoenix Amintoris filius filios

potuit *C et Ask.*   fregisse crus lexisse *C*   si mala *C*   ni mala *Ask*
hec sua proh *C*   sancta deorum *C Ask.*   hoc potui *C*   hec potui *Ask.*
vitam *C*   tucius *C*   tutius φ *et Ask.*   abellophoton *C*   acusatus *C*
stonobea *C*   unde post deberet *C*   *uerba uncis inclusa om. Ask. qui*
post crimine *addit* patri *et mox* a patre autem suo   eribaten *Ask.*   castrati *C*   calistrati *Ask.*   stenobe *C*   stenoe *Ask.*   munigeret *C*
sub ipse *C*   ut ut *C*   media *Ask.*   ultima *Ask.*   miserta *Ask.*
allatum *C*   accenso *C*   alatum de quo cecidit *Ask.*

259. *Historia non tam ficta quam per errorem huc tralata, tamquam ad Phineum uersus pertineret. Nam Phoenix et Amyntoris filio et Phinei patri commune nomen fuit. Habitabatque Phineus in Thracia, quae postea Gothorum regni pars fuit. Supersunt uestigia historiae apud Scholiasten Ap. Rhodii II.* 178
ὡς δὲ 'Ησίοδός φησιν, (Φινεὺς παῖς ἦν) Φοίνικος τοῦ 'Αγήνορος καὶ Κασσιεπείας. ἐκ δὲ Κασσιεπείας τῆς 'Αράβου Φοίνικι γίνεται Κίλιξ καὶ Φινεὺς καὶ Δόρυκλος. *Nam sub Dorilae uel Dorillae uel Doricae nomine latere Doryclum nullus dubito; magis incertum Tesalla Thetilla Thirila unde corrupta sint. Relliquiaene sunt ex nomine Terymbae, quem cum Aspondo filios Phinei facit Schol. Sophoc. Antig.* 980? *An scriptum potius fuit, quod habuit Saluagnii Scholiasta, Othryllus? Nam secundum Schol. Ap. R. II.* 178 *tradiderat* Σοφοκλῆς (*h. e. scriptor commentarii in Apollonii Argonautica, uti docuit Bergkius Nou. Mus. Rhen. I. pp.* 362 *sqq.*) ὅτι τοὺς ἐκ Κλεοπάτρας υίοὺς ἐτύφλωσεν "Οαρθον ('Ωρείθυιον *Welckerus Trag. Graec. I.* 330 *et Bergkius u. s.*) καὶ Κράμβον, πεισθεὶς διαβολαῖς 'Ιδαίας τῆς αὐτῶν μητρυιᾶς. *Hunc* "Οαρθον *rectius scholia Florentina tradunt* "Ωρυιθον *h. e.* 'Ωρείθυιον, *quod nomen sub Othryllo latere potuit. Sed Affa siue Lycostrata unde uenerit nescio, nam nouerca Phinidatum Idaea uel Dia uel Eurytia uel Idothea nominata est. Sane Ouidii uersus si pro* Amyntorides *scriptum esset* Agenorides *melius ad Phineum referendus erat, qui et caecus erat (Ap. R. II.* 184) *et* βάκτρῳ σκηπτόμενος ῥικνοῖς

*Phoenix Amintoris filius †Tesallam et Dorilam filios suos excaecauit accusatos a nouerca sua †Licostrata regis Gothorum filia de crimine adulterii falso. quod ubi pater comperit ipsemet sibi oculos eruit. *Vnde Battus: Femina nata malum est, peccati femina origo. Femina tota malum, res atra miserrima uilis. Noluerant pueri male consentire nouercae, Noluerantque torum nati incestare parentis. Illa repulsa dolens transuerso crimine in illos Accusauit eos patri: pater inscius ira Nec rectum inspiciens, nec enim rectum inspicit ira, Ipse pater sed iam non nunc pater eruit illis Lumen quod dederat, poenamque secutus eandem est.* G.

suos †Thetillam et Dorillam falso crimine adulterii ab †Affa nouerca reguli Gothorum regis filiat† apud se accusatos excaecauit nimia commotus ira. ut uero falsum esse crimen cognouit prae dolore nimio sibi ipse oculos eruit. *Vnde Bachus poeta: Est mala femina res κ.τ.λ. C et Ask.

Phoenix filius Amintoris ductor et consultus Achillis filios suos †Thirilam et Doricam de incestu accusatos a nouerca caecauit, unde dii irati etiam ipsum caecauerunt. Mure.

Amintor filium suum Phoenicem caecauit quia coniux eius est conquesta sibi Phoenicem uoluisse ei uim inferre, qudd tamen falsum erat. P.

261. Nec plus aspicias. Oedipum tangit. G.

Oedipus cum matre concubuit, unde Antigona orta est. Pro quo crimine Oedipus se caecauit et postea filia eum rexit. P.

263. de lite iocosa. De Tiresia et Manto filia sua. G.

Tiresias Eueris filius utrunque expertus sexum quia septem annis fuit femina electus iudex inter Iouem et Iunonem de lite iocosa pro Ioue iudicauit. Excaecatus a Iunone augur factus est a Ioue. C.

265. Qualis et ille fuit. Phineus filios suos Polidectorem et Polidorum excaecauit accusatos a Cleopatra eorum nouerca, idemque passus est a Ioue: cuius mensas Arpiae inquinabant. Iasone autem Colchos petente et uiam ignorante data est columba praeuia; qua de causa Iason

Phineus captus amore Nicostratae filios suos Polidectorem et Polidophon accusatos ab ipsa [Nicostrata] crimine adulterii excaecauit, propter quod [peccatum] ipse excaecatus est a Ioue. et Diana misit Arpias uolucres uirgineas facies habentes ut foedarent eius mensas. [Fuerunt autem tres Ar-

ποσὶν ἧε θύραζε (ib. 198). totilam et Dorissam Ask. Afa Ask. bacchus Ask. Foemina tota malum res autem m. uilis C uersum om. Ask. incestari C repulso C transfligo C transfingit Ask. eos pater patri C incitus C Ask. nec rectum inspicit respicit ira C iam nunc non G iam non tunc C Ask. fenicem P bis.

261. Edippus se cecauit P.

263. tirresia G thiresias seueri C debita iocosa C.

265. ab acciopatra G colcos G borie G polidoterem et polidophon C polidetorem et polidefon Ask. ab ipso C Nicostrata om. Ask. peccatum om. Ask. uirgines C ut stercorarent mensas ipsius phinei C Fuerunt—Celaeno om. Ask.

reliquit ei Zetum et Calain filios
Boreae; qui Arpias fugauerunt.
G.

piae s. Aello *O*cipete et Cel*a*eno.]
sed quoniam Iason ad Colc*h*os
pergebat, contigit eum transire
per terram Phinei. et quia rectam
[uiam] ignorabat, mandabat ipsi
[Phineo] per Zetum et Calaim
filios Boreae ut eis ducem itineris
daret; quibus respondit se factu-
rum eo pacto ut Arpias longe ab
illo loco fugaret; quas Zetus et
Calais usque ad Strophadas in-
sulas fugauerunt. liberatus itaque Phineus ab Arpiis dedit co-
lumbam Argonautis, quae eos
duxit usque in Colchon insulam.
De hoc Meta^os libro vii ibi I a m-
que f r e t u m M i n i a e.   *C et Ask.*

267. Quique oculis caruit. Pol*i*mestor rex T*h*raciae Polidorum
Priami et Hecubae filium tempore obsidionis Troianae cum magna
pecunia sibi commissum Troia destructa patre et fratribus eius mortuis
decollauit et decollato in mare proiecit. quem Hecuba mater, dum
uulnera Polixenae filiae suae Achilli mactatae lauaret, in T*h*raciae
litore eiectum inueniens, ad Polimestorem cucurrit et eum uocatum
quasi in colloquio manibus suis ipsa exc*a*ecauit. De hoc xiii ibi E s t
u b i T r o i a f u i t.   *C.*
De Polimestore rege T*h*raciae et Polidoro filio Priami.   *G.*

269. Pastor ut Aetnaeus.   Tele*m*us Polifemo de Vlixe uati-
cinatus.   *G.*

Tele*m*us filius Eurimi uates
Poliphemo Ciclopis filio hos uersus praedixit   *Tempus erit
Polipheme tuum quo lumen Vlixes
Quod solum gestas telo terebrabit
acuto.** quod etiam euenit. nam
Vlixe ibi applicante Poliphemus
duos de sociis eiu̱s deuorauit:
unde Vlixes eum sopitum exocu-
lauit, sed eo surgente uix euasit,
relinquens ibi prae festinantia fu-

Tele*m*us E*u*rimi filius Poliphemo giganti *A*etnaeo praedixit
* Tempus erit Polypheme tuum quo
lumen Vlixes Quod modo fronte
geris hoc tibi surripiet**. Quod
postea ita contigit. Meta^os 13°
uersus finem d. T e l e m u s i n t e r e a
S i c u l a m d e l a t u s a d A e t n a m,
T e l e m u s E u r i m i d e s q u e m n u l l a
f e f e l l e r i t a l e s, T e r r i b i l e m P o l i-
p h e m o n a d i t, L u m e n q u e q u o d

accipite et celleno *C*   qn *Ask.*   cholcos *C*   contingit *C*   et quod *C*
uiam *om. C*   mandauit phineo *Ask.*   calaym *C*   beree *C*   ab eo
loco *Ask.*   fugarunt *Ask.*   columnam *C*   argo et nautis *Ask.*   quam
eam *C*   colchidem *Ask.*   De hoc—Miniae *om. Ask.*   metha^os li^o 2° ibi
Nanque *C*   *M. VII.* 1.
267. tracie *CG*   polinestor *C*   polidarum *C*   eccube *C*   eccuba *C*
pollixene *C*   polistorem *C*   *M. XIII.* 429.
269. telenus polifemo *G*   telephus fiilus eurimi *Mure.*   prefestinancia
Mure   achimenidem *Mure*   thelephus eremi *C*   etheneo *C*   Meta^os
XIII. 770–775   Thelepus *C*   ethnam *C*   thelephus *C*   fefellerat *codices*

giendi Achaemenidem filium Ada-
masti, quem tandem fame con-
fectum Aeneas ibi praeteriens mi-
sertus in suam nauim recepit.
Mure.
271. Vt duo Phinidae. †Poli-
dector et Polidophus† Phinei et
Cleopatrae filii a patre sunt caecati
falso nouercae crimine. *P.*

272. Thamyrae Demodo-
cique caput. Thamira et Demodocus uicti cantu a Musis lumen
amiserunt. *P.*
Thamiras cum Apolline, Demodocus cum Musis certaverunt.
G.

273. Sic aliquis tua membra
secet. Saturnus Caelo patri suo
genitalia amputauit, *Vnde Calixto: Saturnus credens unum laesisse parentem, Tres, non tantum
unum laeserat ille patrem. Non
inpune tamen, nam parte est laesus
eadem, Poenamque a nato quam
dedit ipse tulit. Peccat uterque
†male, sed cum male peccat uterque,
Hic peccat peius qui prius illa facit. Credere uix ausim esse deos ;
me iudice nempe Tam male qui
peccat nec deus est nec homo.* G.*

unum Fronte geris media ra-
piet tibi, dixit, Vlixes. Risit
et, o uatum stolidissime, falleris, inquit. Altera iam rapuit. *C.*
†Polidector et Polidophus,† a
Phineo eorum patre excaecati
sunt. [Hic] de excaecatione filiorum, supra de excaecatione patris
a Ioue [et stercoratione mensarum
ab Arpiis :] et sic non superfluit
[hoc quod d. ibi Qualis et ipse
fuit.] *C et Ask.*
Et Thamira et Demodocus su-
perati sunt, Thamira ab Apolline
Demodocus a Musis, unde lumina
amiserunt. *C.* Et hic tangit
fabulam Thamirae, quem cer-
tantem cum Musis Musae uice-
runt et interfecerunt. Et tangit
fabulam Demodoci, quem cer-
tantem cum Phoebo Phoebus
uicit et interemit. *Ask.*
Saturnus patri suo Caelo uirilia
abscidit ne alium filium generaret.
* Vnde †Promptius uel Calmethes†:
Saturnus κ.τ.λ.* C.*

Ouidii   poliphoemum addit *C*   geris *om. C*   rapit *C*   alia iam *C.*
271. Polinestor et polidoxus finei *P*   polidetor et polidephus *Ask.*
phinio *C*   [Hic] *om. C, addidi ex Ask.*   et—Arpiis *om. Ask.*   dicit
nunc ibi *C*   hoc—fuit *om. Ask.*
272. demodofus *P*   demophous *G*   *Post* certauerunt *G addit* quorum
capita fineus amputauit.   Et thamira et demophus *C*   demophoni *Ask.*
273. Celio *G*   cerelio *C*   caelo patri suo abscidit uirilia, unde callisthenes
Ask.   Calixto *nomen mulieris Graecae esse potuit.*   callisthenes *Ask. quod
fortasse latet in* Calmethes, *sicut* Promptius *ex* Propicius *et hoc ex* Propercius *corruptum uidetur*   imum lexisse *C*   tres non lexerat tantum ille
patres *C*   tres simul iratus leserat ille patres *Ask.*   poena que *C*   ille
tulit *C Ask.*   malis male sed cum uterque *C om.* peccat   male ille male
hic male p. u. *Ask.*   ista facit *C Ask.*
E 2

275. Nec tibi sit tumidis. Dedalion et Alcione Ceicem periclitatum flentes super mare deorum miseratione uersi sunt in aues. *P.* Dedal*ion* frater Cei*c*is de morte eius dolens uolebat se in ignem mittere, et miseratione deorum auis factus est. Similiter uxor eius Alciona mutata est in auem. *G.*

Ceix rex Luciferi filius submersus est in mari. Alcione uxor eius quod inuenit ipsum in litore maris mortuum uersa est in auem sui nominis. Dedal*ion* frater Cei*c*is propter †filiam mortuam in accipitrem miseratione deorum uersus est, quia prae nimio dolore igni se immittere uolebat. *C.*

277. Sollertique uiro. Sisiphus et Athamas fratres fuerunt. Vlixes filius Sisiphi, Ino uxor Athamantis, quae facta dea marina Vlixi naufraganti frequenter profuit. *G.*

Sisiphus Athamans et Salmoneus Aeoli filii fuerunt. Sisiphus autem Vlixis habuit matrem *Anticliam* an*te*quam Vlixes generaretur, unde et filius Sisiphi a multis creditur, quod obicit ei Aiax in principio xiii Metamorphoseos Reddit, ubi Aeoliden saxum graue Sisiphus urget (25) et ita Vlixes de genere fuit Athamantis. quare Ino uxor Athamantis, Cadmi filia, facta dea marina Vlixi saepe succurrrit naufraganti. De Athamante et Inone dicitur 4° Meta*os* Protinus Aeolides. *C et Ask.*

279. Vel tua, ne poenae genus. Tangit fabulam de *H*ippolito : [**Vnde Callimachus: Noluit Hippolitus Phaedrae uiolare pudorem, Et quia noluerat, habuit pro munere mortem. Sed qui recta facit quod in aeternum moriatur, Denegat Hippolitus, qui uitae bis reparatur.** G.* Tangit *H*ippolitum Thesei filium et *H*ippolitae reginae Amazonum, quem Ph*ae*dra eius nouerca apud Theseum eius patrem crimine adulterii in ipsum transuerso accusauit. Theseus autem illi dedit poenam exilium, dumque ille iuxta litus *Ae*gei maris iter teneret, uisis phocis marinis beluis expauefacti sunt eius equi et passim pr*ae* nimio pauore currentes *H*ippolitum dilacerauerunt. [De hoc dicitur 3° Meta*os* capitulo Talibus atque aliis instructo pectore dictis.] Vel hoc dicitur de Me*t*tio rege Albano*rum* qui saepe cum Romanis [conf*o*ederatus saepe rupit f*o*edus. Vnde tandem a Romanis] iudicatus est hostis. Postea eum captum equis indomitis alligatum Romani distrahendo interfecerunt. *C et Ask.*

281. Vel quae qui redemi. M. Attilius Regulus Romanus

275. alcinoe *P*   caicum *P*   dedalus frater ericis *G*   ceix *C* metuum *C*   dedalus *C*   accipitione *C.*
277. Sisiphius *G*   falmoneus *C*   eolij *C*   habuit anquam generaretur *C*   matrem V. habuit antequam *Ask.*   in principio xiii *Ask.* in principio *C*   celidens graue saxum celidon Sisiphon *C*   sucurit *C*   ibi protinus *Ask. Met. IV.* 512.
279. recta *uix certum*   *uersus in G solo repperi*   amaronum *C* phoedra *C*   in ipso *Ask.*   littus *C*   egoi manis *C*   focis *C* territi sunt equi eius *Ask.*   pro *C*   ypolitum *C*   De—dictis *om. Ask.*   Meta*os*] xv. 479   metheio *C*   metio *Ask.*   albano *C* confoederatus—Romanis *om. Ask.*   cum pro eum *C*   indomotis *C* distrahendo *om. Ask.*
281. *Foedis erroribus corrupta sunt quae habent Mure. s. u.* Paulus Romanus.

captus ab Afris noluit redimi; putauit enim turpe esse si Romanus ab hoste redimeretur. Palpebris abscissis mortuus est, quod tangit Horatius. *Cod. Saluagnii.*

284. Cui nihil Hercei. Priamum tangit a Pirrho coram ara Iouis interfectum. *G.* Priamum tangit a Pirrho filio Achillis interfectum, qui dum caperetur Troia Grais, R*h*oeteam aram Iouis quae erat Troiae complectebatur. *C.*

285. Thessalus. Ionus rex T*h*essaliae filius †Preti ultra modum potus ultra Ossam mo*n*tem praecipitatus est. *Vnde Gallus: Vina probo si pota modo, debentque probari. Si non pota modo, uina uenena puto. Nempe nimis potus se praecipitauit Ionus, Vinaque pota nimis causa fuere necis.* *G.*

287. Aut uelut Eurylochi. *Euriloc*h*us Ioni praedicti filius filiam suam uoluit corrumpere, qua de causa a serpentibus deuoratus est. *Vnde idem Gallus: Ionides uti cupiens pro coniuge nata, Vinum causa fuit, anguibus esca datur.* *G.*

284. Priamum tangit qui a Pyrrho Achillis filio, dum caperetur Troia, quamuis complecteretur aram Iouis Hercei, quae erat in impluuio aedium suarum, interfectus est teste Virgilio. *Cod. Saluagnii.*

Ionus rex Thessaliae filius †Perpeti Agrimantini† ultra modum potus de Ossa monte se praecipitauit. *Vnde Gallus: Vina probo* κ.τ.λ. *C et cod. Saluagnii.*

Ionus rex Thessaliae nimis inebriatus se de Ossa monte praecipitauit. Ouidius in Ibin . . . item *Gallus: Vina probo* κ.τ.λ. *Mure.* [*Euribous (Henolus *C*) Ioni filius quia filiam stuprare uoluit a serpentibus est consumptus.] *quod tangit Gallus: Ionides* κ.τ.λ. *C et Ask.*

Ericlous uel Eurilocus Ionis filius patre sene praecipitato regnum usurpauit. qui etiam nimium potus filiam suam uoluit stuprare; unde ab angue suggestione Dianae quae est dea pudicitiae deuoratus est. *Mure.*

Regulus captus ab hannibale fratre Syphacis rege cartageñ nolens redemi a Romanis timens quod ipsi fierent magis ignaui palpebris exsectis et excisis mortuus est: *et C* Paulus Romanus consul ab anibale captus, ab eodem missus est Romam ut in capitolio suam quereret redemptionem. qui ueniens romam nec redimi (rediri *C*) uolens dicitur hanc in capitolio confirmasse sententiam, Romanus aut uincat in bello aut moriatur. postea ad anibalem reuertens palpebris abscisis continuis creditur interiisse uigiliis. sic ab oratio tangitur. *Non extat in G, ubi tamen ad* puniceo *superscriptum est* hannibale. *Scholion quale in Ask. extat, sic fere fuisse in Bernensi cod.* 711, *nisi quod in hoc aberant uerba* M. Atilius *Merkelius in epistula ad me testatur.*

284. *Merkelius Proleg. Apoll. Rhod.* p. xxii *citat ex cod. Bern.* 711 *tamquam a se enotata haec* quamuis amplecteretur aram rethesam quae erat in troia interfectus est: *unde elicias iisdem fere uersis scholion ibi conceptum fuisse atque in cod. Saluagnii.*

285. *Historia suspecta* tessalie *G* motem *G* si sumpta modo *C Mure* Si non sumpta modo *Mure* Namque nimis *Mure* Monte nimis *C* ionas *C ut apud Schol. Lucani VI.* 402 *Versum ultimum om. Mure* agrimantini *om. cod. Salu.* praeceps datus est ut ait Gallus *cod. Salu. Scholion iisdem fere uerbis scriptum fuisse in cod. Bern.* 711 *atque in cod. Salu. testatur Merkelius, qui inde enotauit* filius perpeti agriuta(o?)nti in ultra.

287. *Historia ficticia* eurilocus *G* que *C Ex Bern.* 711 *enotarat Merkelius* euryalus ioni filius quia filiam stuprari *et* exta datur, *cetera ut Ask.*

290. **Per caput infusae.** Minos ab hospite Cocalo in Sicilia calida perfusus aqua in balneis mortuus est. *P.*

Cocalus rex *Siciliae* Minoem, dum persequeretur Daedalum, quia Pasiphaen uxorem suam fabricata uacca acerna cum tauro coire fecit et tandem ad Cocalum confugerat, calida aqua perfusum interfecit. *Mure.*

Dum Daedalus fugaretur a Minoe fugit ad Cocalum regem amicum suum, qui pro eo coepit proeliari. Vnde aqua calida perfudit Minoem in hospitio receptum. Sic combustus est rex Minos. *C et Ask.*

Dum agricol*a*e diis sacrificabant, dii totam carnem comedebant nihilque pauperibus rusticis dimittebant. Quod uidens Prometheus Iapeti filius, qui erat nimium callidus, uocatis diis et ostenso quod malum erat sacrificii carnem incorporare et rusticis nihil reseruare, persuasit eis ut mediam partem acciperent et aliam dimitterent : quod diis satis omnibus placuit et etiam Ioui. Postea Prometheus mactauit bouem in deorum sacrificium, et separauit carnem ab ossibus, et utramque partem corio bouis cooperuit, et postea Iouem et alios deos conuocauit, quibus ut quam uellent partem eligerent permisit. Iupiter uero osseam partem credens esse maiorem accepit et sublato corio prae nimio dolore obmutuit : tamen dixit, Quia decepisti me et alios, falleris, ignem unde coquitur ex toto negabo. Tunc Prometheus [calliditate] inuictus ad rotam solis facem apponens [ipsam] ad radios eius accendit. Vnde reuertens a Ioue fulminatus est et datus cibus in Caucaso monte uulturibus.

291. **Vtque parum mitis.** Prometheus filius Iapeti quia concedere maiorem partem in sacrificio Ioui mos fuit, doluit. Cum ipse sacrificaret, carnem ab ossibus separauit et *haec* sacco inclusit. Iupiter credens maiorem partem in sacco, rapuit : uidens uero se delusum, ignem abstulit hominibus. Prometheus uero in cristallo radiis solis calefacto aquam posuit et ita inuenit ignem: quare Iupiter misit eum in Caucasum montem uulturibus comedendum. *G.*

290. Cacalo *P*   Crocalus *Mure*   cilicie *Mure*   pasiphen *Mure* a Minoe fugit ad *om. C, suppleui ex Ask.*   talem regem *C   Ex Bern.* 711 *enotarat Merkelius* Cocalus frater dedali minoem fugantem dedalum calida perfusum aqua interfecit in Sicilia, quod dicit o.   *Vitiose G* Cacalus filius Minois dedalum fugientem et hospitio susceptum aqua feruida perfusum interfecit.

291. *Philodemus* περὶ Εὐσεβείας 129 *Gomperz* 'Ησίοδος δ' ὑπὸ Προμηθέως Δία πλανώμενον ὥστε τοὺς μὲν θεοὺς τὰ ὀστᾶ λαβεῖν, τοὺς δ' ἀνθρώπους τὸ κρέας assibus *G*   haec *om. G*   aliam] aliis *C*   satis diis *Ask.*   partem utramque *Ask.*   partem uellent *Ask.*   osseam partem tulit credens esse maiorem *Ask.*   minorem *C*   calliditate *om. Ask.*   apponens facem *Ask.*   ipsam *om. Ask.*   ad eius radios *C*   est fulminatus *Ask.*

Ipse quoque Prometheus dicitur inuenisse ignem in lapide cristallino prius humectato, qui postea panno exercitatur et bene desiccatur,[deinde]ad radios solispositum tam diu tenetur *ut* prius emit*tat* aquae guttulam, deinde ignis scintillulam. *C et Ask.*

293. Aut ut Echecratides.
*Ethreclides quintus decimus ab Hercule a spadone quem castrauerat interfectus est. *Vnde Democritus: Herculides cuidam genitalia membra recidit. Scissaque membra sibi causa fuere necis.* G.

*Eacrides uel Ethecratides multos spadonauit de quibus unus ipsum spadonauit. tandem etiam in mare proiecit. Vel aliter ut legatur uictus; ter ab Hercule uictus. Nam Hercules cuidam tyranno homines spadonanti uicto tribus uicibus ueniam dedit. Tandem cum nollet desistere eundem spadonauit et in mare proiecit. *Mure.*

Ec*h*ecratides quintodecimo cognatus Hercúlis a spadone quem *e*mentulauerat interemptus in mare proiectus est. *H.*

295. Aut ut Amyntiaden.
Statilus Aminthi filius Celinum Alfrani Babilii filium adamauit. Puer autem nolens ei consentire iuxta uiam latuit et eum transeuntem interfecit. *G.*
*Amincius fuit filius T*h*rasilli cuius fabula est. Celinus Basilii Afranii filius T*h*rasillum Ami*n*cii filium nolens *eius* turpi concupiscentiae consentire incautum uulnere mortifero uiolauit.* *Mure.*

*Statilus (Statilius *C*) Amantii filius uel Amintonii Celinum puerum multum diligebat ; cuius amori puer nolens consentire et ex hoc [ipsum] habens odio prope uiam per quam ipse Statillus solebat transire latuit et ipsi transeunti stricto ense caput rapuit *Vnde Crinius (Eonnidus C): Oebalidem puerum quantum dilexit Apollo, Tantum sed frustra Celinum Statillus amauit. Non sic agna lupum, lupus ursos, ursa leones, Quam puer ignarus ueneris fugiebat amantem.* *Ask. et C.*

297. Nec tibi fida magis.

*Themisto uxor Athamantis

pano *Ask.*   desicatur *Ask.*   ad radios solis deinde ad radios solis
positum *C*   et prius emittit *C*   quod prius *Ask.*
293. *Historia ficticia, nisi cui uictum ter ab Hercule Erycem significasse uidebitur Mure*   spodonauit *Mure constanter*   Ecegratides *H   C et Ask.* habent Ecatrides (Etracides *Ask.*) quintus decimus natus ab hercule a spadone quem ipse aspaduerat (spandauerat *Ask.*) in mare proiectus (in mari prouectus *Ask.*) interemptus est. unde demoerides (democrides *Ask.*) herculides—necis.' *Ex Bern.* 711 *Merkelius enotarat* etec~tides xv^{mus} natus ab hercule a spadone quem ipse spadauerat in mare proiectus.
295. *Historia ficticia*   amantii uel aminctioni filius *C*   qui puer nolens eius turpi amori *C*   ex hoc odio habens *C*   transire solebat *C*   ipse *C*   lupos *C*   agra *C*   ursquam fugit *C*   Crinius *fortasse* Cireneus est, *h. e. Callimachus : sic* παρὰ τῷ Κρινιαίῳ *Etym. Gud.* p. 210, 50 *ap. Schneider, Callim. II.* 451, Κρηναίου Polyaen. *VIII.* 47   eius] sue *Mure.*
297. temista *G*   atamantis *G   Num* Chiones, *quod potuit nomen esse

*T*hemisto, uxor A*th*amantis, †Chionis filia, Brotean maritum se infestantem ueneno interfecit. *Vnde Plautus : O Brotea Brotea quam turpi es morte peremptus, Femina te potuit, te superare uirum.* G.

†Echionis filia Brotheam Iouis filium maritum suum insequentem interfecit. *Vnde Propertius : O BrotheaBrotheaquam turpi es morte peremptus Femina nam potuit te superare uirum.* Ask. et C.

*Themisto Athamantis uxor Proteae Iouis filio uenenum ad bibendum dedit: qui [quare] insanus in pira quam fecerat se composuit. H.

299. capti suspensus Achaei. Achaeus captus ab Antioco suspensus est. *Vnde Batus : Antiocus captum uiuum suspendit Achaeum. Vndaque †tu cdis aurea testis adhuc.* G.

Achaeus captus ab Antiocho iuxta Pactolon fluuium cuius arenae aureae sunt ,suspensus mortuus est. *Vnde Bacus : Antiochus captum uictum suspendit Achaeum. Vnda, nisi hoc credis, aurea testis adest.* C.

301. Aut ut Achilliden. Pirrus dum Argos oppugnaret tegula percussus interiit. *Vnde Menefron(Homerus C): Argos hostilem circumdans undique Pirrus, Oppressit miserum tegula iacta caput.* G, C.

Pirrus rex Epirotarum dum Argon obsideret tegula de turri missa percussus perit. Mure s.u. Achillides.

303. Nec tua quam Pyrrhi. Horestes propter Hermionen quam Pirrus rapuit Pirrum per Ambrachiae uias discerpsit. G.

Pyrrhus filius Achillis ab Horeste Agamemnonis filio interfectus est propter Hermionem filiam Menelai et dilaceratus per Ambrachias uias est proiectus. Ask.

Pyrrhus Achillis filius apud Ambraciensem ci. occisus est. H.

305. Nataque ut Aeacidae. Nata Pirri †Perpilica in templo Cereris Ambrachiae telis inimicorum oppressa periit. *Vnde

†Perpilica Pirri filia in templo Cereris iaculis inimicorum oppressa periit. *Vnde idem Homerus: Ha miseri pecudes, quis honor, quae

Nymphae unde orta est Themisto, Hyg. 4.   se] fort. ense   themisco C echimis C   brotheum C   fidium mortuum suum insequentem C   propercius C   o brothea quam C   separate C   pirra H   Mure haec habet Themisto uxor Athamantis filii Acrisii echionis qui fuit unus de superstitibus de dentibus marcii anguis a cadmo apud thebas seminati orotheam filium hamonis libii iouis maritum suum hostiliter persequentem dato poculo toxicato interfecit Ouidius brothea brothea quam turpi es morte peremptus Femina nam potuit te superare uirum.

299. acheus G   tu cdis sic nisi fallor G   fortasse Pactolist   Pactoli est cod. Saluagnii qui hic eadem habet quae C   antiacho G   patelon C pactolum cod. Saluagnii   Vndaque ni credis Ask.   adhuc cod. Salu. Ask. Eadem apud Mure omissis uersibus.

301. periit C   Meneforon cod. Bern. 711 testante Merkelio ex schedis argus C   circumdatus G   circundas C   pressa pro iacta C.

303. uiā G   Scholion abest a C   Explicationes uu. 301, 303 confudit Mure s.u. Achillides.

305. Mure Peripelica uel secundum alios phillida filia pirri et hermione in templo Cereris inimicorum iaculis est oppressa.   perblyca Ask.   propilica cod. Saluagnii   pilaca Bern. 711, uti enotarat Merkelius   Latetne Perphila?

Menefron: O miseri pecudes, quis honor, quae gloria, si uos Turbaque non †minima superatis uirginem et unam. *G.*

gloria si uos Turbaque nec †mirantia superastis uirginem et unam. *C et Ask.*

Pirrhi (Pruri *cod.*) filia quae iaculis oppressa est in templo Cereris. *H.*

307. Vtque nepos dicti. *Magnates nepos Pirri dato sibi ueneno ab Hermione matre sua interiit. * Vnde Tibullus: Fas leges natura pudor superantur amore Et solus cunctis imperat at nihil huic. Magnatem mater sed non ut mater amabat Casta quod in natum debet amare parens. Noluit esse tamen [Magnates] matris adulter Et uita quoniam noluerat caruit. Huic uitam mater [ei] amans et mater ademit Atque eadem uitae causa necisque fuit.* *G.*

*Magnates filius Pirri, [nepos Achillis,] uel ut alii [dicunt] nepos Pirri fuit. Dato sibi ueneno a matre sua Hermione quia cum ipsa adulterari noluit periit. * Vnde Tibullus uel Gallus: Fas leges κ.τ.λ. C et Ask.*

310. Qua cecidit Leucon. Leucon unus de Ponticis regibus Spartacum fratrem suum uolentem adulterari cum uxore sua interfecit. * Vnde Arion: Leucon occidit fratrem pro coniuge eumque Coniux et causa mortis uterque fuit.* *G.*
Leucon unus ex Ponticis regibus Spartacon fratrem suum interfecit qui cum [Alcathoe] uxore sua solebat adulterari. Postea idem Leucon interfectus est ab uxore sua. * Vnde Arion: Leucon occidit

Leucon unus ex Ponticis regibus Spartacum fratrem suum prae amore uxoris eiusdem dictae Alcathoes trucidauit : a qua uxore dum cum ipsa uellet adulterari incautus occisus est. * Vnde quidam: Leucon occidit fratrem pro coniuge eumque Coniunx et causa mortis uterque fuit.* *Mure.*
Leucon unus ex Ponticis regibus Spartaci fratris sui interemptor cum uellet uxorem eius adulterare ab ea interfectus est. *P.*

menephron *cod. Salu.*   Ah miserae *cod. Salu.*   non minima exsuperatis *cod. Salu.*   *Num* nec mirum est ?   *Ex Ouidio sumpsit fictor iste uirginem* et unam *Met. VI.* 524.

307. *Historia ficticia*   Magnetes *Ask. et Mure qui eandem fabulam cum uu.* 3–6 *quos Tibullo adstruit narrat s. u.* Magnetes   nepos Achillis *om. Ask.* dicunt *om. Ask.*   et nihil *C Ask.*   Magnetem *Ask. et Mure*   mates *C* amauit *Ask. et Mure*   quod carta quod *G*   Casta quidem *Mure*   Caste quidem *C*   esse tamen hermione matris *G*   magnetis matris *Mure*   magnetes *Ask.*   magnates *C*   Et—caruit *om. C*   noluerit *Mure*   mater amans sed mater *G*   mater et amans et mater *C*   uice causa necis causaque fuit *C*   *Ex Bern.* 711 *Merkelius enotarat* matre sua hermione quia—unde tibullus—et quoniam uita noluerat caruit. *Hermiones nomen superesse credo ex marginali scholio* Harmonia. *Nam ex Pyrrhi filia Nereide et Gelone orta est Harmonia quam Themisto Syracusano nuptam missi a praetoribus interfecerunt.* (*Liu. XXIV.* 25.)

310. uterque *uix satis certum in G*   pontificibus *C*   tisicis magis *Ask.* Sparta confratrem *C notabili Graecismo*   Spartanum *Ask.*   Alchotoe *Ask. om. C*   ponthiacis *Mure*   spartatum *Mure*   pro *Mure*   calcatheos *Mure*   spartacis *P*   *Ex Bern.* 711 *Merkelius enotarat* Leucon

fratrem pro coniuge eumque Coniunx et causa caedis utrisque fuit.
C et Ask.

311. Inque pyram tecum.
moriatur amicus Aeternum morem
313. Vtque Iouis Libyci.
Cambises rex Libiae cum suis
Ammonem spoliare uolentes arena
obruti perierunt. *Vnde †līcs:*
Cambisen hominesque suos spoliare
parantes Ammonem interimit pul-
uerulentus ager. *G.*
Cambisses rex Libiae et homines sui [iuris] ad *Ammonem* s. ad
Iouem arenarum spoliandum iu-
erant et dum spoliabant puluere
per notum moto obruti perierunt.
Vnde Neodes: Cambissen homines-
que suos spoliare parantes Ammonem
interemit puluerulentus †aer. *C.*

315. Darei fraude secundi.
*Dareus fi. primi Darei quia homi-
nibus suis iurauit quod non occideret eos ueneno sicut pater *eius*
consueuit cinere calido eos interfecit. Vnde Callimacus contra
suum Ibin *Sic tu depereas sicut
periere secundi Quos Dareus multo
proruerat cinere.* *G.*

*Lupercus: Vt cum defuncto maior
Sardanapallus habet.* *C et Ask.*

Cambises rex Libiae uolens
spoliare Hammonem et templum
eius puluere moto flatibus uentorum confestim obrutus est et extinctus iuxta illud *Cambisen hominesque suos spoliare paratos Hammonem interemit puluere lentus ager.*
Mure.

Ad Ammonem spoliandum missi
a Cambisse harena austro concitata
obruti periere. *H.*

*Dareus secundus primi filius iu-
rans se non interfecturum homines
suos solitis tormentis eos cinere
calido obrutos interficiebat. Vnde
Callimachus ait contra suum †pro-
bin (Ibin *Ask.*) *Sic tu depereas
sicut periere secundus Quos multo
Dareus obruerat cinere.* *C et Ask.*

unus ex ponticis regibus partacon fratrem suum interfecit—pro calcatoe
solebat.
311. Sardanapalus *C*   *Integrum Scholion pudet referre*   *G habet* Mos
erat in Sardonia cum aliquis mortuus cremaretur omnes meliores sui
generis cum eo cremari unde lupercus. Vt cum—Sardanapalus habet, *C*
In sardone palude talis erat consuetudo ut quando aliquis mortuus erat
cremarentur (cremebantur *C*) cariores de eius cognatione secum. inde
lupercus κ.τ.λ.   *Mure* Sardanaballus est terra in qua mos erat ut cum
aliquis moreretur cariores ei funeri suo sacrificarentur unde lupertus Vt
cum—Sardanaballus habet.   *Sed quod Saluagnius ex codice suo retulit* Lucretius, *quod idem ego in ed. Paris.* 1573 *inueni, id in nullo bono, credo, extat codice.
Certe ex Bern.* 711 *Merkelius enotarat* lupertius.
313. amonem *G*   Cambises hominesque *G*   ad morem *C*   inerant
C   motu *C*   Cambissem *C*   parentes *C*   amone *C*   *Similia
habet Ask.*   hamonem *Mure bis*   templum suum *Mure*   leutus *Mure*
Ex Bern. 711 *Merkelius enotarat* Cambises rex libiae cuius homines ad
spoliandum hammonem irent puluere austrio commoto obruti perierunt.
neodē atestante Cambisen—ager. *Quae quamuis tenuia satis uidentur demonstrare* Neoden *illud quod totiens recurrit ex* in eodem *potuisse corrumpi.*
315. *Historia ficticia eius]* suus *G*   cuiusdam priami *C*   priamei *Ask.*
ciues suos *Ask.*   *Notabilis haec mentio Ibidis Callimacheae, nec uideo cur non
genuina habenda sit*   fero *H*   *Ex Bern.* 711 *Merk. enotarat* dares secundus
o p^{ti} mi darei filius   *Nihil repperi in Mure.*

Dareus secundus cum iurasset se non interfecturum ciues suos ferro uel flamma uel fame uel occidebat. *H.*

317. Aut ut oliuifera. Neodes a Sicione expulsus fame ˙ et frigore deperiit. **Vnde Maro: A patria fugiens Neodes, quae prima malorum Sunt duo, morte graui †frigore fame †perit.** *G.*

Neocles (neodes *C*) tirannus ex Sicione expulsus [quia nimis acriter ciues suos reprehendebat] frigorefameque periit. **Varro: A patria fugiens Neodes, quae prima malorum Sunt duo, morte graui †frigore fame †perit. Ask. et C.*

319. Aut ut Atarnites. Atarnites i. Hermias, ab Atarno oppido sic dictus, a Memnone rege captus, corio tauri indutus ante eum ductus est. **Vnde Maro: Hermias captus indutus tergore tauri Hostibus ipse suis ridiculosus erat.** *G.*

Neodes tirannus de Sicione fecunda oliuarum propter †curam inde suam† expulsus in exilio frigore et fame periit. **Vnde Varro: A patria Neodes fugiens, quae prima malorum Sunt duo, frigoribus atque fame periit.** *Mure.*

Herodes Sicione tirannus expulsus inopia periit. *H.*

Atarnites id est Hermias ab Atarna oppido a Memnone s-sus et captus et pelle iuuenci indutus ad Memnonem adductus est eodem aftestante **Hermias captus indutus tergora tauri Ante suos hostes ridiculosus erat.** *Cod. Bern.* 711.

Atarna est oppidum ex quo Hermias gener Aristotelis Peripatetici a Memnone Satrapa Lidiae in pelle tectus est et ita ad suos perlatus. *P.*

321. ritu iugulere Pheraei. Feraeus †Admeti filius uel Alexandri† quem Thebe uxor sua interfecit quia noluit sustinere eam adulterari **Vnde Maro: Incesti impatiens semper sectator honesti Feraeus coniux coniugis ense perit.** *G.*

Pheraeus †Alexandri filius† a Thebe uxore sua nolens eius pati adulteria in thalamo iugulatur. *Mure.*

Alexander Feraeus quem Thebe uxor occidit. *H.*

317. *Historia ficticia, nisi ualde fallor* propter curam inde suam] *corrupta Num* propter ciuium iram? exitione *C* quia—reprehendebat *om. C* periit et fame *C* Varro *Ask.* unde dicitur *C non addito nomine scriptoris* Neodes *in uersibus C Ask.* Neocles *bis Saluagnius* periit *C* morte perit frigoris atque famis *Salu.*

319. *Mure.* Acarnites i. hermyas ab Acarno opido gener Aristotelis peryppatetici a memnone filio aurore obsessus et captus et pelle iuuenci insutus ad mēnonem adductus est atarmo opido *G* mͣnone *G Bern.* *Quae dedi ex Cod. Bern.* 711 *enotarat Merkelius miseratque ad me emendatiora quam ad Apoll. R. Proleg. p. XXII In C Ask. uersus Varroni adsignantur* meticulosus *Ask.* satrapa libie *P.*

321. thebis *G* *C corrupte* At mea uxor Pherei quia ipsa suum nolebat pati adulterium ab ipsa in suo thalamo interfectus est. unde uarro Incesti— periit *Versus tantum habet Ask. ap. Merkelium* ferreus *H* tebeia *H* *Ex Bern.* 711 *Merk. enotarat* Alexander phereus a tebe uxore sua—interfectus est. unde idem—seper. *Historia uera ex parte, parte ficticia.*

323. ut Larisaeus Aleuas.
*Alebas †Therodomantis filius de Larissea ciuitate oriundus ab illis quibus amplius credidit interfectus est *Vnde Gallus: Therodomantiades quamuis iniusta suorum Victima dira fuit tunc non tamen ipse suorum.* G.

Alebas filius †Thoadomantis rex Larisse ciuitatis a suis ciuibus de quibus summe confidebat est occisus. Mure.

*Alebas †Thorodomantis filius de Larissa ciuitate sua quosdam homines fidos esse putauit, sed quos magis fidos esse putauit eum occiderunt. *Vnde Gallus: Therodomantides quamuis inuita suorum Victima dura fuit tunc non tamen ipsa suorum.* C.

Quidam homo nomine Alebas ab hominibus suis quos sibi fidos putabat occisus est et in puteum coniectus. H.

325. Vtque Milo. *Milonem Romanum in mare proiecerunt quia fuit homicida et Pisis patriam tradidit. *Vnde Gallus: Diues erat Milo; fortis licet ipse fuisset Contigit esse tamen pro tumulo pelagus.* G.

*Milonem cui Pisa prouincia tradita fuit pro tyrannide sua ciues sui in mare proiecerunt, *ut ait Gallus: Diues erat Milo; fortis licet ille fuisset Contigit ille tamen pro tumulo pelagus.* C.

Milo destructa ciuitate sua Pisa captus praecipitatus est in aquis uiuus. H.

*Milo Pisam Elidos tenuit. Hic cum Pisaeos uariis cruciatibus afficeret, ab ipsis in Alpheum fluuium Pisam praeterfluentem demersus est. Est autem tyrannus communis generis: nam Theodosii grammatici est regula, quod nomina professionem aut dignitatem significantia sunt communis generis, ut hic et haec dux, hic et haec philosophus. Cod. Saluagnii.

327. Quaeque in Adimantum. *Adimantus rex Philisie diis dedignans obedire a Ioue fulminatus est. *Vnde G. Philacidē cadit igne Iouis quia spreuerat

Adimantus rex Philacie contemptor deorum a Ioue fingitur fulminatus. Mure.

*Achimantis filius Filaci rex Filesiae uel ut alii Thessaliae in-

323. Historia ad uersum explicandum conficta torodomantis G putabit C bis.

325. Historia ficticia ipsa prouincia C suos C Mure Mylo tirannus rex pise ipsam pisam hostibus tradidit et propter hoc a ciuibus nunciar e precipitatur. Versus in margine cod. Parisini 7990 sic legit Schoenius ap. Ehwald. p. 2 Vnde Gallus Vinctus erat Milo tortis licet ista fuissent contig ipe tā pcictato pelagus, quae sic expediuit Ehwald tortor licet iste fuisset, Contiguum ipse tamen proicitur pelagus 'Quod de Theodosio adnotat Saluagnius, uerosimile est intelligi Macrobium, qui saepe ut Grammaticus citari solet.' Burmannus, cf. Ehwald, p. 9. Macrobii Theodosii excerpta ex libro de Differentiis et Societatibus Graeci Latinique uerbi edidit Putschius p. 2727 et plenius Keilius Art. Scriptor. Minor. pp. 599–655.

327. Historia ex uersu conficta rerum filexie uel ut alii thesalie C nec non et cunctos C Ask. illa C adinuentis] Num ab inuentis? quod ad mactatum[1] filium poterat referri Ex Bern. 711 Merk. enotarat Adimantus rex phisesiae —unde idem Philacides ceteraque ut in G.

ipsum. Ipsumque et cunctos spre-uerat ille deos. *G.*

dignatus superis obedire fulminatus est a Ioue. *Vnde Gallus: Phillacides cadit igne Iouis quia spreuerat ipsum. Nec non et cunctos spreuerat ille deos.* *C.*

(A)Dimantus tirannus sacra faciens diis suis adinuentis a Ioue fulminatus est. *H.*

329. Aut ut Amastriacis. *Lenneus rex Amalfricum captus a Mithridate in Ponto insula solus derelictus fame interiit. *G.*

*Lenneus rex Amastriacum a Mithridate Paphlagonum rege [socero] Achillis in insula quae est in Ponto nomine Andugenes solus est relictus [et ibi fame periit et frigore quia deserta erat]. *Vnde ait Fauoranus: Veste cibi(s)que carens Lemneus rex licet esset, Qua periit Neodes hic quoque morte perit. C Ask.*

*Lempneus rex †Amastriacum a Mithridate rege Paphlagonum raptus et in insula †teschina deserta relictus frigore et fame periit. *Vnde †Fano: Veste ciboque carens Lempneus rex licet esset Qua periit Neodes hac quoque peste perit.* Mure.*

*Lepneus Amastriacum rex a Mithridate paflagonum rege et socero Achillis in insula quae est in Ponto solus relictus est et ibi fame decessit quia locus desertus erat. *P.*

Imprecatur miseram mortem Lenei, qui cum rex esset Amastriacorum populorum in Scythia expulsus a Mithridate in Achillis dromon aufugit atque ibi a suis desertus periit. Achilleos dromos i. Achillis cursus, quem locum Ouidius nunc appellat Achilleam humum, insula est quae dicitur †Armigenis. Amastris uero urbs est in peninsula habetque ex utraque parte portus, dicta ab Amastride filia Oxathris et uxore Dionisii tyranni. unde hic Dionisius Leneus est appellatus. *Reg.* 2061.

Dionisius tirannus Heracliensis expulsus a Mithridate aufugit in locum quem cursum Achillis appellant ubi a suis desertus periit omni destitutus ope. *Pal.* 1709.

331. Vtque uel Eurydamas. Euridamas et Thrasillus inimici adinuicem fuerunt: sed Limus Larisseus amicus Thrasilli Eur. interfecit. *Vnde Darius: Euridamas tractus ter circum busta*

Euridamas occidit inimicum suum Thrasillum unde Micus Larisseus in uindictam amici sui Thrasilli occidit Euridamantem et occisum traxit circum busta Thrasilli. *Mure.*

329. *Historia confusa, sed ut supersint fragmenta ueri* metridate G C Mure phagonum C socero C Ask. insulam Ask. anchigenis Ask. et —erat om. Ask. fauoranus etiam Ask. cibique C ciboque Ask. hac quoque morte Ask. mitridate Reg. ab amastris filia oxiartis Reg. Ex Bern. 711 Merkelius enotarat Lenneus rex amastricum a metridate paphl. rege socero achillis in insula ponto solus est relictus unde fanoxsinus cum disticho om. perit. 331. euridamas et trasilus G trasili G Num Tharsillo? tracsilli Mure

Thrasilli †*Thrasillo* *inmeritas*
praebuit exequias. G.

*Eu*ridamas et T*h*ra*s*illus inimici fuerunt. Euridamas T*h*ra*s*illum occidit, qui postea a Lamo Larisseo amico Thra*s*illi interfectus est et tractus ter circa eiusdem T*h*rasilli . . . . *Thrasillo meritas* †*tribuit inferias.* C.	Euridamas interfector Thrasilli. quem Euridamantem Limus amicus Thrasilli ter circum busta eius in uindicta traxit. *H.*

Callimachus dicit Eurydamantem et Thrasillum inimicos fuisse; Eurydamantem uero a Simone Larissaeo circa tumulum Thrasylli raptatum esse. *Cod. Saluagnii.*

333. Vel qui quae fuerat.   De Hectore tangit. *G.*

Hector superatus ab Achille qui*a* Patro*clu*m eius amicum interfecerat circa moenia Troiae tractus et *cu*rrui alligatus, u*ti* dicit Virgilius in secundo Aeneidos. *C.*

335. Vtque nouum passa est. Limone *H*ippomenis filia cum adultero deprehensa est, qui curru *H*ippomenis est discerptus. illa uero equo ferocissimo deuorata. *Vnde Darius: Limone moritur, sed causa mortis adulter. Altera causa fuit moechus et altera equs.* G.	Limone filia *H*i*p*pomenis cum adultero deprehensa est qui currui *Hi*ppomenis alligatus circa Athenas tractus expirauit. sed Limone cum equo ferocissimo inclusa ab eodem dilaceratur. *Vnde* †*clarus: Limone moritur, sed causa est mortis adulter. Altera causa fuit moechus et* . . . Iste locus Athenis †ipothetes nominatur. *Mure.*

Limone *H*ippomeni uxor uel filia cum quodam adultero deprehensa [fuit] : qui tunc curru [per catenas tractus] dilaceratus est. ipsa cum equo ferocissimo inclusa ab eo dilacerata interiit *ut ait Darius: Limone moritur sed causa mortis adulter Altera causa fuit moechus et altera equus.* C Ask.

heridamas et trattillus *C*   tottillum *C*   marisseo *C*   tratilli *C*
trattilli *C*   Trattillo *C*   euridamas interfector trasilē *H* *Ex Bern.*
711 *Merk.* enotarat Callimachus dicit euridamantem et thrasillum inimicos fuisse et euridamanta a lino larisseo *accuratius quam haec idem edidit Proleg. Ap. R. p. XXII   Apud Saluagnium uersus absunt, sed scholion sumptum dicitur ex Callimacho. Notum est haec eadem extare in scholiis Venetis Il. XXII.* 397 ὁ δὲ Καλλίμαχός φησιν ὅτι πάτριόν ἐστι Θετταλοῖς τοὺς τῶν φιλτάτων φονέας σύρειν περὶ τοὺς τῶν φονευθέντων τάφους. Σίμον γάρ φησι, Θεσσαλὸν τὸ γένος, Εὐρυδάμαντα τὸν Μειδίου ἀποκτείναντα Θράσυλλον τὸν ἀδελφὸν αὑτοῦ ἄρξασθαι τοῦ νόμου πρῶτον, τοῦτον γὰρ ἐξάψαι τοῦ δίφρου τὸν φονέα καὶ περὶ τὸν τοῦ τετελευτηκότος τάφον ἕλκειν, *ubi Dindorfius adnotat eundem morem Thessalis tribui ab Aristotele secundum Schol. Ven. Il. XXIV.* 15.

333. qui patruelem *C*   tractus enrrui *C*   ubi *C.*

335. ipomenis *G*   ipomonis *G*   Lymone *Mure*   ipomenis *Mure*
ipomenes *Mure*   clarus] imo Callimachus *sicut testatur Scholiasta Aeschinis Timarch.* 182. *Et suspicor* darius *istud ex* cl m^a^us *ortum fuisse* †ipothetes] *Aesch. Tim.* 182 ὁ τόπος οὗτος καλεῖται παρ᾽ ἵππον καὶ κόραν. *Num* ἱπποδέτης? ypomani *C*   hippomani *Ask.*   adulterio *C*   fuit *om. C* per cathenas tractas *C*   currui hippomani alligatus dillaceratus est *Ask.* ipsa uero *Ask.*   fortissimo *C*   causa est *Ask.*

337. Sic ubi uita tuos. Isti duo uersus corespondent duobus praemissis in quibus duae poenae tanguntur, prima Limones, secunda adulteri. *C*.

339. Viscera sic aliquis. Tangit fabulam de Palamede filio Nauplii et ulixis qui aurum sub lecto abscondit, deinde litteras quasi a †Graecis missas Graecis ostendit continentes ut uel aurum redderet uel promissum adimpleret, Graecos scilicet proderet. hac de causa Pa. damnatus est a Graecis. igitur Vlixi redeunti a Troia Nauplius posuit ignem super Caphareum montem: Vlixes uero portum credens cum applicare uoluisset paene mersus est cum suis. *G*. Nauplius Amimones filius et Neptuni dolens morte Palamedis Graecis Troia destructa tempestate laborantibus in monte Caphareo accensa facula signum dedit uicini portus unde omnes per scopulos pertulere naufragia. *Mure s. u.* Amimone.

Palamedes Nauplii filius Vlixem ad*h*ortatus *est* Troiam iret multa perpessurum, et ideo insani more salem seminabat. ad Troiam aut*em* coegit hoc modo. filium *eius* accepit et sulco imposuit. Vlixes uero metuens ne puerum laederet, *e*um sustulit ; comperto itaque ueraciter, quo*d* non erat insanus, ab eodem Palamede Troiam est deductus. missus postea frumentatum Vlixes a Graecis nihil attulit: Palamedes eodem missus frumenti copiam nauigio adduxit. Vlixes e*i* inuidens et quia *se* deprehenderat odio habens occasionem opprimendi eum quaerebat. tandem sub lecto eius auri massam infodi fecit et postea legatum a Troianis missum ad Palamedem se cepisse finxit et litteras in haec uerba *i*nuenisse, aut Palamedes pactum adimpleret aut sub lecto aurum quo*d* infoss*um esset* redderet; et litteras Graecis ostendit. qui iudicauerunt eum reum si sub lecto eius inuenire*n*t aurum. qui infodientes inuenerunt. quo inuento Palamedes truncatus est caput, unde Nauplius pater eius, Vlixe ceterisque Graecis de bello redeuntibus, super Caphareum montem tenuit facem, qui ibi erat locus periculosus. ad quem nauigantes

337. adulterii *C*.
339. palimede *G*   naupli *G*   aurum absconderat sub lecto abscondit *G*
a Graecis] *imo* a Troianis   dampnatus *G*   nauplus *G*   aplicare *G*   destructa uel deleta *Mure*   Sumpsit haec *Mure ex Lactantii comm. ad Stat. Achill.* 93 *ubi paene ad uerbum scripta sunt. C quae habet aliis uerbis leguntur ap. Seru. ad Aen.* II. 82, *Bodii Mythographos I.* 35. *II.* 200   naupli *C*
ul. ad troiam iret *C*   aut *C*   *eius*] suum *C*   cum substulit *C*   quod]
quia *C*   missus est postea *C*   ulixes enim inuidens *C*   *se*] eam *C*   cum
                                                                                   aut
querabat *C*   infoedi *C*   uenisse et *C*   aurum sublecto aurum qui
infosso redderet *C*   inueniret *C*   quo inpriuento *C*   nauplus *C*
carnapheum monte *C*   nauigantesque *C*   *Ex Ask. Merkelius haec edidit*
Propter Nauplium patrem Palamedis.

341. Vtque ferox periit.
Aiax Oileus cum Vlixe rapuit
Palladium a Troia, unde in mari
a Ioue fulminatus est prece Palladis. *G.*
Oileus Aiax cum Vlixe Palladium rapuit de templo Palladis.
unde cum rediret de Troiana
obsidione Pallas eum tempestate
deprehensum fulminauit fulmine
mutuato a patre suo Ioue ut
dicitur in Aeneidos. *C.*
343. Mens quoque sic fu-
riis. De Marsia. *G.*

quia putabant ibi portum adesse
multi ex eis periclitati sunt et
pauci enauerunt. *C.*
Aiax Oileus i. filius Oilei qui
cum Vlixe Palladium Mineruae
per laternam rapuit. Et quia
Cassandram uatem in templo Palladis opprimere uoluit, rogatu
Palladis a patre suo Ioue fulminatus et in mare lapsus periit.
Mure.

†Marsiapo satyro : quem cer-
tantem cum Phoebo Phoebus uicit
et excoriauit. *Ask.*

Pentheus quia Bacchum despiciebat insanus factus est: qui a
matre Agaue Bacchi admonitu putante eum aprum occisus est. Vel
Marsyas qui excoriatus est ab Apolline. *H.*

345. VtqueDryantiadae. Licurgus Driantis filius quia cum
matre coiit insanus effectus est;
qui cum uites uellet extirpare
crus sibi abscidit et sic uno pede
incedebat. *G.*

Lycurgus rex Thraciae, filius
Driantis, spernens Bacchum et
eius sacra, uites amputans prae
furore crura propria incidit ad
mortem credens se uites resecare.
Mure.

Licurgus Driantis filius quia cum matre concubuit factus est insanus et crus sibi incidit et etiam uno pede nudus ambulabat: uel
ideo quia uites bacchi incidebat teste Horatio. *C Ask.*

347. Vt fuit Oetaeo. Her-
cules in Oeta monte a quo dictus
est Oetaeus accepta ueste intoxi-
cata missa a Deianira per Licham
quasi insaniens uagabatur. 9°
Metaos ibi Ecce Licham. *C.*

Oetaeo. Herculi. *Ask.*
genero. Athamanti. *Ask.*
draconum. Cadmi et Har-
monies (Hermonies *cod.*). *Ask.*

341. laternam *b. e.* latrinam *imo* cloacam *Seru. ad Aen. II.* 166   fratre
Mure   Oleneus *C*   ullixe *C*   mutato *C*   eneydos *C*   *Aen. I.* 40–45
Ex Ask. Merkelius edidit Aiax Oileus a pallade fulminatur propter palladium ab eo raptum cum Ulysse.
343. *Etiam C de Marsya locum interpretatus est, sed nimis prolixe, nec cum
Ask. congruens.*
345. ligurgus diantis *G*   Lygurgus *Mure*   tracie *Mure*   drianthis
Mure   pater opheltis seu archemori *addit Mure per errorem alterius Lycurgi*
eius] sua *Mure*   ligurgus *C*   oracio *C*   *Hor. C. II.* 19. 16   *In hoc scholio
consentiunt ne uno quidem uerbo mutato Ask. et C.*
347. oethus *C*   mixa ademaria *C*   perlicam *C*   methaos *C Met. IX.* 211
Totum scholion sic extat in G Etheus atamas gener cadmi et hermiones.
pater tisimani et helles. uir caligones insani facti sunt teste. o. de fastis

generoque draconum. A-
thamas gener Cadmi et Har-
monies. *G*.

348. Tisamenique patri.
*Astrophaneus pater †Thesimani
quia cum filia [sua] concubuit insaniuit.* *C et Ask*.
Callirhoesque uiro. *[Pen-
theus siue] Penthides [uir Calli-
gones] simulans se uxorem cum
adultero inuenisse, ut aliam duceret, eam interfecit [unde insaniuit.]* *C Ask*.

350. Qua potuit Tydeus.
*A*egia*l*e uxor Dio. fili*i* Tidei dum
apud Troiam Ti. moraretur c*o*epit
m*o*echari .... *G*.
Cuius uxorem (*Venus*) Aegialen
fecit meretricem .... hic destructa Troia turpitudine uxoris
audita, uel potius ab ipsa propriae
nequitiae conscia repulsus a patria
spreuit Argos, uenit in Apul*i*am
et condidit ciuitatem quam patriae
suae nomine Argos *Hippi*on appellauit. *Mure s. u.* Diomedes.

352. Locris in ancillae.
*H*ipermestra deprehensa in adulterio cum fratre mariti sui tenebris
adiuta euasit : deinde †Pantionem
seruum suum et Locrin ancillam
necauit. *Vnde Gallus: Ancillam
seruumque suum Hipermestra ne-*

Gener draconum. Athamas.
H. draconum. Cadmi et Har-
monies. *H.*
*Aristophanes pater †The(si)-
madi insanus factus finiuit uitam
per insaniam et furorem.* *Mure*.

Quia Diomedes Venerem in
Troiano bello uulnerauit, Venus
uxorem eius *A*egialen publicam
meretricem fecit, unde Tydeus
pater Diomedis pro nuru sua pudorem habuit, uel, ut [alii] dicunt,
ipse Tydeus cum eadem nuru
concubuit. *C et Ask*.

*H*ypermestra in adulterio deprehensa cum fratre mariti sui
profugit auxilio tenebrarum, deinde †Paueronem seruum suum et
Locrin ancillam suam necauit ut
eos in adulterio diceret deprehen-
sos, non se cum fratre mariti.

hermionis *H*.
348. *Historiae ficticiae.* *Eadem habet Mure s. u.* Thesimadus Thesimadus
fuit quidam cuius filius aristophanes factus fuit insanus et ita mortuus est
sua] *om. Ask.* Pentheus siue] *om. Ask.* Pentides *Ask.* uir] ut *C*
uir Cal.] *om. Ask.* unde insaniuit] *add. Ask.* *In Mure nihil inueni.*
350. Egile uxor dio. fili *G* mechari et eum rossum expuit *G* *Scholion
corruptum* in bello troiano uenerem *Ask.* egialem *C* egialeam
Ask. pudicam *Ask.* fecit meretricem *Ask.* ut ait Horatius *add. Ask.*
alii *om. C* patet *C* egialem *Mure* appullam *Mure* argosipon *Mure*.
352. *Historia suspecta.* *Similia Mure s.u.* Locris. *Apud Salu. praefixum est*
Callimachus dicit ipermestra *G bis* ypermestra *C bis* paueronem
uel pauernum *Mure* pauonem *Saluagnius* uelut se ipsam excusaret
occidit *Mure* beneficio tenebrarum incognita paueroronem *Ask.* necauit
eos dicens in ad. *Ask.* Seruum et ancillam *C* *Versus absunt ab Ask.*
et Saluag., priorem Mure habet Hypermestra fuit quedam mulier que
deprehensa in adulterio cum fratre mariti fugit auxilio tenebrarum, denique
occiso adultero unam de ancillis suis interfecisse dicitur ut ipsam diceret
deprehensam in adulterio, ancilla siquidem locris (*l.* latris) uocabatur *P*

F

cauit, Ancillam et seruum propter adulterium.* G.

Vnde Gallus: Ancillam seruumque suum Hypermestra necauit Ancillam et seruum propter adulterium. C eademque fere Ask.

354. Talai Tyndareique gener. Erifile filia Talai, uxor Amphiarai. G. Tindarei filia Helena, uxor Menelai. G.

Erifile Talai pro monili aureo sibi dato maritum suum Amphiaraum ad bellum compulit ire Thebanum, ubi terra absorbuit eum, ut d. Statius. C et Ask.

Tindarei gener Agamemnon fuit quem uxor sua Clitemestra Tindarei filia per Aegisthum sacerdotem fecit interfici. C et Ask.

355. Quaeque parare suis letum patruelibus ausae. De filiabus Danai et filiis Aeg. G.

Belides a Belo antiquissimo rege [Graecorum] †fratre Aegipti sic dictae filios Aegipti patrui sui quibus erant desponsatae in ipsa die nuptiarum de nocte dormientes omnes interfecerunt excepta Hypemestra quae sola marito suo Linceo pepercit, unde apud manes dolium sine fundo implere coguntur. C.

357. Byblidos et Canaces. Biblis Caunum fratrem suum, Canace Macareum suum fratrem, filium Aeoli, adamauit. G.

Biblis, ut Caunus frater amori suo consentire noluit, impatienter dolens multa loca lustrauit et tandem in fontem sui nominis est mutata ut in Meta^os 9º uersus finem ibi Quam nisi tu dederis. C.

Canace filia Aeoli cum Macareo fratre suo concubuit et inde peperit ut dicitur in libro Heroidum. C.

Construe sic: soror tua ardeat amando te igne Biblidos i. tali amore quali Biblis Caunum et Canace Macareum amauit. utraque enim fratrem suum amauit non de fraternitate, sed de uenere. Ardeat dico sicut ardere potest aliquid per ignem de facibus factum. C.

359. Sit quod Pelopea Thyesti, Myrrha suo patri, Pelopea filia Thiestis cum ipso Thieste patre suo concubuit. C.

Cf. Prop. V. 7.75 Deliciaeque meae Latris, cui nomen ab usu est *Panthionis nomen inuenitur in C. I. G.* 284, *Hypermestra et Panthius inter nomina filiarum Danai, filiorum Aegypti, Hyg.* 170.
354. amphiorai G   hemsale thanai C   a terra absorptus est Ask.
Stat. Theb. VII. 815 sqq.   agamenon C   ditin dextra C   egistum C.
355. rege Grecorum fratre egiste C   imo patre Danai fratris Aegypti
Lino C   unde lines apud C.
357. cannus C   Methaos C   IX. 529   ardeat] ut C.
359. tiestis G   mirra G   pelopeia C   thiestis tum C

Nyctimeneque suo. Filia Thiestis cum patre suo concubuit, Mirrha
similiter, nec non Nictimene. *G.*

361. Quam sua uel Pterelae,
uel tibi, Nise, fuit. *Altera
(Alteia *ed. Par.*) Pterelam patrem
suum truncauit, et filia Nisi similiter.
Cod. Saluagnii et ed. Paris. 1573.

364. Infamemque locum.
Haec fuit filia Seruii regis quae
patrem cecidit. unde uicus sceleratus dicitur. dicit igitur tua filia
sic interficiat te sicut illa quae fecit
Io. infa. *P.*
366. Vt iuuenes pereas.
Oenomaus rex procis Hippodamiae filiae suae legem dedit ut
uictores eam ducerent, uicti trunca-
rentur, et hac lege multi perierunt.
tandem illa a Pelope in cursu deuicta truncatus est ab ipso Pelope.
Mirtilum uero puellae aurigam
primos concubitus petentem quia
axes machinauerat quibus omnes
superabat in mare proiecit : unde
dicitur Mirtoum mare. *G.*

Mirrha cum Cinara patre suo
similiter concubuit. *C.*
Nictimene cum patre suo similiter concubuit. *C.*
*Calocarpis uel secundum alios
Althea Pterelam patrem capite
truncauit quod secum concum-
bere nolebat. *Mure.*
*Policapis Altheae et Pterelae
filia patrem suum Pterelam truncauit [capite] quia cum ea con-
cumbere uoluit. *C Ask.*

Iuuenes cum Hippodamia Oenomai filia cursu certantes ab ea
deuicti ab Oenomao sunt capite
detruncati : quorum capita super
portas Pisae ponebantur. tandem
Hippodamia deuicta a Pelope Oenomaus [capite truncatus est].
Mirtilus autem auriga cui Pelops primos concubitus promiserat,
cuius auxilio ipse uicerat, quia ce-
reum axem in curru fecerat, in mare proiectus est, a quo mare Mirtoum uocatur [require in Meta^os].
C et Ask.

mirra *C*   cynara *C.*
362. therelam *Mure   Eadem dicit s. u.* Cherelus   altee magis et tetele *C
correxi ex Ask.*   terelem *C*   capite] *om. C*   cum ipsa concubere *C   Historia ficticia, ducta, ut uidetur, ex Fulg. Myth. III.* 2 *ubi Perdicae mater cuius
amore correptus erat Polycaste quasi Polycarpe dicitur.   Scholiasta G errauit
fabulam de Arne quae patriam auro prodidit (Met. VII.* 465) *interpretans.
Auene filia pilia pietele (l.* Arene filia Pterelae) *tradidit patrem suum uel
egenum propter aurum.   unde mutata est in monedulam.*
364. Seruilii *P   Misere errauit scholiasta G* Seruius Tullius filiam
habuit cum qua quia noluit adulterari illa eum equis alligatum distraxit et
membra eius contriuit. Locus uero dicitur sceleratus. *Vnde Gallus Noluit
esse sue nate pater ex patre mecus Atque igitur nate crimine captus erat,
quae eadem habet C sed alterum u. sic* Atque is crimine natus seruus
obiit (f. Atque ita de natae crimine seruus obit).   *Addit tamen C ueram
interpretationem ex Liuio.   Iidem uersus extant in ed. Paris.* 1573, *alter sic
scriptus* Atque ideo natae crimine seruus obit.
366. ipodomie *G*   ipsa pelope *G*   mirtoum *G*   mirthoum *G*
ypodamia *bis C*   capite truncatus est *addidi ex Ask.*   Mirtous *C*
mirthous *Ask.*   aut *C*   primus *C*   mirtouum *C.*   Meta^os *imo Heroid.
XVI.* 208.

367. Vt qui perfusam. *O*eno-
maus interfectus est a P*e*lope qui
*Hi*ppo. uicit. *G.*

371. Vt qui uelocem. Simili
poena perierunt qui ab Atalanta
*Sc*hoenei filia deuicti sunt cur-
rendo: quam *t*and*e*m deuicit *Hi*p-
pomenes iactu trium pomorum
quae Venus dedit ei. *G.*

373. Vt qui tecta noui. De
domo D*a*edali et †Pallantis. *G.*

375. Vt quorum Aeacides.
Achilles xii socios Patroc*l*o socio
suo immolauit. *G.*

378. Sphinga dedisse neci.
Nota est fabula Sp*h*ingos. *G.*
Sp*h*inx monstrum habens os
et faciem hominis, alas et ungues
Arpiarum, apud Thebas in
scopulo prope uiam pr*a*erupto
transeuntibus *a*enigma tale sub
p*oe*na mortis proposuit, quid sit
primo quadrupes, deinde bipes,
postea tripes et multa in hunc
modum, et soluere non ualentes
de scopulo pr*a*ecipitatos occidit.
Postea *O*edipus †infandus soluens
*a*enigma ips*a*m de rupe pr*a*ecipitauit. *Mure.*

379. Vt qui Bistoniae. In
oppido Seris nomine Lemnii a
Lacedaemoniis interfecti sunt in

Iuuenes cursu uicti ab Atalanta
*Sc*hoenei filia decollati sunt:
quam uicit *Hi*ppomenes iactu
trium pomorum aureorum quae sibi
Venus dederat, ut dicit Meta*os*
(*X.* 609 *sqq.*) *C.*
Tangit Labirinthum quem qui
intra*u*it exire non poterat, imo
deuoraba*tur* a Minotauro. *C.*

Achilles in funere Patrocli bis
sena corpora Troianorum *cre*-
mauit ad placandos manes ipsius
ut dicit Homerus. *C et Ask.*

Apud Thebas erat Sp*h*inx monstrum alas habens calib*e*atas qui ob-
iciebat quoddam problema transeuntibus, [hoc] s. quod *animal*
primum haberet quattuor pedes
postea duos ad ultimum tres: et
qui uiatorum problema soluere
non poterat alis suis capite eum
truncabat et postea comedebat, ut
d. Statius et Ouidius Meta*os*, ut
uolunt quidam ibi Carmina Nai-
adum. *C et Ask.*

Thracia a Bistonia palude uel
flumine dicta est Bistonia: ibi in
oppido Seris nomine multi †Lace-

367. polope *G*   ipo. *G*
371. pena *G*   cenei *G*   quam cādā *G*   ipomenes *G*   athlanta
cenei *C*   ypomenes *C*   *Ask. ap. Merk. habet* athlantam Cenei filiam *neque
ultra quidquam.*
373. intrabit *C*   quam qui *C*   deuorabat *C.*
375. patrocho *G*   sotio *G*   armauit *C*   cremauit *Ask.*   plorandos
Ask.   ipsius homerus dicit *Ask.*
378. spingos *G*   spinx *Mure*   preposuit *Mure*   tripes postea bipes
Mure   ipsum *Mure*   Spinx *C*   calibatas *C*   aliquod uel quoddam *C*
animal *Ask.*   uel *C*   deinde tres *Ask.*   poterant *Ask.*   capite trunca-
qantur et comedebantur *Ask.*   statius et de hoc etiam ut quidam uolunt
Ouidius meta. ib. *Ask.*   Metha*os C Met. VII.* 759   Cariam miadum *C.*
379. *Similia Mure s.u.* Lempnenses Lempnenses inpugnantes lacedemonios
in oppido bistone seu tracie in templo minerue oppressi sunt et occisi κ.τ.λ.
uel Hemnii *C num* Aenii? sunt interempti *Ask.*   est *om. Ask.*   *Historia
obscura: proxime tamen a uero abesse uidentur P et Bern.* 711, *si quidem oppidum Seris urbs est Siris in Lucanis de qua Iustinus XX.* 2 *dicit* Metapontini

templo Mineruae. *Cod. Bern.* 711 *teste Merkelio Proleg. Apoll. R. p. XXII.*

†Lemnii a Lacedaemoniis in templo Mineruae perempti, propter quod dea uultum auertit unde et adhuc pingitur facie uersa. *G.*

381. Vt qui Threicii. Diomedes rex *Th*raciae pauit equas suas hospitibus suis. quod passus est ab Hercule. *G.*

383. Therodamanteos. *Rex *Th*erodomantes habuit leones ferissimos quos humana carne pauit; quibus etiam quia matronam quamdam Menaliam nomine uoluit dare, ut cum filia sua Megiseā adulteraretur, ab ea interfectus est. *G.*

daemones interfecti sunt: quos ne Minerua uideret fecit sua lumina operiri. *P.*

†Lemnii [uel †Hemnii] a Lacedaemoniis in templo Mineruae interempti sunt, quod ne uideret dea oculos suos retorsit; ex quo nunc etiam est in templo uultu retorto, ut d. Callimachus. *C et Ask.*

Diomedes rex *Th*raciae equas habebat quibus hospites suos ad comedendum dabat, ut d. Ouidius. *C.*

*Therodomanthus rex Meneleam [quandam] leonibus [suis] obiecit, quem filia eius Messaget*e* occiderat, cum ipse uellet adulterari cum ea, ut testatur Darius. *Ask et C.*

*Therodomantus genere Libis Melonteam qu*a*ndam leonibus feris obiecit, quod multis iam fecerat : huius autem filia s. Mesogea Therodomanta occidit. *P.*

384. Quique Thoanteae. Tangit ritum sacrificii *Iph*igeniae apud Taurum ciuitatem. *G.*

Tauros est insula ubi erat rex Thoas qui homines aduenas (*om. Ask.*) Dianae sacrificabat.

Thoas (Thras *ed. Paris*), filius Bacchi, quanquam Lemniades uiros suos interfecerant, a filia Hypsipyle liberatus in Tauricam regionem fugit, in qua regnauit. et ibi in templo Dianae erat de

cum Sybaritanis et Crotoniensibus pellere ceteros Graecos Italia statuerunt. Cum primum urbem Sirim cepissent, in expugnatione eius L iuuenes amplexos Mineruae simulacrum sacerdotemque deae uelatum ornamentis inter ipsa altaria trucidauerunt. *Historiam tradiderat Callimachus si fides est C et Ask. cum ed. Paris.* 1573, *quae cum P et Schol. Saluagnii consentit, nisi quod haec habet Leuini, non multi uiri, quod est in cod. Salu., additque auctore* Callimacho *quod a P abest.*

381. tracie *GC* Ouidius *Her. IX.* 67, 8.

383. *Historia suspecta.* Terodomantes *G* Theurodomantheus *C* Menaldiam *C* suis] *om. Ask.* quendam *Ask.* quam *C* messageti *C* miserta *Ask.* uel erat *C* condam *P Similia Mure* Therodamus uel therodomon rex libie summe crudelis leones suos uirginibus et humanis carnibus pauit. qui eciam eis uirginem pulcherrimam nomine melamam obiecit. hic a filia sua megasea quam stuprare uoluit est occisus. *Corrupta nomina credo ex nationibus Africanis: Magassa urbs Aethiopiae adsignatur a Plinio VI.* 180: *Melania siue Melontea ex antiquo nomine Nili potuit profluere, hic enim et Melas et Melo antiquitus appellabatur (Plut. de Fluu.* 16, *Paulus Festi p.* 124 *M.) Quae ex P dedi eadem extant in ed. Paris.* 1573.

384. erifegenie *G* Thauros *C Ask.* in Ouidio de ponto *Ask. Pont. III.* 2. 45 effigeniam *C* ephigeniam *Ask.* regionem] prouinciam ubi praeterea regnauit *ed. Paris.* 1573 et alter *ed. Paris.*

hoc dicitur in Ponto, cum Orestes reduxit *Iph*igeniam sororem suam. *C et Ask.*

385. Scyllaeque aduersa Carybdis. Scilla et Caribdis pericula sunt uoracia in mari, in quibus quidam sociorum Vlixis periclitati sunt. Caribdis est aduersa Scillae, quia Sc. uorat et non reddit, Ca. uero et reddit. *G.*
387. Vt quos demisit. Notum est de Poliphemo. *G.*
Poliphemus *a*blato sibi oculo ab Vlixe quem in fronte habebat quosdam de comitibus Vlixis comedit, ut ait Ouidius. *C.*

388. Vt Laestrygonias. *A*eolus genuit A*rc*isium, A. Laerten, La. Vlixen. hac affinitate *A*eolus Vlixi redeunti uentos aduersos inclusit in utre et ei tradidit: qui cum prope patriam esset, socii *eius* uidentes utres plenos, rati esse pecuniam, utres fregerunt. uenti uero emissi Vlixen ad Antiphaten regem L*a*estrigonum retorserunt. Vlixes autem misit ad eum tres comites; ille uero unum occidit: duo uero fugerunt cladis nun*h*ii, deinde congregans exercitum multos in mari demersit. *G.*
Laestrygones populi Campaniae immanissimi humana carne uicitantes. horum rex fuit Antiphates qui Vlyssem in littus suum

Iphigenia soror Orestis. quicunque hospites illuc ueniebant, unus Dianae mactabatur, alter reuertebatur. *Cod. Saluagnii et ed. Paris.* 1573.
S*ci*lla et Caribdis sunt pericula in mari. S*ci*lla absorbet et non reuomit, Caribdis absorbet et in h*o*c sunt aduersa. in quibus quidam de sociis Vlixis sunt submersi, testante Homero. *C.*

De sociis Vlyssis. nam Polyphemus Cyclops Vlyssem ui tempestatis in Siciliam delatum antro suo inclusit, quattuorque ex comitibus eius deuorauit, reliquos eodem mortis genere perempturus, nisi Vlysses eum excaecarat. *Cod. Saluagnii et ed. Paris.* 1573.
*A*eolus rex uentorum Vlixis pro*au*us fuit. nam Vlixes filius fuit *L*aertis, Laertes A*rc*isii, A*rci*sius *A*eoli. Aliter: Sisiphus, filius *A*eoli, Ant*ic*liam latenter impregnauit antequam Laertes eam duceret: de qua impregnatione dicunt Vlixen natum fuisse. hic *A*eol*o*s Vlixi uentos aduersos dedit in utribus inclusos; et cum prop*e* patriam suam uenisset comites eius uidentes utres plenos et pecuniam intus esse putantes Vlixe dormiente eos dissoluerunt sed nil inuenerunt: uenti autem dissoluti Vlixem a patria sua usque ad regnum Antifatis L*a*estrigonis filii depulerunt. Vlixes autem tres comitum suorum ad eum misit ut eos ibi permitteret hospitari. sed

385. uoratia *G*   sotiorum *G*   Silla *C bis*   in hec *C.*
387. oblato *C*   ut ait Ouidius *M. XIV.* 200 *sqq.*
388. Eolus *G*   acrisium *G*   eolus *G*   sotii sui *G*   dimersit *G* eolus *C*   procuius *C*   filius fuit olertes s lauertis acrisii acrisius eoly *C* actoliam *C*   laertes filius ulixis putans *C*   hic edos *C*   proprie patriam *C*   uteres *C*   *Scholia sic explices. Pater Arcesii aut Cephalus (Hyg.* 189) *aut Cilleus uel Celeus (Schol. Ven. Il. II.* 173, 631, *Eustath.* 307 Κεφάλου γὰρ Κηλεὺς, οὗ Ἀρκέσιος, οὗ Λαέρτης, οὗ Ὀδυσσεύς). *Cephali pater Deion, Deionis Aeolus. Sed et Sisyphus, ex parte Vlixis pater, filius fuit Aeoli.*   depuluerunt

tempestatis ui eiectum totis uiribus oppugnauit unumque ex sociis eius ore apprehensum dilaniauit. *Cod. Saluagnii et ed. Paris.* 1573.

Antifates unum illorum deuorauit duo autem fugerunt huius cladis nuntii. interim Antiphates cum ciuibus suis armatus insecutus est eum et multos de *eius* comitibus in mare demersit. *C.*

389. Vt quos dux Poenus. Hannibal legatos missos sibi a Romanis in puteum praecipitauit et eos puluere cooperuit, mentitus eos terra obrutos. *G.*

Anníbal [rex Africae] legatos a Romanis pro induciis sibi missos in puteum proiecit et puluere suffossos obterens mentitus est eos a terra fuisse absorptos. *C et Ask.*

Hannibal legatos Romanorum in puteum proiecit et puluerem desuper iniecit. *Cod. Salu. et ed. Paris.* 1573.

Hannibal coniectis in puteum legatis dixit se superiecto puluere aquam et terram eis dedisse. *P.*

391. Sex bis ut Icaridos. Vlixes regressus de Troia procos uxoris suae occidit, nec non et ancillas quae eam monuerant moechari et Melanthium qui eum inimicis suis prodere uoluerant. *G.*

Vlixes a Troia rediens seruos suos ultra modum bona sua uastantes suamque Penelopen de concubitu sollicitantes cum Melanthio qui omnium scelerum erat auctor interfecit et etiam quosdam procos. *C.*

Melanthius seruus Vlixis summe gulosus ut etiam integram ouem posset absumere, bona domini sui dissipans, procisque Penelopes ut eum reuersum a Troia occiderent suadere conans, ab ipso est occisus. *Mure.*

393. Vt iacet Aonio. De Antaeo. *G.*

Antaeus gigas Terrae filius cum Hercule pugnauit; qui quotiens in terram cadebat uires recolligebat, donec cognita eius fraudulentia Hercules eum suspensum ad pectus suum adeo astrinxit quoad animam exspirare coegit. *C.*

395. Vt quos Antaei. Antaeus omnes quos uincebat luctando interficiebat: sic et ipse postea interfectus fuit ab Hercule. *C.*

396. Lemnia turba. De Lemniadibus quae omne masculinum interfecerunt. *G.*

Lemniades maritos suos prae nimia libidine interfecerunt ut dicit [Ouidius, sed melius] Statius. *C et Ask.*

C fugierunt C nuncii C insequtus C de suis comitibus C.
389. obrutus G anibal C rex affrice C *om. Ask.* pro induciis a Romanis *Ask.* suffocatos *Ask.* desuper iniecit] attraxit. ait enim terram eos obsorbuisse *ed. Paris.* Hanibal P ligatis P.
391. mecari G melantium G penolepen C melanchio C actor C melancius *Mure* *Hoc scholion diuersissime traditur; nam nec C cum Ask. nec Saluagnii cod. cum ed. Paris.* 1573 *consentit.*
393. anteo G antheus C cum C quod C.
395. antheus C.
396. lempniadibus G Ouidius sed melius *om. Ask. Met. XIII.* 400; *Her. VI.* 53; *Theb. V.* 29 *sqq.*

397. Vt qui post longum.
Aegiptus ix annis siccata est,
cum Tras*ius* Busiri regi *A*egiptio
dixit per primum hospitem mactatum pluuiam posse prouocari.
unde ipse mactatus est ; erat enim
primus hospes. *G.*

399. Frater ut Antaei. Busiris
et Antaeus fratres fuerunt. *G.*
401. Vt qui terribiles. Tangit fabulam de Diomede superius
dictam. *G.*

**404. Nessus Dexamenique
gener.** †Atrax Echiona† cen-
taurum interfecit quia ducebat
*H*ippodamiam filiam Dexameni ;
qui postea interfectus est ab
Hercule pro eadem. *G.*
Hercules Nessum et Eurytiona
Centauros [rapientes Hippoda-
miam Dexameni regis filiam cum
Pirithoo nubentem] interfecit,

Aegiptus nouem annis sicca
fuit, cum Tra*s*ius dixit Busir*i*
*A*egiptiac*o* regi ut mactaret primum hospitem Ioui et sic aquam
haberet, cui Busiris ait, F i e s I o u i s
hostia primus (*A. A. I.* 651), et
eo inmolato pluuia uenit ut d.
Ouidius. *C Ask.*

Dio*medes* hospites suos equis
dabat ad comedendum ; idem ab
Hercule hospite passus est, ut
dicit Boetius (*II.* 6). *C.*
Hercules Ne*s*sum Centaurum
sagitta consequutus est cum Dei-
an*i*ram ultra fluuium Euenum
rapere sibi uellet. idem Hercules
Euritiona Centaurum interfecit in
nuptiis Pirithoi et *H*ippoca*t*ae
uel *H*ipp*o*damiae. eum ergo
generum Dex*a*meni appellat non
quod fuerit, sed quia esse uoluit.
Dexam*e*nus enim pater fuit *H*ipp*o*-

397. trasilis *G*   annos *Ask.*   tracius *C*   tunc trasius *Ask.*   busyro
egipciaci *C*   regi aegipti *Ask.*   ut uirum ioui in hostiam mactaret et
sic *Ask.*   eo immolato pluit *Ask.*

399. *Sic ex G correxi, in quo haec extant,* Trax et Anteus fratres fuerunt,
filii Pigmalionis uel ut alii Sichei.   Trax autem hospites suos prius lotis
pedibus immolabat et hoc ante aram.   quod postea passus est ab Hercule.
Manifestum est Trax *ex* Atrax *corruptum esse et a uersu* 403 *per errorem huc
inrepsisse.   Nam qui ibi in G commemoratur Busiris frater erat Antaei ideoque in u.* 399 *locum habet.   Contra Atrax pater Hippodamiae* (*Lact. ad Stat.
Theb. I.* 106) *nuptae Pirithoo : unde ad* 403 *suspiceris scriptum fuisse in G*
Atrax Euritiona Centaurum interfecit quia ducebat Hippodamiam filiam
Dexameni.   qui postea interfectus est ab Hercule pro eadem.   *Quae si
uera sunt, Atrax a scholiasta aut non cognatus Hippodamiae aut certe non pater
fuisse fingitur, quemadmodum Dexameni filia Apollodoro est Mnesimache, Diodoro Hippolyte, plerisque Deianira.   Nimis confusa sunt quae habent C Ask.*
Pimaluus (Perimales *Ask.*) frater Antaei hospites suos prius lotis pedibus de
quadam arce praecipitabat : qui idem postea passus est ab Hercule *et cod.
Saluagnii cum ed. Paris.* 1573 Pygmalion frater Antaei hospites suos prius
lotis pedibus in Parthenio nemore occidebat ante aras, quod est passus ab
Hercule [ut dicit Homerus].   *Et tamen Pygmalion frater Busiridis dicitur
ab Hygino* 56, *et Philargyrius ad G. III.* 5 *haec habet* Per octo annos sterilitate
Aegypto laborante Pygmalion Cyprius finem futurum non ait nisi sanguine
hospitis litatum fuisset.

401. Dionisius *C.*

404. Atrax] Busiris *G   Vide ad* 399   Echiona] *imo* Euritiona   Hercules
om. C   nesum *C*   deianũa *C*   hebanum *C*   hemiciona *C*   peritoi *C*
ypocacie uel domie cum ille henricus uel domis innuptiis uellet periteio cum
ergo *C quae est mera iteratio*   desiniani *C*   deiameni *Ask.*   desiniamus

[quod dicit Ouidius.] *Ed. Paris.*
1573, eademque cod. Saluagnii,
omissis quae uncis inclusi.

405. Vt pronepos, Saturne,
tuus. Corinetes filius Vulcani,
Vulcanus Iouis, Iupiter Saturni,
et ita pronepos Saturni fuit Corinetes. *G.*

407. Vt Sinis et Sciron et
cum Polypemone natus. *Sin*is
et *Sc*iron et Procrustes filii fuerunt
Poli*p*emonis; quos omnes cum
Minotauro T*h*eseus occidit. *G.*

ca*n*ae quam ipse Euritus rapere
uoluit. *C.*

Theseus Corinetem Vulcani
filium et Saturni pronepotem occidit. *P.*
Corinetes latro, filius Vulcani,
quem Theseus interfecit. quem
uidit Coronides, id est filius
Coronis et Phoebi, scilicet Aesculapius, ab urbe sua, id est ab
Epi*dau*ro. *Cod. Salu. et ed. Paris.*
1573.
Vt Sinis et Sciron quem
Theseus occidit. *C et Ask.*
*Sc*iron et Proc*r*ustes filius Polypemonis interfecti sunt ab eodem
Theseo, u*n* dicitur in libro [Heroi-
dum.] *C et Ask.*

Procrustes Polipemonis filius cum patre a Theseo in Ce*ph*i*s*o
flumine Atticae occisus est. *P.*

408. Quique homo parte sui.
Theseo u*n* dicitur in libro *Heroidum.*

409. Quique trabes pressas.
†*Sc*iron alius uel †Cercion fuit latro,
qui plicabat arbores in terram et
superponebat homines et in auras
mittebat; quod postea passus est
ab Hercule, et ab arbore uidit duo
maria, *A*egeum a dextra, Ionium
a sinistra: fuit uero in Ist*h*mo
insula. *G.*

Minotaurum tangit interfectum a
C.
†Cercio gigas habitans in Is*th*mo
monte inter duo maria Ionium et
Aegeum, curuabat trabes et magnas
arbores, et in summitate homines
ponens et quasi per fundam
petrariae proiciens occidit. *Mure.*

C deiamenus *Ask.* ipocacie *C* euritius *C* *Ask.* *habet* Euritus in
nuptiis Perithoi rapere uoluit hypodamiam eius uxorem. eum ergo
Deiameni generum appellat, non quod fuit sed quod esse uoluit. Deiamenus
autem pater fuit ipsius hypodamiae.
405. *Addit G uitiose* qui cum homines suscitasset Aesculapius, illum Ioui
accusabat, et ideo fulminatus est a Ioue Corinetes. epiro *ed. Paris.*
Nimis confusa sunt quae habet C, nec multo melius Mure s. u. Coronides.
407. Semis et chiron *C* polifemonis *G* teseus *G* igne greco in
fluuium occidit *C* procustes *C* polyphemonis *C* ubi *G* ut *Ask.*
heroidum *om. Ask.* a theso incenso *P* attice *P* *Hinc fortasse orta*
corruptela ista igne greco *in C Paus. I.* 38. 4 Πρὸς τούτῳ τῷ Κηφισῷ λῃστὴν
Πολυπήμονα ὄνομα, Προκρούστην δὲ ἐπίκλησιν, Θήσευς ἀπέκτεινεν.
408. ubi *C* Heroidum *om. C X.* 102.
409. *Historia uera, nomina falsa. Ouidius nec Sinin nec Scirona nec Cercyona*
intellexit sed τὸν ἐν Κρομυῶνι *qui est ὁ* Πιτυοκάμπτης Chiron *G* ismo *G*
Notandus usus insulae pro paene insula, quod idem in Graecum νῆσος *cadit*
petrariae] *h. e. tormenti unde saxa iaciuntur C habet* gereon habitabit inysmo
insula que inter duo maria est ionium s. egeum qui accipiens qui arbores
(qui capiens arbores *Ask.*) plicabat et in summitate homines ponebat et
postea arbores amittebat et ipse atheseo occisus est ut dicit ouidius.

411. Quaeque Ceres uidit.
De *Cercione* qui festa Eleusina
Cereri facienda inpediebat. *G.*

Cercion, ut Isocrates scribit, quum apud templum Cereris Eleusin*ae*
peregrinos necaret a Theseo occisus est, ut Ouidius etiam in Met.
[*VII.* 439] Cercyonis letum uidit Cerealis Eleusin. Ergo qui
Geryonea scribunt falluntur. Nam Geryones uel Geryon uel Geryoneus
non a Theseo sed ab Hercule interfectus est tergeminus homo, nec est
occisus apud Cererem Eleusinam sed in Hiberia. *Cod.* 36 *Seminarii
Patauini.*

415. Qualis Achaemenides.	Vlixes Poliphemo erepto oculo
Notum est qualiter Ach*ae*meniden Graecum Troiani in naui admiserunt. *G.*	fugiens Ach*ae*meniden ibi reliquit, qui latens nec propter Poliphemum audens moueri, paene fame periit et frigore nisi Aeneas a Troia fugiens eum exciperet teste Ouidio Meta^{os} (xiv. 160 sqq.) *C.*
417. binominis Iri. Arn*ae*us dictus est. *G.*	Irus seruus Vlixis fuit: qui apud Homerum

411. Gerione *G*   *Idem error longius serpsit in C et Ask. C haec habet*
Gereon tricorpor inhispania acerere odio habebatur uel quia nimis de frugibus consumebat uel quia cube usina (*l.* eleusina) festa ipsius impediebat
unde leto uultu uidit ipsum a theseo interfectionem (*l.* interfectum) *eadem
que Ask. sed emendatiora*   Isocrates] *respicere uidetur* Ἑλένης Ἐγκώμιον 32
ubi tamen nihil de templo Cereris Eleusinae.
415. achimenidē *G*   achimenidem *C*   audiens *C*.
417. *Post* fuit *addit G* eo a Troia reuerso excecatus est et pontem cum
aliis custodiebat petentibus elemosinam a transeuntibus.   quos omnes in
aquam proiecit siue darent siue non darent: *quae omisi. Quae habent C
Ask. Mure in textum non recepi, quia inepta uidebantur.*   *Sunt haec :*

Mure	*C Ask.*
Ariston (-ten *Mure*) fuit seruus ulixis, cuius fabula talis est. yrus seruus seu scurra seu abiectus et egens ulixis binomius apud homerum. Namque ariston siue argeon siue arimeon dicitur, ab eo reuerso a Troia cum multis dissipantibus bona sua exoculatus est. yrus etiam cum multis cecis et man*c*is (mansis *Mure*) proseucas in quodam ponte habuit. unde illi omnes transeuntes seu darent eleemosinas (elemozinas *Mure*) siue non in fluuium precipitabant. uel aliter, Gigantes quendam pontem tenebant et pretereuntes ibi precipitabant. quod postea ipsi ab aliis passi sunt. *Similia etiam s. u.* Yrus *repetiuit.*	Irusseruusulixisipsoreuersoa Troia ab eodem excecatus est. Sed binomium (*sic C Ask.*) eum appellauit quia idem Articon (*om. Ask., num* Arnion?) dicitur apud Homerum: uel quia duo fuerunt Iri, alter Arneus (Argeus uel Algeus *C*) ab ulixe excecatus (Argiuus ab Hercule exc. *Ask.*), alter bistonius (bisconius *C*) quem pro furto iudices excecauerunt. Vel binomius dicitur propter oppositum (Ouidium *Ask.*) quia dicitur (qui dedit *C*) Irus egens (*Her.* I. 95) et ita Irus est unum nomen et egens aliud. Alii dicunt quod Irus cecus in ponte quodam ele*e*mosinam (elem. *C* elim. *Ask.*) a transeuntibus petebat; quicumque dabat (dabant *C*) ipsum dantem de ponte precipitabat (petebat, qui sibi dantes de ponte praecipitabat *Ask.*). Tandem ipse precipitatus est.

418. Quique tenet pontem. Sic construe Nec non i. etiam tua fortuna sit talis qualis fuit fortuna Iri. Qui tenet egentis et ideo binominis. *C.* Et tua fortuna quae maior erit tibi sit talis qualis fuit fortuna Iri, qui tenet, pro tenebat, pontem : quasi diceret, sicut uterque illorum excaecatus est sic et tu excaeceris. C.

419. Filius et Cereris. *Asterion uel †Egeolus filius Cereris frustra amatus ab †Alcmineo est. * *VndeLucretius: Cur puer Asterion crudelis ? ne fuge amantem. Ne fuge, non equidem est effugiendus amor. Crudeli puero nihil est crudelius unquam. Crudeli puero nil nihi peius obest. Vis uerum dicam ? Sum mitis : ne fuge amantem. Ni fugias, nil te mitius esse potest. Sed iam non puer es, puero nil mitius unquam. Crudeli puero nil mihi peius obest.* *G.*

*Astericus filius Cereris frustra ab †Amenica est amatus. Nam quicquid habebat expendit circa ipsum. Tandem ob eius amorem mortua est. * *Vnde Lucretius: Cur puer Astericus crudelis ? Ne fuge amantem. Ni fugias nil te mitius esse potest.* * *C.*

425. Vtque pater solitae. Eris*ichthon* succidit arborem Cereri dedicatam : qui tantam famem passus est quod consumptis omnibus filiam uendidit. Quae uariarum mutatione figurarum dominos effugit. *G.*

Eris*ichth*on fame mortuus est : qui quanto magis comedebat tanto magis esuriebat. Filia uero eius saepe uendita ad patrem reuertebatur specie mutata. Ouidius Metaos (*VIII.* 738). *C.*

427. Nec dapis humanae. Tangit quo mo*do* Tideus caput Menalippi in Thebano bello corrosit. *G.*

Menalippus in Thebano bello Tideum grauiter percussit, et Tideus usque ad mortem [eum] uulnerauit: postea caput eius fecit

---

In his mirum est quod excaecatum Irum narrant Scholiastae. Num quod Echeto tradendus erat? (*Od. XVIII.* 85). *Hic enim* γλήναις ἔνι χάλκεα κέντρα Πῆξε θυγατρὸς ἑῆς *Apoll. R. IV.* 1092, *cf. Hesych. s. u.* Ἔχετος, *eratque alioqui crudelissimus.*

418. egentes *C* binominis quia pro *C omissis quibusdam ut uidetur* excecaris *C.*

419. *Historia ficticia. Egeolus uidetur esse Aegialeus qui dicitur apud Mure. Scholion cum uersibus quale in* G *est iisdem uerbis legitur etiam ap. Saluagnium et ed. Paris. sed omissis* uel Egeolus Cur *GC* Cres *Salu. et ed. Paris.* 2 amans *Salu. et ed. Paris.* 5, 6 *post* 7, 8 *stant apud Salu. et in ed. Paris.* 5 sis mitis *Salu. et ed. Paris.* 6 fugeres *Salu. et ed. Paris.* 7 nec *Salu. et ed. Paris.* usquam *Salu. et ed. Paris.* Astericus *C* astricus *C Mure habet* Asterion fuit filius cereris cuius fabula talis est absirtus quem et alii dicunt egealium (Diod. iv. 45, 3, Cic. N. D. iii. 19, 48, Iustin. xlii. 3) fuit filius Cereris uel astrion filius Cereris quem almonicus armauit (*l.* amauit). Ille autem eum spreuit. *P sic* Cereris fuit filius ascutalus quem alii ageleba̅ appellabant qui quanto plus a patre amabatur tanto plus patrem hodio habebat.

425. Eristeus *G fortasse ex glossa uersus* 443 *ubi adscriptum fuerat* Egisteas filiam *C* uenditam *C.*

427. quo mo *G* thideum *C* thideus *C* eum] *om. Ask* statius]

76 SCHOLIA

429. Atque aliquid facias. Haec fabula de Atreo et Thieste. *G.*

431. Foeda Lycaoniae. Fabula de Licaone. *G.*

433. Teque aliquis posito. Nota est fabula de Tantalo et Tereo. *G.*

Tantaliden pater diis *ap*posuit ad uescendum. *P.*
436. Tamquam quae patrias. De Medea, quae †Arpagem fratrem suum fugiens cum Iasone membratim discerpsit. *G.*

437. Aere Perilleo. Perillus *a*eneum taurum Phalari tiranno obtulit: in quo combustus est. *G.*

sibi afferri et comedit ut d. Statius [Theb.] *C et Ask.*
Thiestes cum uxore fratris sui Atrei concubuit et genuit ex ea filios, quos Atreus dedit ipsi Thiesti ad comedendum. quod scelus sol uidens retro fugit. *Ask. et C.*
Licaon rex Arcadiae Iouem hospitatus est et uolens experiri eius deitatem dedit obsidem de Molossa regione quem habebat: quod scelus Iupiter uidens ipsum uertit in lupum et eius domum su*c*cendit. Ouidius Meta^os (*I.* 211 *sqq.*). *C.*
Tantalus Iouis filius Pelopem filium suum diis apposuit ad manducandum Ouidius Meta^os. (*VI.* 404 *sqq.*) *C.*

Medea fratrem suum Absyrtum dilacerauit frustratim *et* in uia per quam pater *Aeeta* persequebatur *eum p*osuit: ubi pater eo inuento adhaesit. In pluribus locis hoc habetur. *C.*
Phalaris Agrigentinus diuersis ciues suos affligebat tormentis. Ad quem uenit Perillus et [ei] bouem dedit *a*eneum quem fecerat, uisoque illo docuit ut aliquem intromitteret lingua prius secta et ignem supponi faceret, dicens 'ille clamabit coactus dolore et uox eius per os tauri egrediens uox tauri uidebitur.' Phalaris [uero] ei respondens 'tu primus' inquit 'imbue opus tuum' eumque

Theb. VIII. 717, sqq.   Theb.] *om. C.*
429. thiestes *C*   et exea filium quem ipse atreus *C*   ad manducandum *C*   uidens sol *C.*
431. Lichaon *C*   molosa *C*   suscendit *C.*
433. imposuit *P.*
436. †Arpagem *quid sit nescio. Absyrtus ab aliis Aegaleus uel Metapontius uel Phaethon uocabatur (Cic. N. D. III.* 19. 48.   *Schol. Eurip. Med.* 167. *Schol. Ap. R. IV.* 1236)   frustratim *C   et*] *om. C*   perquam *bis C* Aeeta] *scripsi*   ei *C*   eam imposuit *C.*
437. falleris Agrigentinos *C*   peruenit torillus *C*   perhillus *Ask.*   [ei] *om. C*   ligna *C*   resecta *Ask.*   foecerat *C*   clamabat *C*   falaris ei respondit *C*   inquit *om. C*   imbue *Trist. III.* 11. 52   tuum opus *C.*

439. Vtque ferox Phalaris.
Idem Phalaris ciues suos eodem
tauro intimo torquebat: quod
postea ab eis passus est. *G.*

441. Dumque redire uoles.
Medea Peliam regem, fratrem *A*e-
sonis, patris Iasonis, Admeti socerum, filiabus suis pacta reuiuiscere interfecit. *G.*
443. Aut eques in medii.
Notus est casus Amphi*a*rai. *G.*

445. Atque utinam pereas.
Fabula de Cadmo. *G.*

447. Et quae Penthides fecit. *Pentides et Hipponax frater Medusae.* *G.*
*Penthides poeta filius †Abagi
uel †Ebalii figuli Hipponactem fratrem Medus*a*e per inuectiuam
tantum l*a*esit, quod ipse l*a*esus
se pr*a*e dolore suspendit.* *Mure.*

intromitti iussit; et iuste expertus
est quod ei monstrauit. *Ask. et C.*
Idem quoque Phalaris suos
ciues eodem modo affligere uolens
idem passus est a ciuibus suis et
hoc d. Vtque ferox Phalaris.
Ask. et C.
Medea Peliam Admeti socerum
*A*es*o*nis patris Iasonis [fratrem]
filiabus iuuenescere pacta suis ipsum ab eis fecit interfici. *Ask.
et C.*
Amphiaraus contra Thebanos
pugnaturus uiuus in infernum incidit ut d. Statius (*Theb. VII. fin.*).
Supra de infidelitate coniugis
suae, nunc de ipso. *C.*
Cadmus dentes serpentis semi-
nauit, ex quibus nati sunt milites
armati, qui statim se interfecerunt.
Ouidius Meta*os* libro tertio iuxta
principium. *C.*
*Panciades filius †Abacii poe-
tae *H*ipponac*tem* fratrem Medu-
s*a*e inimicum suum deuouit in
tantum quod se suspendit ut ait
†Bauciades.* *C et Ask.*

De Callimacho his quattuor uersibus poeta Cir*e*neo Batti filio
loquitur, qui scripsit in Apollonium Rhodium Sillei uel ut alii *H*illei
filium, qui sorores habuit Medusam et Arg*y*roele*n* composuitque
Argonautica. *Cod.* 36 *Seminarii Patauini.*
449. Et quibus exiguo. Sis ex illis uolucribus quae se inferius
pota aqua purgant. *G.*

439. *Addit C* sic falaris licet rex indictum bouem missus est ligna
prius secta et ipso thauro combustus.
441. estiuis *C* fratrem *om. Ask.* interfici ipsum ab eis foecit *C.*
443. amphiorai *G.*
445. metha*os C.*
447. *Historiae ficticiae.* yponattē *Mure.* Penthiades *Ask.* abareti
Ask. abali *Salu.* hyponatum *Ask.* ipo nante *C* medulae *Ask.*
Medusae uel Melissae *Salu.* Bauciades] *num* Battiades? *Etiam uitiosiora
sunt quae de Perseo et Medusa addita sunt in C, quae tanquam inepta omisi
poeta inquit Cirneo Patau.* Psilei *Pa.* pilei *Pa.* Argiroelam *Pa.*
*De hoc disticho obscura omnia, quantum per Scholiastas. Sane Hipponax filius
erat Pythei (υἱὸς Πύθεω) teste Suida, et Bupalum atque Athenim sculptores Chios
qui imaginem eius lasciuia iocorum proposuere ridentium circulis amaritudine
carminum ad laqueum conpulit (Plin. XXXVI. 12), unde conficta uidentur quae
Mure exhibuit.*

450. Corpora proiecta quae sua purgat aqua. Callimacus fecit in quemdam inimicum suum inuectiones cuius nomen fuit Ibis, i. *hermenia*, quae se rostro inferius purgat. *G.*

Callimacus [in] inuidum scribens pro eius immunditia eum Ibidem in libro suo appellauit quia ibis [s. ciconia rostro purgat posteriora et in hoc exercetur]. *Ask. et C.*

451. Vulnera totque feras. Menedemus dux Graecorum ante Troiam pluribus cultris interfectus est. Vnde ab eius sacrificio culter dicitur abesse. *G.*

Menedemus unus dux Graecorum apud Troiam plurimis uulneribus cultrorum interfectus fuit, qu*are* a sacris eius culter solet abesse, ut ait Gallus. *C et Ask.*

Ca*l*limacus dicit quod in insula Cretensi sit sacrificium Menedemo heroi nec ferro quicquam inmolari quia is plurimis uulneribus in bello Troiano periit. *P.*

453. Vt quos Cybeleia mater. Cibele a Troia Romam delata est, cuius si quis uolebat esse sacerdos, se ipsum castrabat propter modulationem et castitatem. *G.*

Sacerdotes Cibeles, cum in templo ipsius [Cibeles] sunt recepti, uirilia membra abscinduntur, ut habetur in Ouidio Fastorum (*IV.* 249 *sqq.*). *Ask. et C.*

455. Nec femina nec uir ut Attis. At*t*is eius deae sacerdos se ementulauit et ideo nec est uir nec femina. *G.*

A*t*tis puer, quia promiserat Cybelae castitatem et postea uiolauit, factus est insanus, ita quod abscidit uirilia sibi, ut ait Ouidius Fastorum (*IV.* 223). *C.*

457. Inque pecus subito. *H*ippomenes et *A*talanta post casum quo eam deuicerat au*x*ilio

*H*ippomenes et At*a*lanta, quia sacrificium V*eneri* non fecerant cum in templo Cibeles concum-

450. facere *ante* cuius *G*   ernenia *G*   in *om.* C   per eius immunditiam *C*   Verba *post* ibis *om. C.*
451. pluribus *C*   cultro *Ask.*   int. est *Ask.*   quare] quia *C et Ask.*   in sacris eius culter solebat esse ut ait Gallus et tunc aberat *Ask. inepte* Vnde in sacrificiis eius cultri non habebantur *Mure qui hic ad C proxime accedit nisi quod Gallum non citat*   Calimacus *P*   menedemon *P Historia non prorsus ficticia uidetur esse. Menedemus enim potest is esse de quo Ptolemaeus Hephaestio V haec tradit* ὅτι τὸ ῾Ομηρικὸν τιτρώσκεσθαι μέλλοντος ' Οὐδὲ σέθεν, Μενέλαε, θεοὶ μάκαρες λελάθοντο᾽ τοῦτον τὸν στίχον παρῴδησεν ὁ Πύθιος Μενέδημε ἀντὶ τοῦ Μενέλαε. προετάθη δὲ τὸ ζήτημα παρὰ δεῖπνον Αὐγούστου τοῦ βασιλέως, ποῖον στίχον ῾Ομήρου παρῴδησεν ὁ χρησμὸς καὶ τίς ἐστιν ὁ ἐν τῷ χρησμῷ ἱστορούμενος. καὶ ὡς Μενέδημος ᾽Ηλεῖος Βουνέα υἱὸν ὑπέδειξεν ῾Ηρακλεῖ περὶ τῆς καθάρσεως τοῦ Αὐγέου κόπρου ὥστε ἀποστρέψαι τὸν ποταμόν. *Credo Menedemum cultris interfectum dum populares haerent faciantne heroem, consuluisse oraculum in Delphis; his Pythium respondisse allato uersu Iliadis IV.* 127 Οὐδὲ σέθεν, Μενέδημε, θεοὶ μ. λελάθοντο, *aliaque addidisse quibus Menedemum uulnerum occisum pro patria Menelao compararet cum a Pandaro sagitta uulneratus nonnisi deorum ope letum effugeret; quasi diceret* ' Ne tui quidem, O Menedeme, uti nec Menelai, dii obliti sunt: seruare quidem non poterant, faciunt tamen immortalem, et inter heroas consecrant.'
453. dilata *G*   modulationem *h. e. incitatus modis tibiarum et ut castus maneret*   Cibeles] *om. Ask.* ut in Ouidio fastorum dicitur *C.*
455. atis *GC*   abscindit *C.*
457. Ipomenes et talanta *G*   ausilio *G*   nolens *G*   ȳpomenes *C* athlanta *C*   uerum *C*   concuberent *C.*

Veneris, nolen*t*es ei sacrificare, in leones mutati fuerunt. *G.*

459. Solaque Limone. Limone *H*ippomenis filia in corio equino clausa, ut ab equo stupraretur, ab eodem equo deuorata est. *G.*

berent, mutati sunt in leones. Ouidius Metamor. (*X.* 681). *C.*

[Limone] filia *H*ippomenis in adulterio deprehensa Athenis cum equo [fuit] inclusa [et] ab eo consumpta, ut d. Darius. *C et Ask.*

Alterius *H*ippomenis filia, ob stuprum equi inclusa ab eodem equo consumpta est Athenis, qui locus *Hippukekores* dicitur. *P.*

461. Aut ut Cassandreus. *Cassandrus homines suos ui*u*os terrae infodit, quod etiam passus est ab eis. *Vnde Propertius*. *Suffocabat humi uiuos Cassandrus †ibidem Et non immerito passus ab ipse suis.* *G.*

*Cassandrus homines uiuos in terram fodiebat, et idem passus est a suis ciuibus. *Vnde Propertius: Suffocauit humo uiuos Cassandrus idemque est Et non immerito passus †idemque suis.* *C.*

Cassandreus tyrannu*s* po*pu*lum suum in fossa detrusum obruit. *P.*

463. Aut ut Abantiades. Abantiades i. Perseus, qui cum matre Danae in mare proiectus est propter Iouis concubitum. *P.*

Aut ut Lyrnesius heros. Tenne*s* conditor Tenedi*i* Castri, *C*ycni filius, cum sorore sua in mare proiectus est propter stupri suspi*c*ionem. *P.*

Te*n*nes filius Cigni, filii Neptuni, frater Hem*i*the*ae*, a nouerca sua S*c*amandria cum *sorore* Hem*i*the*a* pro crimine adulterii apud patrem accusatus, in exilium missus cum *sorore* uenit in Leucoph*ry*n desert*a*m; qui inhabitans de suo nomine Tenedon appellauit. Postea cum sorore sua, propter suspicionem stupri, dolio inclusus in mare praecipitatur. *Mure s. u.* Nauplius.

459. Limone] *om. Ask.*   ipomenis *GC*   fuit] *om. Ask.*   et] *om. Ask.*   consumpta est *Ask.*   ypomenis *P*   ypoterotes *P*   *Vide ad* 335 *Cum G conspirare uidetur Apostolius XIV.* 10 *Leutsch* Πάθος κόρης ἱππομανοῦς· ἐπὶ τῶν διαφθειρομένων καὶ ἀφόρητα δῆθεν ὑφισταμένων· οὗτος γὰρ γένους τῶν Κοδριδῶν ὤν, ὃς καὶ τελευταῖος ἐβασίλευσε, τὴν θυγατέρα καθείρξεν ἐν χωρίῳ τινὶ μεθ' ἵππου μαινομένου. διὸ λαθραίῳ μίξει τὴν παρθενίαν αὐτῆς ἐλυμήνατο, καὶ ὁ ἵππος τὴν κόρην βίαν ἐποιήσατο· ἀφ' οὗ Πάριππος καὶ Κόρη ὁ τόπος ἐν ᾧ τὸ πάθος ὑπέστη καλεῖται.

461. uiuos] uictos *G*   etiam] ⅃ *G*   ibidem *scripsi incertus de scriptura G quae uidetur esse* idb*ē*   *Ex Ask. uersus tantum attulit Merkelius* propercius *GC*   humo] homeros *C*   idemque est *C*   est *om. Ask.* †idemque *C Ask.*   Casandreus tyrannum suum *P.*

463. persius *P*   da*ñe P*   *Scholia uitiosa in G C Ask.*

G

Pretus fi. Abantis frater Acrisii, quem Perseus peremptum in mari precipitauit, quia Acrisium a regno eiecerat.

Ask. C

Pretus filius Abantis frater fuit Acrisii (fratris Acrisii *C*), quem Perseus, quia Acrisio auo suo regnum abstulit (dolo abstulerat *Ask.*) occidit et in mare precipitauit (proiecit precipitauit *C*).

Lyrnesius heros] Tē*n*eus *P*   tenedi *P*   ligni *P*   suspitionem *P*   *Quae edidi ex Mure eadem fere extant apud Seruium ad Aen. II.* 21, *ubi tamen nulla Scamandriae mentio. Schol. Il. I.* 38 Κύκνου καὶ Σκαμανδροδίκης Τέννης καὶ Ἡμιθέα· ὃς ἀπελαθεὶς ὑπὸ τοῦ πατρὸς σὺν τῇ ἀδελφῇ Ἡμιθέα διὰ τὴν ἐπιβουλὴν

Telephum dicit qui, ut Euripides et Strabo testantur (*Strab.* 615), cum Aug*e* matre clausus in arca delatus ad Teut*h*rant*em* regem est. Diodorus (*IV.* 33) ait non in arca clausos fuisse, sed traditos cuidam hospiti ut deferrentur et exponerentur atque immergerentur in aquis. Matre igitur a Teut*h*rante rege suscepta filius eius filii regis loco habitus est et in regno heres post mortem Teut*h*rantis constitutus. Sed quom illic Thebe*n* habuerit et Pedasum et Lirnesum (*Strab.* 584), quibus imperabat, et quo(d) post mortem eius Euripilus (*Strab.* 615) possedit filius, Ouidius Lirnesium heroa appellauit. *Cod.* 36 *Semin. Patauini.*

465. Victima uel Phoebo.
*Theodorus ab inimicis suis captus Phoebo est immolatus. *Vnde Gallus: Theodorus captus Phoebo datur hostia, quamuis Nequaquam sit homo uictima grata deo.* G.*

*Tyrrheni Lipareum *castrum* cum *arm*is *cep*issent fortissimum eorum

†Terpeni obsidentes Liparium castrum promiserunt Apollini, si faceret eos uictores, fortissimum Liparensium ei sacrificare. Habita autem uictoria promissum reddiderunt immolantes ei que*nda*m [nomine] Theodotum. *Vnde Gallus: Theodotus κ.τ.λ. C et Ask.*
*Lipare insula *A*eolia a Tyrrhenis capta unanimi decreto quendam

τῆς μητρυιᾶς Καλύκης ᾤκησε τὴν Λευκόφρυν καὶ ἀφ᾽ ἑαυτοῦ Τένεδον ὠνόμασεν.
thenes *Mure* h'methe *Mure* stamandria *Mure* fratre h'mata *Mure* cum fratre uenit in leucophirum desertum *Mure* chenedon *Mure* cum augia *Pa.* teutrantrum *Pa.* regem missus est *Pa.* defererentur *Pa.* teutrante *Pa.* teutrantis *Pa.* thebem *Pa.* lernesium *Pa.* euripillus *Pa.* lernesium *Pa.* *G C Ask. haec habent nimis quam futtilia*

G

Lignus uero, i. Naupolus Lignes nimphe filius est quem Acrinites nepos suus, quia Demedem matrem suam stuprare uoluit, in mare proiecit. Vnde Perseus: Naupolus et quamuis patruus perit ense nepotis Et uoluit natus esse nepos.

C Ask.

Naupolus rex Leenes nymphe filius [fuit *Ask.*] quem Asacriminides (Asacrinides *Ask.*) nepos suus, quia matrem Detrimestram uoluit stuprare (quia Clitemnestram eius matrem stuprare uoluit *Ask.*) in mare proiecit. Vnde Propertius: Naupolus et quamuis patruus perit (periit *C*) ense parentis Et uoluit natus esse nepote prior.

Versus in Ask. non extant, in Saluagnii codice et ed. Paris. 1573 *sic scripti sunt* Naupotus Ascintae patruus perit ense nepotis Et uoluit natis esse parente prior. *Conficta haec credo ex relliquiis glossarum de Telepho. Nam Nauplius Telephum expositum reliquit (Diod. IV. 33), uel genuit (Script. Myth. ed. a Bodio p. 64): Telephus autem in mare proiectus et Mysiam delatus, ubi mater Auge apud regem Teuthrantem pro filia habebatur (Hyg. 99), hanc in coniugio inscius accepit iamque cum ea coiturus erat nisi ipsa eum paene interfecisset a mortali nolens uiolari (Hyg. 100). Sed et nomen Clytaemnestrae ex eadem historia potuit petere (Hyg. 101). Etiam Crinis Mysorum sacerdos teste Schol. Ven. Il. I. 39.*

465. *Historiae suspectae* lipanum *Ask.* lipparium *C* castrum *uide Seru. Aen. III.* 531 lippariensium *C* ei] *om. Ask.* et *C* sacrificarent *C et Ask.* quendam *Ask.* quem *C* nomine *om. Ask.* Theudotus (Theodotus *ed. Par.*) in bello *cod. Salu. et ed. Paris.* nec quanquam *C* *P quae habet eadem fere sunt in ed. Paris.* 1573 *ubi et* uersus Thireni lipareum cum misissent *P* Tyrrheni cum cepissent

Apollini uouerunt, T*he*odotum nomine. *P.*

Lipar*ae*um dictum Theocritum morti ob honorem Phoebi deuouerunt. *Mure s. u.* Theocritus uel Theodatus.

*Theodotus poeta fuit, qui, cum liberius in Mnesarchum regem scripsisset, ab eo crudeliter in Apollinis aede caesus est. *Cod. Saluagnii.*

Intelligas de Theudoto rege Ba*c*trianorum qui Phoebo mactatus fuit ab Arsa*c*e rege Parthorum. *Vat. Reg.* 2061, *similiaque Pal.* 1709.

467. Aut te deuoueat. Mos erat in Abdera ciuitate singulis annis hominem inmolari pro peccatis ciuium, sed prius vii diebus excommunicari ut sic omnium peccata solus haberet. *G.*

Ca*l*limacus dicit quod Abdera est ciuitas in qua talis est mos, quod uno quoque anno totam ciuitatem publice lustrabant, et aliquem ciuium quem in illa die habebant deuotum pro capitibus omnium lapidibus occidebant. *C et Ask.*

Abd*eri*tae dicti sunt in uno quoque anno lustrasse se publice, et in his emptum hominem pro capitibus omnium deuotum lapidibus occidebant. *P.*

469. Aut Iouis infesti. *Demeus filius *H*ip*p*on*o*i et †Pactama pater Dexiones pro nequitia sua a dis fulminati sunt. *G.*

*Procustes [satus *H*ipponoo] est fulminatus a Ioue quia ipse et Iouem negligens filiam suam interfecerat, quia Iouem cum ea concubuisse audierat. pater Dexithoes, i. Acrita, fulminatus est a Ioue eadem de causa. *C et Ask.*

*Procustes filius *H*ip*p*on*o*i Teleboum princeps periit cum tota familia fulminatus excepta Dexi*th*oe a qua Iupiter quadam uice fuerat hospitatus. uel aliter, pater Dexit*h*oes, id est †paua curta† contemptor deorum fulminatus. *Mure.*

Telchinum princeps fulmine periit cum tota sua domo excepta filia cuius erat Iupiter usus hospitio. *P.*

Liparium castrum *ed. Paris.* todotum *P* lippare *Mure* tirrenis *Mure* deuorauerunt *Mure* bastrianorum *Reg.* arsate *Reg.* 467. ciuitate] .c. *G* quem habebant deuotum illa die *Ask.* obruebant *Ask.* abdride *P Similia Mure s. u.* Abdera est terra in qua in Kalendis Ianuarii homines indigene unum emptum pro capitibus omnium deuotum lapidabant. unde homines illius terre dicuntur abdite (*l.* abderite) *Constantinus Fanensis citat Scholiasten Statii Theb. X.* 793 *ubi hic mos lustrandi ciuitatem humana hostia Gallicus esse dicitur.* 469. *Scholia corrupta* Demeus] *Num* Deioneus ? *Nam Deionides Ouidio M. IX.* 444 *Miletus est : Miletus autem nepos Dexithoes. cf. ad* 475. ipomoi *G* ypomei *Mure* thelelōn *Mure* uulminatus *Mure bis* excepta tota familia eius dexiroe *Mure* dexitoes *Mure* paua curta] *An* panagyrta, *quod coni. Io. Wordsworth? Nam uniuersorum deceptor* (ἀγύρτης) *uocari poterat Telchis rex Telchinum, qui in daemonum numero et magicas artes exercere putabantur. An ad* ἀκεῖσθαι *referendum nomen est, ut intelligatur Aesculapius? Nam Panaceia una fuit ex filiabus Aesculapii* satus Hipponoo] *om. C* ipse et iouem *C Ask.* concubuisse cum ea *Ask.* desitos *C* eandem *C* Thelchinum *P.*

*Id est Procrustes et pater†Deri-
thones Pantacrita fulminati sunt a
Ioue, ut H. ait. *ed. Paris.* 1573.
471. Vt soror Autonoes.
Semele scilicet. *G.*

ut cui matertera Maia.
†Teucer filius Electrae sororis
Maiae. *G.*

472. Vt temere optatos.
De Ph*ae*thonte. *G.*

473. Vt ferus Aeolides.
Salmoneus fi. *A*eoli fecit caelum
*ae*neum et ideo a Ioue fulminatus
est. uel aliter : uoluit unum de
patris sui uentis cuidam amico suo
accommodare : cumque Austrum
uellet aperire, Iupiter, timens tem-
pestatem, eum fulminauit. *G.*
Vt sanguine natus eodem.
†Arpistes filius Licaonis fulminatus
est a Ioue. Natus de eodem
patre, de quo Parr*h*asis quae ideo
caret aquis quia non occidit. *G.*

FuitSemele quae a Ioue fulminata
fuit, ut dicitur Meta[os] (*III.* 261
sqq.). *C.*
Filius scilicet Electrae sororis
Maiae, quem Virgilius refert pro
sceleribus suis fulminatum a Ioue.
C.
Descriptio est Phaethontis filii
Phoebi et Climenes, quem Iupiter
fulminauit quia Solis equos usur-
pando male uexit, ut dicit Ouidius
Meta[os] (*III. init.*). *C.*
i. Salmoneus filius *A*eoli, quem
apud Elidem ciuitatem facto [caelo
uel] solo aeneo superducendo
currum cum equis strepitum quasi
sonitum tonitruusfaciebatfacesque
iaculando simulabat fulmen. Facibus uero percuss*us* interficieba*tur*.
C et Ask.
†Arpiten, filium Licaonis, fratrem
Cal*l*istonis, quae Parr*h*asis dicitur,
significat; qui quoniam superos
et ipsum Iouem spernebat ab ipso
fulminatus est. *C et Ask.*

471. metha[os] *C*   Teucer] *imo Iasius : sed cf. Aen. III.* 167, Hinc
Dardanus ortus Iasiusque pater, genus a quo principe· nostrum, *b. e. Teu-
crorum. Steph. B. s. u. Δάρδανος quem locum affert Lobeckius Aglaoph.
p.* 1222 Δάρδανος ἐκ τοῦ νεῴ τῆς Ἀθηνᾶς τὸ παλλάδιον ἀράμενος εἰς
Σαμοθράκην μετὰ Ἁρμονίας καὶ Ἰασίωνος ἑνὸς τῶν ἀδελφῶν· κἀκεῖ διάγοντα
Κάδμος ὁ Ἀγήνορος ἐφιλοποιήσατο, καὶ ἀποθανούσης Τηλεφάης γαμεῖ τὴν Ἁρ-
μονίαν ὁ Κάδμος, καὶ ἀποστέλλει τὸν Δάρδανον εἰς τὴν Ἀσίαν μετὰ τῶν ἑταίρων
πρὸς Τεῦκρον τὸν Τρῶα· ὁ δὲ Τεῦκρος ἀναγνωρίσας τὸν Δάρδανον δίδωσιν αὐτῷ τὴν
θυγατέρα Βάτειαν καὶ ἀποθνήσκων τὴν βασίλειαν.
472. phetonte *G*   phoetontis *C*   metha[os] *C.*
473. caelo uel] *om. Ask.*   soleo *C*   solio *Ask.*   superdicendo *C* quasi
Ask.   quia *C*   sonus tonitrus *Ask.*   percussis *C Ask.*   interficiebat *C*
interfici meruit a Ioue *Ask.*   *Nonnus. Synagog. Histor. II.* 7 Σαλμωνεὺς
Αἰόλου μὲν ἦν υἱός, βασιλεὺς δὲ Θετταλῶν· οὗτος ἀσεβὴς εἰς θεοὺς γενόμενος,
προσάπτων ἅρματι βύρσας ξηράς τε καὶ σκληρὰς καὶ λέβητάς τινας μετὰ τῶν
βυρσῶν, ἤχους ἀπετέλει· μετὰ χεῖράς τε βαστάζων καιομένας λαμπάδας ἐμεγαλαύχει
καθάπερ ὁ Ζεὺς βροντᾶν τε καὶ ἀστραπᾶν, ἕως ὑπὸ Διὸς κεραυνωθεὶς ἀνηρέθη.
Arpistes] *Ex filiis Lycaonis quos nominat Apollodorus III.* 8 Harpaleus et
Harpalycus proxime accedunt ad id quod habent Scholiastae; sed haud scio an
non melius Arpiten Arpisten Appasten (sic enim scripsit Mure) ex Trapezeo
corrupta arbitreris. Trapezeus filius Lycaonis ap. Pausan. VIII.* 3. 2, *locus
autem ubi ipse cum filiis ἐκεραυνώθη Trapezus fuit.*   parrasis *G* callistonis *C*
parasis *pr.* parasin *C*   *Ask. babet* Arpitem filius licaonis frater Calistonis*.*
quae perasis dicitur.   quia superos et ipsum iouem spernebat fulminatus est
ab ipso ioue.

475. Vt Macedo. Machelo filia †Domonis cum in nuptiis sederet cum †Meneta marito suo fulminati sunt, quia omnes deos praeter Iouem inuitauerant. *G.*

Macedo filia Damonis dicitur cum sororibus fuisse : harum hospitio usus Iupiter, cum Telchinas quorum hic princeps erat corrumpentes inui*di*a successus omnium fructuum fulmine interficeret, seruauit. ad quas cum uenisset Minos cum Dexione concubuit : ex qua creauit Euxantium unde Euxantidae fuerunt. *P.*

Macelo (Macedo *Ask.*) mulier quaedam, cum interesset nup*fi*is suis, fulminata est a Ioue cum coniuge suo Menedemo, quia omnes deos *inui*tauerat praeter [ipsum] Iouem. *C et Ask.*

Nicander dicit Macelon filiam Damonis cum sororibus fuisse. harum hospitio Iupiter susceptus cum Thelonios quorum hic Damo princeps erat corrumpentes uenenis successus omnium fructuum fulmine interficeret seruauit eos. sed Macelo cum uiro propter uiri nequitiam periit. ad alias uero seruatas cum uenisset Minos, cum Desithone (Desitone *ed. Paris.*) concubuit, ex qua creauit Eusantium unde Eusantiae fuerunt. *Cod. Saluagnii et ed. Paris.* 1573.

475. *Similia Mure s. u.* Macedon uel Macedo in nupciis cum menedrita coniuge fulminatus est quod omnes deos praeter iouem ad nupcias inuitauit O^{us} in ybin Vt macedon rapidis iactus cum coniuge flammis uel aliter ut legatur iacta Macedon dānethis filia soror earum que iouem hospitauerant uxor principis thelebonum successus omnium fructuum inuidia corrupit unde ipsa cum principe et Thelebonibus fulminata est. Iupiter tamen pepercit hiis que hospitauerant ipsum. ex una quorum (*sic*) dexithoe minos euxancium genuit. Domonis] *Num* Damnonis *quod nomen a Damnameneo pendere conicias ? Damnameneus unus Telchinum (Schol. Ap. R. I.* 1129). *Sic apud Lactantium Narr. Fab. IV.* 9 Celmi et Adamantis *scriptum est pro* Celmi et Damnamenei. inuitauerat] mutauerat *C* inuitauerant *Ask.* ipsum *om. Ask.* usus est *P* in uia *P* *Nota Telchinum inuidia* cuxantium *P* cusantie *P* Euxantium, Euxantidae *scripsi secutus Schneiderum Nic. fr.* 116, *quamquam hic* Euxantiadae *praetulit. Historia uera uidetur, quamquam inter Teleboas et Telchinas mire fluctuans.* Strab. 654 ἐκαλεῖτο ἡ Ῥόδος . . . Τελχινίς, ἀπὸ τῶν οἰκησάντων Τελχίνων τὴν νῆσον· οὓς οἱ μὲν βασκάνους φασὶ καὶ γόητας θείῳ καταρρέοντας τὸ τῆς Στυγὸς ὕδωρ, ζῴων τε καὶ φυτῶν ὀλέθρου χάριν· οἱ δὲ τέχναις διαφέροντας τοὐναντίον ὑπὸ τῶν ἀντιτέχνων βασκανθῆναι καὶ τῆς δυσφημίας τυχεῖν ταύτης. Diod. *V.* 55, Nonn. *XIV.* 36, Zenob. *Cent. V.* 41, Suid. *s. u.* Τελχῖνες *et* Θέλγει. Euxantius *pater Dexitheae commemoratur ab Apollod. III.* 1 *et tamquam Mileti genitor a Schol. Ap. R. I.* 186. *Vide O.* Schneiderum *ad* Nicand. *fr.* 116, *qui si cognita haberet quae ego ex Mure edidi* Desithone *illud in Salu. scholio in* Dexithoe, *non in* Dexithea, *mutaturus fuerat. Commentarii loco adscribam uerba* Lobeckii *Aglaoph. p.* 1186 'Accedebat quod Panyasis tradidit, Lyciae gentis auctorem Tremilum Ogygi filiam Praxidicam in matrimonio habuisse. Steph. s. Τρεμίλη. Vna enim Praxidicarum Thelxinea uocabatur Suid. neque incredibile uidetur, huius quoque nominis similitudine Zenonem uel quicunque istius fabulae auctor, ad Telchinas Rhodios traductum esse, quorum in numero ferebatur Lycus.' *Pariter enim Dexionae uel Dexithoae nomen ad Telchinas transtulerunt tamquam Thelxinoe esset.*

G 2

477. Praedaque sis illis.
Trasus filius Anii sacerdotis Latonae, dum iret accendere lucer-
nam in templo ante diem, a canibus deuoratus est, unde teste Cal-
limaco non fuerunt canes in illo
templo. G.
Sacerdos Apollinis Delii Anius
fuit. ad quem cum uenisset de
nocte filius eius Trasus a canibus
laniatus est. unde Delum nullus
canis accedit auctore Callimacho.
P, et cod. Saluagnii cum ed. Paris.
1573.
479. speculantem labra Dianae. Actaeona tangit. G.

480. Quique Crotopiaden.
Linum filium Apollinis a pastori-
bus nutritum et a canibus deuoratum. G.
Psamathe Crotopi filia fuit, quae
de Apolline filium, s. Linum, habuit, quem canes comederunt. P.

Trasus fuit filius Anii sacerdotis Phoebi, ad quem cum ueniret
Anius presbyter noctu, inuentus a
canibus ab eis dilaceratus est, ut
ait Callimacus. C. uel ut alii
dicunt: Trasus, cum peteret templum Dianae quod a canibus cus-
todiebatur, quoniam [ipsa] est dea
uenationis et canum, dilaceratus
est ab ipsis canibus. ex illo tempore Delos canes non habet. C
similiaque Ask.

Descriptio est Actaeonis qui,
cum uideret Dianam quae bal
neabat se nudatam, mutatus est
in ceruum, et a propriis canibus
dilaceratus fuit. labra inferiora,
s. uuluam labratam. C.
Apollo, uicto Pithone serpente,
uenit ad domum Crotopi [.s. ad
filiam nomine Salmacem] quae
domum custodiebat, et cum ea
concumbens genuit filium Linum,
[quem ipsa pastori cuidam commendauit ad nutriendum;] quem
incaute depositum sui canes comederunt, ut d. Statius. C et Ask.

482. Oeagri Calliopesque nurus. Euridice uxor Orfei filii
Oeagri et Calliopes, secundum alios filii Phoebi et Calli. fugiens
Aristaeum, a serpente percussa interiit. G.
483. Quam puer Hypsipy-   [Puer] Archemorus, Licurgi
les.   Tangit de Archemoro et   filius, a serpente interemptus est;

477. *Hyg.* 247 Thasius Delo Anii sacerdotis Apollinis filius: ex eo Delo
nullus canis est. *Similia Mure s. u.* Trasus filius sacerdotis appollinis in
delo insula de nocte ad patrem suum accedere uolens a canibus qui ipsum
custodiebant dilaceratus est. unde postea canes remoti sunt. annii G
autore Calimacho P *cuius scholion iisdem fere uerbis conceptum est quibus ap.*
Salu. et ed. Paris. 1573   Resus C   anai C   resus C   Resus uel
trasus cum peteret t. dianae *Ask.*   ipsa] *om. Ask.*   est ab ipsis c. dilac.
cum nemo debeat ingredi ante diem et *Ask.*   habuit *Ask.*
480. Amate cecŏpi P   limum P   phitone C   s. ad filiam nomine
Salmacem] *om. C, ex Ask. suppleui*   quem—nutriendum] *om. Ask.*   *Mure*
habet Lynus nepos crothopii regis argiourum (*sic*) a matre propria quia
appollo stuprauerat pastori missus ad allendum a canibus dilaceatur (*sic*).
482. eenagri G   s. G   febi G   cali. filii] filius G   *Apollod. I.*
3. 2 Καλλιόπης καὶ Οἰάγρου κατ' ἐπίκλησιν δὲ Ἀπόλλωνος Λῖνος καὶ Ὀρφεύς.
483. terone G   *Apud Seruium ad Aen. II.* 211 *filios Laocoontis Ethronem*
et Melanthum Thessandrus dicit ubi Theronem *conicias. cf. Tzetz. Schol. ad*
Lyc. 344 δράκοντες τὸν παῖδα τοῦ Λαοκόοντος ἀνεῖλον .... ὅτι τῷ δόρατι βαλεῖν

Lacoonte uel T*h*erone qui lancea fixit equum Palladis. *G.*
Quam qui caua primus. Laconta significat qui primus equum percussit Palladis ligneum in quo inclusi erant Graeci; unde dilaceratus est a serpentibus eodem die, ut dicit Virgilius. *Ask. et C.*

484. suspecti sibi a*c* quibusdam aliis ne intus inclusi essent Gra*e*ci. *C.*

485. Neue gradus adeas. Helpenor †amasiusAgamemnonis† uino potus de turri cadens ex*s*pirauit, teste O. *G.*

488. Iuuit inhumanum. T*h*iodomas tirannus Driopes prouocauit ad bellum. e*i* quisquis igitur occurrebat interficiebatur ab eo. *G.*
Thiodomas fuit quidam qui inermis inermes suos duxit ad proelium. *P.*

quem nutriebat *Hyp*sipile filia Thoantis, ut ait Statius. *C et Ask.*

Laconta significat qui primus

†Alpenor Agamemnonis filius uel amasius† nimium potus de turre cecidit. *C et Ask.*

Dum Driops populus depugnaret contra †Therodomantum tirannum, Coro*n*i †filium, uix aliquis eorum euasit quin moreretur. *C.*
Aliter : T*h*ero*d*omas quidam tirannus fuit qui Driopas quosdam populos ad pugnam contra se prouocabat et quem poterat uincere interficiebat suspensum. *Ask. et C.*

489. Quam ferus ipse suo. De Caco. *G.*
Quando Hercules redibat cum armento Gerionis tricorporis quem ipse interfecerat reliquid illud iuxta montem ubi erat *spelunca* latronis, s. Ca*c*i, qui furatus est illi quat*u*or boues et totidem uaccas; quos requirens Hercules nu*s*quam inuenit donec una mugiit; quam audiens Hercules *spel*un*c*am intrauit, Cacum occidit, boues extra*x*it. *C.*

491. Quam qui dona tulit. De Lica nuntio Deianirae ad Herculem. *G.*
Lic*a*s uestem Nessi sanguine tinctam, quem Hercules interfecit, Herculi iussu Deianirae praesentauit in pignus amoris : unde interfectus est ab ipso Hercule et rotatus in durum lapidem est conuersus. Ouidius Meta^os. *C.*

τὸν δούρειον ἵππον ἐτόλμησε Puer] *om. Ask.* archamarus liburgi *C* est interfectus *Ask.* ysiphile *C* isiphile *Ask.* ut dicit *Ask.* *Theb.*
IV. 741, *V.* 538 Lachonta *C* lacaonta *Ask.* percussit equum *C* eo die Virgilio teste *C.*
484. aquibusdam *C.*
485. *Met. XIV.* 252 filius siue amasius Ag. *Ask. Vnde scholiastae Elpenora amasium Agamemnonis dixerint nescio, nisi forte ex male intellecto uersu Tristium III.* 4. 19 At miser Elpenor tecto delapsus ab alto Occurrit regi flebilis umbra suo. *Idem tamen tradit Mure s. u.* Alpenor.
488. tiodomas *G* et quisquis igitur *G* Thyodomas *P* thorodomantum *C* Corodi *C* *Apud Schol. Ap. R. I.* 131 Θειοδάμαντος τοῦ Δρύοπος *Theiodamantis pater Dryops est. Apollodorus II.* 7 *narrat Herculem postquam Theiodamanta ac Dryopas uicisset Lapitharum ducem Coronum occidisse. Hinc ortum credo quod Coroni filius Theiodamas dicatur* tercho domas *C* Torodomans *Ask.* driopes populos quosdam *C.*
489. et quem ipse *C* __ spelunca] *om. C* cachii *C* quatuor *C* nunquam *C* hercules una *C* chaccum *C* extrahit *C* caribdam rotauit et in mare proiecit d. ouidius metha^os et uirgilius *add. C.*
491. licos *C* *Met. IX.* 211 *sqq.*

494. Vt qui Socraticum. Historia haec est de Theo*m*broto *Ambraciota* de quo Cicero in Tusculanis Qu*a*estionibus facit mentionem et Lactantius in Quaestionibus Diuinis (*III.* 18): qui lecto Platonis de immortalitate animae saepius libro ubi inducitur Socrates, se de saxo praecipitem dedit, multo melius futurum credens mori quam uiuere. *Cod.* 36 *Seminarii Patauini.*

495. Vt qui Theseae. De *A*egeo dicit. *G.*

*A*egeum patrem Thesei tangit cui Theseus ad Minotaurum tendens cum nigris uelis quod erat signum tristi*t*iae promiserat se mutaturum nigra uela in alba si Minotaurum uinceret.   quo tandem uicto a Theseo nautae pr*a*e laeti*t*ia obliti sunt mutare uela : quae quia in reditu pater de arce sua nigra uidit filium suum putans mortuum de eadem arce se in mare praecipitauit, a quo dictum est *A*egeum mare et ipse dicitur in mari deificatus esse.   *C.*

496. ut Iliaca missus ab arce puer.   Astiana*x* filius Hectoris quem Vlixes de turri pr*a*ecipitauit.   *G.*

497. Vt teneri nutrix. Ino.   *G.*

[Dicitur] de *I*noe quae Bac*c*hum extractum de uentre Semeles eius sororis a Ioue fulminatae nutriuit et suasu Iunonis per Tisiphonem insaniuit et cum filio Mel*i*certa [se] in mare pr*a*ecipitauit, Ouidius Meta.   *C et Ask.*

498. Vt cui causa necis.   Perdix fuit nepos D*a*edali, quem
Perdix nepos D*a*edali serram et   ipse D*a*edalus docuit, sed postea
alia instrumenta inuenit.   unde   nimis doctus, ab eo quia ser*r*am
D*a*edalus, propter inuidiam, eum   reperit interfectus est.   *P.*
praecipitauit in mar*i.*   *G.*

499. Lindia se scopulis.   Lidi*a*e uirgines conuitia Baccho
Hercules boues cuiusdam comedit   in*g*erentes et festum eius pro*fa*-

494. a Brociade *Patau.*   *Seriora hic ut ueriora praetuli quanquam non
ante saec. XV innotuerunt. Habent hanc interpretationem duo Vaticani Pal.* 1709
et Reg. 2061, *ubi Theobrotus, uti in Patauino, dicitur, quae forma nominis in
nonnullis codicibus Tusculanarum I.* 34. 84 *inuenitur. Cleombrotus a Callimacho
Epig. XXV.* 1 *nominatur et in optimis codicibus Ciceronis.   Mira est in hoc loco
inscitia scholiastarum, quorum* G *haec habet* Socrates insanus pro quodam
discipulo suo Alcipiade (*sic*) hausit uenenum et euasit, hausit uero pro deo
(dō) et periit.   quare dum libri sui a phebo cremarentur quidam discipulus
suus uoluit quosdam exempla habere unde ab inuidis in mari precipitatus
est, C *haec cum Ask.* Athenienses socrate mortuo libros quos ipse fecerat
imposuerunt igni, quos quia seruauit quidam amicus eius ab inuidis de saxo
praecipitatus est.   *Nimis futtilia sunt quae addit* C *cum Mure. Ceterum miror
ueram interpretationem latuisse, cum in scholiis Gregorii Nazianzeni saepius
commemoretur, ut Cosm. p.* 577, *Nonn. p.* 994.
    495. egeum *C*   tristicie *C*   pro leticia *C*   abliti *C*   egeum *C.*
    496. astionas *G.*
    497. Dicitur] *om. Ask.*   ynoe *C*   bachum *C*   semeles sororis suae
Ask.   thesiphonem *C*   melecerta *C*   se] *om.* C   *Met. IV.* 431.
    498. nepos] *imo sororis filius Hygin.* 38, *Met. VIII.* 242   seram hostii
inepte P *quod correxi   Apollod. III.* 15. 9 *de Talo filio Perdicis sororis Daedali quem serrae repertorem facit* μαθητὴν ὄντα, δείσας μὴ διὰ τὴν εὐφυίαν αὐτὸν
ὑπερβάλῃ· σιαγόνα γὰρ ὄφεως εὑρὼν ξύλον λεπτὸν ἔπρισε.
    499. *Nonnus ad Gregor.* 56 Λίνδος πόλις παλαιὰ τῆς 'Ρόδου· ἐν ταύτῃ τῷ ἱερεῖ
τῷ θύοντι καὶ θοινωμένῳ τὸν βοῦν, οἱ θύοντες κατηρῶντο καὶ διελοιδοροῦντο καὶ
ὕβριζον ὕβρεις οὐχ ὁσίας.   sacrificii *G*   inferentes *C Ask.*   propha-

et hunc morem in sacrificiis patriae suae dereliquit : quare Lindia pertulit in eum turpia uerba; quae in furorem conuersa se in mare praecipitauit. *G.*

Hercules cuiusdam Lindii aratoris raptum bouem occidit et ait se cum comederet nunquam libentius epulatum; quem morem Lindii seruauerunt maledicentes deo; quae sacra, cum uno anno intermisissent, furor praecipitandi inmissus est Lindiis uirginibus. *P.*

501. Feta tibi occurrat.
*Feta leaena †Paphago in patris agro occurrens eum deuorauit. *G.*

†Paphagus Epirotes cum Ambrachiam obsideret exiuit uenatum et leaenae catulum nactus substulit: cui leaena occurrens lacerauit eum. *P.*

503. Quique Lycurgiden.
Ancaeus filius Licurgi et Adonis filius Mirrae, in arborem mutatae, et Cinarae, et Idmon audacissimi fuerunt uenatores et ab apris perierunt. *G.*

505. Isque uel exanimis.
Thoas quidam uenator caput apri

nantes nimium potae de quodam monte [se] praecipitarunt, ut ait Gallus. *C et Ask.*

Hic intelligitur Ibici Lydi filia quae cum Dianae auxilio uim Martis effugisset contumeliose in ipsum inuecta est, ex quo Mars commotus Ibicum morte affecit, illa prae dolore a scopulo se demisit. *Cod. Saluagnii.*

†Paphageus Epirotes cum Ambrachiam obsideret exiuit uenatum et leaenae catulum tacitus sustulit; quem consecuta leaena uirum membratim laniauit. *C et Ask.*

Ancaeus Licurgi filius a Cali donio apro interfectus est. *P.*
Idem etiam aper (Calydonius) Ancaeum Licurgiden Arcadium sibi cum bipenni occurrentem occidit. *Mure. s. u.* Ythmon.
Apud †Cariam fuit quidam uenator, Thoon nomine, qui caput

nentes *C*   se] *om. C*   lindi execratoris *P*   lindi *P*   ꝗ male
dicentes *P*   *Eadem habet Mure* Lidie uirgines nimis pote sugestione bachi
cui fecerant conuiuia (? conuitia) de monte se praecipitabant.   aliter hercules cuiusdam execratoris raptum bouem occidit comedit.   dicens se
nunquam melius epulatum quem morem lidi id est homines de lidia seruauerant et (? ei) maledicentes deo uno anno intermisso furor precipitandi
obiectus est uirginibus et inmissus   *Historia extat ap. Conon.* 11, *Lact. I.* 21
unde aratoris (ἀροτῆρος Λινδίου) *restitui.   Ad hos uersus Ouidii fortasse referendum erat fragm. Callimacheum (anon.* 281) Κοῦραι πετράων ἥριπον ἐξ ὑπάτων
(*O. Schneider. II. pp.* 98, 759.)   *Saluagnii scholion ficticium credo : non extat
in ed. Paris.* 1573.
    501. ambrachiam *PC*   tacitu *C*   *Eadem ap. Mure nisi quod Pegasus
uel Pegaseus dicitur.*
    503. ligurgi *G*   anteum ligurgidem archadeum *Mure*   *Ficta narrant C
cum Ask. et cod. Salu.*   Amephinus (Amophanus *Ask.*) filius ypocoontis
(ypomeuntos *Ask.*) de genere lygurgi uenator ab apro (apto *C*) fuit interfectus *C et Ask.*   tangit Buten Lycurgi filium quem ex arbore tractum
aper lacerauit *Cod. Salu.   Vera de Ancaeo seruauit Mure; idem falso dicit
Idmona a Calydonio apro interemptum.*
    505. cicidit *G*   Cariam] *imo* Lucaniam *in agro Posidoniati Diod. IV.* 22
toon *P*   dyanam *P*   dormienti caput excidit *P*   italiam *Mure*   ab

capti suspendit in arbore: sed quia male locutus fuit in Dianam, illa faciente, cecidit caput super pectus eius et mortuus est. *G.*

inmane apri fixit in arbore, et insolenter locutus in D*i*anam sub eadem arbore occubuit: huic dormienti *in* caput *i*ncidit impetus et eum occidit. *P.*

Driamas siue Thoon apud Italiam ciuitatem uenator Dian*a*e maledixit: unde *su*b arbore accubans a capite apri occisi in ramo suspenso et supra pectus *eius* delapso nutu Dianae est oppressus. *Mure.*

507. Siue idem simili. Berecintiades sic dictus a Berecintio monte simili morte simili de culpa cecidit. *G.*

Berecintus insula est uel mons in Frigia ubi A*tti*n uenator quia insolenter locutus est in †D*i*anam eadem morte periit qua et Thoas. *C.*

Atis in Berecyntho monte, ubi Cybeles sacra fiebant, cum uenaretur, lassitudine oppressus, sub pinu somnum capiens, pinei pomi casu obrutus est. *Cod. Saluagnii.*

509. Si tua contigerit. Minoe interfecto a Cocalo, Cretenses de Sicilia ossa eius referentes Co*r*cirae applicuerunt. Corciraei uero eos uexauerunt et ossa disperserunt. quare quotiens Co*r*ciraei Cretam uenerunt ab Cretensibus occidebantur. *G.*

C*re*tenses ex Sicilia *Mino*is *ossa* inferentes Corcyram uenerunt: quos fugauerunt Corc*y*raei et ossa Mino*i*s abstulerunt. unde in Creta (nocte *C*) statutum fuit quod quicumque Corcyraei in Cretam (Creten *C*) uenirent suspenderentur, [ut ait †Menestro.] *Ask. et C.*

511. Vt sanguis Aleuae.

*Alebas passus est ruinam suae

arbore *Mure   eius*] suum *Mure   Eadem historia in C Ask.* Thoas apud Caria(m) uenator caput magni apri quem interfecerat super arborem (-e *Ask.*) posuit (suspendit *Ask.*) et insolenter in dyanam locutus sub eadem arbore recubuit, ubique (ibique *Ask.*) super eum dormientem caput cecidit et occidit. *Cod. Saluagnii habuit* In Andragathia regione uenator κ.τ.λ. *quod ex Diodori uerbis* κυνηγὸν ἐν τοῖς κατὰ τὴν θήραν ἀνδραγαθήμασι διωνομασμένον *male intellectis finxisse sibi scholiastam perspexit Ehwaldus p. 9; eundem ego errorem in Vaticano Reg. 2061 inueni* Fuisse scribit hunc Diodorus in agro Possidoniatarum in regione quae dicitur anchogathia *Mirum est de regione omnes errasse praeter unum Mure; nam Posidonia siue Paestum urbs fuit Italorum in Lucanis, ut ex Diodoro satis apparet.*

507. berechinciades *G* berinthius *C* archon *C* dynam *C* quia et *C   Paulo aliter Ask.* Aten filius berentii in phrygia uenator quia et ipse ins. loc. est in dianam κ.τ.λ. *Similia ap. Mure s. u. Athis et in P. Quod Berecyntus in his insula dicitur ad Sangarium fortasse refertur; sed uidetur errasse scholiasta quod Attin de Diana male dicentem induxit.*

509. cochire *G* cochirei *G bis* circenses *C* nunciis *pro* Minois *C* ossa *om. C* minas *C* ueniret suspenderetur *C* ut ait Menestro *om. Ask.* Menestro] *Menephro? an Menestor? Similia ap. Mure s. u. Cretenses et in P.*

511. *Historia ficticia quam pudet scholiis inferre   eius*] sua *G   C et Ask. habent* Lorios alabe filia [alebes *Ask.*] cum littoria [licoride *Ask.*] filia sua dum domum intraret domo cadente periit et [aliquis prothegenes quem ad conuiuium suum inuitauerat] quia eiusdem fuit cum uiro aduersitatis eiusdem dicitur cum eo fuisse constellationis, *sed uerba* aliquis—inuitauerat *absunt ab*

domus et tota *eius* familia : hic autem in Leone natus fuit, quare stella fuit ei *ae*qua.* *G.*

513. Vtque uel Euenus. Ebenus cecidit in fluuium qui prius dictus Licor*m*as, deinceps de nomine ipsius dictus est Ebenus. similiter Tiberinus de nomine su*o* fluuium in quem cecidit Tiberinum nominauit. *G.*

515. Astacidaeque modo. Superius dixit quomodo Tideus corrosit caput Menalippi : hic dicit ut ad modum Menalippi corrodatur. *G.*

517. Quodque ferunt Brotean. †Brothea filius Iouis, impietatis conscius, se ipsum pirae imp*o*suit. *G.*

Ebenus quidam cecidit in fluuium qui prius Licormas dicebatur, sed nunc [ab ipso] Eb*e*nus dicitur, et Tiberinus [rex Albanorum cecidit] in Albulam qui nunc [ab ipso] dicitur Tiberis, ut ait Ouidius. *C et Ask.*

Menalippus fuit quidam Thebanus filius Astaci qui Tydeum ad mortem uulnerauit. Tydeus autem cap*ut* Menalippi sibi allatum *prae* odio et ira conmo*r*dere et rodere coepit. Sta. Th. *Mure.*

Brothea Iouis filius exc*ae*catus est a Ioue quia nequissimus erat, et ideo proiecit se in piram ardentem, odio habens uitam suam, ut ait Darius. *C et Ask.*

Imprecatur mortem Brotheae uel Brothei filii Vulcani et Palladis qui Eric*h*thonius dicebatur : hic, cum esset spretus ob oris deformitatem, sponte in ardentem pyram se coniecit uitam fastidiens, cuius meminit Eusebius. *Reg.* 2061.

519. Inclususque necem cauea. Ca*l*listhenes, qui res Alexandri scripsit, in custodia fame expirauit, eo quod parum spe*c*iose res eius scripserat. *P.*

Callisthenes uel C*h*oerilus, quia promiserat quod gesta Alexandri bene describeret et male descripsit, posuit eum in caueam, ubi frigore et fame periit. *C et Ask.*

Ask. Saluagnius haec edidit Alcidice Aleuae Larissaei filia domus ruina cum Lycoride uiro obruta est, *nec minus futtilia Mure.*

513. *Similia ap. Mure* hebenus *G bis* licornas *G* su *G* ebnus dicitur *C* ab ipso] *om. C* Tiberinus rex Albanorum] *om. C* ab ipso] *om. C* Ouidius] *Met. XIV.* 614–616.

515. capri *Mure* pro *Mure* conmodere *Mure* *A uero aberrarunt* *C et Ask. de Hyrtacide Niso interpretati.*

517. nequissimus est *C* *Mure s. u.* Brotheas filius Iouis propter suam nequiciam excecatus a Ioue et idem se proiecit in piram odio habens uitam suam. *Nescio an huc pertineat quod habet H ad* 297 Themisto Athamantis uxor Proteae Iouis filio uenenum ad bibendum dedit : qui insanus in pyra quam fecerat se composuit. *Hieronymus in Euseb. Chron. p.* 31 *Schöne* Erichthonium *facit Vulcani et Mineruae filium. Tzetzes autem ad Lyc.* 111 *dicit* Ἀθηνᾷ τινὶ Βασιλίδι, θυγατρὶ δὲ Βροντέου ὑπαρχούσῃ, Ἥφαιστος γάμῳ μιγεὶς γεννᾷ Ἐριχθόνιον, *unde Bronteas auus efficitur Erichthonii, sed Broteam eundem Erichthonio fuisse non dicit Tzetzes neque ego hanc historiam comperi.*

519. Calistenes *P* spetiose *P* Calistinus *C* Carillus *C* Cerillus *Ask.* positus fuit in cauea et ibi *Ask. Minus recte G* Cherilus elimones facta Alexandri male describens in foueam praecipitatus fame periit *Mure* Caliphones uel therylus uel elymones gesta magni alexandri male scribens inclusus cauea fame periit. uel aliter. pactus pro bono uersu numisma sibi dari, pro uili colaphum, colaphis periit *cf. Acr. ad Hor. A. P.*

521. Vtque repertori. Archilocus inuentor iambi, propter linguae suae prauitatem, missus est in exilium. *C.*

Archilochus, iambici carminis inuentor, cui maledicentia exitio fuit. *Cod. Saluagnii.*

523. Vtque parum stabili. *Quidam poeta facta Atheniensium male descripsit: quare ab eis et eius scripta combusta sunt et idem fame periit. *G.*

*Menius poeta, quia male descripsit Atheniensium [gesta], ab eis in carcerem positus est, ubi eum fame mori fecerunt et libros eius deleuerunt. *Ask. et C.*

Anaxandrides, non Meuius, ut multi retulerunt. hunc enim Anaxandridem Eustacius refert quom Athenienses bonas leges habere diceret sed malis uti eos praedicaret, enumeraretque ceteras nationes quae aut sine lege essent aut non in condendis legibus tantum salis habuissent, usui uenirent tamen melius, coniectus in carcerem est inediaque extinctus et eius opus publice concrematum est. *Cod.* 36 *Semin. Patauini.*

[Imprecatur mortem Aristonis poetae qui, cum carmine lacessiuisset Athenarum laudes inmensas scriptas ab oratoribus libris qui inscribuntur Pan*a*thenaici, decreto publico fame perire coactus est. Anaximenes autem, ut est apud Pausaniam, librum edidit in Athenienses Lacedaemonios ac Thebanos sub nomine Theopompi. *Reg.* 2061.]

525. Vtque lyrae uates. *Orpheus repertor illiciti amoris a sacerdotibus Ba*c*chi dexteram amisit. tunc ille, uidens se non posse cit*h*arizare, irruit in eas nihil

*Lycofrenus† quidam poeta fuit, qui, dum com*o*ediam suam in scena recitabat, puras, i. nudas, puerorum et puellarum cohortes repr*a*esentabat et quendam *nimis*

---

521. *Minus recte* G Archilochus iamborum inuentor, postquam Licamben coegerat ad suspendium ab amicis eius persecutus seipsum interfecit.'

523. *Historiae ficticiae* Meuius *Ask.* gesta *om. C* carcere positus fuit *C* mori fame *C* *Paria Mure qui ineptit de Vergilii obtrectatore. In Menio isto uerum nomen latere credo, fortasse Menippum. An est* Melius? *quo nomine et Diagoras ex Melo et Socrates tamquam ἄθεος noti fuerunt.* (*Suid. s. u.*) *In loco obscurissimo non dubitaui edere interpretationes Italorum Saec. XV, quales sunt Patauini de Anaxandride et quae hanc secuntur. Aristot. Eth. Nic. VII.* 12. 3 Ἔοικε δὴ ὁ ἀκρατὴς πόλει ἢ ψηφίζεται μὲν ἅπαντα τὰ δέοντα καὶ νόμους ἔχει σπουδαίους, χρῆται δὲ οὐδέν, ὥσπερ Ἀναξανδρίδης ἔσκωψεν, Ἡ πόλις ἐβούλεθ' ἣ νόμων οὐδὲν μέλει. *Sed Anaxandridem in carcerem coniectum inedia periisse non comperi neque apud Eustratium in comment. ad Eth. VII.* 1-2 *neque apud Eustathium ad Hom.* 1273, 1834, *neque ante me comperit Saluagnius. Sed nec Henricus Chandler, uir in Aristotelicis studiis si quis alius excellens, tale quicquam in Eustratio inuenit. Paus. VI.* 18 Φαίνεται δὲ καὶ ἄνδρα ὁ Ἀναξιμένης ἐχθρὸν οὐκ ἀμαθέστατα ἀλλὰ καὶ ἐπιφθονώτατα ἀμυνάμενος. ἐπεφύκει μὲν αὐτὸς σοφιστὴς καὶ σοφιστῶν λόγους μιμεῖσθαι· ὡς δέ οἱ διαφορὰ ἐς Θεόπομπον ἐγεγόνει τὸν Δαμασιστράτου, γράφει βιβλίον ἐς Ἀθηναίους, καὶ ἐπὶ Λακεδαιμονίοις ὁμοῦ καὶ Θηβαίοις, συγγραφὴν λοίδορον, ὡς δὲ ἦν ἐς τὸ ἀκριβέστατον αὐτῷ μεμιμημένα, ἐπιγράψας τοῦ Θεοπόμπου τὸ ὄνομα τῷ βιβλίῳ διέπεμπεν εἰς τὰς πόλεις· καὶ αὐτός τε συγγεγραφὼς ἦν, καὶ τὸ ἔχθος τὸ ἐς Θεόπομπον ἀνὰ πᾶσαν τὴν Ἑλλάδα ἐπηύξητο. οὐ μὴν οὐδὲ εἰπεῖν τις αὐτοσχεδίας Ἀναξιμένους πρότερός ἐστιν εὑρηκώς. τὰ ἔπη δὲ τὰ ἐς Ἀλέξανδρον οὗ μοι πιστά ἐστιν Ἀναξιμένην τὸν ποιήσαντα εἶναι. *pantheniaci carmine Reg.*

525. repertor *Lact. Narr. Fab. X.* 1 puerilem uenerem instituit citari-

curans de uita, et mortuus est.*
G.

*Aristochius† poeta carmen tra-
gicum per siluam transiens medi-
tabatur, cui serpens ex arbore,
cuius folia percusserat, decidens
manum momordit, quare extre-
mum diem obiit.* *Cod. Saluagnii.*

527. Vtque Agamemnonio.
Orestes de morte Pirri rediens,
calcato serpente interiit. *G.*

529. Sit tibi coniugii. Eu-
po*li*s et uxor sua primo concubitu
perierunt fulmine, causa tamen
latet. uel ideo quia aliis diis
uocatis Iouis obliti sunt. *G.*

531. Vtque cothurnatum.
*Licophorus tragicus nimis igno-

acriter reprehendebat, qui *e*um
in ipsa recitatione cum sagitta in
manu dextra uulnerauit : unde sic
emittend*o* sanguinem periit, teste
Gallo.* *C et Ask.*

Orestes filius Agamemnonis,
cum reuerteretur ab interfectione
Pirri, calcato serpente interiit. *C
et Ask.*

Eupolis et uxor sua †Medela in
primo concubitu interfecti sunt a
Ioue, qui*a* sacrificauerunt omnibus
diis et non Ioui. *C et Ask.*

*Licoris quidam poeta scri-
bens trag*o*ediam percussus est

zare *G* †Aristochius] *An* Aristo Chius ? *an* Aristomachus, *qui in
Scholiis Arateorum Germanici nuncupatus est p.* 164 *ed. Breysig?* Licofirrius
uel Licostrarius *Ask.* puras i. *om. Ask.* mirus acriter *C* qui cum ipsa
recitatione *C* dextera *Ask.* emittenda *C* *Saluagniana fabula sic extat in
Patauino codice* Carcirius (*l.* Carcinus) poeta tragicus, ut Eustachius memorat
in vii Ethicorum Aristotelis libro, de Cercione scripsit, et Alepam (*l.* Alopen)
eius filiam adulteram patris infamauit. quapropter traiectus gladio extinctus
est. uel intelligamus de Aristomachio (? Aristone chio) poeta qui quidem
dum tragicum carmen meditaretur per siluam incedens arboris frondes
decutiebat securus. quod dum faceret serpentis morsu concidit. *Vnde
merito suspiceris totam hanc fabulam de puera serpente occiso ex Eth. VII.*
ὥσπερ ὁ Θεοδέκτου Φιλοκτήτης ὑπὸ τοῦ ἔχεως πεπληγμένος ἢ ὁ Καρκίνου ἐν τῇ
'Αλόπῃ Κερκύων *conflatam fuisse, uti post Leopardum Meinekius docuit de
Carcino disserens Hist. Crit. Com. Graec. p.* 512. *Idem Meinekius Aristoni
Chio, Stoico philosopho, assignat undeuiginti iambos comicorum ad similitudinem
ap. Theophil. c. Autolycum III.* 7 * end. Otto* ; *quamquam inter Aristones etiam
tragicus memoratur a Diog. L. VII.* 164. *Quae C et Ask.* habent proxime
accedunt ad ea quae de *Anthea Lindio tradit Athenaeus* 445. *Hic enim*
πρεσβύτερος καὶ εὐδαίμων ἄνθρωπος εὐφυής τε περὶ ποίησιν ὢν πάντα τὸν βίον
ἐδιονυσίαζεν, ἐσθῆτά τε διονυσιακὴν φορῶν καὶ πολλοὺς τρέφων συμβάκχους
ἐξῆγέ τε κῶμον ἀεὶ μεθ' ἡμέραν καὶ νύκτωρ. καὶ πρῶτος εὗρε τὴν διὰ τῶν συν-
θέτων ὀνομάτων ποίησιν, ᾗ 'Ασωπόδωρος ὁ Φλιάσιος ὕστερον ἐχρήσατο ἐν τοῖς
καταλογάδην ἰάμβοις· οὗτος δὲ καὶ κωμῳδίας ἐποίει καὶ ἄλλα πολλὰ ἐν τούτῳ τῷ
τρόπῳ τῶν ποιημάτων, ἃ ἐξῆρχε τοῖς μεθ' αὑτοῦ φαλλοφοροῦσι.
527. Horestes *GC* agamenonis *C* *Tzetz. ad Lyc.* 1374 αὐτὸς δὲ μετὰ
τῶν ἀδελφῶν ἀνελὼν Νεοπτόλεμον τὸν 'Αχιλλέως, ἔγημεν 'Ερμιόνην ἐξ ἧς γεννᾷ
Τισαμενόν. *Ἡ κατά τινας 'Ηριγόνην γήμας τὴν Αἰγίσθου Πένθιλον γεννᾷ, οἰκῶν
ἐν 'Ορεστίᾳ τῆς 'Αρκαδίας, ὅπου ὑπὸ ὄφεως δηχθεὶς ἀναιρεῖται. *Sed non dicit
Tzetzes angue Orestem periisse dum ab occidendo Pyrrho reuertitur.*
529. Eupotus *G* Ebolus uel Ebalus uel Empalus *Ask.* qui *C*
sacrificauerant *Ask.* Mure *s. u.* Eupolis qui secundum alios dicitur
Ypolis cum coniuge sua medela in prima nocte nupciarum et primo coytu
periit *Nomen uxoris* Λυκαίνιον *est in epigrammate A. P. VII.* 298. 3.
531. *Historiae ficticiae.* Licorphorus *G* Lycoris *Ask.* passus fuit

92 SCHOLIA

miniose de principibus loquebatur, unde in ipsa recitatione sagitta toxicata percussus interiit.* *G.* — sagitta a quodam inimico suo in uena, unde incessanter inundante sanguine mortuus est.* *C et Ask.*

533. Aut lacer in siluis. De Pent*h*eo. *G.*
Pentheum significat qui a matre et materteris suis dilaceratus habuit auum *C*ad*m*um quem constat *a*ngu*e*m fuisse inuentum. unde dicit Ouidius Meta*os*. [*III*. 575 ut serpens in longam tenditur aluum]. *C.*

535. Perque feros montes. Iupiter concubuit cum uxore Lici. genuit ex ea*Z*etum et Amphionem. ideo Licus eam repudiauit et Dircen duxit. quare *Z*etus et Amphion tauris indomitis distraxerunt. *G.*

Licus rex [Thebarum] habuit uxorem nomine Antiopam, quam postea dimisit et in carcere(m) posuit persuasione Dirces alterius uxoris quam ei superduxit. sed dum superesset in carcere Iupiter eius amore captus ad eam ueniens genuit Zetum et Amphionem; qui cum adulti fuissent, cognito quod per nouercam incarcerata fuit mater sua, nouerca*m* tauris *in*domitis alligata*m* circa muros uel montes Thebanos traxerunt, donec mutata fuit in fontem sui nominis. *C et Ask.*

536. coniux imperiosa. Dirce. *G.*

537. Quodque suae passa est. De Philome*l*a. *G.*
Philome*l*am tangit sororem Pro*c*nes, filiam Pandionis, a Tereo marito ipsius Pro*c*nes s*t*up*r*atam, cuius etiam li*n*guam secuit, ut ait Ouidius Meta. [*VI*. 556]. *C.*

539. Cognitor ut tardae. Cinaras, quia concubuit cum Mirra filia sua, captus est ab — Cinaram signi*fica*t qui deceptus cum *filia* concubuit: postea cognito quod filia sua erat, euaginato

sagitta *Ask.*   sanguine inundante *Ask.*   *Mure s. u.* Lycoforus comicus sua lenocinia in scenis et in comedia actu representauit, unde quidam indignans mentulam (*h. e.* uenam) eius sagittauit et ita periit. *Nihil in his quod non ficticium uideatur. Tragoedias Lycophron scripsit et* δρᾶμα σατυρικὸν *Menedemum; comoedias non scripsit, sed librum* περὶ Κωμῳδίας (*Mein. Hist. Crit. p.* 10).
533. penteo *G*   pantheum *C*   thadinum *C*   magnum *C*.
535. retum *G*   retus *G*   thebarum *om. C*   anthiopam *C*   carcere *Ask.*   dum esset *Ask.*   cognito *om. Ask.*   fuerat *Ask.*   nouerca turris im domitis alligata *C*   correxi ex *Ask.*
537. philomena *G*   philomenam *C*   prognes *C*   thereo *C*   prognes scrutāta *C*   lignam *C*.
539. signit *C*   cum ea *C*   arbore *C M. X.* 298–502   non nisi] quia non nisi *C*   *Inepta sunt quae addit C* Vel si est ibi Conditor et non Cognitor tardus est proprium nomen eius qui urbem condidit quam mirinem appellauit qui(a) non minus in uidendo urbem delectabatur quam si miro (μύρῳ) unguento ungeretur   cinaria *Mure*   coytus *Mure*   hostiatim *Mure* Blesus *Reg. Hinc et quod ed. Bononiensis a.* 1480 Blaesus *habet colligas iam*

hostibus suis et in puluerem redactus, et per diuersa loca disper-
sus. *G.*

†Leius rex tardus cognomine
dictus eo quod tarde construebat
turres Murr*a*e uel Mur*a*e ciuitatis
ab hostibus suis captus et combustus per diuersa loca sparsus
est. uel aliter ut legatur, C o g n i t o r
et tunc intelligatur de Cinara qui,
cognito crimine coitus cum
Mirra filia perpetrato, uagus et
profugus ostiatim mendicauit.
Mure.

541. I n q u e   t u i s   o p i f e x.
Ach*a*eus quidam poeta in monte
studuit ; super cuius oculos apum
examen descendit ; qui earum
aculeis acceptis amisit lumen. *G.*

543. F i x u s   e t   i n   d u r i s.
Epimet*h*eus et Prometheus fuerunt fratres. Pirra uero fuit filia
Epim*e*t*h*i : cuius frater .s. Prometheus a Ioue fulminatus est. *G.*

545. V t   p u e r   H a r p.   †Arpa-
sige filium comedit quemadmodum T*h*iestes suum, offerente ei
Atreo suo fratre. *G.*

547. T r u n c a   g e r a s   s a e u o.
Mammertus uel ta ab ensibus
frustatim dilaceratus fuit, secun-

gladio, persecutus est illam. quae
fugiens in Orientem mutata fuit in
arbore*m* sui nominis. Ouidius [*X*].
Cinaras quoque, propter scelus
quod fecerat, a ciuibus suis membratim dilaceratus est.   T a r d a e
quia eam cognouit non nisi post
concubitum. *C.*

Bl*a*esus, conditor †Myrrae ciuitatis in Arabia†, tardus in con-
struendis moenibus, ab hostibus
captus est, et eius membra sparsa
per diuersa loca. de hoc nihil
aliud inuenio. [*Reg.* 1801].
Ach*a*eus fuit quidam uates.
super cuius oculos examen apum
ascendit, et sic ea*r*um spicul*i*s acceptis lumina perdidit. *C et Ask.*

Prom*e*theum significat *c*uius
iecur uultures corrodunt.   nam
Iapetus genuit Prometheum et
Epimet*h*e*um, Epimet*h*eus Pirram,
ut d. Ouidius in I°. [82, 390]. *C.*

†Arpacides, uel secundum quosdam †Arapagies, fuit comestus a
patre suo, sicut Thiestes proprios
filios a fratre Atreo appositos
comedit. *Mure.*

Mi*m*nermus gladiis hostium totus dimembratus est et discerptus.
Mure.

*medio saec. XV correctum fuisse id quod optimi codices exhibent laesus. Neque
tamen ante Leopardum* (1510–1567) *emendatio a quoquam perfecta erat, si
quidem hic demum* Cyrae *inuenit.   Vbi mire pro* cire *eodem errore uidetur
scriptum quo* Melacte *pro* Calacte *ap. Sil. XIV.* 252. *Nam quae de Murra
ciuitate habent* Mure *et Reg.* 1801 *uera uix possunt esse.*

541. eius *C*   oculis *Ask.*   ea spicula *C*   receptis *Ask.*   *Mure s. u.*
Acheus quidam alius in monte poeticum exercens studium spiculis apum
occulis suis infixis cecatus est.

543. Epimetus *G*   epimati *G*   significat iecur eius cuius uultures *C*
promotheum *C bis*   epimetum epimetus pirram *C.*

545. *Inepte C et Ask.* Arpiage fuit filius Thiestis quem ei frater suus
atreus dedit ad comedendum ut [supra A t q u e   a l i q u i d, sed illic de com-
missis] *ubi quae uncis inclusa sunt ex Ask. suppleui.* cõmedit *G*   tiestes *G*
Manifeste Mure *de Harpagi filio interpretatur.*

547. Mynerius et Minerinus *Mure   Ficta uidentur quae exhibent C et Ask.*
                    u
Miner͡us (Micernus *Ask.*) captus a quodam hoste suo, mutilatus est
omnibus membris suis, quia interfecerat quendam fratrem hostis sui (fratrem
suum *Ask.*) ad ultimum (et ad ultimum *Ask.*) sibi oculi fuerunt eruti
(oculi fuerunt sibi eruti *Ask.*)

dum quosdam in bello Thebano.
G.

549. Vtque Syracosio. *Theodorus Siracusanus poeta fuit qui
male locutus de Ioue uel Diana,
adeo insaniuit quod se ipsum suspendit.* *G.*

*Tedicus† poeta quia de Ioue
probra dixit factus insanus se
ipsum pro*pria* manu laqueo suspendit.* *C et Ask.*

[Id est Theocrito Syracusio poetae, qui, cum in Hieronis tyranni
filium inuectus esset, ab eo ideo est capi iussus, ut eum ad supplicium
trahi simularet. interrogatus si deinceps a maledictis desisteret, ille
eo acrius etiam regi ipsi maledicere coepit, quare indignatus non
iam ad simulatum, sed ad certum supplicium rapi iussit : quidam
laqueo strangulatum, quidam capite caesum prodidere. *Cod. Saluagnii.*]

[Theocritus poeta Bucolicor*um*, ut multi ferunt, truncatus est capite
quod dicax non tantum in uulgares sed et in principes fuerit. sunt
qui dicant quom ad eum *lo*cum deductus fuisset ubi truncandus erat,
pauore perculsum eum interiisse. Ouidius tamen hic eum laqueo
apprehensum interiisse uideri uult. *Cod.* 36 *Seminarii Patauini.*]

551. Nudaue direpta. Mar-
sia Satirus inuenta tibia Palladis
Apollini se *a*equiperauit ; a quo
uictus excoriatus est et in flumen
sui nominis mutatus. *G.*

Marsiam significat Satirum qui
ab Apolline excoriatus est, ut
dictum est supra [ibi] Mens quoque, sed illic propri*ti*m de animi
passione, hic de corporis passione.
C et Ask.

553. Saxificae uideas. Perseus, rediens ab interfectione Me-
duses, Phineum et multos de
populo *eius* in saxa conuertit
ostenso eis capite Gorgonis. Ouidius (*M. V.* 157 *sqq.*). *C.*

554. Cephenum multos. Quia uolebant Persea occidere. *G.*

555. Potniadum morsus.
Vnus Glaucus, festa Veneris nolens
celebrare, ab equabus deuoratus
est, quae sunt animalia luxuriosa,
quae dictae sunt Po*tni*ades a loco.
G.

Glaucus despiciebat sacrificia
Veneris, vnde illa irata Po*t*niades
equas a loco sic dictas quas equitabat in eum conuertit. itaque
totum ipsum dilacerauerunt. *C et
Ask.*

556. Inque maris salias.   Glaucus piscator proiecit pisces

549. *Historiae ficticiae.* Teditus *Ask.*   pro manu laqueo *C*   proprio
laqueo *Ask.*   *Mure habet haec* Theocritus eciam alter uel theudocus male
locutus de ioue ut latro est suspensus. aliter quidam poeta quodam die
equum ascendit imponensque laqueum arbori qua erat transiturus cepit
equum calcaribus urgere et sub arbore transire uolens capite ipsi laqueo
implicito strangulatur.   *Quae secuntur ex Saluagnii codice uereor ne ficta sint
omnia. Quae ex Patauino attuli ut de Theocrito falsa, ita de Antiphonte uera
sunt. Vide commentarium.*
   551. ibi *om. Ask.*   proprium *C*   de passione animi proprie *Ask.*
   553. medus est *C.*   eius] suo *C.*
   555. postmade *G*   peniades *C*   eques *C*   ita quod *C.*

Alius Glaucus per quamdam herbam in piscem mutatus in mari prosiliit. *G.*

in herbam et tacti ab herba resilierunt in mare, unde admirans uim illius herbae tetigit ipsam et in mare prosiluit. Ouidius Meta. *C.*

557. Vtque duobus idem. Tertius Glaucus a quodam uicino suo ad conuiuium inuitatus ueneno melli mixto interiit. *G.*

Quidam Cretensis inuitauit Glaucum †nolem ad prandium et dedit illi uenenum bibere cum melle, et ita suffocatus est. *C et Ask.*

Glaucus piscator optimus de urbe Anthedone, secundum quosdam filius Minois, pisces in litus proiecit, qui herbarum tactu reuixerunt : quo uiso Glaucus, credens quod gustans has herbas fieret immortalis, gustauit, et statim alienatus se in mare praecipitauit : ubi factus marinus deus fuit amatus a Circe, sed ipse plus Scillam amauit. Glaucus alter a uicino inuitatus ueneno cum melle mixto bibito fingitur periisse. Glaucus e*t*iam ter*t*ius de urbe Potnia sacra Veneris spreuit : unde illa irata equabus quas equitabat inmisit furorem in tantum quod ipsum dilacerabant. *Mure.*

559. Sollicitoque bibas. Q. d. coactus bibas uenenum quod Socrates bibit sponte. *G.*

Anitus discipulus Socratis eum accusauit, unde Socrates reus Aniti dictus est. qui uenenum sibi datum *ci*cutae bibit prae infamia de Alcibiade puero sibi *dilec*to. *C.*

Sic construe : utinam bibas illud uenenum, s. cicutae, quod doctissimus, i. Socrates, reus Aniti olim bibit : dico bibas sic sollicito ore ueluti ipse Socrates bibit imperturbato ore, quia non timuit et nihil nocuit ei. *C.*

561. Nec tibi si quid amas. Haemon cum sorore prae pudore periit. vel aliter, uxor Haemonis prima nocte mortua quia omnibus

Haemo cum †filiam Rhodopen turpiter amaret, uterque in montem sui nominis obduruit. *Cod. Saluagnii.*

556. metha *C Met. XIII.* 904 *sqq.*
557. †nolem *An* nobilem ? quendam glaucum nomine *Ask.* anchedone *Mure* littus *Mure Quod scholiastae Glaucum ueneno melli mixto tradunt interiisse, conferenda sunt quae de eo dicit Palaephatus de Incred.* 27 Γλαῦκος πιὼν μέλι ἐταράχθη τὴν κοιλίαν· χολῆς δὲ αὐτῷ πλείονος κινηθείσης ἐλειποθύμησεν. *Haec enim, quamquam uulgatam de Glauco fabulam in uerisimilius interpretantur, pro ipsa fabula poterant innotescere.* pothnya *Mure* imtamtum *Mure.*
559. *h. e.* Quasi dicat Sacrates *G Paria cum C habet Mure s. u.* Socrates Anetus *C* aneti *C* secute *C* pro *C* dilecto] iniucto *C Discipulus Socratis Anytus non fuit ; sed disputanti Socrati adfuisse Anyti filium dicit scriptor Xenophonteae Apol. Soc.* 29, 30. *Quae C addit de Alcibiade, nescio an ex antiquo fonte deriuata sint, ubi traditus sit Socrates cum Anyto ita coniunctus fuisse ut uterque Alcibiadis amator esset* (*Schol. Plat. Apol. Socr. p.* 28, *Plut. Amator.* 762).
561. *Incestum Haemonis quod hic narrant G et cod. Saluagnii de Haemo narrat Plutarchus de Fluuiis XI.* παράκεινται δ᾽ αὐτῷ ὄρη ῾Ροδόπη καὶ Αἶμος· οὗτοι ἀδελφοὶ τυγχάνοντες καὶ εἰς ἐπιθυμίαν ἀλλήλων ἐμπεσόντες, ὁ μὲν αὐτὴν ῞Ηραν προσηγόρευσεν, ἡ δὲ τὸν ἀγαπώμενον Δία. οἱ δ᾽ ἀτιμούμενοι θεοὶ τὴν πρᾶξιν

diis sacrificato Venus est praeterita. *G.*

562. Vtque sua Macareus.
Macareus cum sorore sua Canace
coiuit. *G.*

563. Vel uideas quod iam.
praecipitaretur, uidit patriam suam

565. ut auo genitore creatus. Superius de morte Adoni-
dis, modo de causa mortis .s. ut
ea causa mortis Ibis pereat qua
Adonis. *G.*

Supra tetigit de Canace sorore,
ibi Biblidos et Canaces, hic de
fratre, i. Macareo. *C.*
Asti*a*na*x*, prius quam ab Vlixe
destructam. *G.*

Descriptio est Adonis quem
Cin*a*ras de Mirra filia s*v*a genuit, unde ipse fuit et a*u*us et pater.
superius de simplice morte Adonis,
hic de causa mortis loquitur, de *ea*
ut causa Ibis pereat qua Adonis
filius Cinarae periit.   uel supra
de morte Cinarae, h*i*c *de* dedecore
filii, quia pater eius dilaceratus est
a ciuibus, si ibi tangitur de Cinara
Cognitor. *C.*

567. Ossibus inque tuis.
Telegonum genuit (Circe), qui
postmodum a matre pro quae-
rendo patre missus ad Ithacam
urbem et patriam Vlixis, patrem
Vlixem occidit. (*Mure.*)

569. Vtque loquax in equo.
*Agenor male loquens de Diana
equm ascendit, et laqueum in uia
qua erat iturus posuit : quem sub-
transiens equo derelicto ipse pependit.* *G.*

571. Aut ut Anaxarchus.

Vlixes maritus Pen*e*lopes, filiae
*I*cari*i*, et ideo gener *e*ius, a Tel*e*-
damo filio suo fatifero †aciroe
interfectus fuit. *C.*

*Agenor turpia locutus fuit in
Dianam, unde irata fecit *ut* dum
equm curre*re faceret*, equo labente
et pollice sub gula opposito, dum
pronus caderet iugulatus est, teste
Gallo.* *C et Ask.*

Anaxarcus ab hostibus suis depre-

μισοπονήρως ἐνεγκόντες εἰς ὁμώνυμα ὄρη μετέβαλον ἀμφοτέρους. *Cf. Met.
VI.* 87–89 (*Leopard. Emend. p.* 404 *Tom. III Lampadis Gruterianae.*) *Mire
errant C et Ask. de Laodamia Haemonide interpretantes.*
562. sorore et bilidos *C*   machareo *C.*
563. astionas *G.*
565. superius *u.* 539   cineras *C*   et acius *C*   de ut ca causa *C*
parcat *C*   cinare *C bis*   hec dedecore *C.*
567. theleogonum *Mure*   ytacam *Mure*   penolopes *C*   ycari *C*
leius *C*   thelamacho *C*   *Eustath.* 1796 ὁ δὲ τὴν Τηλεγόνειαν γράψας Κυρηναῖος ἐκ μὲν Καλυψοῦς Τηλέγονον υἱὸν Ὀδυσσεῖ ἢ Τηλέδαμον   fatifero aciroe]
an fatifera trigone? *Lyc.* 795 Κτενεῖ δὲ τύψας πλευρὰ λοίγιος στόνυξ
Κέντρῳ δυσαλθὴς ἕλλοπος Σαρδωνικῆς. *G habet* ulixes quia occiderat procos
uxoris sue et seruos et ancillas ab amicis eorum occisus est, quo ā (? autem)
genere teli nescitur.   fuit gener Icarii.
569. *Historia inepte conficta sed in quam conspirant cum ueteribus scholiis
tum Mure tum qui saec. XV uersum interpretati sunt donec uerum docuit Politianus Misc. LXXV.*   locutus est *Ask.*   unde ipsa irata fecit quod ipse
dum *Ask.*   equm curret *C*   ex *Ask. correxi*   posito *Ask.*
571. anax*a*racus *G*   anaxarcus *Mure*   sinapis cum pilo *Mure*   Laer-

hensus in pila fuit positus et tanquam milium uel sinapis contritus
est. *G.*
Anaxarcus in pila, id est in mortario, positus, sicut granum sinapis,
pilo, id est tritorio, tritus seu comminutus est. *Mure.*
Anaxarchus philosophus Abderites intelligitur, cuius ossa concussa
iacta sunt per agros quasi ad sacrificium Cereris. de hoc locutus est
Laertius de uitis philosophorum in hunc modum : Inimicum habuit
Nicocreontem Cypri tyrannum, et cum illum Alexander in conuiuio
rogasset quidnam de cena illa sentiret dixisse ferunt, ' Cuncta per-
magnifice, O rex ; uerum oportebit iam caput satrap*ae* cuiusdam
apponi,' Nicocreontem intuens. hoc ill*e* audito indignatus est. post
mortem regis, cum naui ferretur Anaxarchus inuitusque applicuisset
Cypro, conprensum in saxum concauum coniecit iussitque ferreis
malleis c*ae*di ; et paulo post dixit, ' Tunde, tunde Anaxarchi uasculum,
nam Anaxarchum nihil terres.' [Reg. 1801.]

573. Vtque patrem Psama-
thes. Tangit de filia C*ro*topi,
quam pater suus terrae uiuam infodit quia Phoebus coierat cum
ea. *G.*
†Sameus filiam habuit nomine
Leucotheam a Phoebo adamatam,
quam ob causam pater ipsam defodit. Phoebus in ultionem puellae
†Sameum interfecit. *Cod. Saluagnii.*
575. Inque tuos. Tangit de
monstro quodCoroebus occidit. *G.*
577. Vtque nepos Aethrae.
T*h*esei, patris *H*i*p*politi. *G.*

Phoebus concubuit cum *P*sa-
ma*th*e filia Crotopi. ex ea Linum
filium habuit. quod postquam
pater sciuit filiam in terram infodit. unde Phoebus dolens ipsum Crotopum interfecit, nec non
ad totius patriae destructionem
misit quoddam monstrum habens
corpus serpentinum sed uultum
humanum ; quod Cor*o*ebus stre-
nuus miles in porta ciuitatisoccidit,
et hoc dicit Inque tuos. *C et
Ask.*
*H*i*p*politus. *A*ethra fuit mater

*H*ippolitum tangit nepotem *A*ethrae. *A*ethra enim filia P*itt*hei
fuit mater Thesei. Theseus pater *H*i*p*politi fuit. sed superius hoc
tetigit [ibi] Quaeque precor, fiant (u. 89), uel ibi Vel tua ne

tius] *IX.* 58 strapes *Reg.* hoc illo *Reg.* maleis *Reg.* anaxarachi
anaxaracum *Reg.* *C et Ask.* haec habent Anaxarcus (Anazareus *C*) rex
in pila lignea (lingea *C*) positus pro frugibus est contritus quia ipse constituerat (stituerat *C, om.* ipse) ut uno quoque anno unus homo Cereri (*om. C*)
pro frugibus sacrificaretur. *In quibus erratum est quod* ' *Anaxarchus rex* ' *pro*
' *Anaxarchus a rege Nicocreonte* ' *posuerunt : cetera ficta uidentur ex Ouidii
uerbis pro solitis frugibus.*
573. cicropis *G* samace *C* salmace *Ask.* cretopi *C* et habuit
ex ea l. f. *Ask.* sciuit pater *Ask.* fodit *C* interfoecit *C* nec non
ad Crotopum interfecit et non ad totius *C* nec ad totius *Ask.* stren-
nuus *C* interfecit et hoc est quod dicit *Ask.* *Saluagnii scholion per
errorem huc tralatum est. Anon. Mythogr.* 6 (*p.* 348, *ed. Westermann*) Ἥλιος
Λευκοθόῃ τῇ Ὀρχομένου (l. Ὀρχάμου) μιγῆναι θελήσας εἰς τὴν μητέρα τῆς προειρημένης μετεμορφώθη. ταύτην ὁ πατὴρ ζῶσαν κατώρυξεν. *Ouid. M. IV.*
207–213.
577. Ipolitus *G* Etha *G* tesei *G* ipoliti *G* ipolitum *C*
ponthei *C* phitei mater fuit thesei patris hypoliti *Ask.* ypoliti *C*
ibi] *om. Ask.* vel supra manifeste *Ask.* autem *pro* alia *Ask.*

H

(u. 279). sed supra materia de iudicio Thesei, infra alia de simplici morte : hic uero de causa mortis eius. *C et Ask.*

579. Propter opes nimias. Tangit filium Priami Polidorum et regem T*h*raciae Polimestora. *G.*

Polimestor rex T*h*raciae Polidorum filium Priami cum maximo pondere auri sibi commendatum occidit ut auro potiretur. superius hoc tetigit Q u i q u e o c u l i s (u. 267), sed ibi de hospitis c*a*ecatione, hic de alumno necato maxime tangit. qu*are* non superfluit. *C.*

581. Vtque ferunt fratres. Tangit fabulam de Niobe et filiis *eius* interfectis. *G.*

Niobe septem filios habuit, quorum unus fuit Damasi*chth*on, et totidem filias, quos omnes Phoebus et Diana interfecerunt, Phoebus filios [et] Diana filias, quia Niobe, confidens in prole, non permittebat sacrificia fieri a Thebanis Latonae et ei conuicia dicebat, ut d. Ouidius. *C et Ask.*

583. Addidit ut fidicen. Tangit de Amphione uiro Niobes. *G.*

Amphion cithar*oe*dus maritus Niobes qui se interfecit ductus t*ae*dio uit*ae* pro filiis suis et filiabus interfectis. [Oui. Meta.] *C et Ask.*

585. Vtue soror Pelopis. Niobe uxor Amphionis et soror Pelopis pr*ae* dolore filiorum mutata est in saxum, ut d. Oui. Meta. *C.*

586. Vt laesus lingua. Ba*t*tus prodidit Mercurium sibi ipsi. *G.*

Battus, quia Mercurio prodidit furtum, mutatus est ab eo in saxum, ut dicit Ouidius meta. l. 2. *Ask.*

588. Quo puer Oebalides. *H*iacint*h*us amasius Ph*oe*bi lu*su* disci interiit. *G.*

i. *H*iacint*h*us, [qui] quando cum Apolline ludebat, discus repercussione [terrae] in frontem eius resilui*t* [et eum interfecit]. Ouidius. *C et Ask.*

i. *H*iacint*h*us qui iaculab'atur aera cum disco quo ipse percussus est. *P.*

589. Si qua per alternos. De Leandro et *H*ero. *G.*

Tangit historiam Leandri qui in nando submersus est, libro Heroidum, ibi M i t t i t A b y d e n u s. (*XVIII.* 1.) *C.*

591. Comicus ut mediis. Comicus dum in quodam flumine natat in qu*a*dam uoragine mersus periit, et ille sicut in illo flumine, sic iste in Stigia palude. *G.*

579. tracie *G C*   alumpno *C*   quia *C.*
581. *eius*] suis *G*   Nyobe sectem *C*   damasiton *C Ask.*   et] *om. Ask.* Latonae *Ask.*   Dianae *C*   eis *C*   conuicia *Met. VI.* 210 *sqq.*
583. interfoecit *C*   taedio uitae ductus se interfecit *Ask.*   suis *om. Ask.*   Oui. Met.] *om. Ask.*   *VI.* 271.
585. pro *C*   metha *C*   *VI.* 312.
586. Batus *G   M. II.* 688–707.   Batthus *Ask.*
587. Iacinctus *G*   lu disci *G*   i.] s. *Ask.*   qui] *om. Ask.*   terrae] *om. C*   resiluit *Ask.*   resiliui *C*   et eum interfecit] *om. Ask.*   Ouidius *Met. X.* 162–185   iacintus *P*   quo *bis P.*
589. Ero *G*   libro eroidum in libro eroidum ibi *C*   abydeus *C.*
591. quodam uoragine *G   In Reg.* 2061 *cum Menandro Terentius, in Reg.* 1801 *Terentius nominatur, additurque ex Donati uita Terentium mortuum esse in Arcadia Stimphali (Reyfferscheid p.* 32*) Mure nihil de hoc uersu uidetur dixisse.*

Menander Gr*aec*us. *Pal.* 1709.

Menander Comicus Atheniensis dum in Piraeo portu nataret, submersus est, de quo nobilissimae a Graecis editae traduntur Elegiae et a Callimacho Epigramma. *Cod. Saluagnii.*

i. Terentius qui, dum adiret Gr*aec*iam deferens com*o*edias, in mare mortuus est. *P.*

593. Aut ubi uentosum. De Palinuro notum est quomodo periit. *G.*

Palinurus nauta *Aenea*e so*m*no pulsus in mare cecidit : natando tamen ad litus ueniens a quibusdam putantibus illum esse monstrum occisus est, ut d. Virgilius. *C.*

Palinurus fuit nauta *Aenea*e quem appellentem litoribus pastores interfecerunt, putantes ipsum esse mostrum marinum. *P.*

595. Vtque cothurnatum uatem. Euripides a canibus dilaniatus. *Cod. Saluagnii.*

Quidam tragicus dum noctu iret studendo a canibus uoratus est, qui ideo dicuntur esse in tutela †Mineruae uel quia est canis sagax animal uel quia eis utitur in uenando. *G.*

Lupercus uates quodam die intrans templum Dianae *a* canibus ipsum templum custodientibus dilaceratur. *Mure.*

597. Aut ut Trinacrius. Empedocles, uolens credi deus immortalis, *in A*etnam prosiluit. *G.*

Philosophus quidam de Sicilia, qui Trinacrius dicitur a tribus excel*s*issimis montibus, ut deus immortalis haberetur, *A*etnam insiluit, quae semper euomit ignem, quod dicitur euenire propter gigant*as* subtermersos. Horatius. *C.*

i. Empedocles. Hic, sicut recitat Horatius, putans taliter haberi deus insiluit in *A*etnam et mortuus est. *P.*

593. eenee *C*   sonno *C*   monstrum *Aen. VI.* 359 Ni gens crudelis madida cum ueste grauatum Prensantemque uncis manibus capita aspera montis Ferro inuasisset praedamque ignara putasset. *Errorem Scholiastarum ex Vergiliano uersu* 379 Prodigiis acti caelestibus ossa piabunt *non inepte explicabis. Pro monstro fuit Palinuri corpus neglectum : id inscii ad monstrum marinum transtulerunt.*

595. minerue *G, quanquam in textu habet* Diane, *nec nisi ad Dianam potest referri canum sagacitas.*   Lupercus autem ut alii scriptores dicunt lupercus uates*Mure   a*] et *Mure Hoc sic extat in C et A*s*k.* Pesalus (pesulus*As*k.) fuit quidam tragedus, quo mortuo quia omnibus erat inuisus cadauer eius (suum cadauer *C*) canibus fuit expositum et ab illis dilaceratum *post quae addit A*s*k.* Diana uenatrix et uenatoribus canes conueniunt. *Haec sic explico. Lupercus, Italorum deus idemque uates, quem ut in agris feras uenantem cothurnos gestasse credibile est, dum intrat templum Dianae quod custodiebant canes, animal lupis infestissimum, ab his laniatus est. Cf. Plut. Qu. Rom.* 68 διὰ τί κύνα θύουσιν οἱ Λούπερκοι; ἢ λύκος μὲν ὁ λοῦπός ἐστι, καὶ Λύκαια τὰ Λουπερκάλια; λύκῳ δὲ κύων πολέμιος καὶ διὰ τοῦτο θύεται τοῖς Λυκαίοις: *ib.* 111. *Hic Lupercus, uates cothurnatus, cum Lupercam uxorem haberet, Phaestulus uel Faustulus alio nomine significari creditus est. Sed Phaestuli nomine in Pesuli corrupto uera illa fabula quam Mure seruauit oblitterata est ; cothurnatus uates cessit in tragoedum : cetera mox adfingebantur, quemadmodum leguntur in C.*

597. in *om. G*   excellentissimis *C*   ethnam *C P*   gigantes *C Hor.*   *A. P.* 464 deus inmortalis haberi Dum cupit Empedocles ardentem frigidus Aetnam Insiluit.

599. Diripiantque tuos. Dixerat superius de morte Orphei, hic autem de genere mortis, quem *mulieres* discerpserunt. *G.*

Orpheus O*e*agri et Cal*l*iop*e*s filius castitatem pr*a*edicans in †Caucaso monte, a mulieribus illius loci interfectus, dilaceratus fuit. Ouid. Meta. *C.*

Orpheus fuit quidam sapiens qui, postquam uxorem perdidit, nulli uoluit adh*a*erere. unde Strimoniae mulieres ipsum ceciderunt, quia pulcrum uidebant. *P.*

601. Natus ut Altheae. De Meleagro et Alt*h*ea matre *eius. G.*

Meleager Alt*h*eae et *Oe*n*ei* regis Calidoniae filius fatali stipite igni a matre imposito occisus est, quia fratres suae matris Toxi*p*pum et *P*lexi*p*pum interfecerat. Oui. Meta. *C.*

603. Vt noua Phasiaca. Medea, relicta a Iasone propter Creusam filiam Cre*o*ntis, ipsam cum patre suo et tota familia combussit. *G.*

corona. Quam Medea misit ei; a qua combusta est. *G.*

Iason, relicta Medea, superduxit Glaucen, quae a quibusdam dicebatur Creusa, magni regis Creonti*s* filia, unde Medea irata coronam [in]toxicatam Glauc*ae* misit, qua induta Glauce et Creon pater eius et tota domus combusta est, [ut ait] Ouidius. *C et Ask.*

605. Vt cruor Herculeos. Notum est qualiter Hercules interula missa interierit. *G.*

Nessus, percussus sagitta Hercu*l*is, inuentam camis*i*am ueneno sagitt*ae* intinctam Deianir*ae* quam rapuerat dedit, dicens quod irritamentum amoris ei camis*i*a erit: quam ipsa misit Herculi per Licam quia ipse dimiserat ipsam pro Iole, ut d. Ouidius. *C.*

607. Qua sua Penthaliden. Licurgus filius Penthili ab inimicis

599. meretrices *G* oragri et caliopis *C* *Met. XI.* 1–67.
601. altea *G* *eius*] sua *G* altee *C* eonis *C* toxipum et sexipum *C* *Toxippus is est qui Toxeus dicitur Met. VIII.* 441, *Lact. Narr. Fab. VIII.* 4, *Bodii Mythogr. I.* 204. *Plexippus inter filios Thestii memoratur ab Apollod. I.* 7. 10, *Schol. Il. IX.* 563, *Hyg.* 173, *Lact. N. F. VIII.* 4, *Bodii Myth. I.* 204, *Ouidio Met. VIII.* 440. metha. *C VIII.* 445.
603. creuntis *G* qui *pro* quae *C* dicebatur] nominata est *Ask.* magni *etiam Ask. Hor. Epod. V.* 64. Creonti *C* toxicatam *Ask.* glaucei *C* ut ait *om. Ask.* Ouidius *M. VII.* 394, 5.
605. camiseam *C* camisea *C* *M. IX.* 101 *sqq.*
607. *Scholia C et Ask. ut aperte corrupta ac confusa huc relegaui* Bachus Ligurgum filium Penthei dum amputaret (imp. *C bis*) uineas sibi ipsi foecit abscidere crus, quanquam esset de prole ipsius Ligurgi, ut d. Ouidius. uel alia est fabula de sumo (Simio *Ask.*) filio Ligurgi qui in ulcione sui patris interfoecit bachi sacerdotes. *Mure habet* Ligurgus etiam alter filius cuiusdam penthei a filia sua quam stuprare uoluit est occisus *quod ex Ouidii uerbis conflatum uidetur. Saluagnius haec edidit* Butes Lycurgi filius Bacchi sacerdotes in ultionem patris uariis affecit suppliciis. Pentheidem dicit quia Pentheus filium habuit Dryantem Lycurgi patr*em. Quae Burmannus ad Diod. V.* 50 *respicere existimauit, uere ille quidem, nisi fallor, sed nihil haec*

suis interfectus est, quem postea filius suus cum sica uindica*uit*, quae tunc fuit nouum genus gla*d*ii. *G.*

609. Vtque Milo, robur. Milo, uolens arborem findere, quia non habuit cuneum, manum su*a*m fissurae imposuit, et extracta securi stetit ibi fixus manu. *G.*

611. Muneribusque tuis. Icarus iussu Bac*c*hi per terram u*i*num portabat, sed in uia messores inuentos inebriauit, qui putantes bibisse uirus eum interfecerunt. canis eius domum regressus, Erigone*n* filiam *eius* duxit ad puteum in quo submersus est. ea uero ibi luxit patrem suum simul cum cane; qui omnes translati sunt in caelum. *G.*

613. Quodque dolore necis. de Erigone. *G.*

615. Obstructoque famem. †Erisicus, quia fuit uastatorsegetis, a Cerere missus in exilium, fame periit. *G.*

617. Illius exemplo uioles. Vlixes noctu Troiam intrauit et furatus est Palladium. eius de consilio *I*phigenia debuit in Aulide

Ba*c*chus misit *I*carum ut Atheniensibus uinum deferret. ipsi ergo inebriati uino ipsum interfecerunt et proiecerunt in quendam puteum. filia uero eius, post quam uidit canem reuersum qui cum eo inerat, insecuta est eum usque ad puteum in quem pater proiectus fuerat, et uidens patrem mortuum se strangulauit. *P.*

†Eristeus, quia uastator erat segetum, a Cerere missus in exilium periit fame, [ut ait Ouidius de Erisi*ch*thone]. *C et Ask.*

Diomedes palladium Mineruae apud Troiam cum Vlixe furatus est [et per *clo*acam exiuit]. quare Minerua irata Vlixem [per mare]

fabula ad rem. Locum difficillimum plenius in excursu tractaui Ligurgus G uindicatus est uit G glagii G.
609. suum G *Mancum Scholion in C* mersam quare cum (? in quercum) milo imposuit manus et illis impositis iuncta est quercus et ita amisit manus *Abest ab Ask.*

611. bachi G unum G erigonem G suam G pot^ueum G
Dichus P *An est* Βῖκος? *quo sane nomine non inepte uocaretur magister Icari* ycarum P *C non habet scholion, Ask. sic* Icarus primus plantauit uineam et de uino quod inde habuit messoribus ad bibendum dedit. Vel ut alii dicunt Icarus iussu sui domini uinum Thebas portabat et inuenit messores quibus uinum dedit. Qui inebriati putantes se uenenum bibisse proiecerunt ipsum in puteum. Canicula uero cum eo ire solita iuit ad Erigonen filiam Icari et morsis uestibus duxit ad patrem: quae patre uiso se uoluit suspendere. Sed iupiter eam cum cane et patre translatam stellificauit, ut dicit Ouidius. et hoc est quod dicit Quodque dolore.
615. Euristeus *Ask.* ut ait Ouidius de Erisithone] *add. Ask. Interpretatio falsa sed antiqua.* Erisicus *propius quam* Eristeus *uidetur accedere ad id quod fortasse traditum fuerat. Ad rubiginem* (ἐρυσίβην) *referas nomen Erysiti seu quid aliud eiusmodi fuit. Eodem poterat spectare quod parens eius Ceres est, siue ea frumentum siue terra est. Rubigo enim modo ex ipso frumento, modo ex terrae uitio progenerata fingitur.* Saluagnius haec dedit Eurysthenes matrem Laconicam crudelitate nobilem habuit, quae filio in bellum prodeunti mandatum dedit ne domum reuerteretur nisi caede hostium pollutus. Is nequaquam id perfunctus est, quare a matre clausus inedia extinctus est.
617. euphigenia G hiis G et—exiuit *om. Ask.* perdeacam C
cf. Seru. ad Aen. II. 166 irata minerua irata C pallas irata *Ask.* per

sacrificari, pro qua cerua supposita
est. h*i*s de culpis diu per mare
errauit. *G.*

errare fecit et ut*r*ique multas intulit passiones.   *C et Ask.*

619. Naupliadaeue modo.   De Palamede dictum est superius.
G.

Nota est fabula de Palamede.   ibi Viscera (u. 339).   sed ibi de
naufragio Graecorum, hic de simplici morte huius et crimine.   *C et Ask.*

621. Aethalon ut uita. Quidam †Isidius a loco sic dictus
†Talon hospitem suum occidit:
quare Io omnes homines illius
regionis a sacrificio suo repellit.
G.

*A*ethalus rex fuit *A*egipti qui
*Is*idem de stupro interpellauit :
qua re ab ipsius sacerdote occisus
est, et prohib*i*tum est ne *i*mago
illius regis es*s*et in templo *I*sidis,
cum ibi essent imagines ce*t*erorum
regum.   *C et Ask.*

Attalus fuit puer *A*egip*t*ius quem Thulicon sacerdos, dum suo
turpi amori nollet consentire, in templo Isidis interfecit.   alii dicunt :
†Athalus quidam interpellauit *I*sidem de stupro ; quare ab *A*egip*t*iis
est interfectus.   Isidius, id est ab Iside nomen trahens.   *Mure.*

622. Quem memor.   In cuius *i*maginem et memoriam.   *Mure.*

623. Vtque Melanthea. *Melatheus iste facto homicidio, domum
terens sub arca latuit : hostes autem eum qu*a*erentes quaesierunt a
matre ubinam esset.   illa uero, credens eum bene latere, accenso
lumine qu*a*esiuit cum eis, et sic inuentus mortem subiit.*   *G.*

627. Qualis equos pacto.
Dolon a Priamo petiit ut daret
sibi equos Achillis si eum posset
interficere.   quo pacto nocte
secum socios assumpsit, et in
castra ad eum occidendum pro-
perauit : cui obuius Vlixes cum
Diomede eum interfecit.   *G.*

Dolon, unus Troianorum, nocte
uenerat exploratum quid facerent
Graeci, equos Achillis sibi pactos
a Troianis uolens furari ; qui inuentus ab Vlixe occisus est, ut ait
Oui. Meta.   *C et Ask.*

629. Nec tu quam Rhesus.
Resus ad Troiam equos ducebat.
in fatis enim erat quod si *X*an*t*ho

Resum in auxilium Troianorum uen*ientem* somno oppressum
et socios eius Vlixes cum Diomede

mare] *om. C*   foecit *C*   uterque *C*   *om. Ask.*   multas] miras *Ask.*
619. hic uero de simplici eius morte et crimine *Ask.*
621. ethalus *C*   egipti *C*   ysdem *C*   prohibum *C*   in magno *C*
est *C*   ysidis *C*   certorum *C*   egipcius *Mure*   ysidem *Mure*
egipciis *Mure. Haec omnia ficticia credo.*
622. ymaginem *Mure.*
623. terens] *an est* turens?   archa *G*   querentes *G*   quesiuit *G*   *C et*
Ask. babent   Melantheus (Melintheus *C*) homicidium fecit (foecit *C*) et
ad domum matris suae fugit (fecit *C*) et ibi se abscondit, quem sequentes
inimici eius quaesierunt a matre.   Mater uero accenso lumine, putabat
enim illum nullo modo posse inueniri, cum ipsis incepit quasi inquirens ire
per domum et sic filius eius repertus interemptus est *et ap. Mure Sed*
fabula uidetur ad Ouidii uersum explicandum conficta nec quicquam habere in se
sinceri.
627. a Priamo] *imo a Troianis et Hectore (Il. X. 318)* Metha. *C*   *Met.*
XIII. 244-246.
629. Resus rex cretensium *G miro errore*   sancto fluuio *G*   uenientem

fluuio potassent Troia non caperetur, nocte autem sopitus sociis
suis dormientibus ab Vlixe occisus
est, equi uero capti. *G.*

631. Quam quos cum Ru-
tulo. Notum est de Niso et
Eurialo qui Ramnetem occiderunt et a Vol*s*cente interfecti
sunt. *G.*

interfecit. [fatatum enim erat
quod si sex equi albi ipsius Resi
de *X*ant*h*o fluuio biberent et de
p'ascuis pascerent Troianis amplius Troia non posset capi, ut d.
Ouidius.] *C et Ask.*

Nisus Hy*r*taci filius et Eurialus
comes de ciuitate *eius*, sicut supra
dictum est, *R*a*m*netem regem qui
*r*ex parte tantum fuerat, inuentum
cum sociis antequam ipsi essent
ab hostibus deprehensi, interfecerunt, ut ait Virgilius. supra de
morte Nisi et Euriali [Archadiae],
hic de illis quos et ipsi morti dederunt dormientes. *C.*

633. Cliniadaeque modo. Persicus filius †Clinii, pro auro quod
secum ferebat, a sociis propriis occisus est. *G.*

Persicus filius †Clinii, pro auro quod deferebat secum, occisus est a
sociis suis et crematus. *C.*

635. Vtque Remo muros. Poet*ae* dicunt Remum, nescio qua
necessitate, muros Romanos nuper factos transiliisse; quem ideo
rustici interfecerunt. sed reuera a fratre suo Remo ob inuidiam
occisus est. *G.*

Romulus et Remus Roma facta hanc legem statuerunt ut qui muros
transiret capite truncaretur. contigit autem quod Remus transiuit,
unde a rusticis est occisus et a scelere qui iubebat opus. *C.*

637. Denique Sarmaticas. Post *h*aec omnia mala pr*ae*cedentia
sequatur tibi hoc pessimum, uiuere inter Getas, sicut mona*ch*o intrare
claustrum. unde Ouidius hoc in ultimis quasi ad cumulum pr*ae*ce-
dentium imprecatur. *C.*

Ask. inuentum *C* uim *pro* cum *C* interfoecit *C* Fatatum—ouidius
non extant in Ask. exancto *C* ouidius *M. XIII.* 249 *Sumpta sunt
haec ex Seru. ad Aen. I.* 469.
631. uolcente *G* ȳcarei *C* *eius*] sua *C* Tametem *C* rex] ex *C*
Aen. IX. 327 Rex idem et regi Turno gratissimus augur Virgilius *Aen. IX.*
324–355 archadie *C nescio unde illatum.*
633. Persicus Clinii filius a sociis occisus est ac semicombustus propter
auri copiam quam habebat secum *Ask. Similia habet Mure nisi quod strangulatum dicit, uel quod semicrematus ad inferos descenderit s. u.* Cliniades.
*Historia fortasse ficticia: quae tamen non longe a uera discedit, nisi quod
Persicus appellatur qui Alcibiades erat, neque a sociis suis hic sed a barbaris
interfectus est. Nam Alcibiadi rex Persa Grynium dederat in Phrygia castrum,
ex quo quinquagena talenta uectigalis capiebat (Corn. Nep. Alcib.* 9), *ut non
immerito propter aurum occisus dici potuerit, quemadmodum ei propter pecuniam
iam ante Thraces insidias fecerant (Nep.* 9). *Persicum uero a barbaris uocatum
coniicias Alcibiadem tamquam a rege Persa missum, insolitum nomen refugi-
entibus. Ceterum uera explicatio de Alcibiade extat in cod.* 36 *Seminarii
Patauini.*
635. nescio qua *bis G* contignit *C.*
637. sequantur *C* gethas *C* monaco *C* gete *G.*

Sarmatici et Get*ae* populi sunt bellicosi, inter quos O. optat eum uiuere. *G.*

639. Haec tibi tantisper subito sint missa libello. Subito dicit quia pauca et properanter nec quo metro debuit scripsit. *G.*

Omnes mei libri imprecationes pr*ae*dict*ae* pauca respectu mei desiderii uel tui meriti. *C.*

Laus deo. Finit comentus in Ybidem *C.*

COMMENTARIVS.

1. Tempus ad hoc ... peractis. Natus est Ouidius anno 711/43 *cum cecidit fato consul uterque* (Hirtius et Pansa ad Mutinam) *pari* (Trist. iv. 10. 6). Itaque Ibis non ante 762/9 scriptus est, quo demum anno quinquagesimum natalem compleuit die secundo Quinquatruum (Trist. iv. 10. 13–14), xiii Kal. April. (March 20). **2. carmen inerme** simili sensu dixit quo Propertius iv. 6. 31, 2 de Apolline *Non ille attulerat crines in colla solutos Aut testudineae carmen inerme lyrae* a bellis alienum, quod nulli iniuriam faceret. **3. scriptis tot milibus** quamuis tot millia scripti confecerim. *Milibus* non litterarum, sed quemadmodum dixit Am. i. 8. 58 *amatoris millia multa leges.* Par locus est Trist. ii. 563 *Non ego mordaci destrinxi carmine quemquam, Nec meus ullius crimina uersus habet. Candidus a salibus suffusis felle refugi. Nulla uenenato littera mixta ioco est. Inter tot populi,* tot scripti millia nostri, *Quem mea Calliope laeserit unus ero.* Trist. v. 3. 53, Pont. iv. 14. 43. **4. Littera** proprie. Pont. iv. 14. 26 *Littera de uobis est mea questa nihil.* **sanguinolenta** 'steept in blood' Pont. iv. 14. 44 *Extat adhuc nemo saucius* ore meo. **5. laesere** perfectum pro plus quam perfecto Dräger I. p. 233. **6. Artificis ... Arte** Trist. iii. 14. 6 *Artibus artifici quae nocuere suo.* **cum** quo tempore relegatus sum : nam hoc est *caput periit.* Trist. i. 2. 71 *Nec tamen ut cuncti miserum seruare uelitis, Quod* periit *saluum iam* caput *esse potest. Vt mare subsidat uentisque ferentibus utar, Vt mihi parcatis,* non minus exul *ero.* Libros tres Artis Amatoriae anno 752/2 ediderat (Masson p. 66 Burm., Clinton F. H.) adhuc iuuenis, poenam luit decem post annis senex (Trist. ii. 543–546). **7. et hoc ipsum** quod unus est. **8. Candoris** simplicitatis uel innocentiae qua neminem adortus erat. Trist. ii. 571 *Nec mihi credibile est quemquam insultare iacenti, Gratia candori si qua relata meo est.* Pont. iv. 13. 43. Contrarius est liuori Ibidis. **9. Quisquis is est.** Trist. iii. 11. 56 *Ad te quisquis is es nostra querella redit.* **utcumque** quantum per indignationem licebit : uix enim me reprimam. Pont. iii. 9. 53 *Postmodo collectas utcumque sine ordine iunxi.* iv. 14. 3 *excepto quod adhuc utcumque ualemus.* **10. inassuetas manus** A. A. i. 300. **11. relegatum** proprie, ut ipse testatur Trist. ii. 135 *Adde quod edictum quamuis inmite minaxque Attamen in poenae nomine lene fuit. Quippe* relegatus, *non exul,* dicor *in illo Priuaque fortunae data uerba meae.* v. 11. 21 *Ipse relegati, non exulis, utitur in me Nomine.* Itaque *nec opes nec ius ciuis* (Trist. v. 11. 15) amisit, etsi u. 6 *caput* sibi *periisse* ut exuli conquestus est. **12. delituisse.** Perfectum eodem modo uidetur usurpatum quo A. A. ii. 583 de Marte et Venere deprensis *Non uultus texisse suos, non denique possunt Partibus obscenis opposuisse manus.* Vtrumque ἀοριστικῶς rem breui momento peractam significat ; uix se abdiderat cum de latebra protractus est. **13. Vulneraque.** Trist. iii. 11. 63 *Ergo quicumque es, rescindere crimina noli, Deque graui duras uulnere tolle manus. Vtque meae famam tenuent obliuia culpae, Facta cicatricem ducere nostra sine.* **16. funera** tamquam relliquias mortuas, ut cum Maduigio loquar ad Iuuen. viii. 192. **17. membra** 'pieces' sic 278.

Trist. i. 2. 2. **18. Naufragii tabulas.** Simili modo loquitur de nau-fragiis fortunae suae Trist. i. 6. 7 *Tu facis ut spolium non sim, nec nuder ab illis* Naufragii tabulas *qui petiere* mei. Val. Max. viii. 1. 12 *inter maximos et grauissimos infamiae fluctus emersit,* tamquam fragmen-tum naufragii *leue admodum genus defensionis* amplexus. **19. De-buerat subitas extinguere flammas.** Credidit Saluagnius respici officium siue uigilum siue uigilum praefecti. Dig. i. 15. 3 *Paulus libro singulari de officio praefecti uigilum.* nam salutem rei publicae tueri nulli magis credidit conuenire nec alium sufficere ei rei quam Caesarem. itaque septem cohortes oportunis locis constituit, ut binas regiones urbis unaquaeque cohors tueatur, praepositis eis tribunis et super omnes spectabili uiro qui praefectus uigilum appellatur. cognoscit praefectus uigilum de incendiariis effractoribus furibus raptoribus receptatoribus. Hi libertini, praefectus eques fuit. Dion C. lv. 26, Suet. Aug. 25. **20. praedam.** Inuolaturus fuerat bona Ouidii, nisi uxor intercessisset Trist. i. 6. 13 *Sic mea nescio quis rebus male fidus acerbis In bona uenturus, si paterere, fuit.* **23. Di melius** ' Heaven forbid ' A. Palmer ad Her. iii. 125. Quo sane sensu alias usurpauit Ouidius, Am. ii. 7. 19, A. A. ii. 388, Rem. 439, M. ix. 496. Interdum tamen est ' the gods forbade ' ut Val. Max. vi. 1. Ext. 3 *Di melius quod hunc animum uiris earum in acie non dederunt* quem locum Schottus attulit ad Sen. Controu. x. Praef. 4 *Di melius quod eo saeculo ista ingeniorum supplicia coeperunt quo ingenia desierunt.* Sen. Epist. 98. 4 *Et senties hoc et confiteberis, nihil ex his optabilibus et caris utile esse, nisi te contra leuitatem casus rerumque casum sequentium instruxeris, nisi illud fre-quenter et sine querella inter singula damna dixeris* Dis aliter uisum est : *immo mehercules ut carmen fortius ac iustius petam quo animum tuum magis fulcias, hoc dicito, quotiens aliquid aliter quam cogitabas euenerit,* Di melius. *Sic composito nihil accidet :* ita enim recte inter-pretatus est Hertzbergius ad Prop. iv. 6. 65. Itaque haud scio an non melius nunc sic intellegas *di melius fecerunt* 'the gods willed better.' **24. Qui .. noluit** Augustus. **25. ubicumque** quacumque in parte terrarum, siue in Ponto siue alio quo transferar. **26. mansueto pectore** Val. Max. iii. 8. 2 Ext. **27. Audiet.** Pontus me audiet has grates agentem ; fortasse etiam **idem** Augustus mutando locum exilii **faciet** ut terra propior Italiae **testificanda sit mihi** h. e. testis inuocanda grati animi. **28. propior** Trist. iv. 4. 51 *Mitius exilium pauloque propinquius opto,* ii. 185 (Constantin. Fanensis). **29. uio-lente** qui mihi tam foede insultasti Pont. iv. 3. 27. **30. Qua licet** quantum mihi misero licet. Relegatus enim non iam multum poterat. *Qua licet* frequens ap. Ouidium Her. iv. 9 *Qua licet et sequitur, pudor est miscendus amori* Am. iii. 8. 51 *Qua licet, affectas caelum quoque.* Pont. ii. 4. 34 *Qua licet et quantum non onerosus ero.* **debitus** qualem me debet tibi tua in me crudelitas. Trist. ii. 160. **31. Herod.** viii. 143 νῦν δὲ ἀπάγγελλε τῷ Μαρδονίῳ ὡς 'Αθηναῖοι λέγουσι, ἔστ' ἂν ὁ ἥλιος τὴν αὐτὴν ὁδὸν ἴῃ τῇπερ καὶ νῦν ἔρχεται, μήποτε ὁμολογήσειν ἡμέας Ξέρξῃ et v. 92. **35. fra-terno fumo** in ara Eteoclis et Polynicis. Hyg. 68 *Eteocles et Polynices inter se pugnantes alius alium interfecerunt. His cum Thebis parenta-retur (parentatur* Niebuhr), *etsi uentus uehemens esset (est* Niebuhr) *tamen fumus se numquam in unam partem conuertit, sed alius alio seducitur.* Luc. i. 552, Stat. T. xii. 429–433, Auson. Epigr. 139, Anth. P. vii. 399. Eandem fabulam narrat Ouidius Trist. v. 5. 33–38 ubi addit Callimachum id memorasse, siue in Ibide, siue in Aetiis, ut Schneidero placet Callim. ii. p. 626. **36. Quem,** non *quam,* legendum esse docet oppositio sententiarum. Iunget **noua concordia** fumum **quem uetus ira separat.** 'And new agreement shalbe made, in brothers smooke againe : Which earst in blasing flames of fyre, olde rancor rent in twayne '

T. Vnderdown. Sed **separat** non est *separauit*, sed iram ab initio usque ad Ouidii tempora durasse significat. **pyra** Anth. P. vii. 399. 5, 6 'Ηνίδε πυρκαϊῆς ἄνισον φλόγα· δαιομένα γὰρ 'Εξ ἑνὸς εἰς δισσὰν δῆριν ἀποστρέφεται. **44.** Il. xxii. 262 'Ως οὐκ ἐστὶ λέουσι καὶ ἄρνασι ὅρκια πιστά, Οὐδὲ λύκοι τε καὶ ἄρνες ὁμόφρονα θυμὸν ἔχουσιν. **45.** **coepto uersu** elegiaco, quo hoc opus coepi scribere. **46. pede** numero ut 644. **47. Vtque petit primo.** Metaphora ducta a milite proludente ad pugnam. **Vt hasta militis nondum calfacti** h. e. priusquam concaluerit ardore certaminis **primo petit** ita uibratur ut cadat in **solum** puta Circi sparsum **harena.** Saluagnius similem locum citat Ciceronis de Orat. ii. 78. 316 *ait idem cum bracchium concalefecerit tum se solere pugnare, neque attendit eos ipsos unde hoc simile ducat illas primas hastas ita iactare leniter ut et uenustati uel maxime seruiant et reliquis uiribus suis consulant. Neque est dubium quin exordium dicendi uehemens et pugnax non saepe esse debeat; sed si in ipso illo gladiatorio uitae certamine, quo ferro decernitur, tamen* ante congressum multa fiunt quae non ad uulnus seḍ ad speciem ualere uideantur, *quanto hoc magis in oratione exspectandum.* Aliter Merkelius qui ex F. vi. 205–208, Seru. ad Aen. ix. 53, Placidi glossis p. 437 Mai, locum explicat de clarigatione patris patrati, qui missa hasta super columnam ante aedem Bellonae in Circo Flaminio bellum indicebat. **48. Nondum calfacti.** Trist. iv. 9. 29 *Circus adhuc cessat, spargit tamen acer harenam Taurus et infesto iam pede pulsat humum.* **49. acuto** qualia sunt arma serio decernentium ; praeludebant obtusis, ut ex A. A. iii. 515, 516 et 589 docet Saluagnius. **52. breui** breue tempus. M. v. 32 *Cunctatusque breui.* **53. liber** tamquam in apertum hostem. Rem. 377 *Liber in aduersos hostes stringatus iambus* (Ciofan.). **54.** Mart. vii. 12. 6 *Si qua Lycambeo sanguine tela madent* (Zingerle). Anth. P. vii. 69. 3 'Αρχίλοχος τέθνηκε· φυλάσσεο θυμὸν ἰάμβων Δριμύν, πικροχόλου τικτόμενον στόματος. Οἶσθα βοῆς κείνοιο μέγα σθένος, εὖτε Λυκάμβεω Νῆυς μία σοὶ δισσὰς ἤγαγε θυγατέρας. **55. Nunc** interea, dum me ad acrius bellum nondum instruo. **Battiades** Callimachus, Batti filius. Catull. lxv. 16, cxvi. 2. **inimicum** Apollonium Rhodium. **57. historiis** praecipue mythologicis, nonnumquam ex recentiore tempore ductis ac uera memorantibus. Sic Am. ii. 4. 44 *Omnibus historiis se meus aptat amor,* ubi de Leda et Aurora dicit. Prop. iv. 7. 64, iv. 1. 119, ubi de fabulis Graecorum sermo est. Tales sunt ἱστορίαι ξέναι καὶ ἄτριπτοι quas in Lycophronis Alexandra, Heraclidae Pontici Leschis, Parthenii Elegiis inuenit Artemidorus Oneir. iv. 63 citatus a Meinekio Anal. Alex. p. 258. **caecis** obscuris Sen. Oedip. 92 *Sphinga caecis uerba nectentem modis* 'riddling.' **58. genus** 'line' 'style' idem est quod *argumentum.* **59. ambages** aenigmata 377. F. iii. 337 *uerum ambage remota Abdidit.* **60. iudiciique** quo aperta praefero obscuris. **62. tu quoque.** Hinc colligo Callimachum in Ibide sua nomen non posuisse aduersarii. **63. aliquantum noctis** multam obscuritatem. Sic Quintilianus viii. 2. 23 *tenebris orationis inferat quoddam intelligentiae suae lumen.* Eodem sensu Statius Lycophrona *atrum* dixit S. v. 3. 157 (Saluagnius). **64. uitae series** ut *fati series* M. xv. 152, Stat. S. iv. 3. 145 *Vidi quam seriem morantis aeui Pronectant tibi candidae sorores.* **65. natali Ianique Kalendis.** 'Priusquam Naso Deos inuocandos sibi conciliet, Ibin monet ut natali suo Kalendisque Ianuariis has diras a quouis legendas sibibue pio faustis precationibus recitandas curet, quo scilicet iis diebus pronuntiatae certiorem perniciem portendant. Veteres enim quidquid ominis mali diebus illis auditum fuisset, dirum nescio quod exitium minari credebant : contra dies illos, si nihil infausti contigisset, faustos censebant.' Salu. Natalibus et dona mittebantur et Genium quisque suum colebat. Itaque non sine acerba irrisione Ouidius Diras tamquam natalicium munus (Censor. de die Natali I) offert inimico, precaturque ut qua die lucem acceperit (Cens. II) ea se morti deuotum reminiscatur. **Ianique Kalendis.** Plin. H. N. xxviii. 22 *Cur primum anni incipientis diem laetis precationibus inuicem faustum ominamur?* **66. Non mentituro.** Tr. iv. 3. 16 *Non mentitura tu tibi uoce refer.* Docet certo euentura quae inprecatur. **67. Di maris et terrae.** sic Agamemnon Il. iii. 276–280 Ζεῦ πάτερ, Ἴδηθεν μεδέων, κύδιστε μέγιστε, Ἠέλιός θ᾽ ὃς πάντ᾽ ἐφορᾷς καὶ πάντ᾽ ἐπακούεις, Καὶ ποταμοὶ καὶ γαῖα, καὶ οἳ ὑπένερθε καμόντας Ἀνθρώπους τίνυσθον, ὅ τίς κ᾽ ἐπίορκον ὀμόσσῃ, Ὑμεῖς μάρτυροι ἔστε. meliora caeli. Eadem partitio est M. ii. 298 *si freta, si terrae pereunt, si regia caeli.* **68. Inter diuersos** oppositos **polos** in omni circuitu caeli, quantum patet inter polum Borealem Australemque. Sic F. vi. 718 *cinget geminos stella serena polos* de Lucifero circumeunte caelum, F. iii. 106 *geminos esse sub axe polos.* Pari modo Tellurem inducit in M. ii querentem Ioui de Phaethontis incendio u. 293 *Quod si nec fratris,* (*Neptuni*), *nec te mea gratia tangit, At caeli miserere tui. Circumspice utrumque : Fumat uterque polus, quos si uiolauerit ignis, Atria uestra ruent.* cum Ioue superi omnes. **70. optatis** uotis 87. **pondus inesse** eodem sensu quo *pondus habere* pro rata fieri frequentauit. **71. Ipsaque tu Tellus.** A dis maris terrae caeli ad haec ipsa elementa se conuertit ' And thou thy selfe (oh Tellus fayre) thou Sea with all thy waues : And Ayer highest of the rest, graunt what my prayers craues. And eke you Starres and Phebus to, with beames compassed bright : Thou Moone also who never do'st, as ere shew forth thy light. Thou Night who by thy darknes art, of many honoured : and eke you Dames who with three hands, doe spinne the certain thred ' T. Vnderdown. **72. aether summe** Cic. N. D. ii. 40. 101 *ultimus et a domiciliis nostris altissimus omnia cingens et coercens caeli complexus, qui idem aether uocatur.* **73. radiis circumdata solis imago.** Videtur simulacrum sibi fingere coronatum radiis, F. i. 385 *radiis Hyperiona cinctum.* **74. numquam quo prius ore micas.** M. xv. 196 *Nec par aut eadem nocturnae forma Dianae Esse potest umquam, semperque hodierna sequente, Si crescit, minor est, maior si contrahit orbem* (Ciofan.) **75. tenebrarum specie** non est tenebris quas oculis subicis, sed eodem sensu quo apud Ciceronem dicitur Pis. xi. 24 *fuit pompa, fuit species,* de Orat. ii. 72. 294 *quamdam in dicendo speciem atque pompam* 'pomp.' **76.** Parcas dicit quae cum tres sint **triplici pollice** nent **opus ratum** fila fati certi et inmutabilis. Cons. ad Liu. 444 *Stant rata, non ulla fila renenda manu.* **77. horrendo murmure.** Burmannus affert Hermesianactis uersus de Orpheo apud inferos Athen. 597 Ἔνθα Χάρων κοινὴν ἕλκεται εἰς ἄκατον Ψυχὰς οἰχομένων, λίμνη δ᾽ ἐπὶ μακρὸν ἀϋτεῖ Ῥεῦμα διὲκ μεγάλων συρομένη δονάκων. **78. Inperiuratae aquae** Styx *Di cuius iurare timent et fallere numen* Aen. vi. 324. **79. Quasque** Eumenides **ferunt** fama est **sedere capillis uittatis angue intorto,** h. e. angues innexos tanquam uittarum taenias habentibus. Aen. vii. 352, Choeph. 1049 πεπλεκτανημέναι Πυκνοῖς δράκουσιν, ubi Coningto ex Paus. i. 28. 6 adnotat primum Aeschylum Furias sic repraesentasse. **angue** anguibus. Pont. iii. 1. 124 *Nexaue nodosas angue Medusa comas.* **80. Carceris.** Eadem uerba de eadem re M. iv. 453 Carceris ante fores *clausas adamante sedebant, Deque suis atros pectebant crinibus angues.* In limine Orci et Vergilius posuit *ferreos Eumenidum thalamos,* Aen. vi. 280. **81. plebs superum** opponuntur nobilioribus M. i. 173. Ex hoc Ibidis loco sumpsit Martialis viii. 50. 2–4 *Quantaque nox superis omnibus illa fuit Qua bonus accubuit genitor cum plebe deorum Et licuit Faunis poscere uina Iouem* (Zingerle). **lares** cum Faunis Satirisque coniunxit ut rusticorum praecipue numina Hor. C. iii. 23. 4, Tib. i. 1. 20. **82. Semideum** M. i. 192, xiv. 673. **83. ab antiquo Chao** M. ii. 299 *In* *chaos antiquum.* Fundus locutionis Verg. G. iv. 347, qui ipse ad Hesiodum refertur Theogon. 116 "Ητοι μὲν πρώτιστα Χάος γένετ' (Constantinus Fanensis). **diui ueteresque nouique** Seru. ad G. i. 21 *Post specialem inuocationem transit ad generalitatem, ne quod numen praetereat, more pontificum per quos ritu ueteri in omnibus sacris post speciales deos quos ad ipsum sacrum quod fiebat necesse erat inuocari generaliter omnia numina inuocabantur* (Saluagnius). **85. capiti** quod in exsecrationibus (**carmina dira**) praecipue deuouetur. M. xiii. 330, xv. 505, Her. iii. 94. **male fido.** Itaque amicus fuerat. **canuntur** Aen. xi. 399. **86. peragunt partes** Am. ii. 15. 26 'And raging anger takes in hande, with griefe to play his parte' T. Vnderdown. **88. caduca** irrita F. i. 181. **89. illa,** illustra et omnibus nota. Plat. Legg. xi. 931 B, Οἰδίπους, φαμέν, ἀτιμασθεὶς ἐπεύξατο τοῖς αὐτοῦ τέκνοις ἃ δὴ καὶ πᾶς ὑμνεῖ τέλεα καὶ ἐπήκοα γενέσθαι παρὰ θεῶν, Ἀμύντορά τε Φοίνικι τῷ ἑαυτοῦ ἐπαράσασθαι παιδὶ θυμωθέντα καὶ Ἱππολύτῳ Θησέα καὶ ἑτέρους ἄλλους μυρίους μυρίοις, ὧν γέγονε σαφὲς ἐπηκόους εἶναι γονεῦσι πρὸς τέκνα θεούς· ἀραῖος γὰρ γονεὺς ἐκγόνοις ὡς οὐδεὶς ἕτερος ἄλλοις, δικαιότατα (Saluagnius). **90. Pasiphaes generi** Thesei mariti Phaedrae. **uerba** diras in Hippolytum. *Quem cum non potuisset* (Phaedra nouerca) *ad suam perducere uoluntatem, tabellas scriptas ad uirum suum misit se ab Hippolyto compressam esse seque ipsa suspendio necauit. Theseus re audita filium suum moenibus excedere iussit et optauit a Neptuno patre filio suo exitium.* Hygin. 47. Eur. Hipp. 887 Ἀλλ', ὦ πάτερ Πόσειδον, ἃς ἐμοί ποτε Ἀρὰς ὑπέσχου τρεῖς, μιᾷ κατέργασαι Τούτων ἐμὸν παῖδ', ἡμέραν δὲ μὴ φύγοι Τήνδ' εἴπερ ἡμῖν ὤπασας σαφεῖς ἀράς. Cic. Off. i. 10, iii. 25. **91. Quas transiero** si quas praeteriero. **92. Plenius ingenio** cumulatius quam ut animo fingam, carmine eloquar. **93. minus noceant** quod fictum ac uerum nomen exsecrentur. Languet enim ictus nisi in certum quiddam dirigatur, quasi σκιαμαχούντων. **95. Illum ego** tamquam Ibin deuoueo quem **Ibin mens intelligit,** h. e. Ibis mihi ille est quem sub hoc nomine tamquam praesentem ac uerum imaginor. Hinc certum quemdam significare Ouidius colligitur. Cuius si pro nomine signa posuit (Trist. i. 5. 7), manent ea in obscuro. Imitatus uidetur formulam qua urbes deuouebantur Macrob. S. iii. 9. 10 VT OMNES ILLAM VRBEM CARTHAGINEM EXERCITVMQVE QVEM EGO ME SENTIO DICERE FVGA FORMIDINE TERRORE COMPLEATIS. **96. scit se.** Melius scripturus eram *se scit.* Nux 43 *Sic timet insidias qui* se scit *ferre uiator* ut ex optimo codice nuper edidit Wilamowitz. **preces** inprecationes 97-106. Poeta inimicum exsecraturus fingit se quasi sacrum quoddam facere. Ipse **sacerdos** tamquam adsint sacrificio legentibus indicit εὐφημίαν, ut nihil dicant quod sacrum turbet situe laeti augurii (98, 99), tum ut tristitiam significent, hostiam h. e. **Ibin** adeundo cum lacrimis, pullatique et sinistro pede occurrentes (100-102). Tum ad ipsum Ibin conuersus iubet morti se parare sumptis uittis quibus ornatus uelut hostia in ara ad id ipsum parata immoletur (103-106). **97. peragam rata uota** uerba concepta deuotionis exsequar ad felicem euentum. Sic *peragere sacra* P. iii. 2. 66, F. v. 444, 630. **rata** sic uidetur additum ut Prop. iv. 1. 101 *Iunonis uotum facito impetrabile,* iv. 10. 14 *uotis occupat ante ratis* 'I will carry my vows through to their consummation.' **98. Ibin.** Potest alludere ad eam significationem quam tradit Hesychius sub s. u. ἰβύ ἰβυκινῆσαι ἰβυκινήσαντες ἴβυς. Hoc enim, ab Ionico ἰβὺ ductum, εὐφημίαν, ἰβυκινῆσαι εὐφημεῖν significat h. e. ore fauere. **98. ore fauete** nihil dicite quod alienum sit a lugubri sacro. Henry Aeneidea iii. p. 25 'use your mouths so as to further what I am about. If the speaker is engaged in lamentation, *ore fauete* thus becomes equivalent to *mourn with me,* as Ovid, Ibis 98, 99 *Quisquis ades sacris,* ore fauete, *meis : Quisquis ades sacris,* lugubria dicite uerba.' **100. fletu madidis** Trist. iii. 5. 12

Osque madens fletu. **101.** **Ominibusque** MSS recte. Quomodo enim fingas omnes qui aderant (**quisquis ades**) *nomina* infausta attulisse? nisi forte ex astantibus ii tantum citantur contra Ibin qui nomine inprospero appellati sunt. **pedibusque occurrite laeuis** Apul. Met. i. 5 *Sed ut fieri assolet sinistro pede profectum me spes compendii frustrata est.* Contra dextro pede iter ingredi boni ominis fuit Prud. c. Symm. ii. 79, Vitruu. iii. 4. 4 *Namque cum dextro pede primus gradus* (templi) *ascendatur item in summo templo primus erit ponendus.* Eur. Bacch. 943, 4 Ἐν δεξιᾷ χρὴ χᾶμα δεξιῷ ποδὶ Αἴρειν νιν. Petron. 30, Sil. vii. 171, Aen. x. 255 quos locos congessit Mayor ad Iuuen. x. 5. **103. ferales** funebres Tr. iii. 3. 81. **uittas** Aen. ii. 155 *uos arae ensesque nefandi Quos fugi, uittaeque deum, quas hostia gessi* (Burmann). **104. funeris ara tui,** ara in qua sacrificandus es. Detorsit significationem uerborum *funeris ara* quae alias pro ara sepulcrali manium posita est Trist. iii. 13. 21 *Funeris ara mihi, ferali cincta cupresso, Conuenit et structis flamma parata rogis.* M. viii. 480 *Ante sepulcrales infelix constitit aras.* **105. Pompa** et ad funus et ad sacrificium refertur. **mora absit** ne tu morare deuotiones meas, ut ne ego quidem eas demorari (**nulla mora est in me** 97) cupio. **106. Da** praebe **iugulum** feriendum **cultris meis** qui te tamquam hostiam immolaturus sum. Pont. ii. 9. 31 *Nec dabit intonso iugulum caper hostia Baccho.* **hostia dira,** ut *uictima dira* A. A. i. 334, Pont. iv. 9. 84, de *hominibus* dicitur qui animalium more mactantur. **107–126.** Post hoc exordium, quo haud scio an nihil σεμνότερον in carminibus extet Ouidii, incipiunt instar ὕμνου δεσμίου uerba ipsa Dirarum, quibus simillima est nota illa deuotio Southeiana Curse of Kehama 'I charm thy life from the weapons of strife' &c. Dirarum quattuor partes facio 6+4 = 6+4. Harum in (1) precatur ut elementorum usus aduersario denegetur (2) ut exul et mendicus erret in maximis angoribus (3) ut eum nemo miseretur, oderint omnes, laetenturque afflictum deiectumque fortuna (4) ut mori uelit nec nisi post summos cruciatus queat mori. **111. Vulcanus.** Respicit Romanum morem igni et aqua (**pontus**) interdicendi (Saluagn.). **se praebeat,** seruiat usibus tuis. Am. i. 6. 41 *Lentus es? an somnus qui se male praebet amanti Verba dat in uentos aure repulsa tua?* **113, 114.** Ael. V. H. iii. 29 Διογένης ὁ Σινωπεὺς συνεχῶς ἐπέλεγεν ὑπὲρ ἑαυτοῦ ὅτι τὰς ἐκ τῆς τραγῳδίας ἀρὰς αὐτὸς ἐκπληροῖ καὶ ὑπομένει. εἶναι γὰρ Πλάνης ἄοικος πατρίδος ἐστερημένος Πτωχὸς δυσείμων βίον ἔχων ἐφήμερον. Herc. Fur. 303 ἀλλὰ καὶ τόδ᾿ ἄθλιον, Πενίᾳ σὺν οἰκτρᾷ περιβαλεῖν σωτηρίαν. Ὡς τὰ ξένων πρόσωπα φεύγουσιν φίλοις Ἐν ἦμαρ ἡδὺ βλέμμ᾿ ἔχειν φασὶν μόνον. **114. tremente,** cum fame, tum frigore (Saluagn.). **115. querulo dolore,** qui non tacet sed per querellas effunditur. Trist. iii. 8. 32 *Et numquam queruli causa doloris abest.* **117.** 'That thou mayst still be pitifull, but pitied of none : And that no man nor woman may, for thy mischaunces mone' T. Vnderdown. **119. Accedat lacrimis,** cumulus sit doloris tui. Pont. i. 8. 26. **121, 2.** Olim sic interpretatus sum. **Sitque facies inuidiosa** lamentabilis uel crudelis species **fortunae** condicionis **tuae defecta** destituta **solito fauore** beneuolentia quae in miseros conferri solet, **quod est rarum** id quod raro euenit, cum plerique miseris faueant. 'May the cruel aspect of thy fortune lack, as seldom happens, the sympathy ordinarily granted to the miserable.' Qua significatione dixit Quintilianus Inst. Or. iv. 1. 9 *Est enim naturalis fauor pro laborantibus,* quem locum attulit Saluagnius : **solito** tuearis ex Tac. Ann. iii. 5 *ne solitos quidem honores :* **defecta** quam prope in adiectiuum transierit, docent comparatiuus *defectior,* superlatiuus *defectissimus : inuidiosa* saepius Ouidio sunt quae propter miseriam uel crudelitatem inuidiam mouent in auctores. M. viii. 144 de Scylla *Gnosiacaeque haeret comes inuidiosa carinae,* xiii. 414 *Dardanidas matres .... Inuidiosa tra-*

COMMENTARIVS. 111

hunt uictores praemia Grai, v. 513 *Ante Iouem passis stetit inuidiosa capillis.* Nunc huc potius inclino ut **inuidiosa** praedicati parte fungatur, hoc sensu : utinam fortuna tua, id quod rarum est, inuidiam in te atque odium concitet, ut non iam propter fauorem blandientium, ita propter miserias quibus conflictaris. Nam felicium fortuna inuidiosa per se est, multorum inuidiam in se trahit : rarius *inuidiosus* est miser, siue quod odium quoddam mouet aerumnarum suarum, siue indignationem in auctores. 'May the aspect of thy fortune, as seldom happens, rouse the disgust of men when the smiles of the world no longer attend it.' Et sic T. Vnderdown 'And that, that seldome comes to passe, I wishe thy whole estate : All wonted fauour for to want, And be replete with hate.' **quod est rarum.** , Trist. iv. 10. 121 *Tu mihi, quod rarum est, uiuo sublime dedisti Nomen, ab exsequiis quod dare fama solet*, iv. 5. 23 *Teque, quod est rarum, praesta constanter ad omne Indeclinatae munus amicitiae.* Non est, id quod raro tibi euenit. **123. Causa mortis** cur mori uelis. **copia** posse mori. Suet. Tib. lxi. *mori uolentibus uis adhibita uiuendi* (Salu.). Memnonis fr. περὶ Ἡρακλείας in Muelleri Fragm. Hist. Graec. iii. p. 528 de Satyro tyranno πολλάκις αὐτὸν φασὶν ἐν τῇ νόσῳ τὸν θάνατον ἐπελθεῖν αὐτῷ κατευχόμενον μὴ τυχεῖν, ἀλλὰ συχναῖς ἡμέραις τῇ πικρᾷ καὶ βαρείᾳ καταδαπανώμενον νόσῳ οὕτως ἀποτῖσαι τὸ χρεών. **127.** Post 126 quo clauduntur dirae, pausam facit poeta. Tum interiecto spatio quasi certus futuri pronuntiat euentum uaticinii. **Euenient** euentum habebunt sc. quae dixi. Tibullum imitatur, i. 5. 57 *Euenient, dat signa deus* (Const. Fan.) M. iii. 524 *Eueniet* ; *neque enim dignabere numen honore* ubi Heinsius malebat *Euenient.* **129. Certe.** Quasi corrigit se nimis confidentem de uaticinio : si non adeo est certus euentus, deos saltem habebo audientes, quorum ope moriturum te sperabo. **putabo** futurum ad **motura** accommodatur. **130. alar** 'will feed on the hope.' Tib. ii. 6. 21. **131.** **nimium saepe** non bis semelue, sed saepissime, de Fin. ii. 13. 41 *quod uos interdum uel potius nimium saepe dicitis*, de Leg. ii. 17. 43 *nimis saepe* (Hand.) **132. dies** mortis, **sera** propter exilii miserias. **133.** **spatio** temporis lapsu A. A. ii. 651 *Mox etiam uentis spatio durata resistet.* · **134.** Quod hic u. et 133 bis scripti sunt (cf. 41, 42), uoluit poeta τὴν ἔχθραν προΐστασθαι et quasi primas partes carminis odio dare. Eodem modo Demosthenes in oratione περὶ τοῦ Στεφάνου bis posuit uerba illa εὔχομαι ὅσην εὔνοιαν ἔχων ἐγὼ διατελῶ—τοῦτο παραστῆσαι τοὺς θεοὺς ὑμῖν (§§ 1, 9). **135. Pugnabunt arcu dum Thraces.** Arcu pugnare non erat Thracum qui μαχαίραις ἀκοντίοις rhombaeis utebantur (Thuc. ii. 98, Xen. Mem. iii. 9. 2, Liu. xxxi. 39). Itaque uidetur Ouidius Getas intelligere qui omnes ἱπποτοξόται erant (Thuc. ii. 96). Hos *arcu fisos* dicit Pont. iv. 9. 78, cf. iv. 13. 35 *plenas pharetras*, et in *Bistonio* uel Thracio litore collocat Pont. iv. 10. 1. **Iazyges** Strab. 306 postquam de Olbia Borysthenide dixit, ἡ δὲ ὑπερκειμένη πᾶσα χώρα τοῦ λεχθέντος μεταξὺ Βορυσθένους καὶ Ἴστρου πρώτη μέν ἐστιν ἡ τῶν Γετῶν ἐρημία, ἔπειτα οἱ Τυρεγέται, μεθ' οὓς οἱ Ἰάζυγες Σαρμάται. **hasta** Strabo de Roxolanis dicens 306 ἀμυντήρια ἔχοντες καὶ λόγχας καὶ τόξον καὶ ξίφος, τοιοῦτοι δὲ καὶ τῶν ἄλλων οἱ πλείους. **136. tepidus Ganges.** Prius Χλιαρὸς appellatus est, Plut. Flu. 4. Nam tepent Indiae fluuii, ut Curtius viii. 9 unum excipiat Indum qui *gelidior est quam ceteri*. **137. mollia** ex herbis M. vii. 284 *floresque et mollia pabula surgunt.* **140. in manis** tuos **manibus** meis **dabo.** Significat constantiam qua etiam mortuus animum retenturus sit quem in Ibin uiuus habuerit. **141. dilapsus in auras,** Aen. iv. 385 *Cum frigida mors anima seduxerit artus Omnibus umbra locis adero, dabis inprobe poenas, Audiam et haec manis ueniet mihi fama sub imos.* **142-4.** Cf. Mayor ad Iuuen. xiii. 221. **144. Insequar et uultus.** Hor. Epod. v. 93 *Petamque uultus umbra curuis unguibus,*

112　　　　COMMENTARIVS.

Quae uis deorum est manium. ossea forma 'a skeleton :' 'And then also when into ayre, my selfe shall turned be : My lyvelesse shadow shall with hate, pursue the gostes of thee. Then also myndefull of thy deedes, I wyll thy shadowes chase : And I a bony forme wylbe, with thee in every place' T. Vnderdown.　145. quod nollem ut M. xiii. 862 *Ille tamen placeatque sibi placeatque licebit, Quod nollem, Galatea, tibi.* Trist. ii. 239 *At si, quod mallem, uacuus fortasse fuisses.* M. xii. 541 *quod mallem posse negare.* consumptus ab annis. Alias simplicem ablatiuum ponit, *c. senecta tabe usu.* Praepositionem hic addidit ut *correptus ab ignibus,* M. viii. 514, quo significantius originem tabis exprimeret, et quasi praesentiorem uim annis tribueret. Dräger i. p. 507.　146. manu facta opponitur *naturali* leto ; quo usu saepius inuenitur apud Senecam. Epist. 41. 3 *specus non manu factus sed naturalibus causis excauatus.* 55. 6 *speluncae manu factae.* 58. 32 *finem non opperiri sed manu facere.* De Ira ii. 9 *uiolatos fontes uenenis et pestilentiam manu factam.* De breuit. uitae iii. 2 *morbos quos manu fecimus.*　148. piscis edet sic de naufragio loquens Trist. i. 2. 56 *Et non aequoreis piscibus esse cibum.*　149. peregrinae uolucres. Her. x. 121, 123 *Spiritus infelix peregrinas ibit in auras? Ossa superstabunt uolucres inhumata marinae?*　152. plebeio qualis deceret aliquem miserae plebis (Hor. S. i. 8. 10). corpus inane, sine uita et spiritu Am. iii. 9. 6, Prop. iii. (iv.) 18. 32, Cic. de Leg. ii. 18 *ebur ex inani corpore extractum* (Saluagn.) = ἀπολε-λοιπότος ψυχὴν σώματος Plat. Leg. 956 A.　153. Quidquid ero, quidquid de me fiet ut Prop. i. 19. 11 *Illic quidquid ero, semper tua dicar imago.* i. 11. 26 *Quidquid ero, dicam Cynthia causa fuit (*Salu.). G. i. 36 *Quidquid eris.* Am. iii. 11. 49. G et Vat habent *Quidquid erit* h. e. quodcumque eueniet, ut Aen. v. 710 *Quidquid erit, superat quoniam fortuna, sequamur.*　ante os oculosque Cat. ix. 9 ; primum totum os, deinde partem qua cernitur, dicit.　159. Verbera saeua ut Am. i. 7. 6, 13. 18 ; significat impetum quo uerbera incutiebantur ut Luc. vii. 569. nexaeque colubris faces, noue uidetur excogitatum. 160. Conscia 'guilty.' ad admotas ad uultum significat faces. Vsitatius fuisset *ob ora* Aen. xii. 863. faces. Axioch. 372 ῎Ενθα (in Tartaro) θηρσὶ περιλιχμώμενοι καὶ λαμπάσιν ἐπιμόνως πυρούμενοι Ποινῶν καὶ πᾶσαν αἰκίαν αἰκιζό-μενοι ἀΐδίοις τιμωρίαις τρύχονται.　161. furiis agitabere Rosc. Am. § 66 de matricidis *Videtisne ut eos agitent Furiae.* § 67 *agitari et perterreri Furiarum taedis ardentibus.*　162. breuior poena quam ut sufficiat ad poenam.　164. Indeploratum caput. Trist. iii. 3. 45 *Sed sine funeribus caput hoc, sine honore sepulcri, Indeploratum barbara terra teget ?*　165. traheris unco, unde *hamotrahones qui unco cadauera trahunt* Paulus Festi p. 102 M. (Salu.).　166. uncus. Corpora damna-torum postquam in carcere leto affecti fuerant, unco per mentum suffixo ad Gemonias trahebantur. Dion C. lx. 35 Τοὺς ἐν τῷ δεσμωτηρίῳ θανατου-μένους ἀγκίστροις τισι μεγάλοις οἱ δήμιοι ἔς τε τὴν ἀγορὰν ἀνεῖλκον κἀντεῦθεν ἐς τὸν ποταμὸν ἔσυρον. Vide quae congessit Mayor ad Iuuen. x. 66. 167, 168. Sepultura carebis nec in rogo absumptus nec in tumulo quiescens.　167. carpunt consumunt. flammae. Am. iii. 9. 41 *flammae rogales.*　168. Respuet. Quemadmodum Atheniensium lege cautum est ne in Attica sepelirentur proditores uel sacrilegi, horumque non-numquam etiam ossa effodiebantur, sic te non patria solum, sed ubi-cumque iacebis tellus eiiciet, iusti sanctique uiolatorem. Vide Herm. Hager Journal of Philology viii. 1–13. humus. Contrarium est quod de Publio Cornelio Scipione habet Inscriptio CIL. I. 33 QVA . RE . LVBENS . TE . IN GREMIV SCIPIO RECIPIT . TERRA . PVBLI PROGNATVM . PVBLIO . CORNELI.　169. tardus qui unguibus et rostro tarde scindet uiscera, et quasi scrutabitur (Lucr. iii. 985) ac rimabitur (Aen. vi. 599) sub pectore. Male Salu. de tardo uolatu uulturis intellexit ex Isid. Orig. xii. 7. 12

Vultur a uolatu tardo nominatus putatur. **171. licet hac sis
laude superbus** permittentis (Domit. Calderinus). *εἰρωνεία.*
Licebit
tibi hoc saltem te iactare, quod de tuo corpore lupi decertent. Hoc
acerbius quam cum Saluagn. interpretari 'quamuis glorieris quasi tanti
sis ut uel tua causa rixentur animantes.' An *αἰνίττεται* hic Ouidius,
Luporum aliquem respiciens? **172. Insatiabilibus** *ἅπαξ λεγόμενον* apud Ouidium. **lupis,** Cat. cviii. 3-6 *Non equidem dubito quin
primum inimica bonorum Lingua exsecta auido sit data uulturio, Effossos
oculos uoret atro gutture coruus, Intestina canes, cetera membra lupi.*
173. Elysiis campis Verg. G. i. 38. **diuersa,** in contrariam partem
uersa. B. Afr. 68 *oppidum a Caesare diuersum ac remotum.* Salu.
citat Sallust. Cat. 52 diuerso itinere *malos a bonis loca tetra inculta
foeda atque formidolosa habere.* Aen. vi. 541 *Dextera, quae Ditis magni
sub moenia tendit, Hac iter Elysium nobis : at laeua malorum Exercet
poenas et ad impia Tartara mittit.* **175.** Simillimus est locus Axiochi
372 Ἄγονται πρὸς Ἐρινύων ἐπ᾽ ἔρεβος καὶ χάος διὰ Ταρτάρου, ἔνθα χῶρος ἀσεβῶν
καὶ Δαναΐδων ὑδρεῖαι ἀτελεῖς καὶ Ταντάλου δίψος καὶ Τιτυοῦ σπλάγχνα
καὶ Σισύφου πέτρος ἀνήνυτος, οὗ τὰ τέρματα αὖθις ἄρχεται πόνων, et ipsius
Met. iv. 455-462. **175. uoluensque petensque** sursum urgens et mox
persequens deuolutum M. iv. 459 *Aut petis aut urges ruiturum, Sisyphe,
saxum,* Od. xi. 593-600. **176. Quique agitur** Ixion. M. iv. 460 *Voluitur
Ixion et se sequiturque fugitque.* **177. perituras** numquam impleturas
dolium cum semper *fundo pereant imo* Hor. C. iii. 27, M. iv. 461 *Molirique suis letum patruelibus ause Assidue repetunt, quas perdant, Belides
undas.* **179. praesentia** quaerit cum Burm. per antithesin dictum
habeo, sicut *Semper eget, semper abundat.* Frustra **quaerit** quae tamen
non absunt, sed supra caput pendent tamquam in manus illico uentura.
M. iv. 456 *Tibi, Tantale, nullae Deprenduntur aquae, quaeque inminet,
effugit arbor.* Od. xi. 582-592. **181. Iugeribusque nouem** M. iv. 456
qui Tityos **distat** summus ab imo ab ima parte corporis ad summam,
quod Horatio est *ab imo Ad summum* S. ii. 3. 308. **182. assiduae aui.**
Tib. i. 3. 76 *Porrectusque nouem Tityus per iugera terrae Assiduas atro
uiscere pascit aues.* Mart. Spect. vii. 2 *Assiduam nimio pectore pauit
auem.* Zingerle Martial's Ouid-studien p. 17. **debita** lege poenae. **praebet**
lanianda aui uulturio. Od. xi. 577 ὁ δ᾽ ἐπ᾽ ἐννέα κεῖτο πέλεθρα, Γῦπε δέ μιν
ἑκάτερθε παρημένω ἧπαρ ἔκειρον Δέρτρον ἔσω δύνοντες. **184. numeros**
integram summam 'the full measure,' 'proportions.' Am. ii. 6. 40 *Im-
plentur numeris deteriora suis.* Her. iv. 88 *Veneri numeros eripuisse suos*
ubi A. Palmer affert M. i. 427 *quaedam inperfecta suisque Trunca uident
numeris.* **185, 6.** 'The seconde shal thy toern limmes commit to
serpents ire : The third thy face bemoyst with teares shall cast into the
fire' T. Vnderdown. **185. sectos dabit** fortasse i. q. secabit, ut
defensum debit pro *defendet* Aen. xii. 437, *uasta dabo* pro *uastabo* Aen.
ix. 323; cf. Munronem ad Lucr. iv. 41. **186. fumantes** per pro-
lepsin, ut fument. **incoquet** igne *ἐπιμόνως πυρώσει* Axioch. 372 'will
char.' **188. in poenas ingeniosus** totam uim ingenii exercebit
ad noua supplicia inueniendum 'will exhaust his fancy to find ways
of punishing.' Trist. ii. 342 *Inque meas poenas* ingeniosus eram.
'Thy sinfull ghost a thousand wayes, shall then be put to payne : And
Aeacus to punish thee, shall search his skilfull brayne' T. Vnderdown.
189. transcribet transferet M. vii. 173, Aen. vii. 422. Proprie dicebant
transcribere agrum fundum pecuniam. **191. reuolubile** apud Ouidium
ἅπ. λεγόμενον reuolubile saxum Sil. xi. 476 de eodem Sisypho. **pondus**
saxum quod fato semper relabitur. **194. inconsumpto** Pont. i.
2. 41. **195. huius.** 'No other death shal ende the paynes, that this
death bringes to thee : Vnto the griefes that thou shalt haue, no hower
last shall be' T. Vnderdown. Locum imitatus est Martialis x. 5. 13

Nec finiantur morte supplices (? *simplices*) *poenae.* huius claudit hexametrum M. xv. 751, xiv. 667. **197.** Inde ex tantis malis quae te manent. **frondes ab Ida** M. xiii. 324 *sine frondibus Ide stabit* (Burm.) Il. xxi. 449 Ἴδης ἐν κνημοῖσι πολυπτύχου ὑλήεσσης. **198.** summam **aquam** ex superficie aquarum. de mare. Hic ablatiuus reperitur A. A. iii. 94, Trist. v. 2. 20, Pont. iv. 6. 46. (Neue Formenlehre i. p. 234.) Ex Varrone Atacino citant Charisius i. 15, Priscianus vii. 11 *Cingitur Oceano, Libyco mare, flumine Nilo.* **200.** terra Cilissa crocos Plin. H. N. xxi. 31 *Prima nobilitas Cilicio* (*croco*) *et ibi in Coryco monte.* Lucr. ii. 416. **202.** Athos cum Hybla iungitur A. A. ii. 517 *Quot lepores in Atho, quot apes pascuntur in Hybla.* **203, 204.** Il. ii. 488 Πληθὺν δ' οὐκ ἂν ἐγὼ μυθήσομαι οὐδ' ὀνομήνω, Οὐδ' εἴ μοι δέκα μὲν γλῶσσαι, δέκα δὲ στόματ' εἶεν, Φωνὴ δ' ἄρρηκτος, χάλκεον δέ μοι ἦτορ ἐνείη. **204.** multiplicata. Quinquies recurrit hoc uerbum in Carminibus quae exul scripsit Ouidius, Ib. 642, Trist. iv. 6. 38, v. 1. 64, Pont. iv. 9. 67 : quibus adde Rem. 98. **205, 6.** Praeclarum ὀξύμωρον. Cf. in re dissimili A. A. iii. 288 *Cum risu laeta est altera, flere putes.* **206. Vt** cogi in lacrimas Aj. 924 ὡς καὶ παρ' ἐχθροῖς ἄξιος θρήνων τυχεῖν. **209–246.** Conuersio ad natales Ibidis et horoscopum. **210. Commoda** salutaris ut Prop. ii. 27. 4 *Quae sit stella homini commoda, quaeque mala* (Salu.). leuisue benigna. Opponitur *graui* Pers. v. 50 *Saturnumque grauem,* Prop. v. 1. 84. **211. Venus** et Iupiter benefici in genesi hominum. Macrob. in Somn. Scip. i. 19. 20 *cur notabilior benignitas Iouis et Veneris inter genethliacos habeatur.* **Venus** illuxit sic ex G edidi. Erunt qui *affulsit* praeferant, in quo uerbo (Sil. vii. 467) inest notio prospera. Sen. Suas. 4. 2 natales *inquirunt et* primam aeui horam *omnium annorum habent nuntiam, quo ierint motu sidera, in quas discucurrerint partes, contrane deus steterit an* placidus affulserit sol, quem locum citat Mayor ad Iuuen. xiv. 248. **212. Lunaque solque** quae *uitam nostram praecipue moderantur,* cum αἰσθητικὸν *id est sentiendi natura de sole,* φυτικόν *autem, id est crescendi natura de lunari ad nos globositate perueniant* (Macrob. in S. S. i. 19. 23). **213.** utiliter positos praebuit eodem modo construxit ut ap. Cic. Off. i. 36. 131 *appetitum rationi obedientem praebeamus.* M. xii. 484 *Vt satis inlaesos miranti praebuit artus.* utiliter prospere. Manil. iv. 470 *nec quarta* (pars Erigones) *nec octaua* utilis *umquam.* positos ut *positus, positura* stellarum dicitur Gell. xiv. 1. 1 et 15. **214. Quem.** Mercurium magis ceteris Ibidi fauere oportuit. Ael. H. N. x. 27 τῷ Ἑρμῇ φασι τῷ πατρὶ τῶν λόγων φιλεῖται (ἡ ἴβις), unde Ἑρμαϊκῆς ἴβεως in papyro magica edita a Partheyo i. 246. **215.** fera nec quicquam placidum spondentia Martis Sidera. Sic Cicero in Somnio Scipionis de Rep. vi. 187 *tum rutilus horribilisque terris quem Martium dicitis.* Macrob. in S. S. i. 19. 19 *plerumque de Martis stella terribilia euenire definiunt.* **216.** presserunt 'bore down.' De fortuna uergente in peiora. Contrarium est quod dicit Arellius Fuscus ap. Sen. Suas. 4. 2 *an ex humili in sublime Iupiter tulerit.* Manilius ii. 562 Sagittario natos *depressos* dicit ab iis qui Geminis Libra Virgine Aquario orti sunt. falciferique Saturni, quae *stella malefica* dicitur a Macrobio in S. S. i. 19. 20. **218. Turpis** caelo deformi 'foul' 'lowering.' **219.** in fastis. Dies in quo Romani a Gallis uicti sunt ad Alliam A. V. C. 364 fuit xv ante Kal. Sextiles (July 18). Eodem die Fabii ad Cremeram ceciderant. Hinc in Fastis Antiatibus dicitur *dies Alliae et Fab.* (Mommsen CIL. i. p. 397). grauis funesta. Rem. 220 *damnis Allia nota suis.* A. A. i. 413 *qua flebilis Allia luce Vulneribus Latiis sanguinolenta fuit.* nomen. Dies Alliensis est in Fastis Amiternis. **220. Quaeque.** Quasi dicat, Haec est dies communis duorum damnorum reipublicae, dies Alliensis, dies eadem qua Ibis natus est. publica damna Epiced. Drusi 200. Opponitur *bono publico natus*

quod B. P. N. scriptum fuisse testatur Schottus ad Sen. Cont. x. Praef.
221. inpurae significat inpudicam (Cat. lxvi. 84) et infimae sortis.   **prolapsus** Salu. affert Phaedr. iii. 15. 4–6 *Non illam quaero, quae cum libitum
est, concipit, Dein portat onus ignotum certis mensibus, Nouissime prolap-
sam effundit sarcinam* de partu temere concepto editoque.   **222. Cinyphiam.** Non credo respici hircos Cinyphios (G. iii. 312, Sil. iii. 276),
cum sine huiusmodi significatione saepius uox usurpetur, Pont. ii. 7. 25
C. segetis, M. xv. 755 *C. Iubam*, v. 124 *C. Pelates*, Grat. Cyn. 34 *C. paludes.*
foedo utpote sordida matre natus.   **pressit humum** 'natum significat.
humi enim qui nati erant deponebantur. Stat. S. i. 2. 109 *tellure cadentem
Excepi.*' Turnebus Adu. xxii. 11.   Eadem tria uerba iterauit Stat. S. v. 5.
69.   **223. aduerso** ex aduersum ei loco quo te mater peperit.   **bubo**
M. 5. 549, Sil. viii. 635.   Hipponax fr. 54 Bergk κριγὴ δὲ νεκρῶν ἄγγελός τε
καὶ κῆρυξ.   **224. graues** ad uocem refertur M. xii. 203 *grauiore nouissima dixit Verba sono, poteratque uiri uox illa uideri*, quae cum hic
lugubris sit, fere idem est quod lugubres 'melancholy.'   **225. palustribus undis** M. xiv. 103.   Erant paludes in regione Cinyphia (Grat.
Cyn. 34). Harum in aliquam partem fingit poeta Stygis undas influxisse,
unde aquam sumerent Eumenides qua recens natum infantem lauarent.
Aquam palustrem dixit ut *deterrimam quae pigro lapsu repit pestilens*
Colum. i. 5.   **226. caua** aut ad cauum refertur quo aqua consistit
'a pool of water,' ut *caua palude* Cat. xvii. 4, M. vi. 371 aut, quod
exquisitius, ad rimas ac meatus per quos ex inferis ducitur 'through a
hollow channel.'   **227. colubrae.** Has etiam ex Cinyphe induxit,
M. vii. 272 *Squamea Cinyphii tenuis membrana chelydri.*   **felle** quod
uenenum esse serpentium tradit Plinius H. N. xi. 163, 193, xxix. 122
(Saluagn.).   **228. cruentatas** sanguine nondum loti infantis.   **increpuere manus** quod natalis signum faustum dicit Propertius iii. 10. 3, 4.
Nimirum cui fausta ominantur Eumenides, is dis iratis natus est et
infelix euadet.   **229. inbuerant.** h. e. et, nam inbuerant, perbibit.
Plusquamperfecto uidetur respici sequens euentus **Perbibit inde suae
r. n.**, quasi dicat : Et, quia iam tenerum inbuerant canino lacte, pri-
mumque hunc cibum in os puero indiderant, fecerunt ut canis ducta
rabie in uenas is euaderet qui nunc est, rabula maledicus latrator-
que.   **infantia** infantis ut *infantia ossa* M. iv. 518, *inf. pectora* F. vi.
145.   **231. Perbibit** 'absorbed,' quasi toto corpore.   M. vi. 397 *uenis
perbibit imis.*   **rabiem** M. xiv. 66 *canum rabies.*   **nutricis** canis, ut
lupa altrix dicitur Romanorum, et hi alumni eius Prop. iv. 1. 37, 38.
232. Latrat Rosc. Am. § 57 *Alii (accusatores) canes qui et latrare et
mordere possunt.* Colum. Praef. i. 9 *Ne caninum quidem, sicut dixere
ueteres, studium praestantius locupletissimum quemque adlatrandi et
contra innocentes ac pro nocentibus.* (Forc.)   **uerba canina.** Sic *caninam facundiam* Sallustius ap. Lact. vi. 8, Non. 60, Appio id tribuens,
caninam eloquentiam idem Appius ap. Quintil. xii. 9. 9 dixerat (Forc.).
Vell. P. ii. 62 *tribunus Cannutius canina rabie lacerabat Antonium.*
233. ferrugine. Luridum colorem uidetur significare, ut G. I. 467,
Aen. vi. 303, M. xv. 789, Propertium fortasse imitatus iv. 3. 14 *Traxit
ab euerso lumina nigra rogo.*   **pannis** cum contemptu de fasciis (Truc.
v. 13) quibus inuoluebantur infantes.   **234. male deserto** 'abandoned
as accursed,' hominis damnati (Domit.).   **Male** est propter maleficia eius
qui ibi combustus erat.   An est i. q. *uix?* Hor. S. ii. 6. 86 *cupiens uaria
fastidia cena Vincere tangentis male singula dente superbo.* Petron. 119
Persarum ritu male pubescentibus annis Subripuere uiros. (Hand. 3.
p. 585.) At si hoc uoluisset, dixisset, credo, *A modo deserto.*   **236. Molle**
ut infantis 'his baby head.'   'And lest that on the ground soo bare, his
head should lye alone Not boren up, there under they doe lay a hard
Flint stone' T. Vnderdown.   **237. uiridi** quo amarior fumus fieret.

116   COMMENTARIVS.

238. usque sub ora 'close up to his face.' Coniunguntur *usque sub*
G. I. 211.   240. De tribus .. una . soror M. x. 313 *tumidisque
adflauit echidnis E tribus una soror.*   241. mouimus excitauimus
'called forth.' Her. x. 148, Quint. vi. 1. 44 Tempus in immensum
'to last for ages'; ab hoc usque tempore lacrimabis.   242. sufficiente actiue positum uidetur ut G. iii. 65 *aliam ex alia generando suffice
prolem.* Noua semper causa nouas lacrimas gignet.   245. suo, nam
ipsius Clothus non erat Ibidis fata uaticinari, sed Ouidii.   246. qui
canet, erit. Futurum posuit ut certius indicaret rem euenturam esse :
potest enim esse uates qui canat, nec tamen cani id quod futurum est.
Quod statim subiungit Ille ego sum uates, ex me tua uulnera
disces.   247. uulnera metaphorice pro doloribus, ut Trist. iv.
1. 97. Sic de se ipso poeta *Non habet in nobis iam noua plaga locum*
Pont. iv. 16. 52.   'That Prophete sure am I, of me thou shalt thy
mischiefes know : So that the Gods some of their skyll would on my
wordes bestow' T. Vnderdown.   248. dent uires in mea uerba.
Sic *dederis in carmina uires* F. i. 17, *est et amor, dabit hic in uulnera
uires* M. iv. 150.   249. accedant pendet ex *modo;* quamquam fortius
sane esset quod edidit Merkelius *accedent,* nisi contra starent MSS.
Fam. xi. 29. 1 *magnum pondus accessit.*   pondera rerum 'real weight,'
'weight of reality.' Am. ii. 14. 42 *Et sint ominibus pondera nulla meis.*
250. Quae carmina. experiare finaliter.   253. Poeantius Herculis
heres Hyg. 36 *Dicitur Philoctetes Poeantis filius pyram in monte Oetaeo
construxisse Herculi eumque accendisse mortalitatem. Ob id beneficium
Philocteti Hercules* arcus *et* sagittas donauit.   255. qui bibit
ubera ceruae Telephus. Ael. V. H. xii. 42 ἔθρεψε... Τήλεφον τὸν Αὔγης
καὶ Ἡρακλέους ἔλαφος. Idem H. A. vii. 39 Ὅσοι λέγουσι θῆλυν ἔλαφον κέ-
ρατα οὐ φύειν, οὐκ αἰδοῦνται τοὺς τοῦ ἐναντίου μάρτυρας, Σοφοκλέα μὲν εἰπόντα
Νόμας τέ τις κερούσσ᾽ ἀπ᾽ ὀρθίων πάγων Καθεῖρπεν ἔλαφος καὶ πάλιν
Ἄρασα μύξας * * καὶ κερασφόρους Στόρθυγγας εἰρφ᾽ ἔκηλος, quem
locum ex Aleadis (fr. 87) sumpsit Aelianus. Videlicet descripserat ibi
Sophocles ceruam Telephi, ut monstrat L. Campbell ad loc.   256. Armati Achillis. inermis nam eiusdem Achillis hastae robigine sanatus
est, *robore raso, Iniecto membris puluere* Anth. L. 184, Riese. Plin. xxxiv.
152, Claudian. Epist. 5. 46 ed. Ieep *Sanus Achilleis remeauit Telephus
herbis, Cuius pertulerat uires, et sensit in uno Letalem placidamque manum.*
Prop. ii. 1. 63, 4 *Mysus et Haemonii iuuenis qua cuspide uulnus Sen-
serat, hac ipsa cuspide sensit opem.* Anth. Pal. V. 291. 5 Τήλεφον ὁ τρώσας
καὶ ἀκέσσατο.   257. Quique ab equo Bellerophon. in Aleia in Cilicia
Il. vi. 201, Hyg. 57 *Hanc (Chimaeram) super Pegasum sedens interfecit et
decidisse dicitur in campos Aleios* (Heinsius).   258. Exitio facies propter
amorem Sthenoboeae, Proeti uxoris.   259. Id uideas tenebras O. T.
419 βλέποντα νῦν μὲν ὄρθ᾽ ἔπειτα δὲ σκότον.   Amyntorides Phoenix.
Apollod. iii. 13. 8 Οὗτος ὑπὸ τοῦ πατρὸς ἐτυφλώθη καταψευσαμένης φθορὰν
Φθίας τῆς τοῦ πατρὸς παλλακίδος.   ministro 'by the help of.' M. ix. 234
quo flamma ministro Subdita.   260. Praetemptes 'grope.' Sen.
Oed. 656 *Baculo senili triste praetemptans iter.*   261. quem Oedipus.
filia Antigone.   263. de lite iocosa M. iii. 332, Hyg. 75 *Inter
Iouem et Iunonem fuit* iocosa altercatio, *quis magis de re uenerea
uoluptatem caperet, masculus an foemina : de qua re Tiresiam* iudicem
sumpserunt *qui utrumque erat expertus. Is cum secundum Iouem
iudicasset, Iuno irata manu auersa eum excaecauit.*   264. Apollinea
uaticinandi. in dum exercet artem Plin. xxxvi. 11 *Bupalus et Athenis uel
clarissimi in ea scientia fuere.* Sic *florebat in armis* Cir. 110.   265. ille
Phineus. *Hic deorum consilia cum enunciaret ab Ioue est excaecatus*
Hyg. 19. Ὃς περὶ δὴ πάντων ὀλοώτατα πήματ᾽ ἀνέτλη Εἵνεκα μαντοσύνης, τὴν οἱ
πάρος ἐγγυάλιξεν Λητοΐδης· οὐδ᾽ ὅσσον ὀπίζετο καὶ Διὸς αὐτοῦ Χρείων ἀτρεκέως

ἱερὸν νόον ἀνθρώποισιν. Τῷ καί οἱ γῆρας μὲν ἐπὶ δηναιὸν ἴαλλεν, Ἐκ δ' ἕλετ' ὀφθαλμῶν γλυκερὸν φάος Ap. R. ii. 179-184.   quo praecipiente Ap. R. ii. 328-329 Οἰωνῷ δὴ πρόσθε πελειάδι πειρήσασθαι Νηὸς ἀποπρομεθέντες ἐφιέμεν.   266. rati Argo, ut Symplegadas transirent Argonautae Hyg. 19. 267. Quique oculis caruit Polymnestor.   male in damnum suum. aurum Polydori Hec. 1206.   268. Inferias dedit Hecuba oculos Polymnestoris quibus tamquam immolata uictima placarentur manes Polydori. Aen. x. 519, Sil. iv. 232.   269. Pastor Cyclops.   casus excaecatum iri.   270. Od. ix. 508 μάντις ἀνὴρ ἠΰς τε μέγας τε Τήλεμος Εὐρυμίδης, ὃς μαντοσύνῃ ἐκέκαστο Καὶ μαντευόμενος κατέγηρα Κυκλώπεσσιν. Ὃς μοι ἔφη τάδε πάντα τελευτήσεσθαι ὀπίσσω, Χειρῶν ἐξ Ὀδυσῆος ἁμαρτήσεσθαι ὀπωπῆς. 271. Phinidae. Hi nominantur Plexippus et Pandion Apollod. iii. 15. 3, Schol. Antig. 966; Crambus et Parthenius Schol. Ap. R. ii. 140; Crambus et Oarthus (Oreithyius Welcker et Bergk.) Schol. Ap. R. ii. 178; Gerymbus et Aspondus ab altero Schol. Soph. Ant. 966; ap. Diod. iv. 43. 3, Hyg. 19 nomen siletur.   lumen ademit 'deprived of sight'; cf. Henry Aeneidea Tom. ii. p. 509.   Hyg. 19 *Phineus ex Cleopatra habuit filios duos. Hi a patre nouercae crimine (*sc. φθορᾶς Apollod. iii. 15. 3) *excaecati sunt.*   Nouerca Idaea siue Eidothea.   272. Thamyrae quem Musae χολωσάμεναι πηρὸν θέσαν Il. ii. 599 gloriantem se eas cantu superaturum.   Demodoci Od. viii. 64 Ὀφθαλμῶν μὲν ἄμερσε, δίδου δ' ἡδεῖαν ἀοιδήν.   274. Subsecuit subtus abscidit, ut aristas messor falce. Hes. Theog. 162 Τεῦξε μέγα δρέπανον, 179 δεξιτερῇ δὲ πελώριον ἔλλαβεν ἅρπην Μακρὴν καρχαρόδοντα, φίλου δ' ἀπὸ μήδεα πατρὸς Ἐσσυμένως ἤμησε. partes genitalia unde creatus erat patris Urani.   275. melior benignior Stat. Th. vi. 278 *Ast illam melior Phariis erexerat aruis Iuppiter.* 276. cui Ceyx rex Trachinis.   subitae ex subita metamorphosi Tr. ii. 389 *Fecit amor subitas uolucres cum paelice regem.*   frater Daedalion : nam ambo ex Lucifero nati M. xi. 296.   Hic in accipitrem uersus est dolore filiae Chiones occisae a Diana M. xi. 295-345.   uxor Alcyone, quae dolore Ceycis mersi dum Delphos nauigat, et ante ipsius oculos in terram acti, in auem alcyonem cum ipso mutata est M. xi. 410-748.   277. Sollerti Πολύμητις Ὀδυσσεύς Od. ii. 173.   fracta Od. v. 370 Ὡς τῆς (νηὸς) δούρατα μακρὰ διεσκέδασ'· αὐτὰρ Ὀδυσσεὺς Ἀμφ' ἑνὶ δούρατι βαῖνε, κέληθ' ὡς ἵππον ἐλαύνων.   278. Semele soror Κάδμου θυγάτηρ καλλίσφυρος Ἰνώ, Ἠ ρ' Ὀδυσῆ ἐλέησεν ἀλώμενον Od. v. 333, 336. Sed ap. Homerum Ino nondum fracta rate inducitur.   279. unus. Recte Const. Fanensis explicauit de Mettio Suffetio duce Albanorum, qui cum foedus cum Romanis rupisset, *duabus admotis quadrigis in currus earum distentus illigatus est; deinde in diuersum iter equi concitati, lacerum in utroque curru corpus, qua inhaeserant uinculis membra, portantes.* Liu. i. 28. 280. scissa ferantur scindantur et ferantur.   281. qui Regulus. redemi ex hostium potestate, persoluto pretio Hor. C. iii. 5. 14-18. 282. Puniceo pro *Punico* ἅπ. λεγ., nisi idem est quod *Poinicio* in inscript. Agraria C. I. L. i. p. 76. 25, quod Salu. citauit.   pertulit Cic. in Pis. 19. 43 *ille M. Regulus quem Karthaginienses resectis palpebris illigatum in machina uigilando necauerunt.*   283. subsidio opitulaturum. praesens numen est deus qui uocatus adest efficaciter Ecl. i. 41.   ut illi non fuit subsidio.   284. Hercei Eur. Troad. 16 πρὸς δὲ κρηπίδων βάθροις Πέπτωκε Πρίαμος Ζηνὸς Ἑρκείου θανών.   Tradidit id Arctinus in Iliupersi.   *Rhoetei* quod habent multi MSS respicit aliam fabulam de Priami morte.   Seru. Aen. ii. 506 *alii dicunt quod a Pyrrho in domo quidem sua captus est sed ad tumulum Achillis tractus occisusque est iuxta Sigeum promunturium ; nam in Rhoeteo Ajax sepultus est.* At Seneca Troad. 1123 in Rhoeteo tumulum Achillis ponit : aras et in Rhoeteo et in Sigeo fuisse testis est ipse Ouidius M. xi. 197 allatus a Merkelio *Dextera Sigei, Rhoetei laeua profundi Ara Panomphaeo uetus*

118 COMMENTARIVS.

est sacrata Tonanti. **285. dedit saltus** saliuit, ut saepius in Metamorph. **summa** Val. F. vii. 606 *in summa Lapithes apparuit Ossa.* **Thessalus** nomen regis Thessalorum Diod. iv. 54. 1. Cf. Vell. P. i. 3. Chron. Euseb. ad ann. Abrahae 224 κατὰ τούτους τοὺς χρόνους πρῶτος ἐβασίλευσε Θεσσαλίας ὁ Γραικοῦ παῖς Θέσσαλος. Quod Scholiasta Ionum hunc fuisse dicit, quem eundem ac Lucani Ionum (vi. 402 *Primus Thessaliae rector telluris Ionus In formam calidae percussit pondera massae,* cf. Cassiod. Var. iii. 31) Schraderus habuit ap. Merkelium, crederem si de praecipitatione Ioni traditum quicquam esset. **286. praecipitere.** Nusquam hoc de Thessalo traditur. **287. Eurylochi.** Eundem habeo de quo scripta haec inueni in cod. Canon. 72, p. 25ᵇ* *Cenobates rex Thessaliae templum Cereris combussit. Ceres uero siue Iupiter immisit serpentem qui eum deuorauit. ille serpens in caelum translatus est ut qui illum uiderent ab iniuria deorum abstinerent.* Haec eadem fabula Hygino narrata est de Triopa rege Thessaliae P. A. ii. 14 *Nouissime prope ad terminum uitae dracone obiecto mala plurima perpessus, aliquando mortem adeptus, inter astra Cereris uoluntate est constitutus.* Sed uide Excursum. **288. artus** Hyg. P. A. 14 *Itaque adhuc uidetur eum draco circumplexus aeterna maerentem afficere poena.* **289. maturet** properet 'bring on before its time.' Hor. C. iii. 7. 14–16 *nimis Casto Bellerophonti* Maturare necem. Cels. vii. 7. 7 *eos qui carcinoma habent curare periculosum est : nam* mortem *quoque ea res maturat.* **290. Per caput infusae.** Schol. Ven. Il. ii. 145 ὁ Δαίδαλος διαπτὰς εἰς Κάμικον τῆς Σικελίας ἔμεινε παρὰ ταῖς Κωκάλου θυγατράσιν, ὑφ' ὧν ὁ Μίνως, ἥκων ἐπ' ἀναζήτησιν τοῦ Δαιδάλου, ἀποθνήσκει καταχυθέντος αὐτοῦ ζεστοῦ ὕδατος. Sic rem narrarant Philostephanus et Callimachus in Aetiis, diuersi illi a Diodoro 4. 79 qui Minoem dicit periisse cum nimis diu in thermis detentus fuisset. **291. parum mitis** ' that failed in his philanthropy.' Volebat Prometheus beneuolus esse (φιλάνθρωπος Prom. 11) hominibus, igni inuento, reuera autem nocebat (*parum mitis* euasit). Nam Iuppiter iratus Pandoram creauit, unde omnia mala hominibus. Rem narrat Hesiodus ˝E. κ. ᾿H. 49 sqq. Χαίρεις πῦρ κλέψας καὶ ἐμὰς φρένας ἠπεροπεύσας, Σοί τ' αὐτῷ μέγα πῆμα καὶ ἀνδράσιν ἐσσομένοισι. Τοῖς δ' ἐγὼ ἀντὶ πυρὸς δώσω κακὸν ᾧ κεν ἅπαντες Τέρπωνται κατὰ θυμὸν ἑὸν κακὸν ἀμφαγαπῶντες. **Parum mitis** cum Sanctio dictum puto per ironiam tamquam *parum Μῆτις* esset qui *Prometheus* uocabatur. P. V. 85 Ψευδωνύμως σε δαίμονες Προμηθέα Καλοῦσιν· αὐτὸν γάρ σε δεῖ Προμηθέως. Prop. iii. 5. 7, 8 *O prima infelix fingenti terra Prometheo, Ille* parum cauti *pectoris egit opus.* **Sed non inpune,** nam Prometheus dum per beneuolentiam nocet hominibus, ipse poenam tulit pascens uulturium in Caucaso. ' Like Prometheus whose ill-adventured philanthropy drew punishment on himself.' Hoc melius quam ut **parum mitis** de αὐθαδίᾳ Promethei explices, cf. P. V. 1008 Τέγγει γὰρ οὐδὲν οὐδὲ μαλθάσσει κέαρ Λιταῖς· δακὼν δὲ στόμιον ὡς νεοζυγὴς Πῶλος βιάζει καὶ πρὸς ἡνίας μάχει. ᾿Αταρ σφοδρύνει γ' ἀσθενεῖ σοφίσματι. Αὐθαδία γὰρ τῷ φρονοῦντι μὴ καλῶς Αὐτὴ καθ' αὑτὴν οὐδένος μεῖον σθένει: etsi facilius sic **non inpune** ad poenam refertur *Quam quondam silici restrictus membra catena Persoluit pendens e uerticibus praeruptis* Cat. lxiv. 296. **292. uolucres** aἰετόν P. V. 1021–1025, Hes. Theog. 525, Ap. R. ii. 1253, Apollod. i. 7. 1, *aquilam* Hyg. 144, *uulturem* Val. F. vii. 359, Petron. ap. Fulg. Myth. ii. 9. **fixus** Tusc. Disp. ii. 10. 23 *affixus ad Caucasum.* **293. Echecratides.** Thessalum credo fuisse, et ex stirpe Aleuadarum, nam teste Vlpiano ad Dem. Olynth. 1 ᾿Αλεύας ἀπόγονός τις τοῦ ᾿Ηρακλέους, Θετταλός, ἐτυράννευσε τῶν Θετταλῶν, εἶτα οἱ τούτου παῖδες. Echecratiden regem Thessalorum memorat Thucydides i. 111 ; alium, Arnoldo iudice huius auum, Scholiasta

* Sumpsi haec ex Commentario in Metamorphoses ad ii. 139. Idem Scholion extat in Canon. 1 ubi *Corobates* et Canon. 7 ubi *Carnabotes* rex iste dicitur. Fuitne *Eurybates*?

Theocriti xvi. 34 ὁ ᾿Αντίοχος ᾿Εχεκρατίδου καὶ Δυσήριδος υἱὸς ἦν, ὥς φησι
Σιμωνίδης, et Anacreon seu quis alius epigrammatum auctor fuit A. P.
vi. 134, 142 ubi dicitur ἀρχὸς Θεσσαλίας. Praeterea Echecratian,
matrem Scopae, (Scopadis autem commune genus cum Aleuadis),
idem Schol. ad xvi. 36. Sed nihil de hac morte Echecratidae repperi.
An significatur Eryx, quem Hercules luctando ter uicit et in Siculum
mare praecipitauit? Certe *uictus* pro *quintus* scriptum est in T. Vide
Excursum. **ter quintus** quintus decimus Her. viii. 48 *a Ioue quintus eris.* **295.** **Amyntiaden** Philippum Amyntae filium, patrem
Alexandri magni, quem Pausanias qui *primis pubertatis annis stuprum
per iniuriam passus ab Attalo fuerat*, quemque postea *perductum
in conuiuium solutumque mero Attalus non suae tantum, uerum et
conuiuarum libidini uelut scortorum iure subiecerat ludibriumque omnium inter aequales reddiderat*, cum *querellam Philippo saepe detulisset
et non sine risu differretur*, celebrantem nuptias Cleopatrae filiae et
Alexandri regis Epirotarum, interfecit Just. 9. 6. Aristot. Pol. v. 10.
16 ῾Η δὲ Φιλίππου ὑπὸ Παυσανίου (ἐπίθεσις) διὰ τὸ ἐᾶσαι ὑβρισθῆναι αὐτὸν
ὑπὸ τῶν περὶ ῎Ατταλον. Nobilis inter παιδικὰ δράματα haec mors Philippi
fuit : nam et Alexander is in cuius nuptiis facta est, stuprum a Philippo passus fuerat, (Iustin. viii. 6), et interfector neglectam in se
iniuriam stupri ulciscebatur. Micyllus locum interp. de Archelao rege
Macedoniae, quem Crateuas siue Crateas, puer amatus, occidit inter
uenandum. Nam teste Iustino vii. 4 Amyntas, Menelai filius *ex
Gygaea* Archelaum *Aridaeum Menelaum sustulit.* Plat. Alcib. ii. 141
᾿Αρχέλαον τὸν Μακεδόνων τύραννον τὰ παιδικὰ ἐρασθέντα τῆς τυραννίδος οὐδὲν
ἧττον ἥπερ ἐκεῖνος τῶν παιδικῶν ἀπέκτεινε τὸν ἐραστήν, ὡς τύραννός τε καὶ
εὐδαίμων ἀνὴρ ἐσόμενος. Arist. Pol. v. 10. 17 Πολλαὶ δ᾿ ἐπιθέσεις γεγένηνται
καὶ διὰ τὸ εἰς τὸ σῶμα αἰσχῦναι τῶν μονάρχων τινας, οἷον καὶ ἡ Κραταίου εἰς
᾿Αρχέλαον· ἀεὶ γὰρ βαρέως εἶχε πρὸς τὴν ὁμιλίαν. Plut. Amator. 23
ὅσοι δὲ μὴ κακοὶ πεφυκότες ἐξηπατήθησαν ἢ κατεβιάσθησαν ἐνδοῦναι καὶ παρα-
σχεῖν ἑαυτούς, οὐδένα μᾶλλον ἢ τοὺς διαθέντας ὑφορώμενοι καὶ μισοῦντες
διατελοῦσι καὶ πικρῶς ἀμύνονται καιροῦ παραδόντος. ᾿Αρχέλαόν τε γὰρ ἀπέκτεινε Κρατέας ἐρώμενος γεγονώς, καὶ τὸν Φεραῖον ᾿Αλέξανδρον Πυθόλαος. Diod.
xiv. 37, ubi tamen dicitur Archelaus ἔν τινι κυνηγίῳ πληγεὶς ἀκουσίως ὑπὸ
Κρατέρου τοῦ ἐρωμένου. Huic sententiae potius adstipulor (1) quod Pausanias non ab ipso Philippo uiolatus est, sed ab Attalo : neque eum qui
constuprarunt *turpi amore dilexerunt*, sed iniuriam ulciscebantur alterius
Pausaniae qui reuera παιδικὰ fuerat Philippo (Diod. xvi. 93). (2) Pausanias pueritiam egressus non iam *puer* sed *iuuenis* uel *νεάνισκος* (Plut.
Alex. 10) et inter Philippi σωματοφύλακας erat. (3) uerbis **Oderit** et **saeuo**
uulneret ense simillima sunt quae ex Aristotele et Plutarcho attuli. Nec
tamen infitior Perdiccae filium, non Amyntae, a plerisque Archelaum
uocitari : et multo celebratius Pausaniae facinus fuisse. Nam ex Suet.
Cal. 57, Ioseph. Antiquit. xix. 1. 13 constat Caligulam a Cassio Chaerea
interfectum esse aut eodem die aut acto in scena eodem spectaculo quo
Pausanias Philippum occiderat. **296. saeuo** per iram. **297. fida
pocula** innocua, ueneno carentia. Sic Iuuenalis 6.630 *nulli credite mensae.
Liuida materno feruent adipata ueneno.* **298. Qui** Alexander. Curt. x. 10
*Veneno necatum esse credidere plerique: filium Antipatri inter ministros,
Iollam nomine, patris iussu dedisse. Vim autem ueneni, quod in Macedonia
gignitur, talem esse constat, ut ferrum quoque exurat. ungulam iumenti
dumtaxat patientem esse constat suci. Stygem appellant fontem, ex quo
pestiferum uirus emanat. Hoc per Cassandrum adlatum traditumque
fratri Iollae et ab eo supremae regis potioni inditum.* **Cornigero de
Ioue natus** Iustin. xi. 11 *Ad Iouem deinde Ammonem pergit consul-
turus et de euentu futurorum et de origine sua. Ingredientem templum
statim antistites ut Ammonis filium salutant. Ille laetus dei adoptione*

hoc se patre censeri iubet. **299. Achaei** Polyb. viii. 22 Ἀχαιὸς ἦν Ἀνδρομάχου μὲν υἱὸς τοῦ Λαοδίκης ἀδελφοῦ, τῆς Σελεύκου γυναικός· ἔγημε δὲ Λαοδίκην τὴν Μιθριδάτου τοῦ βασιλέως θυγατέρα, κύριος δὲ ἐγεγόνει τῆς ἐπὶ τάδε τοῦ Ταύρου πάσης. Hic cum in Sardibus ubi pro rege agebat ab Antiocho Magno, a quo desciuerat, obsideretur, fraude Bolidis captus, mutilatis membris, amputato capite, et in asini corium insuto, cruci suffixus est B. C. 214. **300. aurifera.** Pactoli qui Sardes praefluit M. xi. 87, Soph. Phil. 392 Πακτωλὸν εὔχρυσον. **pependit** ut suspensus ad crucem refertur. Polyb. viii. 23 Ἔδοξε δ᾽ οὖν πρῶτον μὲν ἀκρωτηριάσαι τὸν ταλαίπωρον, μετὰ δὲ ταῦτα τὴν κεφαλὴν ἀποτεμόντας αὐτοῦ καὶ καταρράψαντας εἰς ὄνειον ἀσκὸν ἀνασταυρῶσαι τὸ σῶμα. **301-304.** Pyrrhos duos, alterum regem Epiri, alterum filium Achillis, ut hic Ouidius coniunxit, sic post eum Pausanias I. 13. 9 Θαῦμα δὲ ποιοῦμαι τῶν καλουμένων Αἰακιδῶν αὐτοῖς κατὰ τὰ αὐτὰ ἐκ τοῦ θεοῦ συμβῆναι τὴν τελευτήν. εἴγε Ἀχιλλέα μὲν Ὅμηρος ὑπὸ Ἀλεξάνδρου φησὶ τοῦ Πριάμου καὶ Ἀπόλλωνος ἀπολέσθαι· Πύρρον δὲ τὸν Ἀχιλλέως ἡ Πυθία προσέταξεν ἀποκτεῖναι Δελφοῖς· τῷ δὲ Αἰακίδου συνέβη τὰ ἐς τὴν τελευτὴν οἷα Ἀργεῖοί τε λέγουσι καὶ Λευκέας ἐποίησε. **301. Achilliden** Pyrrhum Epirotarum regem qui uicesimus tertius ab Achille fuit, teste Eusebio Chron. I. p. 234 Schöne. **Cognato nomine** Pyrrhi filii Achillis. Her. 8. 3 *Pyrrhus Achillides animosus imagine patris.* Plutarchus Pyrrh. 1 Molossorum regnum ab hoc repetit, Χρόνῳ δὲ ὕστερον Νεοπτόλεμος ὁ Ἀχιλλέως λαὸν ἀγαγὼν αὐτός τε τὴν χώραν κάτεσχε καὶ διαδοχὴν βασιλέων ἀφ᾽ αὑτοῦ κατέλιπε, Πυρρίδας ἐπικαλουμένους. Saluagn. de nomine *Aeacidae* interpretatus est, quo et pater Pyrrhi usus et ipse Pyrrhus nonnumquam ut in oraculo illo *Aio te Aeacida* celebratus * fuerit. Sed **Achilliden** melius ex solito *Pyrrhi* cognomine quam ex inusitato *Aeacidae* explicaris. Qui **cognato nomine** ad *Achillen* referunt (cf. Plut. Pyrrh. I), nimis mihi uidentur ταυτολογεῖν ; nec uero Pyrrhus Epirotes Achillis **nomine** h.e. quod stirpem ab Achille duceret **clarus** erat, sed tantum gloriabatur. **302. Opprimat** ui subita occidat. M. xii. 283 *saxea moles Oppressit spatio stantem propiore Cometen.* **Tegula** Paus. i. 13. 7 Ἐνταῦθα (Argis in quam urbem cum obsessis inruerat) ὁ Πύρρος ἐμονώθη καὶ τιτρώσκεται τὴν κεφαλήν. κεράμῳ δὲ βληθέντα ὑπὸ γυναικὸς τεθνάναι φασὶ Πύρρον. Ἀργεῖοι δὲ οὐ γυναῖκα τὴν ἀποκτείνασαν, Δήμητρα δέ φασιν εἶναι γυναικὶ εἰκασμένην. (Constant. Fanens.) **303. Pyrrhi** Neoptolemi, filii Achillis. **304. Sparsa** Hyg. 123 qui locum hunc respexit, ut docuit Mauricius Schmidtius Praef. p. xxxi. *Neoptolemus Achillis et Deidamiae filius ex Andromacha Eetionis filia captiua procreauit Amphialum. sed postquam audiuit Hermionen sponsam suam Oresti esse datam in coniugium, Lacedaemonem uenit et a Menelao sponsam suam petit. cui ille fidem suam infirmare noluit Hermionenque ab Oreste abduxit et Neoptolemo dedit. Orestes iniuria accepta Neoptolemum Delphis sacrificantem occidit et Hermionen recuperauit: cuius ossa per fines Ambraciae sparsa sunt, quae est in Epiri regionibus.* **305. Nataque ut Aeacidae.** Primus Laur. Abstemius Annot. Var. iii interpretatus est de Deidamia siue Laodamia, quam ex Iustin. xxviii. 1 et 3 filiam Alexandri regis Epirotarum, neptem Pyrrhi Magni habuit, plerique collato loco Iustini xxviii. 3 *cum ex gente regia sola Nereis uirgo cum Laodamia sorore superesset, Nereis nubit Geloni Siciliae tyranni filio, Laodamia autem cum in aram Dianae confugisset concursu populi interficitur* cum Polyb. vii. 4. 5, Paus. vi. 12. 3 filiam ipsius Pyrrhi Magni faciunt. **Aeacidae** potest id quidem de Alexandro intelligi tamquam ex Aeacidarum stirpe orto (Plut. Pyrrh. I. Paus. I. 13. 3 et 9) potest et de Pyrrho minore : melius tamen de Pyrrho Magno

---

* Sic in epigr. ap. Paus. I. 13. 3 Αἰχμηταὶ καὶ νῦν καὶ πάρος Αἰακίδαι de uictoria quam Pyrrhus de Gallis reportauerat : sed in loco Pausaniae i. 13. 9 quem Saluagnius attulit Pyrrhus non Aeacides, sed ὁ Αἰακίδου dicitur, etsi ibidem inter τοὺς καλουμένους Αἰακίδας numeratur.

ut in noto illo *Aio te Aeacida Romanos uincere posse* de Diuin. ii. 56. 116, cf. Off. i. 12. 38 *Pyrrhi quidem de captiuis reddendis illa praeclara Nec mi aurum posco nec mi pretium dederitis κ.τ.λ. Regalis sane et digna Aeacidarum genere sententia.* iaculis moriaris adactis. Populi credo, qui teste Iustino concurrerunt ad necem Laodamiae. Quamquam et hic et Polyaenus percussorem Milonem addunt. Polyaen. viii. 52 Δηϊδάμεια Πύρρου θυγάτηρ Ἀμβρακίαν καταλαβομένη, τιμωρῆσαι Πτολεμαίῳ δολοφονηθέντι προελομένη, πρεσβευσαμένων Ἠπειρωτῶν τὸν πόλεμον κατέθετο ἐπὶ τῷ τὸν κλῆρον καὶ τὰς τιμὰς τῶν προγόνων ἔχειν. καὶ λαβοῦσα πίστεις ἐξηπατήθη· συνταξάμενοι γὰρ τῶν Ἠπειρωτῶν τινες Νέστορα τῶν Ἀλεξάνδρου σωματοφυλάκων ἀναιρήσοντα αὐτὴν εἰσέπεμψαν. ὁ δὲ κάτω νεύσασαν αἰδεσθεὶς καὶ καταπλαγεὶς ἀνέστρεψεν. Ἡ δὲ κατέφυγεν ἐς τὸ ἱερὸν τῆς Ἡγεμόνης Ἀρτέμιδος· Μίλων δὲ αἰτίαν ἔχων ὡς τὴν αὐτοῦ μητέρα Φιλωτέραν ἀποκτείνας, ὥρμησεν ἐπ᾽ αὐτὴν ὡπλισμένος. Ἡ δὲ ἀνεβόησεν· Ὁ μητροφόντης ἐπὶ φόνῳ πράσσει φόνον. Τοῦτο μόνον αὐτὴν ἐκβοήσασαν ὁ Μίλων ἀπέκτεινεν ἐν τῷ τεμένει τῆς θεοῦ. 306. Cereri. Hinc colligunt Laodamiam in templo Cereris, non Dianae, interfectam Ouidium putasse : dissimulare ad Eleusinia referunt, quae cum arcana et occulta essent, longe distabant ab isto nefario ritu propter infamiam patrantium celebri ac uulgato, (sic Merkelius), aut ad mortem Pyrrhi Argis quam ipsa Ceres sub anus latens specie credebatur effecisse (Paus. i. 13. 7, sic Const. Fanensis). Atqui satis factum erit disticho, si fingas Cererem inductam esse non quod in eius templo necata Laodamia fuerit, sed tamquam irata Pyrrho, qui Proserpinae templum uiolauerat (Dionys. Ant. Rom. Exc. lib. xx. 9 Kiessling) non ipsum solum sua manu interfecerit, sed filiam quoque eius in templo deorum percussoribus obiecerit. Sacrum εἰρωνικῶς ut M. xiii. 460 allatum a Merkelio. *Scilicet aut ulli seruire Polyxena uellem, Aut per tale sacrum numen placabitis ullum.* Sed cum uix satis sic omnia expediantur, aliam interpretationem quattuor uersuum 305–308 in Excursu proposui. 307. nepos Pyrrhus, Pyrrhi Magni ex filio Alexandro et filia Olympiade nepos, qui cum Tigride amica sua ueneno extinctus per Olympiadem creditur a Saluagnio. Athen. 589. Πύρρου τοῦ Ἠπειρωτῶν βασιλέως, ὃς ἦν τρίτος ἀπὸ Πύρρου τοῦ ἐπ᾽ Ἰταλίαν στρατεύσαντος, ἐρωμένη ἦν Τίγρις ἡ Λευκαδία· ἣν Ὀλυμπιὰς ἡ τοῦ νεανίσκου μήτηρ φαρμάκοις ἀπέκτεινε. Pyrrhum immature obiisse docet Iustinus xxviii. 3 *Iam Olympias filiis regna tradiderat, et in locum Pyrrhi, fratris defuncti Ptolemaeus successerat,* post quae statim narrat Laodamiae (Deidamiae) caedem, ut haec ex communi fonte uideatur atque Ouidius duxisse. dicti modo regis Pyrrhi Magni, ad proxime praecedentia referendum ut u. 557. 308. Cantharidum, quae uocantur θανάσιμοι a Plutarcho de Aud. Poet. 5. *Cantharidas sumpsisse* de semet uenenante Cic. Fam. ix. 21. 3. *Thessalidum* quod habent alii codd. ad magas seu φαρμακευτρίας refertur. 309, 310. Scholiasta de Leucone rege Pontico intelligit, qui cum Spartacon fratrem occidisset, uel uxorem eius amans, uel quod uxorem suam is peteret, ipse ab hac occisus sit : unde pia adultera dicitur. Sed nihil huiusmodi traditum est de Leucone : itaque suspicor significari Leuconem illum quem mater Themisto, uxor Athamantis, per errorem occidit. 309. pia. Allusit, credo, ad nomen Themistonis. Nam ea fecit quidem ἀθέμιστον facinus, dum filios suos occidit, et tamen οὐκ ἀθεμίστια ᾔδη quae imprudens occideret. adultera Themisto dicitur, quia prior coniux Athamantis Ino nondum mortua erat cum Themistonem duxerat. Videtur hic Euripidem secutus, in Inone tragoedia : cuius argumentum sic enarrat Hyginus 4 *Athamas in Thessalia rex cum Inonem uxorem, ex qua duos filios [procreauerat], perisse putaret, duxit Nymphae filiam Themistonem uxorem et ex ea geminos filios procreauit. Postea resciit Inonem in Parnasso esse, quae bacchationis caussa eo peruenisse(t), misitque quae eam adducerent, quam adductam celauit. Resciit Themisto eam inuentam esse, sed quae esset* *nesciebat. coepit uelle filios eius necare. rei consciam, quam captiuam esse credebat, ipsam Inonem sumpsit, et ei dixit ut filios suos candidis uestimentis operiret, Inonis filios nigris. Ino suos candidis, Themistonis pullis operuit. tunc Themisto decepta suos filios occidit. id ubi resciit ipsa se necauit.* **310. Leucon.** Sic dictus est regum Bospori siue Panticapaei serie quintus, Satyri filius, pater Spartoci iii. (Clinton F. H. T. 2. cap. 13, Grote Hist. of Greece xii. p. 648). Regnauit annos 40 (393–353 B.C.), Diod. xiv. 93, xvi. 31, et senex sceptrum tradidit filio. Hunc Athenienses ciuitate donauerunt propter curam qua frumentum ex Bosporo Athenas transmittendum susceperat : cuius rei monumentum extat in Piraeo reperta inscriptio (Kumanudes in Athenaeo T. vi. p. 152, A. Schaefer in Mus. Rhen. xxxiii p. 419) ubi Spartocus et Paerisades Leuconis filii laudantur et coronantur, ut ipse antea cum patre Satyro fuerat. Leuconem illustrem fuisse docet non solum crebra commemoratio Dem. Lept. 467–469, Strab. 301, 310, 311, Polyaen. v. 44, vi. 9, Plut. Mor. 1043, Athen. 257, Ael. V. H. vi. 13, Aen. Tact. v, sed quod cum Idanthyrso Scytha coniungitur a Chrysippo ap. Plut. 1043 ; acrem in delinquentes nec tamen crudelem testantur Aen. Tacticus v, Athenaeus 257 : bonum ex Strabonis uerbis elicias 310 ἐκαλοῦντο δὲ τύραννοι, καίπερ οἱ πλείους ἐπιεικεῖς γεγονότες ἀρξάμενοι ἀπὸ Παρισάδου καὶ Λεύκωνος et Dionis Orat. ii. p. 101 Reiske, quem Clintonus citauit, τὸν δέ γε ἀνδρεῖον καὶ φιλάνθρωπον καὶ τοῖς ὑπηκόοις εὔνουν . . . τῆς ἀρετῆς (ὁ Ζεὺς) ἀγάμενος, ὡς τὸ πολὺ μὲν ἄγει πρὸς γῆρας, καθάπερ ἀκούομεν Κῦρόν τε καὶ Δηϊόκην τὸν Μῆδον καὶ Ἀγάθυρσον τὸν Σκύθην καὶ Λεύκωνα. Talis qui fuit, et senex et felix mortuus est, uix cum fratris uxore adulterium facere, uel ab hac necari poterat, ut nulla tantae περιπετείας narratio extiterit. Hinc *Leuconem* potius intelligo eum qui ex quattuor filiis Athamantis et Themistonis fuit, testibus Herodoro ap. Schol. Ap. R. ii. 1144, Apollodoro i. 9. 2, Tzetza ad Lyc. 21. Non multum moror quod filiorum nomina quos Themisto occidit, Plinthius et Orchomenus sunt ap. Hygin. 239. Vide quae ad Hyg. 1 Munckerus enotauit. **311. carissima corpora** uxoris et concubinarum. Athenaeus 529 ex Ctesia narrat Sardanapallum periisse πυρὰν νήσαντα ὕψος τεσσάρων πλέθρων, ἐφ' ἧς ἐπέθηκε χρυσᾶς κλίνας ἑκατὸν καὶ πεντήκοντα καὶ ἴσας τραπέζας καὶ ταύτας χρυσᾶς. ἐποίησε δὲ ἐν τῇ πυρᾷ καὶ οἴκημα ἑκατόμπεδον ἐκ ξύλων, κἀνταῦθα κλίνας ὑπεστόρεσε καὶ κατεκλίθη ἐνταῦθα αὐτός τε καὶ μετὰ τῆς γυναικὸς αὐτοῦ καὶ αἱ παλλακίδες ἐν ταῖς ἄλλαις κλίναις. (Saluagn.) **312. Sardanapallus.** Athen. 529 Σαρδανάπαλλος ὃν οἱ μὲν Ἀνακυνδαράξεω λέγουσιν υἱόν, οἱ δὲ Ἀναβαξάρου. **313. Libyci** Iouis Ammonis. **uiolare** ἐμπρῆσαι Herod. iii. 25. **parantes** milites missos a Cambyse rege Persarum. **314. Acta** noto cum inter Oasin et Ammonios medii essent, λέγεται . . . ἄριστον αἱρεομένοισι αὐτέοισι ἐπιπνεῦσαι νότον μέγαν τε καὶ ἐξαίσιον, φορέοντα δὲ θῖνας τῆς ψάμμου καταχῶσαι σφέας καὶ τρόπῳ τοιούτῳ ἀφανισθῆναι. Herod. iii. 26 (Const. Fan.) **315. necatorum Darei fraude.** Val. Maximus, unde sua duxit Scholiasta*, haec dicit ix. 2. 6 Extern. *Ochus autem qui postea Darius appellatus est, sanctissimo Persis iureiurando obstrictus, ne quem ex coniuratione, quae septem Magos cum eo oppresserat, aut ueneno aut ferro aut ulla ui aut inopia alimentorum necaret, crudeliorem mortis rationem excogitauit, qua onerosos sibi non perrupto religionis uinculo tolleret. Septum enim altis parietibus locum cinere compleuit, suppositoque tigno prominente, benigne cibo et potione exceptos in eo collocabat; e quo somno sopiti, in illam insidiosam congeriem decidebant.* Quae coniuratio ista fuerit, nescitur ; uidetur per errorem ducta ex Herod. iii. 70 sqq. ubi Darius I cum sex aliis Magos occupat trucidatque. Ctesias quattuor commemorat hac

---

* Nescio quo errore hanc historiam in apparatu ficticiam dixi. Ficticia non est, sed confusa.

COMMENTARIVS. 123

morte sed palam necatos, Secundianum, Arsiten cum Artyphio, Pissuth-
nen (Pers. 48, 51, 52) quos narrat Darium Ochum εἰς τὴν σποδὸν ἐμβαλεῖν.
Similiter ap. Herod. ii. 100 Nitocris αὐτήν μιν ῥίψαι ἐς οἴκημα σποδοῦ πλέον
et in libro Maccabaeorum ii. 13. 5 Menelaus in turrem plenam cinere
coniectus dicitur. **Secundi** Nothi siue Ochi. **316. subsidens**
fortasse explicandum ex Macc. ii. 13. 5 Ἔστι δὲ ἐν τῷ τόπῳ πύργος
πεντήκοντα πηχῶν πλήρης σποδοῦ. οὗτος δὲ ὄργανον εἶχε περιφερὲς πάν-
τοθεν ἀπόκρημνον εἰς τὴν σποδόν. Ἐνταῦθα τὸν ἱεροσυλίας ἔνοχον ὄντα ἢ
καὶ τινων ἄλλων ὑπεροχὴν πεποιημένον ἅπαντες προσωθοῦσιν εἰς ὄλεθρον. Cum
reus in cineres deiectus esset, machina quadam hi uersabantur, donec
subsidentibus qui summi fuerant, ipse etiam obrutus et suffocatus est.
Viuos uel calidos cineres fuisse censet C. L. Grimm ad loc. **deuoret**
utpote minutatim consumpta, sidente paulatim cum cineribus corpore.
317. oliuifera Stat. Theb. iv. 50 *oliuiferae Sicyonis Culta.* **Sicyone
profecto** Schol. Neoclem dicit quem eundem ac Nicoclem fuisse liquet
ex Suida s. u. Φιλοποίμην. Hic cum Sicyonis tyrannidem interfecto
Pasea occupasset, ab Arato coactus est per cuniculos ex urbe effugere
B.C. 252–1 (Freeman Hist. of Federal Government p. 360, Plut. Arat.
3–9). Cum uero nihil de huius morte tradat Plutarchus, sed tantum
domum ipsius incensam, tyrannorum res in commune cessisse, suspicor intelligendum esse aut (1) *Neophronem* tragoedum Sicyonium,
quem Suidas tradit παιδαγωγοὺς καὶ οἰκετῶν βάσανον inuenisse, famili-
arem autem Alexandri ab eo una cum amico Callisthene tormentis
interemptum fuisse. Hunc idem Suidas s. u. Καλλισθένης Nearchum
appellat. Ibi quae de Callisthene habet Suid. ὑπὸ φθειρῶν ὑπερβλύσεως
καὶ ἐκβράσεως τὸν βίον καταστρέφει, bene in mortem quadrant **frigoris** ac
famis, qualem describit Ouidius. aut (2) quod ratus est Ludouicus
Campbell, *Adrastum.* qui Sicyone ἐμβασίλευεν Il. ii. 572 ibique tamquam heros colebatur Herod. v. 67. Cuius infortunia (πάθεα) cum Sicyonii
tragicis choris celebrasse dicantur ab eodem Herodoto vi. 8., cf. Bentleii
Dissert. de Phal. pp. 332, 339, ed. Dyce, merito cum Sicyonis mentione
coniungendum erat id quod in his choris non minimum dictu fuit,
mors Adrasti. De qua Pausanias sic tradit i. 43 αἴτια οἱ τοῦ θανάτου
γῆρας καὶ τὴν Αἰγιαλέως γενέσθαι τελευτήν: cf. Stat. Theb. viii. 262 *aeger
senio.* Propius tamen ad mortem accedit *frigoris famisque* qualis hic
describitur, historia Demetrii Poliorcetis, quo Ouidii distichon primus
reuocaui. Nam (3) Demetrius Σικυωνίους ἔπεισεν οὗ νῦν οἰκοῦσι μετοικί-
σασθαι· τῷ δὲ τόπῳ καὶ τοὔνομα τὴν πόλιν συμμεταβαλοῦσαν ἀντὶ Σικυῶνος
Δημητριάδα προσηγόρευσεν. (Plut. Dem. 25.) Itaque **a Sicyone profecto** h. e. a Demetriade quasi per aenigma nomen uiri declarat. Non
minus illustrat alterum u. distichi **Sit frigus mortis causa famesque
tuae** sequens historia Demetrii, postquam a regno Macedonum pulsus
μορφὴν ἀμείψας ἐκ θεοῦ βροτησίαν in Asiam profugit, ibique contra Lysi-
machum ac Seleucum cum exercitu belligerans multis mensibus fame
ac frigore, postremo etiam morbo conflictatus est. Plut. Dem. 46
Ἐπισιτισμοῦ δὲ καὶ προνομῶν εἰργόμενος ἠπορεῖτο. ἅμα δὲ μᾶλλον ὁ λιμὸς
ἐπέτεινε. 47 Τέλος δὲ καὶ νόσου τῷ λιμῷ συνεπιτιθεμένης, ὥσπερ εἴωθεν, ἐπὶ
βρώσεις ἀναγκαίας τρεπομένων, τοὺς πάντας οὐκ ἐλασσόνας ὀκτακισχιλίων
ἀποβαλὼν ἀνῆγεν ὀπίσω τοὺς λοιπούς. Mox adeunte hieme coactus est
Seleucum rogare ut exercitum suum sustentaret neue se inopem
nudumque hostibus obiectaret (47 fin.) Tum morbo per xl dies con-
fectus (48 fin.), ad ultimum carens etiam unius diei cibariis, Seleuco
se tradidit, postquam uoluntariam mortem frustra expertus est (49).
Hos Demetrii casus, dignos sane qui tragicis Menelai Bacchi Oedipodis περιπετείαις compararentur (Plut. Dem. 45, 46) Ouidium credo
ita adhibuisse ut Demetrium fame ac frigore periisse fingeret: etsi
reuera tribus annis superuixit, et in Syria Chersoneso captiuus otio

124 COMMENTARIVS.

ac uino absumptus est (Plut. Dem. 52 fin.) **319. Atarnites.**
Ἀταρνείτης Callim. Ep. i. 1 ex Atarneo Mysiae. Herod. i. 160 τοῦ Ἀταρνέος τούτου ἐστὶ χῶρος τῆς Μυσίης Λέσβου ἀντίος. Schol. et plerique dici
credunt Hermian,* Atarnei et Assi tyrannum, aequalem et amicum
Aristotelis, qui apud eum in Atarneo commoratus est eiusque duxit
filiam siue ἀδελφιδῆν Pythiada. (Diog. L. v. 3, Strab. 610, Suid. s. u.
Ἀριστοτέλης et Ἑρμίας.) De morte eius Diod. xvi. 52. 2 Ἐστρατεύσατο δ᾽
ἐπὶ πρῶτον Ἑρμίαν τὸν Ἀταρνέων τύραννον ἀφεστηκότα τοῦ βασιλέως καὶ πολλῶν
ὀχυρωμάτων καὶ πόλεων κυριεύοντα. Ἐπαγγειλάμενος δὲ αὐτῷ πείσειν τὸν
βασιλέα καὶ τῶν ἐγκλημάτων ἀπολῦσαι, συνῆλθεν εἰς λόγους καὶ παρακρουσάμενος
αὐτὸν συνέλαβε. Paulo aliter Strabo 610 qui dicit a Memnone Rhodio
specie amicitiae inuitatum ibi correptum fuisse et ad regem Persarum
missum suspendio perisse (κἀκεῖ κρεμασθεὶς ἀπώλετο): cuius meminit
Aristoteles Oecon. ii. 29 et in epig. ap. Diog. L. v. 6 statuae eius Delphis
insculpto Τόνδε ποτ᾽ οὐχ ὁσίως παραβὰς μακάρων θέμιν ἁγνὴν Ἔκτεινεν Περσῶν
τοξοφόρων βασιλεύς, Οὐ φανερῶς λόγχῃ φονίοις ἐν ἀγῶσι κρατήσας, Ἀλλ᾽ ἀνδρὸς
πίστει χρησάμενος δολίου. Eundem Hermian hymno uel paeane celebrauit Aristoteles Ἀρετὰ πολύμοχθε γένει βροτείῳ, in quo Ἀταρνέος ἔντροφος
dicitur, atque etiam sacrificio colere creditus est Athen. 697: quam ob
rem impietatis insimulatus est a Demophilo. Vide Bergk. Poet. Lyr.
pp. 664, 676, Hermen a. 1879, p. 469. Sed cum Hermian insutum ferae
pelle nemo tradat, Ianus Parrhasius locum de Pactya Lydo intelligit
quem Persis ἐξέδοσαν οἱ Χῖοι ἐπὶ τῷ Ἀταρνέϊ μισθῷ Herod. i. 160. Cf. Plut.
de Herod. Malign. 20. At, quamquam Atarnites ager post hoc facinus
uelut deuotus nec fruges nec πέμματα in sacrificia praebebat, uix poterat
Atarnites is dici cuius uitae Atarneus pretium fuit. Atque ipse Strabo
dicit 616 Ἀταρνεύς ἐστι τὸ τοῦ Ἑρμίου τυραννεῖον, ut quasi iure suo
Atarnites hic dicatur. **insutus** Val. Max. ix. 2. 11 *Sicut illi barbari,
quos ferunt mactatarum pecudum intestinis et uisceribus egestis homines
inserere, ita ut capitibus tantummodo emineant ... donec intus putrefacti
laniatui sint animalibus quae tabidis in corporibus nasci solent.* (Micyllus:)
Quamquam poterat in pellem sic insui ut Encolpion et Gitona Eumolpus
uolebat *in duas pelles conicere uinctosque loris inter uestimenta pro
sarcinis habere* Petron. S. 102. **320. dominum** δεσπότην quo nomine
appellabantur reges Persarum (Saluagn.). **321. Inque tuo thalamo.**
Alexander, tyrannus Pherarum in Thessalia (B.C. 369-35⅔, Clinton, F. H.
ii. c. 15) cum Thebes uxoris fratres Tisiphonum Lycophrona Timolaum
necare destinasset, Θήβη τὸ βούλευμα μαθοῦσα, τοῖς μὲν ἀδελφοῖς ἐγχειρίδια
δοῦσα παρασκευάζεσθαι πρὸς τὴν σφαγὴν παρεκάλει. οἴνῳ δὲ πολλῷ Ἀλέξανδρον
βαπτίσασα καὶ κατευνάσασα ἐκπέμπει τοὺς τοῦ θαλάμου φύλακας, προφάσει ὡς
λουτροῖς χρησομένη καὶ τοὺς ἀδελφοὺς ἐπὶ τὸ ἔργον ἐκάλει· οἱ δὲ ἀπεδείλιων καὶ
μάλιστα αὐτῶν ὁ νεώτατος. ἡ δὲ ἄλλα τε διαπειλησαμένη καὶ ὡς τὸν Ἀλέξανδρον
αὐτίκα ἀνεγερεῖ καὶ καταγορεύσει αὐτῶν τὸν φόνον, θαρρεῖν αὐτοὺς ἐβιάσατο· καὶ
κτείνουσι κοιμώμενον τὸν Ἀλέξανδρον. Conon. Narrat. 50. **323. Larisaeus
Aleuas.** Buttmanno (Abhandl. d. Berlin. Acad. 1823, p. 203) creditur is
esse quem Theocritus ἄνακτα Ἀλεύαν dicit xvi. 34, Scholiasta uero Ἀλεύαν
τὸν Σίμου. Hic Aleuas aequalis Simonidae fuit et ab eo celebratus est: ab
Euphorione autem peculiari libello commemoratus, teste schol. Theoc.
Larisae (Plat. Men. 70, Arist. Pol. v. 6. 13) sedem posuerunt Aleuadae, ut
horum propinqui Scopadae Crannone, fortasse etiam Pharsali. (Buttm.) An
huc spectat Diod. xv. 61. 2-5? ubi narrat Aleuadas Larisaeos, Alexandrum
Pheraeum tyrannide depellere uolentes, Alexandrum Macedoniae regem
in Larisam introduxisse; quod cum fecissent, hunc urbem occupasse
praeter acropolin. A quo si Aleuadarum aliquis interfectus est, is

---

* Photius in Lex. Hermian τὸν εὐνοῦχον τὸν τρίπρατον uocat, simili contemptu
quo Ouidius dicit ad dominum *ferare tuum*.

uulnere suo non fidos socios experiri dicendus erat. An per *fidos*
significat πιστούς? quo nomine in Thessalis, quorum nota perfidia (ἄπιστα
Θεσσαλῶν Eur. fr. 426 Nauck), Aleuas consiliarios suos uel etiam satellites
(δορυφόρους) uocaturus erat. Plat. Crit. 117 D Οἰκήσεις ἦσαν τῷ πλήθει τῶν
δορυφόρων. τοῖς δὲ πιστοτέροις ἐν τῷ σμικροτέρῳ τροχῷ καὶ πρὸς τῆς
ἀκροπόλεως μᾶλλον ὄντι διετέτακτο ἡ φρουρά· τοῖς δὲ πάντων διαφέρουσι πρὸς
πίστιν ἐντὸς τῆς ἀκροπόλεως περὶ τοὺς βασιλέας αὐτοὺς ἦσαν οἰκήσεις δεδομέναι.
325. Vtque †Milo. Incerta hic omnia. Si uere scriptum est in plerisque MSS *Pisa*, possis de Pantaleone interpretari, legendo *Vt Patalon*
(Merk.) uel, quod ipse conieci, *Vt Pteleon* (*Teleon*), cf. Apollod. iii. 15, 1.
Pantaleon, rex Pisae, dux suorum contra Eleos bello Messeniaco secundo
B.C. 672 (Strab. 362), postea Ol. 34, B.C. 644, ludorum Olympicorum,
exturbatis Eleis, celebrator (Paus. vi. 22. 2) ab Heraclide Pontico fr. vi.
dicitur ὑβριστὴς καὶ χαλεπός. οὗτος πρέσβεις πρὸς αὐτὸν ἐλθόντας ἐκτεμὼν
ἠνάγκασε καταφαγεῖν τοὺς ὄρχεις. Cf. Paus. vi. 21. 1, Paulus s. u. *Pisatilem.*
Sed hic non ui obiit, Athen. 616. Itaque de Etrusca Pisa potius locum
explicarim. Nam et Etrusci tyranni commemorantur Mezentius Gyges
alii, et *amari uitae pariter ac mortis tortores* dicuntur a Val. Max. ix. 2. 9,
et ipsa uox *tyranni* a *Tyrrhenis* ducta habetur Et. Gud. 537, cf. Etym. M.
771; et Agylla, urbs Mezentii, cum Pisa coniungitur a Lycophrone 1241.
Vide Excursum. **326.** occultas aquas plerique ad Alpheum referunt
qui saepius sub terra mergitur (Strab. 343, Paus. viii. 54. 2 ὁ Ἀλφείος
ἀφανίζεσθαι κατὰ γῆς ἐθέλει πολλάκις καὶ αὖθις ἀναφαίνεσθαι). Potest tamen
de cisterna dici uel aqua sub terram per artem ducta aquae occultata.
Polyaen. vi. 13 κρυπτὸν ὑπόνομον εὗρον ἄγοντα ναματιαῖον ὕδωρ πολύ. Val.
Max. vi. 3. 1 fin. *de robore praecipitatos* quosdam dicit, ut opinor in puteum
uel cisternam. Huiusmodi aquarum receptacula γεργύρας siue γοργύρας
Graeci uocabant. Hesych. γοργύρα· ὑπόνομος δι' οὗ τὰ ὕδατα ὑπεξήει. Etym.
M. γόργυρον δεσμωτήριον. γοργυρὰ ὑπόνομος βορβορώδης. **327.** Aphidantum
Phylacesia regna tenentem Lycaonem regem Tegeae, qui cum Iouem
hospitem accepisset, Arcadis cuiusdam filium iugulauit et huius uisceribus
deum inuitauit: quam ob rem Iuppiter mensam euertit, Lycaonem cum
filiis fulmine necauit. Apollod. iii. 8. 1, eademque fere Hyg. 176. **Aphidantum** Ἀφειδάντων Paus. viii. 45. 1 Τεγεάται δὲ ἐπὶ μὲν Τεγεάτου τοῦ
Λυκάονος τῇ χώρᾳ φασὶν ἀπ' αὐτοῦ γενέσθαι μόνῃ τὸ ὄνομα, τοῖς δὲ ἀνθρώποις
κατὰ δήμους εἶναι τὰς οἰκήσεις, Γαρεάτας καὶ Φυλακεῖς καὶ Καρυάτας τε καὶ
Κορυθεῖς, ἔτι δὲ Ποταχίδας καὶ Οἰάτας Μανθυρεῖς τε καὶ Ἐχευήθεις· ἐπὶ δὲ
Ἀφείδαντος βασιλεύοντος καὶ ἔνατός σφισι δῆμος προσεγένετο Ἀφείδαντες.
viii. 4. 2. Ἀφείδας δὲ Τεγέαν καὶ τὴν προσεχῆ ταύτης ἔλαχεν· ἐπὶ τούτῳ δὲ καὶ
ποιηταὶ καλοῦσιν Ἀφειδάντειον κλῆρον τὴν Τεγέαν. Ap. R. i. 162. Οἱ Τεγέην
καὶ κλῆρον Ἀφειδάντειον ἔναιον ubi Schol. Ἀφείδας ὁ Ἀρκάδος, ἀρχαῖος ἥρως,
ἐβασίλευσε Τεγέας. Cf. Meinekii Anal. Alex. p. 160. Nescio tamen an non
praestet *Phialesia*. Phialus siue Phigalus aut Lycaonis filius aut Arcadiae
autochthon habitus est Paus. viii. 39. 2. *Adimantum* quod habent
plerique codices a nullo dum explicatum est. **329.** Amastriacis.
Amastris urbs Ponti. Strab. 544 Ἄμαστρις ὁμώνυμος τῆς συνῳκικυίας πόλις·
ἵδρυται δ' ἐπὶ Χερρονήσου λιμένας ἔχουσα τοῦ ἰσθμοῦ ἑκατέρωθεν· ἦν δ' ἡ
Ἄμαστρις γυνὴ μὲν Διονυσίου τοῦ Ἡρακλείας τυράννου, θυγάτηρ δ' Ὀξυάθρου, τοῦ
Δαρείου ἀδελφοῦ τοῦ κατὰ Ἀλέξανδρον. Lenaeus quis sit incertum. Non
potest esse *Dionysius* tyrannus Heracleae, maritus Amastris, quem
Memnon ap. Photium fr. iv. Muelleri Fr. Hist. Graec. iii. p. 529 tradit
imperasse annis 30, adeo adamatum a suis ut Χρηστὸς uocaretur; adeo
autem pinguem ut ex lethargo aciculis excitari solitus sit. Burmanno
potius adstipulor intelligi Mithridaten Magnum regem Ponti, qui Διόνυσος
cognominatus est (App. Mithr. 10, 113), ab Asiaticis autem *Euhius
Nysius Bacchus Liber nominatus* (Cic. Flac. xxv. 60). Hic *amisso exercitu,
regno expulsus tamen in ultimis terris ab inuicta Cn. Pompeii manu*

Maeote et illis paludibus se defendebat (de leg. Agr. ii. 19. 52). Cf. App. Mithr. 101, 102 Διώδευεν ἔθνη Σκυθικὰ καὶ πολεμικὰ καὶ ἀλλότρια, in his Heniochos et Achaeos, donec ad Maeotin peruenit. Inde (App. 107) Panticapaeum urbem in extrema parte Tauricae Chersonesi sitam ex oriente occupauit, atque ibi derelictus a suis mortem sibi adiuuante Bituito quodam Celta consciuit. Poteris et de Philocteta interpretari legendo *Lemnaeus* (Lyc. 227). Nam Philoctetes redux **Amastriacis ab oris** h. e. ab litore Euxini maris quod cum Argonautis inuiserat (Val. Fl. i. 391, iii. 722, Philostr. Iun. Icon. 17) *Lemnaeus* iure suo appellandus erat, ut qui in insulam Lemnon bis appulisset, prius cum Argonautis (Val. Fl. ii), postea cum Grais petentibus Troiam, quo tempore Chrysae aram quaerens et ab angue morsus propter tetrum uulneris odorem ibi destitutus est. Hinc Val. Fl. i. 392 de Philocteta *Bis Lemnon uisure* dicit. **330. Nudus** Phil. 953 ψιλός, οὐκ ἔχων τροφήν. **Achillea humo** si de Mithr. intelligas, aut explices de ʼΑχιλλέως δρόμῳ qui nauigantibus a Borysthenis ostio in orientem *paeninsula* est *ad formam gladi in transuersum porrecta exercitatione* Achillis *cognominata* (Plin. iv. 83), Tauricam Chersonesum spectans ex aduerso, aut de ʼΑχιλλείῳ κώμῃ, quo loco angustissime se contrahit Maeotis ostium (Strab. 494). Poteris etiam latius interpretari de ora Scythica. Iam Alcaeus dixerat fr. 49 Bergk, ʼΑχίλλευ, ὃ τᾶς Σκυθίκας μεδείς. Si de Philocteta capias, ex scriptura codicum Mutinensis, Holkhamici, Conradi de Mure elicies *Echidnaea* uel *Echinaea* h. e. Lemno, ubi et ipse Philoctetes ab angue morsus est et alii ὀφιόδηκτοι a sacerdotibus Hephaesti curabantur (Schol. Il. ii. 725), et noxium genus serpentum κεγχρίνης inhabitasse praecipue iuxta Mosychlum dicitur a Nicandro Ther. 463 sqq. **331.** uel opponitur **Vel** 333. Eurydamas, filius Medii, cum Thrasyllum, fratrem Simi Larisaei, occidisset, ab hoc ad currum ligatus et circa tumulum Thrasylli tractus est : quod narrarat Callimachus siue in Ibide (Bentl.) siue in Aetiis (Schneider Callim. ii. p. 627). Schol. Ven. Il. xxii. 397 Διὰ τί ʼΑχιλλεὺς θανόντα σύρει τὸν Ἕκτορα ; ὁ δὲ Καλλίμαχός φησιν ὅτι πάτριόν ἐστι Θεσσαλοῖς τοὺς τῶν φιλτάτων φονέας σύρειν περὶ τοὺς τῶν φονευθέντων τάφους· Σίμωνα γάρ φησι Θεσσαλὸν τὸ γένος, Εὐρυδάμαντα τὸν Μειδίου σῦραι (add. Schneid.) ἀποκτείναντα Θράσυλλον τὸν ἀδελφὸν αὐτοῦ, ἄρξασθαί τε τοῦ νόμου πρῶτον. τοῦτον γὰρ ἐξάψαι τοῦ δίφρου τὸν φονέα καὶ περὶ τὸν τετελευτηκότος τάφον ἕλκειν. Callimachi uersus de ea re citat Proclus ad Platon. Rep. p. 391 πάλαι δ' ἔτι Θεσσαλὸς ἀνὴρ Ῥυστάζει φθιμένων ἀμφὶ τάφον φονέας. (Schneider Callim. l. c.) **ter** toties et Hectorem Achilles raptarat Il. xxiv. 16. **332. Larisaeis.** Demosthenes Neaer. 1382 dicit Neaeram, meretricem famosam, rem habuisse ἐν Θετταλίᾳ καὶ Μαγνησίᾳ μετὰ Σίμου τοῦ Λαρισαίου καὶ Εὐρυδάμαντος τοῦ Μηδίου : neque a uero abhorret inimicitiam ortam ex amore. cf. Neaer. 1352. **333. qui** Hector. **Tutatus.** οἷος γὰρ ἐρύετοἼλιον Ἕκτωρ Il. vi. 403. **334. lustrauit** dum ab Achille circum Troiae moenia raptat Il. xxiv. 16, 755. **non diuturna** mox ruitura mortuo Hectore. Il. xxiv. 728 πρὶν γὰρ πόλις ἥδε κατ' ἄκρης Πέρσεται· ἢ γὰρ ὄλωλας ἐπίσκοπος, ὅστε μιν αὐτὴν Ῥύσκευ, ἔχες δ' ἀλόχους κεδνὰς καὶ νήπια τέκνα, quae uerba sunt plangentis Andromaches. Eodem modo Betin circa Gazam, quam frustra defenderat contra Alexandrum, cum *per talos spirantis lora traiecta sunt, religatum ad currum traxere equi, gloriante rege Achillen, a quo genus ipse deducebat, imitatum se esse poena in hostem capienda.* Curt. iv. 6. **335, 6.** Eadem fabula recurrit 459, 460, uideturque in Callimachi Ibide narrata fuisse, teste Schol. Aesch. Tim. 281. Heraclides *περὶ πολιτειῶν* fr. 3 (Muell. Fragm. Hist. Graec. ii. p. 208) Ἱππομένης εἰς τῶν Κοδριδῶν λαβὼν ἐπὶ τῇ θυγατρὶ μοιχὸν, ἐκεῖνον μὲν ἀνεῖλεν ὑποζεύξας τῷ ἅρματι, τὴν δὲ ἵππῳ συνέκλεισεν, ἕως ἀπόληται. **nouum genus poenae** Diodorus viii. 24 τιμωρίαν ἀνήκεστον καὶ παρηλλαγμένην eam uocat. **336. Erechthea** Athenis. M. viii. 547, nisi forte respicitur gens regia unde Limone orta est : et sic sane dicta est *Erechthea domo* F. v. 204. **fertur** quem ad modum Troilus Aen. i. 476 *Fertur equis curruque haeret resupinus inani.* **338. turpe** 'dishonoured' αἰκισθέν. **339. Viscera.** Eur. Troad. 90 αἱ Καφήρειοί τ' ἄκραι Πολλῶν θανόντων σώμαθ' ἕξουσιν νεκρῶν. **figat** transfigat. olim dum reditus fit a Troia Graiorum. **340. sub** aut ad imminentem Caphareum refertur, aut ad undas quibus cautes teguntur. Prius uidetur significare Seneca Agam. 558-560 *Est humilis unda, scrupeis mendax uadis, Vbi saxa rapidis clusa uerticibus tegit Fallax Caphareus . . . Arx imminet praerupta.* Non est 'at the bottom of the Euboean gulf' uti vertit Henry ad Aen. i. 48. **Euboico.** Caphareus promunturium Euboeae ad meridiem. Mel. ii. 107. Sic Trist. i. 1. 84, v. 7. 35, Sil. xiv. 144. **Graia** Graiorum. **sinu** Tro. 85 κοῖλον Εὐβοίας μυχόν. **341. ferox raptor** Aiax Oileus qui *a uirgine* (Pallade) *uirgine* (Cassandra) *rapta* (Met. xiv. 468) poenam luit ictus fulmine, mox mersus pelago. **et fulmine et aequore** Sen. Med. 660 *Fulmine et ponto moriens Oileus.* Aen. i. 44, 45. **342. adiuuet ignis aquas** Ag. 650 Συνώμοσαν γὰρ ὄντες ἔχθιστοι τὸ πρὶν Πῦρ καὶ θάλασσα. Milton P. R. iv. 412 'Fierce rain with lightning mixt, water with fire In ruine reconcild.' **343. uecors agitetur** uecors fiat et agitetur. **344. Vnum qui.** Schol. de Marsya uel Pentheo intellexit : nam Marsyae *cutis est summos direpta per artus, Nec quicquam nisi uulnus erat* (M. vi. 388) : Pentheus *trunca ostendit deiectis corpora membris* M. iii. 724. Sed rectius Ianus Parrhasius Epist. 44 interpretatus est de Aiace 'qui ferro dicitur fuisse impenetrabilis praeter sinistrum latus quod obiecto clypeo tegebat, uel ut alii tradunt iugulum.' Rem narrat Pindarus Isthm. v (vi). 35-54, ubi dicit Herculem, a Telamone inuitatum poculis, orasse ut huic ex coniuge Eriboea filius foret, corpore tam impenetrabili (ἄρρηκτον φυὰν) quam esset leonis pellis quam ipse gereret. Lyc. 454-459 de Aiace Τοῦ λύσσαν ἐν ποίμνῃσιν αἰχματηρίαν Χέαντος, ὃν Χάρωνος ὡμηστοῦ δορὰ Χαλκῷ τορητὸν οὐκ ἔτευξεν ἐν μάχῃ, Μίαν πρὸς ἅδην καὶ φθιτοὺς πεπαμένον Κέλευθον, ubi Tzetzes Αὐξηθέντα δὲ τῇ λεοντῇ τοῦτον 'Ηρακλῆς ἐσκέπασε καὶ ταύτην αὐτῷ ἐχαρίσατο· ὑφ' ἧς σκεπόμενος, ὡς ληροῦσιν, ἄτρωτος ἦν, πλὴν μόνου τοῦ τόπου, κατά τινας, τοῦ σκεπομένου πρώην ὑπὸ τοῦ γωρυτοῦ, ὅτε ταύτην ἐφόρει ὁ 'Ηρακλῆς· ὅτε δὲ ὁ Αἴας, ὑπὸ τοῦ σάκους. "Αλλοι δέ φασιν περὶ τὴν κλεῖδα τρῶτον εἶναι τὸν Αἴαντα. Secundum Aeschylum *ala* tantum uulnus admittebat, teste Schol. Ven. Il. xiv. 404. Vide Lobeckium ad Ai. 834. **uulnus** pro loco uulneris 'a vulnerable point.' Non dissimilia sunt Prop. ii. 22. 7 *quaerunt sibi uulnus ocelli* h. e. unde uulnerentur, Luc. iv. 764 *oblato uulnere* h. e. data facultate uulnerandi. Sed *uulnus habere* ap. Ouidium alias est uulnerari. **habet** ut 312 de re praeterita cuius extat memoria. Sic *fertur* 336. **345. Dryantiadae** Lycurgo Il. vi. 130 Δρύαντος υἱὸς κρατερὸς Λυκόοργος. Idem a Sophocle Antig. 955 uocatur παῖς ὁ Δρύαντος 'Ηδωνῶν βασιλεύς. **Rhodopeia regna,** cf. Her. 2. 113. Aiax et Lycurgus tamquam ob insaniam se ipsi interficientes coniunguntur etiam ab Hygino 242. **346. Hyg.** 132 *Lycurgus Dryantis filius Liberum de regno fugauit. quem cum negaret deum esse uinumque bibisset et ebrius matrem suam uiolare uoluisset, tunc uites excidere est conatus, quod diceret illud malum medicamentum esse, quod mentes immutaret. qui insania ab Libero obiecta uxorem suam et filium interfecit. ipsumque Lycurgum pantheris obiecit* in Rhodope, *qui mons est Thraciae, cuius imperium habuit.* hic traditur unum pedem sibi pro uitibus excidisse. Cf. Seru. ad Aen. iii. 14, Schol. Luc. i. 575, iii. 431. Hinc, quod altero crure amputato altero tantum crepidam gereret, μονοκρηπῖδα dictum fuisse putat Salu. in epigrammate Anthologiae xvi. 127 Duebner Τίς τὸν Θρήϊκα τόνδε μονοκρηπῖδα Λυκοῦργον Χάλκεον 'Ηδωνῶν ταγὸν ἀνεπλάσατο; Βακχιακὸν κατὰ πρέμνον ἴδ' ἀγέρωχα μεμηνὼς Βριθὺν ὑπὲρ κεφαλᾶς ἀντέτακεν χάλυβα. Μανύει

128   COMMENTARIVS.

μορφὰ τὸ πάλαι θράσος· ἁ δ᾽ ἀγέρωχος Λύσσα καὶ ἐν χαλκῷ κεῖνο τὸ πικρὸν ἔχει et hoc esse **disparem cultum.** Contra Heynius in Excursu ad Aen. vii. 689 μονοκρηπῖδα sic interpretatus est quasi uno tantum crure ocreato fuerit Lycurgus atque ideo facilius alteri falcem inflixerit. **347. Oetaeo.** Herculi qui in Oeta monte periit. Furorem Herculis non eum intelligo quo correptus Lichan ex Oeta deiecit, sed priorem quo instinctus regiam Thebis tamquam Mycenae essent demolitus est, mox liberos et uxorem Megaram interfecit. Fabulam narrarunt Euripides in Ἡρακλεῖ Μαινομένῳ, Seneca in Hercule Furente. **generoque draconum** Athamanti, cui nupsit Ino filia Cadmi et Harmoniae. Hic *ab Iunone insania obiecta Learchum filium interfecit* Hyg. 2. Fast. iv. 489. **348. Tisamenique patri** Oresti. Paus. ii. 18. 6 Ὀρέστου δὲ ἀποθανόντος ἔσχε Τισάμενος τὴν ἀρχὴν Ἑρμιόνης τῆς Μενελάου καὶ Ὀρέστου παῖς. (Micyllus.) **Callirhoesque uiro.** Alcmaeoni, qui Eriphylae matris interfectae furiis actus ex Argis profugit in Arcadiam et inde ad Acheloum, ubi resipuit et Acheloi filiam Callirhoen duxit Paus. viii. 24. 4, Apollod. iii. 7. 5. Aliam Callirhoen memorat Pausanias vii. 21 (cf. Buecheler Mus. Rhen. a. 1879, p. 347) quam Coresus sacerdos Bacchi cum frustra amaret ac iussu oraculi Dodonaei pro Calydoniis, quibus hic deus diuinum furorem immiserat, ad aram uideret duci ut a se ipso mactaretur, ipse sua manu mori maluit. Sed Ouidium de Alcmaeone loqui patet ex Plauti Capt. iii. 4. 30 ubi Lycurgus Alcmaeon Orestes simili modo coniunguntur. **349. matrona** 'a consort' i. e. uxor adiuncta notione dignitatis sanctitatisque. Her. v. 83 *Non tamen ut ... Hecubae fuerim dissimulanda nurus. Dignaque sum et cupio fieri* matrona *potentis.* **350. Qua** Aegiale uxore Diomedis. Tzetz. ad Lyc. 610 ὡς Μίμνερμος λέγει, ὑπὸ Διομήδους τρωθεῖσα ἡ Ἀφροδίτη, παρεσκεύασε τὴν Αἰγιάλειαν πολλοῖς μὲν μοιχοῖς μοιχευθῆναι· συγκοιμηθῆναι δὲ καὶ τῷ Ἱππολύτῳ καὶ Κομήτῃ τῷ Σθενέλου υἱῷ. Hinc Lycophron 612 Ὅταν θρασεῖα θουρὰς οἰστρήσῃ κύων Πρὸς λέκτρα. **351. Quaeque.** Ex Polyaen. viii. 57 primus interpretor de Arsinoe Lysimachi, mox Ptolemaei Cerauni, postremo Ptolemaei Philadelphi coniuge, quae ut Seleuci milites fugeret, Ephesi moenia, quo confugerat, destruentes, ancillam regali ueste indutam lecticae indidit, satellitesque circumdedit ; quo artificio ancilla oppressa est, Arsinoe effugit. Ἀρσινόη Λυσιμάχου τοῦ ἀνδρὸς τελευτήσαντος, μεγάλης ταραχῆς οὔσης ἐν Ἐφέσῳ, καὶ τῶν σελευκιζόντων τὰ τείχη καταβαλλόντων καὶ τὰς πύλας ἀνοιγόντων, εἰς μὲν τὸ φορεῖον τὸ βασιλικὸν κατέκλινε θεράπαιναν στολὴν περιθεῖσα βασιλικήν, καὶ περιέστησε πολλοὺς τῶν ὑπασπιστῶν. αὐτὴ δὲ περιβαλομένη ῥάκια καὶ προσωπεῖον ἐρρυπωμένον, καθ᾽ ἑτέραν θύραν ἐξῆλθε μόνη, καὶ δραμοῦσα ἐπὶ τὰς ναῦς ἀπέπλευσε. Μενεκράτης, εἷς τῶν ἡγεμόνων, τῷ φορείῳ προσπεσὼν κατεκέντησε τὴν θεράπαιναν, οἰόμενος Ἀρσινόην φονεύειν. **cum fratre mariti.** Philadelpho, fratre Ptolemaei Cerauni. Nam utrique pater Ptolemaeus Soter, sed huic ex Eurydica, illi ex Berenica. At ipsius Arsinoae frater fuit Philadelphus. Audio ; sed nihil hoc ad rem. Nam in eo flagitiosa habetur Arsinoe, non quod fratri nupsit (nam etiam Ceraunus frater fuit) sed quod postquam Cerauno nupserat, cum huius nondum mortui fratre Philadelpho iterum matrimonium fecit. **352. Locris** Arsinoe dicta est etiam a Callimacho in Coma Berenices. Vide me ad Cat. lxvi. 54. **in ancillae dissimulata nece,** 'when she had been disguised in the person of a slaughtered maid-servant,' h. e. postquam per ancillam personata fuerat tamquam esset Arsinoe, et sic sub ficta specie necatae incolumis euaserat. Similis usus ap. Val. Fl. vi. 533 *inque dei latuit terrore Lycaei.* Et **dissimulata** recte dicitur : ancilla enim reginam et simulauit h. e. personauit et dissimulauit h. e. celauit. Menenium in bello ciuili seruus induta erili ueste et lecticam pro eo inscendens sic seruauit App. B. C. iv. 44. Aliam interpr. in Excursu addidi. **353. fideli.** Ag. 606 γυναῖκα πιστὴν δ' ἐν δόμοις εὗροι μολὼν de Clytaemnestra. **354. Talai gener.** Amphiaraus, uir Eriphylae, filiae Talai regis Argiuorum. Apollod. i. 9. 13. **Tyndarei gener** Agamemnon, uir Clytaemnestrae. **355.** Idem uersus A. A. i. 73. **patruelibus** filiis Aegypti. M. iv. 462 *Molirique suis letum patruelibus ausae Assidue repetunt, quas perdant, Belides undas.* **356. assidua aqua,** 'by constant carriage of water,' aquam assidue ferendo, cum foratis urnis semper exeat. **357. Byblidos.** Hyg. 243 *Byblis Mileti filia propter amorem Cauni fratris ipsa·se interfecit.* M. ix. 449 sqq. Parthen. Erot. xi. **Canaces.** Hyg. 243 *Canace Aeoli filia propter amorem Macarei fratris ipsa se interfecit.* Est inter Heroidas epistula Canaces Macareo (xi). **sicut facis.** M. xiii. 741 *Vtque facis, potes his inpune negare.* Pont. ii. 3. 48 *Vtque facis, lapso quam potes affer opem.* Vsitatius fuisset *sicut facit,* sequente *ardeat,* ut M.xiv.491 *quod facit, oderit omnes Sub Diomede uiros.* Non adstipulor Merkelio **facis** genitiuum existimanti. **358. sit tibi fida** satisfaciat amori quem soror fratri debet, 'and prove that she is true to the love she owes you as a sister only by a crime.' **fida** 'caritatis aeque cognatorum, quam consuetudinis amantium appellatio est. Her. 4. 140 ; 5. 99.' Merkelius. Fidem suam in Caunum Byblis praestitit, dum *patriam inuisosque parentes Deserit, et profugi sequitur uestigia fratris* M. ix. 638–9, Canace dum fratris Macarei concubitum patitur, paritque infantem, qui ab Aeolo auo statim feris dilaniandus traditur. Her. xi. **359. Pelopea.** Lactantius ad Stat. Theb. i. 694 *Cum responsum accepisset Thyestes aliter malorum remedium inueniri non posse, nisi cum Pelopaea filia concubuisset, paruissetque responsis, natus est ex ea Aegisthus Clytaemnestrae adulter, Agamemnonis parricida.* Incestum duplici modo narrat Hyginus 87 et 88. **360. Nyctimene.** Hyg. 204 *Nyctimene Epopei regis Lesbiorum uirgo formosissima dicitur fuisse. hanc Epopeus pater amore incensus compressit : quae pudore tacta siluis occultabatur.* **361. capiti.** Lusit in ambiguo sensu uocabuli. Nam in *capitis* crine stetit *caput* uel salus Pterelai ac Nisi. **362. Pterelae** regis Taphiorum ŝiue Teleboarum, quem filia Comaetho, detonso aureo crine per quem immortalis factus est, occidit, amore incensa Amphitryonis aut, ut alii tradunt, Cephali. Tzetz. ad Lyc. 932. Hanc comam αἰθήν fuisse testatur Eustathius ad Il. i. 197 (Potter). Apollod. ii. 4. 7 Ἀμφιτρύων ἔχων ἐκ Θορικοῦ τῆς Ἀττικῆς Κέφαλον συμμαχοῦντα . . . τὰς τῶν Ταφίων νήσους ἐπόρθει. ἄχρι μὲν οὖν ἔζη Πτερέλαος, οὐκ ἐδύνατο τὴν Τάφον ἑλεῖν· ὡς δὲ ἡ Πτερελάου θυγάτηρ Κομαιθὼ ἐρασθεῖσα Ἀμφιτρύωνος τὴν χρυσῆν τρίχα τοῦ πατρὸς ἐκ τῆς κεφαλῆς ἐξείλετο, Πτερελάου τελευτήσαντος ἐχειρώσατο τὰς νήσους ἁπάσας. Hunc Pterelam uocat Plautus Amphit. i. 1. 101. **Nise** quem filia sua Prop. iii. (iv.) 19. 21, 22 *Minoa uenundata Scylla figura, Tondens purpurea regna paterna coma,* interfecit, ut in Ciri Vergiliana narratum est. **363. Infamemque.** Varro L. L. v. 159 *Exquilis uicus Africus . . . Vicus Cyprius a Cypro . . . Prope hunc uicus sceleratus dictus a Tullia Tarquini Superbi uxore quod ibi quom iaceret pater occisus, supra eum carpentum mulio ut inigeret iussit* (Paley ad F. vi. 609). Rem narrant Liu. i. 48, Ouid. F. vi. 587–610. **364. inductis.** F. vi. 608 *Duc, inquam, inuitas ipsa per ora rotas,* quae uerba sunt Tulliae aurigam incitantis. **rotis** carpenti, in quo uehiculo conspirant VarroLiuiusOuidius. **365–370.** Hyg. 84 *Oenomaus Martis et Asteropes Atlantis filiae filius habuit in coniugio· Euareten Acrisii filiam, ex qua procreauit Hippodamiam uirginem eximiae· formae, quam nulli ideo dabat in coniugium quod sibi responsum fuit a genero mortem caueret. itaque cum complures eam peterent in coniugium, simultatem constituit, se ei daturum qui secum quadrigis certasset uictorque exisset (quod is equos Aquilone uelociores habuit) uictus autem interficeretur. multis interfectis nouissime Pelops Tantali filius cum uenisset et* capita humana super ualuas fixa uidisset eorum qui Hippodamiam in uxorem peti-

K

erant (365, 6), *paenitere coepit regis crudelitatem timens.* *itaque Myrtilo aurigae eius persuasit regnumque ei dimidium pollicetur si se adiuuaret.* *fide data Myrtilus currum iunxit et clauos in rotas non coniecit: itaque equis incitatis,* currum defectum Oenomai equi distraxerunt. (367, 8).

Pelops cum Hippodamia et Myrtilo domum uictor cum rediret cogitauit sibi opprobrium futurum et Myrtilo fidem praestare noluit eumque in mare praecipitauit, a quo Myrtoum pelagus est appellatum (369-370). **365.** iuuenes proci Hippodamiae. uestigia pedes Cat. lxiv. 162, Sen. Thy. 1039 *Rupta fractis cruribus uestigia.* **366.** **Brachia.** F. i. 557 de Caci antro *Ora super postes affixaque brachia pendent.* **369.** **Proditor** Myrtilus saeui tyranni Oenomai, nam tredecim (Schol. Ap. R. i. 752 ex Pindaro) uel duodecim (Tzetz. ad Lyc. 156) procos iam interfecerat. (Salu.) **370.** nomina fecit. Lyc. 164 de Myrtilo φερωνύμους ἔδυψε Νηρέως τάφους. **371.** uelocem puellam. Atalantam filiam Schoenei, *quae uirtute sua cursu uiros superabat* Hyg. 185. **372.** **Dum** donec tandem. pomis tribus Hyg. 185 *Plerosque cum superasset et occidisset nouissime ab Hippomene Megarei et Meropes filio uicta est.* *hic enim a Venere mala tria insignis formae acceperat, edoctus quis usus in eis esset.* *qui in ipso certamine iaciando puellae impetum alligauit.* *illa enim dum colligit et ammiratur aurum, declinauit et iuueni uictoriam tradidit,* quae ex M. x. 560-680 Hyginum sumpsisse ostendit Maur. Schmidt. **373.** qui. Dicit *Electos iuuenes simul et decus innuptarum* quos *crudeli peste coactam Androgeoneae poenas exoluere caedis Cecropiam solitam esse dapem dare Minotauro* tradit Catullus lxiv. 76-80. tecta 'chambers,' Cat. lxiv. 115. noui ut *portentis nouis* Prop. iii. (iv.) 22. 28. monstri Cat. lxiv. 101. **374.** caecae cum sub terra esset, atque ideo sine fenestris uel lumine. Varro L. L. ix. 58 *si fenestram non habet, dicitur caecum.* Aen. v. 589 *Parietibus textum caecis iter.* non redeunda unde non erat reditus in lucem propter *inextricabilem exitum* Hyg. 40. Cosmas ad Greg. Naz. p. 621 Migne σπηλαῖον ἀντρῶδες καὶ δύσκολον περὶ τὴν κάθοδον καὶ δυσχερὲς περὶ τὴν ἄνοδον. **375.** **Aeacides** Achilles. uiolentus Horatius de Achille A. P. 121 *iracundus inexorabilis acer* ubi afferunt Il. xx. 467 Οὐ γάρ τι γλυκύθυμος ἀνὴρ ἦν, οὐδ' ἀγανόφρων, Ἀλλὰ μάλ' ἐμμεμαώς. altum Il. xxiii. 164 Κηδεμόνες δὲ παρ' αὐθι μένον, καὶ νήεον ὕλην, Ποίησαν δὲ πυρὴν ἑκατόμπεδον ἔνθα καὶ ἔνθα. **376.** **Corpora** duodecim Troianorum quos Patroclo mactauit. cum senis altera sena Il. xxiii. 175 Δώδεκα δὲ Τρώων μεγαθύμων υἱέας ἐσθλοὺς Χαλκῷ δηΐόων (ἐνέβαλλε). **377.** obscuri uictos ambagibus oris quod aenigma soluere non possent. Soph. O. T. 130 ἡ ποικιλῳδὸς Σφίγξ. **378.** infandae. Phoen. 807 Σφιγγὸς ... Ἁ ποτε Καδμογενῆ τετραβάμοσι χαλαῖς Τείχεσι χριμπτομένα φέρεν αἰθέρος εἰς ἄβατον φῶς Γένναν. **379-380.** Tzetz. ad Lyc. 987 Μετὰ δὲ τὴν Ἰλίου πόρθησιν φυγόντων τῶν Τρώων εἰς Ἰταλίαν, Κροτωνιᾶται βοηθήσαντες τοῖς ἐν Ἰταλίᾳ τούτοις φυγοῦσι Τρωσί, στρατεύουσι κατ' αὐτῶν κατὰ τῆς Σίριδος, καὶ πάντας τοὺς Ἴωνας τῷ τῆς Ἀθηνᾶς ναῷ καταφυγόντας ἀνεῖλον, μεθ' ὧν συνανεῖλον καὶ τῆς ἱερείας τῆς Ἀθηνᾶς παῖδα, ὀνόματι Λήταρχον, γυναικείαν ἐσθῆτα ἐνδεδυμένον· διὸ ἡ Ἀθηνᾶ ὀργισθεῖσα ἤμυσεν, ὥστε μὴ βλέπειν. Rem narrant Lycophron 988-992, Iustinus xx. 2 quem in scholiis citaui. **379.** **Bistoniae.** Et Siris et Lucania communia Italiae cum Thracibus nomina. Steph. B. Σίρες ἔθνος Θράκης ὑπὲρ τοὺς Βυζαντίους (Merkel). Heraclid. Pont. fr. xxi in Muelleri Fragm. Hist. Graec. ii. p. 218 Ἡ Σαμοθράκη τὸ μὲν ἐξ ἀρχῆς ἐκαλεῖτο Λευκανία διὰ τὸ λευκὴ εἶναι· ὕστερον δὲ Θρακῶν κατασχόντων Θρακία. Hinc in Siri Italica templum Thraciae Mineruae condiderant siue ipsi Siritani, siue inquilini Thraces Samothracesue, quemadmodum ap. Lyc. 958 Phoenodamantis filiae in Sicilia dicuntur templum Veneris Zerinthiae h. e. Samothraciae exstruxisse. Alii ad Troianos hanc Mineruae statuam referebant, ut Strabo quem mox citaturus sum. *Bistonius* Ouidio i. q. Thracius Pont. i. 3. 59, iv. 5. 35. **380.** Lyc. 988 Γλήναις δ' ἄγαλμα ταῖς

ἀναιμάκτοις μύσει Στυγνὴν Ἀχαιῶν εἰς Ἰάονας βλάβην Λεῦσσον, φόνον τ'
ἔμφυλον ἀγραύλων λύκων, Ὅταν θανὼν λήταρχος ἱερείας σκύλαξ Πρῶτος κελαινῷ
βωμὸν αἱμάξῃ βρότῳ. nunc quoque. Strab. 264 citatus a Meursio τῆς δὲ
τῶν Τρώων κατοικίας (ad Sirim) τεκμήριον ποιοῦνται τὸ τῆς Ἀθηνᾶς τῆς Ἰλιάδος
ξόανον ἱδρυμένον αὐτόθι, ὅπερ καταμῦσαι μυθεύουσιν ἀποσπωμένων τῶν ἱκετῶν
ὑπὸ Ἰώνων τῶν ἑλόντων τὴν πόλιν ... δείκνυσθαι δὲ καὶ νῦν καταμῦον τὸ
ξόανον. ἰταμὸν μὲν οὖν καὶ τὸ οὕτω μυθεύειν, ὥστε μὴ καταμῦσαι φάναι μόνον,
καθάπερ καὶ τὸ ἐν Ἰλίῳ ἀποστραφῆναι κατὰ τὸν Κασάνδρας βιασμὸν, ἀλλὰ καὶ
καταμῦον δείκνυσθαι. tecta uelamine, ut Minerua, cum in templo
eius Neptunus Medusam uitiasset, *castos aegide uultus Texit* M. iv.
798. *Torta* quod habet codex Turonensis aut ad *auersum* (Stat. Theb.
xi. 313) deae uultum referes sicut traditum est de Palladio cum Cassandram Aiax uiolaret Strab. 264, aut, quod praefero, ad faciem ira atque
odio distortam, quo sensu Cicero Off. i. 36. 131 dicit *uultus mutantur,
ora torquentur.* 381. Threicii Diomedis *Efferus humana qui
dape pauit equas* Her. ix. 68. praesepia M. ix. 195 *Quid cum Thracis
equos humano sanguine pingues Plenaque corporibus laceris praesepia
uidi?* 382. dapibus suis 'the meat of their body.' M. xv. 105
Corporeasque dapes auidam demersit in aluum : dapes sunt caro quae
comeditur. 383. Therodamanteos. Therodamas a Scho iasta
dicitur rex in Libya fuisse, qui homines leonibus obiecerit : certe uix
alius potest esse atque is qui cum Atreo et Diomede tamquam crudelissimus coniungitur Pont. i. 2. 119 *Non tibi* Theromedon *crudus-
que rogabitur Atreus Quique suis homines pabula fecit equis.* An legendum *Phoenodamanteos* ? Schol. Lyc. 952 Kinkel Φοινοδάμας τις Τρὼς
συνεβούλευσε τοῖς Τρωσὶν ἐκθεῖναι τὴν Ἡσιόνην τῷ κήτει, εὐλαβούμενος περὶ
τῶν θυγατερῶν αὐτοῦ τῶν τριῶν μὴ αὐτὰς ἐκθῶσι, καὶ ἔπεισεν· ὁ δὲ Λαομέδων
μηνίων τῷ Φοινοδάμαντι ἔδωκε τὰς τρεῖς αὐτοῦ θυγατέρας ναύταις, ἵνα ἐκθῶσιν
αὐτὰς ἐν Σικελίᾳ θηρίοις βοράν. καὶ τούτου γενομένου κατὰ γνωμὴν Ἀφροδίτης
ἐσώθησαν. ὧν τῇ μιᾷ εἰκασθείς, ὁ Κρίμισσος ποταμὸς συνηλθεν· ἡ δὲ ἔτεκε
τὸν Αἰγέστην, ὃς ἔκτισε τρεῖς πόλεις ἐν Σικελίᾳ, τὴν ἀφ' ἑαυτοῦ Αἰγέσταν, Ἔρυκα,
Στύλλαν· ἔγημε δὲ οὗτος Στύλλαν. *Phoenod. leones* intellige eos quibus
Phoenodamas tres filias in Sicilia exposuit : qui generaliter dictum,
quo difficilius aenigma esset. Sic Men. ii. 2. 74 *Videamus qui hinc egre-
ditur* de Erotio muliercula, Hec. iv. 3. 2 *Vxor, Istuc est sapere qui ubi
cumque opus sit animum possis flectere,* ubi tamen Donatus 'qui pro
quae.' (Wagner ad loc. Holtze Synt. i. pp. 377, 378.) Prop. i. 15. 34
Dicere quo *pereas saepe in amore leuat* 'of indefinite gender.' Postgatus
ad loc.* 384. Thoanteae Thoas rex terrae Tauricae *quorum fuit
institutum ut qui inter fines eorum hospes ueniseet templo Dianae immo-
laretur* Hyg. 120, unde ap. Eur. I. T. 38 Iphigenia sacerdos dicit Θύω
γάρ, ὄντος τοῦ νόμου καὶ πρὶν πόλει, Ὃς ἂν κατέλθῃ τήνδε γῆν Ἕλλην ἀνήρ.
385. aduersa Od. xii. 235 Ἔνθεν γὰρ Σκύλλη, ἑτέρωθι δὲ δῖα Χάρυβδις.
386. Dulichiae Vlixis, cui patria Dulichium, unde *Dulichius dux* uocatur
Rem. 272. pauidos Od. xii. 243 τοὺς δὲ χλωρὸν δέος ᾕρει. eripuere Od.
xii. 245 Τόφρα δέ μοι Σκύλλη κοίλης ἐκ νηὸς ἑταίρους Ἓξ ἕλεθ'. 387.
Polyphemus in aluum Od. ix. 296 Κύκλωψ μεγάλην ἐμπλήσατο νηδὺν
Ἀνδρόμεα κρέ' ἔδων. 388. Laestrygonias. Unum ex sociis Vlixis
Antiphates Laestrygonum rex deuorauit, alios populus Laestrygonum
iniectis lapidibus occidit comeditque. Od. x. 124 Ἰχθῦς δ' ὣς πείροντες
ἀτερπέα δαῖτα φέροντο. 389. dux Poenus. Val. Max. ix. 6. 2 Ext. *Hannibal
Acerranorum senatum extra moenia euocatum in profundum puteorum*

---

* Conuenit huic sententiae Quod ad Pont. i. 2. 119 adscriptum est in cod. Canonic.
Lat. I. termodoon (l. Theromedon) *quidam tirannus fuit* in Sicilia *qui homines dila-
cerabat et humanis carnibus uescebatur.* Nam Phoenodamantis filiae in Sicilia feris
expositae sunt.

abiecit.   App.   Pun. 63 Ἀχερράνων δὲ τὴν βουλὴν ἐν σπονδαῖς ἐς τὰ φρέατα ἐνέβαλον (οἱ Καρχηδόνιοι) καὶ τὰ φρέατα ἐνέχωσαν (Const. Fanens.).   **390.** iacto iniecto puluere in ludibrium mortuorum, quod erat insolentiae Punicae, qui captiuos ἐς τάφρους καὶ ποταμοὺς ἐμβαλόντες ὡς γεφύραις ἐπέβαινον App. Pun. 63 (Laur. Abstemius).   Videtur respexisse hoc facinus Seneca de Ira ii. 5 *Hannibalem aiunt dixisse cum fossam sanguine humano plenam uidisset, O formosum spectaculum.*   **391.** Sex bis famulae M. iv. 220. Od. xxii. 424 Τάων (δμωάων) δώδεκα πᾶσαι ἀναιδείης ἐπέβησαν. Potest etiam ad proci referri sex bis, si eos intelligas qui erant Ἐξ αὐτῆς Ἰθάκης δυοκαίδεκα πάντες ἄριστοι, quamquam totus numerus centum et octo fuit Od. xvi. 247–251.   Icaridos.   Penelope filia Icarii.   **392.** qui dabat arma Melanthius Od. xxii. 143 Ἔνθεν δώδεκα μὲν σάκε' ἔξελε, τόσσα δὲ δοῦρα Καὶ τόσσας κυνέας χαλκήρεας ἱπποδασείας. Βῆ δ' ἴμεναι, μάλα δ' ὦκα φέρων μνηστῆρσιν ἔδωκεν.   **393.** iacet ut *habet* 344.   Aonio Boeotio: nam Hercules Thebanus.   Sic *Aoniis Thebis* M. vii. 763 (Saluagn.).   luctator Antaeus.   hospite Hercules ex Graecia in Libyam uenerat. Luc. iv. 612 *Ille Cleonaei proiecit terga leonis, Antaeus Libyci. Perfudit membra liquore* Hospes, *Olympiacae seruato more palaestrae.*   **394.**·mirum interiectum ut M. vii. 790, xi. 51, F. ii. 413.   Sic *indignum* M. v. 37.   uictor, cum cecidisset, nam tacto solo fiebat ualidior. Luc. iv. 598 *Hoc quoque tam uastas cumulauit robore uires Terra sui fetus, quod, cum tetigere parentem, Iam defecta uigent renouato robore membra.*   **395.** pressere secum luctantes.   Apollod. ii. 5. 11 ταύτης (Λιβύης) ἐβασίλευε παῖς Ποσειδῶνος Ἀνταῖος, ὃς τοὺς ξένους ἀναγκάζων παλαίειν ἀνῄρει.   **396.** Lemnia turba.   Vnde hic Lemniades?   Cetera enim serie rerum cohaerent, sicut in Apollod. ii. 5. 11, Antaeus Thrasius Busiris, a quo facilis fit transitus ad Diomeden: uel ut Her. ix. 67–74 coniunguntur Diomedes Busiris Antaeus.   ferae morti Hyg. 15 *In insula Lemno mulieres Veneri sacra aliquot annos non fecerant, cuius ira uiri earum Thressas uxores duxerunt et priores spreuerunt.   at Lemniades eiusdem Veneris inpulsu coniuratae, genus uirorum omne, quod ibi erat, interfecerunt, praeter Hypsipylen, quae patrem suum Thoantem clam in nauem inposuit. quem tempestas in insulam Tauricam detulit.*   **397.** post longum post annos nouem.   A. A. i. 647 *Dicitur Aegyptus caruisse iuuantibus arua Imbribus atque annos sicca fuisse nouem.   Cum Thrasius Busirin adit, monstratque piari Hospitis effuso sanguine posse Iouem.   Illi Busiris, Fies Iouis hostia primus, Inquit, et Aegypto tu dabis hospes aquam.*   Callim. fr. 182 Schneider Αἴγυπτος προπάροιθεν ἐπ' ἐννέα κάρφετο ποίας.   Claudian. in Eutrop. i. 159–162 *Sic multos fluuio uates arente per annos, Hospite qui caeso monuit placare Tonantem, Inuentas primus Busiridis imbuit aras Et cecidit saeui, quod dixerat, hostia sacri.*   sacri mostrator iniqui Phrasius (Apollod. ii. 5. 11) siue ut est ap. Hyg. 56 et Ouid. A. A. i. 647 Thrasius.   Rem sic narrat Apollod. ii. 5. 11 Μετὰ Λιβύην δὲ Αἴγυπτον διεξῄει.   ταύτης ἐβασίλευε Βούσιρις Ποσειδῶνος παῖς καὶ Λυσιανάσσης τῆς Ἐπάφου. οὗτος τοὺς ξένους ἔθυεν ἐπὶ βωμῷ Διὸς κατά τι λόγιον· ἐννέα γὰρ ἔτη ἀφορία τὴν Αἴγυπτον κατέλαβε, Φράσιος δὲ ἐλθὼν ἐκ Κύπρου, μάντις τὴν ἐπιστήμην, ἔφη τὴν ἀφορίαν παύσασθαι, ἐὰν ξένον ἄνδρα τῷ Διὶ σφάξωσι κατ' ἔτος. Βούσιρις δὲ ἐκεῖνον πρῶτον σφάξας τὸν μάντιν τοὺς κατιόντας ξένους ἔσφαζε.   συλληφθεὶς οὖν καὶ Ἡρακλῆς τοῖς βωμοῖς προσεφέρετο, τὰ δὲ δεσμὰ διαρρήξας τόν τε Βούσιριν καὶ τὸν ἐκείνου παῖδα Ἀμφιδάμαντα ἔκτεινε.   Eadem Hyginus 56, a quo Thrasius Pigmalionis filius, fratris Busiridis, appellatur.   Canterus (ad Lyc. 158) locum intellexit de Molpide Eleo (τοῦ Ζηνὶ δαιτρευθέντος Ὀμβρίῳ δέμας Lyc. 159) qui ut famem procuraret qua Elis premebatur ipse se ex oraculo immolandum praebuit, quo facto εὐθέως ἐρράγη ὑετός· οἱ δὲ Ἠλεῖοι ἐποίησαν Ὀμβρίου Διὸς ἱερὸν, ἐν ᾧ ἐστιν ἀνδριὰς τοῦ Μόλπιδος. (Schol. Marcianus ad Lyc. 159.)   **398.** uictima caesus pro uictima.   Hyg. 56 de Thrasio *promissis fidem* ipse immolatus *exhibuit.* 399. **Frater ut Antaei** Busiris. Vterque enim ex Neptuno procreati. **quo sanguine debuit** suo, non aliorum quos innocentes *non debuerat* mactare. 400. **exemplis occidit ipse suis.** Sic sacerdos Nemorensis *perit exemplo quisque suo* F. iii. 272 cum qui est priorem semper occiderit atque ipse postea ab alio occidatur. 401. **qui** Diomedes. **gramen habentibus herbis** quibus inest gramen (Saluagn.) Burm. attulit M. i. 633 *terrae non semper gramen habenti.* Gramen hic est esca equorum ut M. iv. 215. 402. Her. ix. 67 *crudi Diomedis imago Efferus humana qui dape pauit equas.* 403. **uindice** Hercule. 404. **Nessus Dexamenique gener** Hyg. 31 *Centaurum Nessum quod Deianiram uiolare uoluit, occidit. Eurytionem Centaurum, quod Deianiram Dexameni filiam speratam suam uxorem petiit occidit.* Eurytion **gener** dicitur, quod Dexamenus *uim* eius *timens pollicitus est se daturum* Deianiram : atque ipse Eurytion *die constituto uenit cum fratribus ad nuptias,* tamquam eam ducturus Hyg. 33. 405-412 ab Hercule transit ad Theseum. Narrarat de Peripheta Sinide Scirone Cercyone Polypemone siue Procrusta Callimachus in Hecale, ut retur Schneiderus Callim. ii. p. 186. 405. **pronepos, Saturne, tuus** Corynetes uel Periphetes (Hesych.), filius Vulcani (Apollod. iii. 16. 1, Paus. ii. 1. 4, Hyg. 158, Met. vii. 437) uel Neptuni (Hyg. 38), qui ambo ex Ioue, filio Saturni. **quem reddere uitam** exspirare (Lucr. vi. 1198, Met. x. 203). 406. **Coronides** Aesculapius, filius nymphae Coronidis (Paus. ii. 26. 6, H. Hom. 16. 2). **Vrbe uidit ab ipse sua** Epidauro. Apollod. iii. 16. 1 Πρῶτον μὲν οὖν Περιφήτην τὸν Ἡφαίστου καὶ Ἀντικλείας ὃς ἀπὸ τῆς κορύνης ἣν ἐφόρει Κορυνήτης ἐπεκαλεῖτο ἔκτεινεν ἐν Ἐπιδαύρῳ· πόδας δὲ ἀσθενεῖς ἔχων οὗτος ἐφόρει κορύνην σιδηρᾶν, δι' ἧς τοὺς παριόντας ἔκτεινε. ταύτην ἀφελόμενος Θησεὺς ἐφόρει. Met. vii. 436 *Tellus Epidauria per te Clauigeram uidit Vulcani occumbere prolem.* **Coronides** et **reddere uitam** Ouidius similiter coniunxit F. vi. 744- 7 *Hippolytus lacero corpore raptus erat, Reddideratque animam multum indignante Diana. Nulla, Coronides, causa doloris, ait, Namque pio iuueni uitam sine uulnere reddam.* An ut illic lusit in duplici sensu *reddendi uitam,* sic hic in *Coronide* allusit ad *Coryneten?* Cf. *teli genus, Telegonus* 567. 407. **Sinis** plerumque idem est qui Πιτυοκάμπτης dicitur, uide 409 : sed cf. Eustath. 158 ὡς δὲ καὶ Σίνις Σίνιδος ὕστερον λῃστὴς δίχα τοῦ τ̄, αἱ ἱστορίαι δηλοῦσι περιάδουσαι καὶ αὐτόν, καθὰ καὶ τὸν Σκείρωνα καὶ τὸν Πιτυοκάμπτην καὶ τὸν Κάκον καὶ τὸν Λίβυν Ἀνταῖον καὶ τοὺς τοιούτους. Eur. Hipp 977 Οὐ μαρτυρήσει μ' Ἰσθμιος Σίνις ποτε Κτανεῖν ἑαυτόν, quae uerba sunt Thesei. **Sciron** Hyg. 38 *Scironem qui ad mare loco quodam praerupto sedebat eum qui iter gradiebatur cogebat eum sibi pedes lauare et ita in mare praecipitabat, hunc Theseus pari leto in mare deiecit ex quo Scironis petrae sunt dictae.* Plut. Thes. 10, Paus. i. 44. 8 qui addit haec Χελώνη δὲ ὑπενήχετο ταῖς πέτραις τοὺς ἐσβληθέντας ἁρπάζειν· εἰσὶ δὲ αἱ θαλάσσιαι, πλὴν μεγέθους καὶ ποδῶν, ὅμοιαι ταῖς χερσαίαις, πόδας δὲ ἐοικότας ἔχουσι ταῖς φώκαις. **cum Polypemone natus.** Procrusten significat, incertum quem secutus. Nam Pausanias i. 38. 5 Polypemonem eundem fuisse tradit qui Procrustes cognominatus sit : Apollodorus iii. 16. 2 et Schol. Hippol. 977, Polypemonem Sinidos, Probus ad Geor. i. 399, Scironis, patrem faciunt. Hyginus 38 Polypemonem omittit, Procrusten filium facit Neptuni, Plutarchus Thes. xi Procrusti uerum nomen Damastis tribuit. Polypemonis natum Procrusten significari patet ex M. vii. 436 sqq. ubi Periphetes Procrustes Cercyon Sinis Sciron pari modo iunguntur, Her. ii. 69, 70 ubi Sciron Procrustes Sinis Minotaurus. Legerat fortasse Πολυπημονίδαο Προκρούστεω. Diod. iv. 59. 5 Οὗτος τοὺς παριόντας ὁδοιπόρους ἠνάγκαζεν ἐπί τινος κλίνης ἀναπίπτειν, καὶ τῶν μὲν μακροτέρων τὰ προέχοντα μέρη τοῦ σώματος ἀπέκοπτε, τῶν δὲ ἐλαττόνων τοὺς πόδας προέκρουεν· ἀφ' οὗπερ Προκρούστης ὠνομάσθη. 408. Minotaurus *tauri mixtaque forma uiri* Her. ii. 70, Isoc. Hel. Encom. 3? φύσεως

134   COMMENTARIVS.

ἐξ ἀνδρὸς καὶ ταύρου μεμιγμένης.   409. trabes pressas. Pityocamptes,
quem Pausanias ii. 1. 4, Diodorus iv. 59. 3, Plutarchus Thes. viii, Schol.
Hippol. 977, Apollod. iii. 16. 1, Prop. iii. 22. 37, ipse Ouidius M. vii.
440–442, eundem cum Sinide faciunt.   Cum scriptore Ibidis consentire
uidentur Hyginus 38, Eustath. 158, Hyg. 38 *Pityocampten Neptuni filium
qui iter gradientes cogebat ut secum arborem pinum ad terram flecterent,
quam qui cum eo prenderat, ille eam uiribus missam faciebat: ita ad
terram grauiter elidebatur et peribat.*   410. huius et huius aquas
sinus Corinthiaci et Saronici. Sen. Thy. 111 *Qui fluctibus* Illinc *propinquis Isthmos atque* illinc *fremit.* Flor. ii. 16. 1 *Corinthus Achaiae
caput, Graeciae decus, inter duo maria, Ionium et Aegaeum, quasi spectaculo exposita.* Her. iv. 105, 6, Met. vii. 405 *bimarem Isthmon.* Prop.
iii. (iv.) 21. 22 *Isthmos qua terris arcet utrumque mare,* ad quem uersum
omnia congessit Passeratius.   411. Ceres uidit laeto pereuntia uultu
Corpora Cercyonis qui Eleusina adeuntes infestabat. M. vii. 439 *Cercyonis
letum uidit Cerealis Eleusin.*   412. Corpora corpus, ut alias non raro.
Drägerus (Latein. Synt. i. p. 6) comparat σώματα Soph. El. 1232. Cercyonea
Cercyonis ut *Apollineas medullas* Apollinis M. i. 473. Diod. iv. 59. 5
᾿Ανεῖλε δὲ καὶ περὶ τὴν ᾿Ελευσῖνα Κερκύονα τὸν διαπαλαίοντα τοῖς παριοῦσι
καὶ τὸν ἡττηθέντα διαφθείροντα. Schol. Plat. Leg. 796 Τὴν μὲν ἀπὸ χειρῶν
πάλην ἐξεῦρε Θησεύς, τὴν δὲ ἀπὸ σκελῶν Κερκύων Βρόγχου καὶ ᾿Αργιόπης
νύμφης. πρὸς τοῦτον τὸ πέμπτον ἆθλον ἐν ᾿Ελευσῖνι παλαίων διηγωνίσατο
Θησεύς. Cf. Paus. i. 39. 3.   413. Incerta lectio. Quod scripsi compares
cum 95 *Illum ego deuoueo quem* mens *intelligit Ibin Qui scit se* factis
has meruisse preces. Sic enim ira et mentis et iustissima est. Sed et
quae meritis precibus mea d. ira potest legi, ut *iustis* tamquam glossa
fuerit additum, quo *meritis* explicaretur.   Sed non infitior id nimis lan-
guere mihi uideri.   415. Achaemenides. Sumpsit hoc ex Aeneide
iii. 587–691. Fuit *patria ex Ithaca, comes infelicis Vlixi* (Aen. iii. 613)
Troiam genitore Adamasto Paupere profectus (614, 5). Qui cum a sociis
ad Siciliam appulsis in Polyphemi antro desertus esset, profugus illinc
ad litus Teucros cum Aenea deueneratus est ut saluum se facerent, ab iis-
que in naues receptus.   Sicula desertus in Aetna. Cyclopes ubi habitabant, *horrificis iuxta tonat Aetna ruinis* (Aen. iii. 571), Achaemeniden
autem *dum trepidi crudelia limina lincunt Inmemores socii uasto Cyclopis
in antro* Deseruere (iii. 616–618).   416. Troica cum uidit uela
uenire. Aen. iii. 590 *e siluis macie confecta suprema Ignoti noua forma
uiri, miserandaque cultu Procedit . . . Dira inluuies inmissaque barba,
Consertum tegumen spinis.* Fabulam Achaemenidae Ouidius narrarat
Met. xiv. 160 sqq.   417. fortuna ut mendices et a fortiore aliquo
pugnis caesus humi inpingaris, sicut Irus ab Vlixe Od. xviii. 95–100.
binominis Iri. Etiam Arnaeus appellatus est. Od. xviii. 1–7 ᾿Ηλθε
δ᾿ ἐπὶ πτωχὸς πανδήμιος, ὃς κατὰ ἄστυ Πτωχεύεσκ᾿ ᾿Ιθάκης, μετὰ δ᾿ ἔπρεπε
γαστέρι μάργῃ ᾿Αζηχὲς φαγέμεν καὶ πιέμεν· οὐδέ οἱ ἦν ἴς, Οὐδὲ βίη, εἶδος δὲ
μάλα μέγας ἦν ὁράασθαι. ᾿Αρναῖος δ᾿ ὄνομ᾿ ἔσκε, τὸ γάρ θέτο πότνια μήτηρ
᾿Εκ γενετῆς· ῎Ιρον δὲ νέοι κίκλησκον ἅπαντες, Οὕνεκ᾿ ἀπαγγέλλεσκε κιών, ὅτε
πού τις ἀνώγοι.   418. Quique tenent pontem mendici. Iuuen. xiv. 134
Inuitatus ad haec aliquis de ponte negabit, iv. 116 *dirusque a ponte
satelles Dignus Aricinos qui mendicaret ad axes,* v. 8. Mart. x. 5. 3–5
*Erret per urbem pontis exsul et cliui Interque raucos ultimus rogatores
Oret caninas panis inprobi buccas.* Vide Mayor ad Iuuen. iv. 116.   qui
tibi maior erit. Turnebus ix. 25 rettulit ad uerba Quique tenet, sic
enim legit, hoc sensu ꞌquem prae te magnum dices, quamuis aliis sit
infimus et abiectissimus ꞌ; alii ad pontem, ut T. Vnderdown ꞌqui pons
tibi extendetur et plures mendicos habebit, quo ipse minus accipias.ꞌ
ꞌHe wisheth Ibis to be a beggar in company with a greate sorte, that
his part of the almes may be very small.ꞌ Ad Irum si referatur qui, pos-

sis explicare (1) 'et hic Irus **tibi maior** accrescente syllaba erit Ἶρος ἆϊρος Od. xviii. 73, h. e. non Irus solum, sed Irus cum infortunio, uel (2) 'et hic Irus *maior* superior tibi et tamquam dominus habebitur, cum ipse sis *inter raucos ultimus rogatores*,' uel (3) 'qui tibi Irus *maior*, ut tu Irus *minor* eris' eodem sensu quo Seneca dixit H. O. 1787 *Si quis minor Busiris aut si quis minor Antaeus* h. e. cognominis sis Iro Vlysseo, cuius tu quasi filius uel nepos sis, eumque *maiorem* siue seniorem prae te iuniore uindices 'and you shall hold him your senior in the name:' uel (4) quod elicias ex Rosc. Am. 35. 100 *habeo etiam dicere quem contra morem maiorum minorem annis sexaginta de ponte in Tiberim deiecerit* 'qui tibi in tuum infortunium **maior** erit annis lx ideoque in flumen deicietur,' quod melius sane ad **Quique tenet** quam ad **Iri** referatur. 'And may you have besides the luck of Irus the double-named, and of the beggar that haunts the bridge ; and *your* beggar shall be old enough to be in danger of being thrown over it and drowned.' Ingeniose Ad. Neubauer **qui** (pons) **tibi maior** מַעֲבַר **erit**, h. e. quem tu patrio nomine non ut Romani pontem, sed ut unus e plebe Iudaeorum Hebraico uocabulo מַעֲבַר appellabis. Quod si uerum est, aut Iudaeus fuit Ibis aut certe ex regione Orientis, fortasse Aegyptius. **419. Filius Cereris** ut primus intellexit Ant. Urceus Codrus, teste Const. Fanensi, est Plutus deus diuitiarum. Hes. Theog. 969 Δημήτηρ μὲν Πλοῦτον ἐγείνατο, δῖα θεάων, Ἰασίῳ ἥρωϊ μιγεῖσ' ἐρατῇ φιλότητι Νειῶ ἔνι τριπόλῳ, Κρήτης ἐν πίονι δήμῳ. Diodorus v. 77 duas causas nominis Pluti adfert, siue τὸ πλεῖον τῶν ἱκανῶν, siue quod coaceruatis diuitiis *plus* semper fiat. **frustra ametur** frustra a te inuocetur ut in tuam domum ἐπείσοδον (Soph. fr. 252) faciat : de qua re cf. Aristophanis Plutum et Luciani Timonem. Tim. 26 Πῶς τυφλὸς ὢν . . . τοσούτους ἐραστὰς ἔχεις ; οἶδα γοῦν τινας οὐκ ὀλίγους αὐτῶν οὕτω σου δυσέρωτας ὄντας ὥστε καὶ ἐς βαθυκήτεα πόντον φέροντες ἔρριψαν αὐτούς. **420. Destituat opes** 'leave your fortune in the lurch' alio se semper conferat nec te adeat : mira locutio quam uidetur adsimulasse ad notius *spem destituere*. Hes. Theog. 973 τῷ δὲ τυχόντι καὶ οὗ κ' ἐς χεῖρας ἵκηται, Τόνδ' ἀφνειὸν ἔθηκε, πολύν τέ οἱ ὤπασεν ὄλβον. Huiusmodi uotum sed ratum extat in Epigrammate quod edidit Kaibelius 1133 Ὦ Ζεῦ πάτερ, αἴθε πλούσιος γεν[οίμαν]. Ἤδη μὲν ἤδη πλέον. [ἀ]π' ἄρα βέβακε. De Pluti cultu disputauit Dilthey in Gotting. Ind. Schol. 1879, qui laudat Hom. H. Cer. 486 et Homericae Iresionae initium. **421.** Verba sic construe, **Vtque unda labente per alternos recursus** h. e. reciproco allapsu aestus recursusque 'while the wave glides on ebbing and flowing alternately.' Prop. iii. (iv.) 12. 28 *alternas scissa Carybdis aquas*. **422.** presso singulis passibus in harenam sidente. Minucius Octau. 2 *molli uestigio cedens harena subsideret*. Henry Aeneidea iii. p. 67 'The soft sand is withdrawn from the pressure of the foot, i. e. affords no *point d'appui* to the foot.' **423.** nescio qua nescio quomodo, ut uix sentias. Sic *qua* Aen. i. 680, *nequa* Aen. i. 682. liquescat 'still melt away And slip between thy fingers day by day' I. Iones (1658). **424. per medias manus.** Prop. iv. (v.) 4. 22 *Interque oblitas excidit urna manus*. **effluat.** Sen. Thy. 536 Atr. *Quis influentis dona Fortunae abnuit?* Thy. *Expertus est quicumque quam facile effluant*. **425. pater** Erysichthon **solitae uarias mutare figuras** Mestrae, quae ut patrem sustentaret inexplebili fame laborantem, Neptuni dono a quo compressa erat, in uarias figuras equae alitis bouis cerui se transformabat, atque hoc modo nouis semper dominis uenumdata pretio sui parentem alebat (Met. viii. 847–874). Hinc παντόμορφος dicitur Lyc. 1393. **uarias mutare figuras** 'to shift from one form to another.' **426. Plenus** quamquam satur. **inextincta fame** qua eam Ceres ultus est quod in Dotio Cariae sacrum deae lucum deuastasset Callim. H. Cer. 25–65, Met. viii. 741. Eam famem salse describit Callimachus

Cer. 67–115, quem modo χαλεπόν τε καὶ ἄγριον λιμὸν, Αἴθωνα κρατερόν, modo κακὰν βούβρωστιν uocat. 105–110 Χῆραι μὲν μάνδραι, κενεαὶ δέ μοι αὖλιες ἤδη Τετραπόδων· ἤδη γὰρ ἀπηρνήσαντο μάγειροι. 'Αλλὰ καὶ οὐρῆας μεγαλᾶν ὑπέλυσαν ἀμαξᾶν, Καὶ τὰν βῶν ἔφαγεν, τὰν 'Εστίᾳ ἔτρεφε μάτηρ, Καὶ τὸν ἀεθλοφόρον καὶ τὸν πολεμήϊον ἵππον, Καὶ τὰν αἴλουρον, τὰν ἔτρεμε θηρία μικκά. Ipse Erysichthon Αἴθων cognominatus est ὅτι ἦν ἄπληστος βορᾶς Athen. 416. **427. dapis humanae.** Eurip. Meleag. fr. 541 Nauck Εἰς ἀνδρο-βρῶτας ἡδονὰς ἀφίξεται Κάρηνα πυρσαῖς γέννσι Μελανίππου σπάσας. quaque Parte potes ore, non manu. Nam Tydeus manu fortissimus, ore corrosit caput Menalippi, ut iterum narratur 515. **428. Tydeus temporis huius** Mart. xii. 32. 9 *Irus tuorum temporum.* Shakspere Cymb. ii. 5 *The Dian of that time.* **429. aliquid** cum emphasi dictum, *grande quiddam* (Sen. Thy. 270) quale fuit Atrei facinus *qui cupiens a Thyeste fratre suo iniurias exequi in gratiam cum eo rediit et in regnum suum eum reduxit, filiosque eius infantes Tantalum et Plisthenem occidit et in epulis Thyesti apposuit. qui cum uesceretur Atreus imperauit brachia et ora puerorum afferri. ob id scelus etiam sol cursum auertit* Hyg. 88. Filios Thyestis Aglaon Orchomenon Kaleon nominat Schol. Orest. 812 (Muncker). **430. Cur** propter quod **solis equi exsternati** conterriti (Met. i. 641, xi. 77) **agantur a uespere** ex occidente **rursus** retroacto itinere **ad ortus.** Multus est in hac re describenda Seneca Thyest. 776 sqq. 784 *uerterit currus licet Sibi ipse Titan obuium ducens iter Tenebrisque facinus obruat tetrum· nouis Nox missa ab ortu tempore alieno grauis,* et in choro 789 sqq. Praeiuerat Eurip. Orest. 1001–1004 ubi Schol. ὁ ἥλιος μὴ στέρξας τὸ παράνομον μίαν ἡμέραν ἐκ δυσμῶν πρὸς ἕω διφρεύει. **431. Lycaoniae.** Hyg. 176 *Lycaonis filii Iouem tentare uoluerunt deusne esset et carnem humanam cum cetera carne commiscuerunt idque in epulo ei apposuerunt. qui postquam sensit iratus mensam euertit, Lycaonis filios fulmine necauit.* Versus ex Met. i. 165 sumptus. **433. posito** ad comedendum ut *posito cibo* F. ii. 566. **uim temptet** iram prouocet. **434. Tantalides** Pelops ut Trist. ii. 385. Hyg. 83 *Pelops Tantali et Diones Atlantis filiae filius cum esset in epulis deorum a Tantalo caesus, brachium eius Ceres consumpsit.* **Telei puer.** Hyg. 206 *Clymenus Schoenei filius rex Arcadiae amore captus cum Harpalyce filia sua concubuit. ea cum peperisset, in epulis filium apposuit patri. Clymenus pater re cognita Harpalycen interfecit.* Hic Clymenus a Parthenio Erot. 13 Κλύμενος ὁ Τελέως dicitur ; unde *puer Telei* poterit hic uocari siue παππωνυμικῶς ut Perseus Met. iv. 771 a proauo Agenorides, Protesilaus et Aiax ab auo Phylacides, Aeacides (Euphor. fr. 36) nominantur (Mein. Anal. Alex. p. 70), siue quod Telei filius, non Clymeni traditus fuerat ab eo quem hic sequitur Ouidius. Rem ter narrat Hyginus 206, 238, 246, quo in ultimo loco simul commemorantur qui filios suos in epulis consumpserunt Tereus Thyestes Clymenus. *Tereides puer* et a grammatica abhorret et a MSS. **435. latos** idem est fere quod *late* ut Georg. iv. 522 *Discerptum latos iuuenem sparsere per agros.* **437. quae** Absyrti. **patrias** Aeetae patris. Cic. de N. D. iii. 26. 67 *Medea patrem patriamque fugiens* postquam pater Adpropinquat iamque paene ut conprehendatur parat, Puerum interea optruncat membraque articulatim diuidit, Perque agros passim dispergit corpus : id ea gratia, Vt, dum nati dissipatos artus captaret parens, Ipsa interea effugeret, illum ut maeror tardaret sequi Sibi salutem ut familiari pareret parricidio. **437. Aere** abl. instrum. 'May you counterfeit ueritable bullocks with the brazen engine of Perillus' ut M. xiv. 521 *saltuque imitatus agresti (choreas),* A. A. i. 611 *imitandaque uulnera uerbis.* Aliud est *Perilleo in aere* Trist. v. 1. 53. Perillus (A. A. i. 653) auctor fuit Phalaridi ut tauro aheneo quem ipse fabricauerat uiuos includeret. Perilaus est Diodoro

COMMENTARIVS. 137

Excerpt. 32. 25, qui tradit inter statuas inuentas Carthagine fuisse hunc taurum, Ἐν δὲ τούτοις ὑπῆρχε καὶ ὁ περιβόητος ταῦρος ἐξ Ἀκράγαντος, ὃν κατασκευάσας Περίλαος Φαλάριδι τῷ τυράννῳ, καὶ πρῶτος τὴν ἀπόδειξιν τῆς ἰδίας τέχνης ἐν τῇ καθ' αὑτὸν τιμωρίᾳ δικαίως ὑπομείναι ἀνῃρέθη. 438. conueniente Am. i. 1. 2 *materia conueniente modis.* 439. Phalaris. Bentleius ad Phal. p. 240 ed. Dyce allato fragm. Heraclidis Pontici (37 Müller, Fragm. Hist. Graec. ii. p. 223) Ὅνπερ ὁ δῆμος ἐτιμωρήσατο· ἐνέπρησε δὲ καὶ τὴν μητέρα καὶ τοὺς φίλους, censet Heracliden significasse Phalarin ipsum in tauro suo combustum quemadmodum mater eius et amici in eo periissent; hoc enim uelle additum καί. Sed nusquam alias id uidetur traditum. resecta abscisa ut 538 : sic *resecare capillos barbam.* 440. More bouis. Met. i. 745 *ne more iuuencae Mugiat.* Sil. xiv. 214 de tauro Phalaridis *Ille ubi torreret subiectis corpora flammis Mutabat gemitus mugitibus, actaque ueras Credere erat stabulis armenta effundere uoces.* Paphio pro *Cyprio* positum censet Saluagnius. Nam *in Cypro prima aeris inuentio* (Plin. H. N. xxxiv. 2), et *aerosam appellauerunt antiqui insulam Cyprum, quod in ea plurimum aeris nascatur* (Paul. p. 20 Müller). Inscript. Argis reperta Kaibel 846. 3–5 Εἰμὶ δὲ Νικοκρέων, θρέψεν δέ με γᾶ περίκλυστος Κύπρις θειοτάτων ἐκ προγόνων βασιλῆ. Στᾶσαν δ' Ἀργεῖοί με χάριν χαλκοῖο τίοντες : nam Nicocreon uasa aenea Argiuis certaminum praemia miserat (Kaibel). Omne aes Cyprium ductile fuisse tradit Plinius xxxiv. 94. Cf. Lyc. 484. 441. aeui melioris iuuentae. Trist. iv. 10. 93 *Iam mihi canities pulsis melioribus annis Venerat.* 442. Admeti socer Pelias. Hyg. 24 *Ipsa* (Medea) *ad Peliae filias pro sacerdote Dianae uenit : eis pollicetur se patrem earum Pelian ex sene iuuenem facturam. id quia* Alcestis maior filia *negauit fieri posse, Medea quo facilius eam perduceret ad suam uoluntatem caliginem eis obiecit, et ex uenenis multa miracula fecit, quae uerisimilia esse uiderentur arietemque uetulum in aenum coniecit, unde agnus pulcerrimus prosiluisse uisus est. eodemque modo Peliades, id est Alcestis Pelopia Medusa Pisidice Hippothoe, Medeae inpulsu patrem suum occisum in aeno coxerunt.* decipiare. Plerique Peliades non Pelian deceptum tradidere, Apollod. i. 9. 27, Paus. viii. 11. 2, Ouid. M. vii. 310, 323, Sen. Med. 478. Sed Diodorus (iv. 51) a uulgari fabula aliquantum discedens dicit Medeam Peliae persuasisse, ut crederet Dianam in eius sedes tamquam sanctissimi omnium regum aduenisse, sibi autem deam mandasse ut senectutem Peliae potentiis quibusdam abigeret, quarum uim cum per sui mutationem ex anus specie in uirginem monstrasset, mox priuatim monuisse Pelian ut in manus se filiarum traderet. tum Peliades per arietem delusas patrem sopitum concidisse, praeter unam Alcestin. Huiusmodi narrationem Ouidium hic secutum credo : quamquam decipiare etiam sic licebit interpretari, ut Peliades quod fieri posse Medeae credebant idem persuaserint patri. 443. eques ut Curtius, de quo duplex historia narrata est a Varrone L. L. v. 148 *A Procilio relatum, in eo loco dehisse terram et id ex S. Con. ad aruspices relatum esse; responsum deum Manium postilionem postulare id, ciuem fortissimum eo demitti. tum quendam Curtium ciuem fortem armatum ascendisse in equum et a Concordia uersum cum equo eo praecipitatum; eo facto locum coisse atque eius corpus diuinitus humasse ac reliquisse genti suae monumentum.* 149. *Piso in Annalibus scribit, Sabino bello quod fuit Romulo et Tatio, uirum fortissimum Metium Curtium Sabinum, quom Romulus cum suis ex superiore parte impressionem fecisset, Curtium in locum palustrem, qui tum fuit in foro, antequam cloacae sunt factae, secessisse atque ad suos se in Capitolium recepisse; ab eo lacum inuenisse nomen.* Ambas fabulas etiam Liuius vii. 6. cf. i. 13 exhibuit. mergare uoragine caeni. In his poeta Pisonem secutus uidetur, et sic Liu. i. 13 *Monumentum eius pugnae, ubi primum ex* profunda emersus palude equus *Curtium in uado statuit, Curtium lacum appellarunt.*

Stat. S. i. I. 66 *sacrata uorago Famosique lacus* nomen memorabile seruant, 82 dicit Curtius Domitiano *Quod si te nostra tulissent Saecula temptasses me non audente* profundo Ire lacu. Nisi forte Ouidius utramque fabulam permiscuit. **444. Nomina nulla.** Nam notissimus fuit lacus Curtius. Hinc colligitur uere locum de Curtio interpretati Const. Fanensis et Passeratius ad Prop. iii. 11. 61 : nam in obscuro erat nomen Aegistaei eius qui Celaenis in urbe Phrygiae cum terra in magnum hiatum et aquas diducta esset, quae multas domos cum familiis obrueret, iusso Mida patre per oraculum eo deicere quod inter homines esset maximi pretii, equo insidens in cauum insiluit, teste Callisthene ap. Apostolium Cent. i. 58ᵇ Leutsch, s. u. Αἰγιστέου πήδημα. Hunc Stobaeus Flor. 7. 69 et Plutarchus Parall. 5 Anchurum uocant. **445. de dentibus orti** Sparti. Hyg. 178 *Cadmus sorte audita* (ut oppidum conderet ubi iuuenca decubuisset) *cum imperata perfecisset et aquam quaereret, ad fontem Castalium uenit, quem draco Martis filius custodiebat. qui cum socios Cadmi interfecisset a Cadmo lapide est interfectus;* dentesque *eius Minerua monstrante* sparsit *et arauit, unde Spartoe sunt enati. qui inter se pugnarunt, ex quibus quinque superfuerunt.* **446. Sidonia** Cadmus Phoenix Cilix Europa ex Agenore nati qui regnauit Sidone. **447, 8.** Vide Excursum. **449. quibus** uotis. **exiguo libello.** Hinc O. Schneiderus (Callim. ii. p. 278) colligit Callimachum Ibidi suae historias non intexuisse quales Ouidius suo carmini interposuit ; *libellum* enim epigramma non nimis magnum fuisse. **deuota** a Callimacho. ·**450. proiecta aqua** Plin. viii. 97 *Ibis rostri aduncitate per eam partem se perluens qua reddi ciborum onera maxime salubre est.* Isid. Orig. xii. 7. 33. Georgius Pis. Hexaem. 1120 Τῆς γὰρ κάτωθεν ἐμφραγείσης ἐξόδου Ἀμηχανοῦσα πῶς ἀνοίξει τὴν θύραν, Τὸν μακρὸν ἐκτείνασα λοξῶς αὐχένα Σίφωνα γοργὸν τεκτονεύει τὸ στόμα. Καὶ χυλὸν ἄλμης ἐμβαλοῦσα τοῖς ἔσω Τὰ ξηρὰ ῥευστροῖς ἐξεφόρτωσεν βάρη. (Saluagnius.) Sed cum Callimachi Ibis perierit, incertum est num hanc is foeditatem uolucris insectatus sit : neque id in Ouidii uerbis inest. Nam aquam proicere qua corpus lauetur munditiae est, aquam uero nonnisi puram ibes bibere testatur Aelianus H. A. vii. 45. **451. ille.** Scholiasta dicit Menedemum quendam heroa Troianum pluribus cultris ibi interfectum fuisse : idque narrasse Callimachum. Plerique post Domitium de Osiri locum intellgunt qui in quattuordecim (Plut. de Isid. 18) uel uiginti sex partes a Typhone discerptus fuerit (Diod. i. 21) : sed ab huius sacris cultros abfuisse auctorem non afferunt, quamquam id uero similius fit quod nomen Osiridis in tali re proferre relligio fuit, Hdt. ii. 132, 171. An Neoptolemus potius significatur quem Delphis ante aram Apollinis sacrificantem populus Delphicus uel sacerdos Machaereus cultris interfecit ? Schol. Pind. N. vii. 62 Φασὶ τοῦ Νεοπτολέμου θύοντος τοὺς Δελφοὺς ἁρπάζειν τὰ θύματα, ὡς ἔθος αὐτοῖς· τὸν δὲ Νεοπτόλεμον δυσανασχέτως ἔχοντα διακωλύειν· αὐτοὺς δὲ διαχρήσασθαι αὐτὸν ξίφη ἔχοντας. Certe ab inferiis eius qui cultris perierat (μαχαίραις) merito amouendus erat culter. **452. culter.** Spartianus Vit. Hadrian. 13 *Et in Achaia quidem etiam illud obseruatum ferunt quod cum in sacris multi cultros haberent cum Hadriano nullus armatus ingressus est.* Philostrat. Vit. Apollon. 342 Οὔπω ὑπὲρ αὐτῶν ἔθυσα, οὐδ᾽ ἂν θύσαιμι οὐδείν, οὐδ᾽ ἂν θίγοιμι ἱερῶν ἐν οἷς αἷμα, οὐδ᾽ ἂν εὐξαίμην ἐς μάχαιραν βλέπων ἢ θυσίαν. **453. Attonitus** furore percitus ' with fury rapt' T.Vnderdown. **454. uilia membra** (F. iv. 244, Tib. i. 4. 70), per euphemismum posuit ut significaret *uirilia.* Lact. v. 11 *in obscenam prorumpere uilitatem.* Galli, sacerdotes Cybelae, dum uirilitatem sibi exsecant, **uilia membra** h. e. in contemptu se habere testabantur. **modos** tibiarum. **455. Deque uiro** exuta uirilitate quae tibi prius fuit. M. ix. 744 *puerum de uirgine,* A. A. ii. 564 *De duce terribili factus amator erat.* **nec femina nec uir.** Cat. lxiii. 27 *notha mulier* 69 *ego mei pars, ego uir* *sterilis ero*, eunuchus et ἡμίθηλυς. Val. Max. vii. 7. 6 de Gallo. *Genucium amputatis sui ipsius sponte genitalibus corporis partibus* neque uirorum neque mulierum *numero haberi debere* [Saluagn.], ubi locum Ouidii fortasse recordatus est. Gloss. Bodl. Auct. T. ii. 24 *Androgyneca hermafroditus hoc est* nec uir nec mulier. 'That thou of man (as Atis did) ne man nor mayd mayst stand : And that thou mayest learn to play on Timbrelles with thy hand ' T. Vnderdown. **457.** pecus leones famulos Magnae matris. Hinc ταυροκτόνων λεόντων ἔφεδρος dicitur Ge Soph. Phil. 400. Vide me ad Cat. lxiii. 76. **parentis.** Aen. x. 252 *Alma parens Idaea deum, cui Dindyma cordi.* **458. Victor** Hippomenes. uicta Atalanta. Hyg. 185 *Hanc cum in patriam duceret* (Hippomenes), *oblitus beneficio Veneris se uicisse grates ei non egit. irata Venere in monte Parnaso cum sacrificaret Ioui uictori, cupiditate incensus cum ea in fano concubuit. quos Iuppiter ob id factum in leonem et leam conuertit, quibus dii concubitum Veneris denegant.* Idem sacrilegium Comaetho et Melanippum in templo Dianae Triclariae fecisse tradit Pausanias vii. 19. 2. pede struendum cum uictor uictaque h. e. qui uicit pedum pernicitate et ea quam sic uicit. **459.** Eadem supra 335, 6. Rem narrant Aeschines Timarch. 182, Heraclides Ponticus Πολιτ. fr. 3, Diod. viii. 24, Apostol. ix. 7, xiv. 10, Diogen. iii. 1, Arsen. xxxi. 53, Nicolaus Damasc. fr. 51 Müller, Suidas s. u. Ἱππομένης et πάριππον. Schol. Aeschin. Timarch. 281 haec dicit Ἱππομένης ἀπὸ Κοδροῦ καταγόμενος ἡ δὲ θυγάτηρ Λειμωνίς· οὕτω Καλλίμαχος. **Limone** sic uocata est ap. Heraclid. Pont. fr. 3 : Callimacho Limonis. **ne senserit** cum tu post eam sis idem sensurus. **illam.** In prouerbium abierat Ἱππομένους ἀσεβέστερος. **460. carpat** laniet. Aesch. Tim. 182 Ἀνὴρ εἰς τῶν πολιτῶν εὑρὼν τὴν ἑαυτοῦ θυγατέρα διεφθαρμένην καὶ τὴν ἡλικίαν οὐ καλῶς διαφυλάξασαν μεχρὶ γάμου, ἐγκατῳκοδόμησεν αὐτὴν μεθ' ἵππου εἰς ἔρημον οἰκίαν, ὑφ' οὗ προδήλως ἔμελλεν ἀπολεῖσθαι διὰ λιμὸν συγκαθειργμένη. **461. Cassandreus** quisquis est idem uidetur esse qui cum Alexandro Pheraeorum tyranno iungitur Pont. ii. 9.43 *Non tibi Cassandreus pater est gentisue Pheraeae Quiue repertorem torruit arte sua.* Vtrobique *Cassandrus* in optimis codd. scriptum est. Sed Cassandrus, quamquam crudelissime saeuiit in domum Alexandri, morbo, non ui, exstinctus est, ἐπλήσθη γὰρ ὑδέρῳ, καὶ ἀπ' αὐτοῦ ζῶντι ἐγένοντο εὐλαί (Paus. ix. 7. 2) Heinsius ad Pont. ii. 9. 43 *Cassandreus* et ibi et in hoc Ibidis loco legit, quod interpretatur de Apollodoro, tyranno Cassandreae, qui tamquam crudelissimus cum Phalaride et Hieronymo apud Polyb. vii. 7, cum Dionysio Nabide Clearcho ap. Aelian. H. A. v. 15, cum Phalaride ap. Senecam de Ira ii. 5, de Benef. vii. 19, Cic. de N. D. iii. 33. 82 numeratur. Cf. Polyaen. vi. 7, Diod. xxii. 5, Plut. de Sera Num. Vind. xi οἱ καταθύοντες ἀνθρώπους ἐπὶ τυραννίσι καὶ συνωμοσίαις ὡς Ἀπολλόδωρος : nam. Apollodorus firmamentum tyrannidis Callimelen iuuenem dis immolarat eiusque uiscera, simul sanguinem uino mixtum coniurantibus secum hauriendum obtulerat, quo magis sibi fidos adtineret. **Cassandreus** est ὁ Κασσανδρεὺς, quo nomine uidetur dictus a Polyaeno vi. 7 : cf. Ael. H. A. v. 15 τὸν Κασσανδρέων λευστῆρα. Hic qua morte perierit, non constat : nam ex Plutarchi uerbis De Sera Num. Vindicta x φασὶν Ἀπολλόδωρόν ποτε κατὰ τοὺς ὕπνους ὁρᾶν ἐκδερόμενον ἑαυτὸν ὑπὸ Σκυθῶν, εἶτα καθεψόμενον, τὴν δὲ καρδίαν ἐκ τοῦ λέβητος ὑποφθεγγομένην καὶ λέγουσαν· Ἐγώ σοι τούτων αἰτία, nihil elicias, cum haec de somnio tantum dicantur. Licebit tamen uersum et de Ptolemaeo Cerauno interpretari. Nam hic Cassandreae dominus cum dolo factus esset, ac sororis Arsinoe filios *in gremio eius inter ipsa oscula* trucidasset (Iustin xxiv. 3), *dis inmortalibus tot periuria tam cruenta parricidia uindicantibus breui post a Gallis* in acie *multis uulneribus saucius capitur* (ib. 5). Cuius etsi *caput amputatum et lancea fixum* est (ib.) potuit tamen saucium corpus *ingesta humo contumulari.* Et sane melius sic dicitur **Cassandreus** h. e. Ptolemaeus,

140 COMMENTARIVS.

et ipse dominus Cassandreae, domino non mitior illo h. e. noto illo et infami Apollodoro, qui praeter ceteros meruit Cassandreus uocari. **462. ingesta** supra cumulata. M. v. 346 *Vasta Giganteis ingesta est insula membris Trinacris*. **463. Abantiades** Perseus filius Danaes, cui pater Acrisius, auus Abas, Apollod. ii. 2. 1. Danaen *pater ob stuprum inclusam in arca cum Perseo in mare deiecit. ea uoluntate Iouis delata est in insulam Seriphum* Hyg. 63. Fabulam narrauit Simonides notissimo carmine fr. 37 Bergk "Ὅτε λάρνακι ἐν δαιδαλέᾳ κ.τ.λ. **Cygneius** uel ut alii codd. **Lyrnesius heros** est Tenes. Diod. v. 83. 4 Κύκνον φασι τὸν πατέρα πιστεύσαντα γυναικὸς διαβολαῖς ἀδίκοις τὸν υἱὸν Τένην εἰς λάρνακα ἐνθέντα καταποντίσαι· ταύτην δὲ ὑπὸ τοῦ κλύδωνος φερομένην προσενεχθῆναι τῇ Τενέδῳ, καὶ τὸν Τένην παραδόξως σωθέντα θεῶν τινος προνοίᾳ τῆς νήσου βασιλεῦσαι. Heraclid. Pontic. p. 213 Müller. Tenedos Lyrnesos dicta Plin. v. 140. Pausanias ubi rem narrat x. 14 dicit Tenen cum sorore Hemithea, fraude nouercae Phylonomes, quae Tenen frustra amaret, in arcam coniectos : et sic Lycophron 231, cf. 235 λαρνακοφθόρους ῥιφάς· **465. Victima macteris** cf. 398 *uictima caesus*. Liu.xxxix.10 *Vt quisque introductus sit* (in Bacchanal) *uelut uictimam tradi sacerdotibus*. ib. 13 *Si qui minus patientes dedecoris sint . . . pro uictimis immolari.* **sacras** ' of sacrifice,' ubi sacrificatur. Sic *uictoria sacra* Pont. iv. 9. 30. **466. saeuo** proprie de tyrannis. Iuuen. x. 307 *saeua castrauit in arce tyrannus.* **hoste** Apollodoro, qui ut Cassandreae tyrannidem securius occuparet μειράκιον Καλλιμέλη συναρπάσας καὶ θύσας ἐπέστησεν αὐτῷ μάγειρον Λεοντομέλη. Οὗτος δειπνοποιήσας τὰ σπλάγχνα παρέθηκε τοῖς συνωμόταις· ὧν δειπνησάντων καὶ πιόντων τὸ αἷμα οἴνῳ μέλανι μεμιγμένον, ἔδειξεν αὐτοῖς τὸ σῶμα, τῇ κοινωνίᾳ τοῦ μιάσματος ἐμπεδῶν τὸ πιστὸν τῆς ἐπιθέσεως. Polyaen. vi. 7, cf. Diod. xxii. 5. Hunc iuuenem Theodorum poeta appellat, facili errore. Nam Theodotus in eodem loco Polyaeni dicitur is qui auctor fuerat ut Apollodorus satellites a populo acciperet, ipso obstante : unde nomen ad Callimelen tralatum existimo. Nisi forte, quod Saluagnius opinatus est, et Callimelen et Theodotum mactauit Apollodorus. Alii Theodotum intelligunt cuius mentionem fecit Liuius xxiv. 5. Cum aliis coniurauerat in Hieronymum, Siciliae per tredecim menses tyrannum, *traditusque Andranodoro torquendus, postremo cum omnibus intolerandis patientiae humanae cruciatibus laceraretur, uictum malis se simulans auertit ab consciis in insontes iudicium.* Hunc Theodorum Val. Maximus appellat iii. 3. 5. *Rupit etiam uerbera, fidiculas laxauit, soluit eculeum, laminas extinxit prius quam efficere potuit ut tyrannicidii conscios indicaret.* Sed hunc ad aras Phoebi mactatum fuisse nemo tradidit : certe idem postea tamquam uiuus memoratur cum Soside Liu. xxiv. 21. Non credo intelligi Theodotum illum Pythagoreum de quo Clem. Alex. Strom. 213 S. dicit cum tormentis adigeretur ut arcanum aliquid proderet στρεβλούμενον καρτερῆσαι, nec Ciceronianum illum Theodorum Tusc. Disp. i. 43. 102. **467. deuoueat certis Abdera diebus.** De hoc more Abderitarum de quo scripserat Callimachus, si fides Scholiastae, nihil aliunde compertum habuit K. F. Hermann in libello quem de Abdera peculiarem scripsit (Gesammelte Abhandlungen p. 109) ita tamen ut crederet ad Apollinis cultum, cuius figura in numis Abderitanis exstet, potius pertinere. Lactantius ad Stat. Theb. x. 793, citatus a Const. Fanensi, *lustrare* inquit *ciuitatem humana hostia Gallicus mos est. nam aliquis de egentissimis pelliciebatur praemiis ut se ad hoc uenderet. qui anno toto publicis sumptibus alebatur purioribus cibis.* denique certo et sollemni die *per totam ciuitatem, ductus ex urbe, extra pomeria* saxis *occidebatur a populo:* idem de Massiliensibus tradit Seruius ad Aen. iii. 57. Vide Buechelerum ad Petron. fr. i. Athenis autem φαρμακοὺς duos sacrificatos fuisse Thargeliis constat ex Arist. Eq. 1140, Ran. 733 : cf. Suid. et Hesych. s. u. Φαρμακοί,

Tzetz. Chil. v. 726, Harpocrat. s. u. Φαρμακός : idque usitatum fuisse apud Ionas liquet ex Hipponactis fragm. 4–9, fortasse etiam 85, sicut de Macedonibus idem significat Curt. viii. 7. 28. Equidem suspicor fuisse qui dicerent Democritum Abderitanum, ciuibus suis peste correptis hoc modo opitulatum isse. Nam Apollonius Tyaneus cum Ephesios morbo diu laborantes sic sanasset ut senem egenum in theatro tamquam dis inuisum iuberet interficere, hic autem sub monte quodam lapidum obrutus in canis Molossi mortuam speciem abisset, accusatus Apollonius apud Philostratum haec dicit § 339 ed. Kayser Τίς δ' ἂν σοφὸς ἐκλιπεῖν σοι δοκεῖ τὸν ὑπὲρ πόλεως τοιαύτης ἀγῶνα, ἐνθυμηθεὶς μὲν Δημόκριτον ἐλευθερώσαντα λοιμοῦ ποτε Ἀβδηρίτας, ἐννοήσας δὲ Σοφοκλέα τὸν Ἀθηναῖον, ὃς λέγεται καὶ ἀνέμους θέλξαι τῆς ὥρας ὑπερπνευσάντας, ἀκηκοὼς δὲ τὰ Ἐμπεδοκλέους, ὃς νεφέλης ἄνεσχε φορὰν ἐπ' Ἀκραγαντίνους ῥαγείσης ; ubi quae de Democrito Sophocle Empedocle leguntur alibi non commemorari confirmat Kayserus. **468. grandine plura.** Pont. iv. 7. 34 *Saxaque brumali grandine plura subis.* Nux 132 *Saxa nouos fructus grandine plura petunt.* M. v. 158 *tela uolant hiberna grandine plura.* **470. satus Hipponoo** Capaneus *Hipponoi filius* Hyg. 70. id. 68 *Capaneus quod contra Iouis uoluntatem Thebas se capturum diceret cum murum ascenderet, fulmine est percussus.* Sept. contra Theb. 444, Antig. 135, Phoen. 1180 Ἤδη δ' ὑπερβαίνοντα γεῖσα τειχέων Βάλλει κεραυνῷ Ζεύς νιν. **Dexionesque pater** Aesculapius. Etym. M. 434. 15 Ἤπιος· οὕτως πρότερον ἐκαλεῖτο ὁ Ἀσκληπιός· ᾧ καὶ γυναῖκα παραδιδῶσιν (? παραδιδόασιν) Ἠπιόνην, ἐξ ἧς αὐτῷ γενέσθαι Ἰάσονα, Πανάκειαν, Δεκτιόνην· (libri Δεκτίων ἐν) ὑπομνήματι Λυκόφρονος. Nam Dectionen siue Dexionen nomen tertiae Aesculapii filiae esse recte intellexit Kinkel Lycoph. p. iv : cui rei etiam illud suffragari iudico quod Sophocles, teste eodem Etymologo 256. 6, cum Aesculapium hospitio excepisset, post mortem ἡρῴῳ sub nomine Dexionis colebatur, quasi filius ac Dexiones frater. Merito autem cum Capaneo coniungitur Aesculapius, nam Aesculapium fulminauit Iuppiter quod in uitam Capaneum et Lycurgum reduxisset, uti tradiderat Stesichorus ap. Apollod. iii. 10. 3, Philodem. περὶ Εὐσεβείας p. 52, Gompertz (Bergk ad Stesich. fr. 16). Hesiod. fr. 101 Markscheffel πατὴρ δ' ἀνδρῶν τε θεῶν τε Χώσατ' ἀπ' Οὐλύμπου δὲ βαλὼν ψολόεντι κεραυνῷ Ἔκτανε Λητοίδην. (2) Anonymus in Westermanni Mythographis p. 374 haec habet Φόρβας Θέσπρωτος Δημητρὸς ἐρασθεὶς καὶ βιαζόμενος τὴν θεὸν ὑπὸ Διὸς ἐκεραυνώθη. At Achelous uocatus est is amnis qui ante Phorbas fuit (Cephalion fr. 8, Mueller Hist. Graec. Fragm. iii. p. 631) ; et Phorbas nomen Aetolum (Apollod. i. 7. 7, Steph. B. s. u. Δεξαμεναί). Iam Acheloi filiae Sirenes, quarum una Thelxiopeia (Eustath. 1709, Tzetz. ad Lyc. 712) siue Thelxiope (Hyg. 1, Schol. Ap. R. iv. 892) siue denique Thelxinoe (Schol. Ap. R. l. c. Anonym. de Vlixis error. 7 in Westerm. Mythog. p. 337 Σειρῆνας ὑποληπτέον τὰς θελξίνους καὶ ἀπατηλὰς ἡδονάς) quod nomen in Dexione quod habet G latere potuit. Patrem autem Sirenum a quibusdam fulminatum dici quis miretur, qui meminerit eas ex matre Sterope natas esse (Schol. Od. xii. 39, Eustath. 1709, Apollod. i. 7. 10), σειρῆνας autem Eustathium secutus reuocet ad σειριᾶν ἀστράπτειν λάμπειν? Prior tamen explicatio praeferenda est. **471. soror Autonoes** Semele Hyg. 179. **cui matertera Maia** Iasion filius Electrae, sororis Maiae. (Alciatus Parerg. vi. 21.) Apollod. iii. 12. 1 Ἠλέκτρας δὲ τῆς Ἄτλαντος καὶ Διὸς Ἰασίων καὶ Δάρδανος ἐγένοντο. Ἰασίων μὲν οὖν, ἐρασθεὶς Δήμητρος, καὶ θέλων καταισχῦναι τὴν θεόν, κεραυνοῦται. Od. v. 125 ὡς δ' ὁπότ' Ἰασίωνι εὐπλόκαμος Δημήτηρ, Ὣι θυμῷ εἴξασα, μίγη φιλότητι καὶ εὐνῇ Νειῷ ἔνι τριπόλῳ· οὐδὲ δὴν ἦεν ἄπυστος Ζεύς, ὃς μιν κατέπεφνε βαλὼν ἀργῆτι κεραυνῷ. Dionys. i. 61 Ἴασος ἐν τῇ νήσῳ (Σαμοθράκῃ) κεραυνῷ πληγεὶς τελευτᾷ Δήμητρος εὐνὴν ὀριγνώμενος οἱ ἔχειν. Vide Heynium ad Apollod. l. c. et Lobeckii Aglaoph. 1222. Potest etiam de Oenomao explicari, Martis et

Steropes Atlantidis filio, cuius domus fulmine arsit, unde Ceraunii Iouis ara in Olympia dicta est Paus. v. 14. 7 (Alciatus l. c.). **472. qui male rexit equos** Phaethon. Plat. Tim. 22 Ὥς ποτε Φαέθων Ἡλίου παῖς τὸ τοῦ πατρὸς ἅρμα ζεύξας διὰ τὸ μὴ δυνατὸς εἶναι κατὰ τὴν τοῦ πατρὸς ὁδὸν ἐλαύνειν τά τ᾽ ἐπὶ γῆς ξυνέκαυσε καὶ αὐτὸς κεραυνωθεὶς διεφθάρη. **473. Aeolides** Salmoneus. Hyg. 61 *Salmoneus Aeoli filius Sisyphi frater cum tonitrua et fulmina imitaretur Iouis, sedens quadrigam faces ardentes in populum mitteret et ciues, ob id a Ioue fulmine est ictus.* Aen. vi. 585-594, Val. Fl. i. 662-665. **sanguine natus eodem** uidetur esse unus ex filiis Lycaonis, cui ἐπὶ τῷ γένει πάντι τῷ ἄρσενι θυγάτηρ ἐγένετο Καλλιστώ (Paus. viii. 3. 6), fortasse is qui natu maximus erat, Maenalus : huius enim consilio (Apollod. iii. 8. 1, Tzetz. Lyc. 481) Lycaon et filii *Iouem tentare* uolentes *deusne esset carnem humanam cum cetera carne commiscuerunt idque in epulo ei apposuerunt. qui postquam sensit iratus mensam euertit, Lycaonis filios fulmine necauit. eo loco postea Arcas oppidum communiuit quod* Τραπεζοῦς *nominatur.* Hyg. 176. Quibus ex uerbis Hygini apparet cur poeta mentionem Callistus iniecerit : Callisto enim mater Arcadis, qui oppidum Trapezunta in monumentum auiti facinoris exstruxit. Vide tamen Scholia et quae ibi adnotaui. **474. liquidis quae caret Arctos aquis.** Hyg. 177 *Callisto Lycaonis filia ursa dicitur facta esse ob iram Iunonis quod cum Ioue concubuit. Postea Iouis in stellarum numerum retulit, quae Septentrio appellatur, quod signum loco non mouetur neque occidit. Tethys enim Oceani uxor nutrix Iunonis prohibet eam in Oceanum occidere.* **475, 6.** Historia ignota, nec multum prosunt scholiastae, quamuis Nicandrum testificentur, fr. 116 ed. O. Schneider. Hos si sequimur, ad Telchinas redit narratio : sed nihil de Macelone dicit Lobeckius in iis quae de Telchinibus scripsit Aglaoph. pp. 1181 sqq., neque a Scholiis probabilem historiam elicias. Ne illud quidem constat fueritne uerum nomen mulieris *Macelo:* quamquam enim sic scriptum est in G T, ceteri *Macedo* exhibent, et *iactus* uel *ictus*, non *icta est*. Putauit Burmannus ad Lycaonis stirpem etiam Macedonem reuocandum esse, atque est *Macednus* inter filios Lycaonis quos recenset Apollodorus iii. 8. 1. Sed nihil de hoc cum coniuge combusto inueni : neque Ouidii uerba illustrant quae de alterius Lycaonis, regis Emathiae, filio Macedone tradunt Aelianus H. A. x. 48, Steph. B. s. u. Ὤρωπος. Erat ubi crederem Orpheum significatum. Nam Orpheus Macedoniae rex dicitur a Conone 45 et a quibusdam ferebatur fulmine periisse. Paus. ix. 30 Εἰσὶ δὲ οἵ φασι κεραυνωθέντι ὑπὸ τοῦ θεοῦ συμβῆναι τὴν τελευτὴν Ὀρφεῖ· κεραυνωθῆναι δὲ αὐτὸν τῶν λόγων ἕνεκα ὧν ἐδίδασκεν ἐν τοῖς μυστηρίοις οὐ πρότερον ἀκηκοότας ἀνθρώπους. Ἄλλοις δὲ προειρημένον ἐστὶν ὡς προαποθανούσης οἱ τῆς γυναικὸς ἐπὶ τὸ Ἄορνον δι᾽ αὐτὴν τὸ ἐν τῇ Θεσπρωτίδι ἀφίκετο. Anth. P. vii. 617 Θρῆικα χρυσολύρην τῇδ᾽ Ὀρφέα Μοῦσαι ἔθαψαν, ᵒΟν κτάνεν ὑψιμέδων Ζεὺς ψολόεντι βέλει, quod ad u. 470 citat Zarottus. *Macedon* pro *uir Macedon* potuit sic dici ut a Lucano viii. 694 *Macedon* Alexander Magnus uocatus est. Coniugem cum Orpheo ideo fingas peremptam, quod mysteria cum eo simul diuulgauerit. Quod si uoluit poeta, duos Orphei nomine, priorem Oeagri filium Eurydicae maritum (482,600), qui fuit πολλῷ προγενέστερος τοῦ ὑστέρου (Eustath. ad Il. 359, cf. Schol. Ap. R. i. 23), alterum hunc Macedonem, finxit : quod sane non est uerisimile. Melius fortasse conicias Macedonem quem γηγενῆ Scymnus 630 appellat additque Macedoniam rexisse, cum ceteris Gigantibus bellum dis inferentem fulmine percussum fuisse : certe in Phlegra Macedoniae, quae postea Pallene fuit, Gigantas fulminatos tradunt Apollod. i. 6. 1-3, Pind. Nem. i. 67, Lyc. 127, 1404, 1408, Val. Fl. ii. 16 sqq. **rapidis flammis** ut Pont. iv. 8. 29 *tura feram rapidis sollemnia flammis* h. e. celeriter corripientibus et ui sua haurientibus. **476. uindicis igne.** Pont. iv. 8. 59 *Gigantas Ad Styga nimbifero* uindicis igne *datos.* **477. illis** canibus.

Canes circa templa et τεμένῃ deorum alebantur ut in Aetna Siciliae (Ael. H. A. xi. 3) et Adrano (Ael. H. A. xi. 20), ubi in templo dei cognominis alebantur non minus mille, qui interdiu blandiebantur adeuntibus, noctu ebrios uel aberrantes ducebant, furantes nonnunquam dilaniabant. **478.** **Ante diem rapto Traso** quod Trasum inmatura morte absumpserunt : sic enim constanter *ante diem* usurpauit Ouidius Her. ii. 8, A. A. i. 184, M. i. 148, Nux 94 ; idque iam olim monuit Domitius. ' sith they kilde Thrasus before his time' T. Vnderdown. Schol. tamen de nocte interpretatur, tamquam Trasus lumen accendens in templo a canibus deuoratus fuerit, idque uidetur probare Meinekius Anal. Alex. p. 17. Cf. quae ad 595 attuli. Hyg. 247 inter eos qui a canibus consumpti sunt ponit Thasium. *Thasius Delo, Anii sacerdotis Apollinis filius; ex eo Delo nullus canis est.* Strab. 486 οὐκ ἔξεστι δὲ οὐδὲ κύνα ἐν Δήλῳ τρέφειν. **479. speculantem** Actaeona. Hyg. 181 *Diana cum in ualle opacissima cui nomen est Gargaphia aestiuo tempore fatigata ex assidua uenatione se ad fontem cui nomen est Parthenius perlueret, Actaeon Cadmi nepos, Aristaei et Autonoes filius, eundem locum petens ad refrigerandum se et canes quos exercuerat feras persequens, in conspectum deae incidit : qui ne loqui posset, in ceruum ab ea est conuersus. ita pro ceruo laceratus est a suis canibus.* **labra** balneum. F. iv. 761 *Nec Dryadas, nec nos uideamus labra Dianae.* **480. Crotopiaden** Κροτωπιάδην Callim. fr. 315 nepotem Crotopi, Psamathes ex Phoebo filium. Stat. Theb. i. 570 sqq. **diripuere** Stat. Theb. i. 587 *uiridi nam caespite terrae Proiectum temere et patulo caelum ore trahentem Dira canum rabies mortu depasta cruento Dissicit.* Rem narrat Conon 19 : cf. Welcker Gesammelte Schriften i. p. 16. **481. angue.** Verg. G. iv. 457 *Illa quidem* (Eurydice) *dum te fugeret per flumina praeceps Inmanem ante pedes hydrum moritura puella Seruantem ripas alta non uidit in herba.* **482. senis** τοῦ παλαιοῦ, nescio an respectu iunioris Oₑagri qui ἐγένετο ποιητὴς μετ' Ὀρφέα καὶ Μουσαῖον Ael. V. H. xiv. 21. Sic ap. Statium S. v. 3. 151 Hesiodus ac Theocritus uocantur *Ascraeus Siculusque senex :* cf. O. Iahn ad Pers. i. 124. Prior ille Oeagrus ad heroica redit tempora, et cum una Musarum concubuit (Prop. ii. 30. 35). **Oeagri Calliopesque** Anth. P. vii. 10. 1 Καλλιόπης Ὀρφῆα καὶ Οἰάγρου. Hyg. 14 *Orpheus Oeagri et Calliopes Musae filius.* Apoll. R. i. 23 Πρῶτά νυν Ὀρφῆος μνησώμεθα, τόν ῥά ποτ' αὐτὴ Καλλιόπη Θρήικι φατίζεται εὐνηθεῖσα Οἰάγρῳ σκοπιῆς Πιμπληΐδος ἄγχι τεκέσθαι. **483. puer Hypsipyles.** Hyg. 74 *Septem ductores qui Thebas oppugnatum ibant deuenerunt in Nemeam ubi Hypsipyle Thoantis filia in seruitute puerum Archemorum siue Ophelten Lyci regis filium nutriebat. Cui responsum erat, ne in terra puerum deponeret, antequam posset ambulare. ergo ductores septem, qui Thebas ibant, aquam quaerentes deuenerunt ad Hypsipylen eamque rogauerunt ut eis aquam demonstraret. illa timens puerum in terra deponere, apium altissimum erat ad fontem, in quo puerum deposuit. quae dum aquam eis tradit, draco fontis custos puerum exedit.* Stat. Theb. iv. 719–722. **caua.** Homerus equum durateum κοῖλον λόχον appellat Od. iv. 277. **primus** Laocoon Aen. ii. 41, 50. **484. suspecti** Aen. ii. 36 *Danaum insidias suspectaque dona.* **robora** Aen. ii. 229 *scelus expendisse merentem Laocoonta ferunt, sacrum qui cuspide robur Laeserit.* **485. gradus** κλίμακος. **Elpenore.** Od. x. 552 Ἐλπήνωρ δέ τις ἔσκε νεώτατος, οὔτε τι λίην Ἄλκιμος ἐν πολέμῳ οὔτε φρεσὶν ᾗσιν ἀρηρώς, Ὅς μοι ἄνευθ' ἑτάρων ἱεροῖς ἐν δώμασι Κίρκης, Ψύχεος ἱμείρων, κατελέξατο οἰνοβαρείων. Κινυμένων δ' ἑτάρων ὅμαδον καὶ δοῦπον ἀκούσας Ἐξαπίνης ἀνόρουσε, καὶ ἐκλάθετο φρεσὶν ᾗσιν Ἄψορρον καταβῆναι ἰὼν ἐς κλίμακα μακρήν, Ἀλλὰ καταντικρὺ τέγεος πέσεν· ἐκ δέ οἱ αὐχὴν Ἀστραγάλων ἐάγη, ψυχὴ δ' Ἀϊδόσδε κατῆλθεν. **486.** Elpenor de se dicit Od. xi. 61 Ἀσέ με δαίμονος αἶσα κακὴ καὶ ἀθέσφατος οἶνος. **487. quisquis ad**

144   COMMENTARIVS.

arma uocantem. Apollod. ii. 7.7 Διεξιὼν δὲ Ἡρακλῆς τὴν Δρυόπων χώραν, ἀπορῶν τροφῆς, ἀπαντήσαντος Θειοδάμαντος βοηλατοῦντος τὸν ἕτερον τῶν ταύρων λύσας εὐωχήσατο. ὡς δὲ ἦλθεν εἰς Τραχῖνα πρὸς Κήυκα, ὑποδεχθεὶς ὑπ᾽ αὐτοῦ Δρύοπας κατεπολέμησεν. αὖθις δὲ ἐκεῖθεν ὁρμηθεὶς Αἰγιμίῳ βασιλεῖ Δωριέων συνεμάχησε. Idem narrat Apollonius i. 1213–1219, ubi scholiasta rem sic explicat: Herculem cum in Dryopiam uenisset, quae regio est contermina Maliis, ut Hyllo filio et Lichae fame confectis suppetias iret, a Thiodamante cibum petiisse, neque ab eo tulisse. qua re indignatum unum ex bubus Thiodamantis mactasse, mox Thiodamantem uenisse cum suis et in tantum periculi adduxisse Herculem ut uxor eius Deianira arma pro uiro contra Dryopas sumeret: donec uicti tandem sedes mutarent, Thiodamas autem filium Hylan obsidem Herculi daret. **488. inhumanum** 'churlish,' inhospitalem quia Hercules βοῦν ἀρότην ἤνωγε παρασχέμεν οὐκ ἐθέλοντα. Ap. R. i. 1217. **Dryops** nomen gentis, ut Aethiops. *Dymans* quod exhibet Conr. de Mure fortasse ex uet. codice, licet ex Steph. Byz. s. u. Δυμᾶνες interpretari. Αἰγίμιος ἦν τῶν περὶ τὴν Οἴτην Δωριέων βασιλεύς. ἔσχε δὲ δύο παῖδας Πάμφυλον καὶ Δυμᾶνα, καὶ τὸν τοῦ Ἡρακλέους Ὕλλον ἐποιήσατο τρίτον, χάριν ἀποδιδοὺς ἀνθ᾽ ὧν Ἡρακλῆς ἐκπεπτωκότα κατήγαγεν. *Dymans* i. q. Dymanes, h. e. tribus uel natio eorum qui a Dymane orti sunt. Hi finguntur *uidisse* (sic enim legit Mure) **Thiodamanta in arma uocantem** suos, atque ipsi bellum pro Hercule cientes **domiti** fuisse: neque id sane abhorret ab iis quae a Schol. Apollonii traduntur. **489. ferus.** Aen. viii. 194 *semihominis Caci,* 267 *semiferi.* Ouidius *monstrum* appellat F. i. 554. **mactatus** claua F. i. 575, Prop. iv. 9. 15, 17. **antro** Aen. viii. 217, Prop. iv. 9. 9. Speluncam dicunt Vergilius Aen. viii. 192, Ouidius F. i. 555. **490. inclusae** Aen. viii. 217 *Reddidit* una boum *uocem* uastoque sub antro *Mugiit et Caci spem custodita fefellit.* **ab ore** ut *uiolatus ab arcu* Pont. iii. 5. 45, *tabulae feriuntur ab undis* Trist. i. 2. 47 et saepius ap. Ouidium (Dräger i. p. 508). **491. qui** Lichas. **dona** Deianirae ad Herculem. **Nesseo.** Hyg. 36 *memor* Nessei *praecepti* (Deianira) *uestem* tinctam *Centauri sanguine Herculi qui ferret, nomine* Licham famulum misit. **ueneno.** Moriens Nessus Deianiram iusserat semen ab ipso humi profusum, cum eam iam iam uiolaturus esset, sanguine uulneris miscere quo ab Hercule affectus esset. Apollod. ii. 7. 6 Εἶπεν εἰ θέλοι φίλτρον πρὸς Ἡρακλέα ἔχειν, τόν τε γόνον ὃν ἀφῆκε κατὰ τῆς γῆς καὶ τὸ ῥυὲν ἐκ τοῦ τραύματος αἷμα συμμῖξαι. Cf. Diod. iv.ʼ36, Soph. Trach. 714–717, 831–833: et uide Wunderum ad Trach. p. 40. **492. nomine fecit** ex G restitui. Ablatiuus uidetur esse is qui in F. iii. 88 *Mensis in his etiam nomine Martis erit,* ii. 436 *Iunonis magnae nomine lucus erat.* Intelligitur Lichas petra (M. ix. 226, Hyg. 36) siue Lichades insulae (Strab. 426, Plin. iv. 62). **493. praecipiti saxo.** Callimachus dicit ἀφ᾽ ὑψηλοῦ τείχεος, Agathias A. P. xi. 354. 18 τεγέων, Cicero Pro Scauro § 4 *ex altissimo muro,* Tusc. Disp. i. 34. 84 *e muro in mare,* Lactantius iii. 18 *praecipitem se dedit.* **494. qui** Cleombrotus. Callimachus in A. P. vii. 471 Εἴπας Ἠλιε χαῖρε Κλεόμβροτος ὠμβρακιώτης Ἤλατ᾽ ἀφ᾽ ὑψηλοῦ τείχεος εἰς Ἀΐδην, Ἄξιον οὐδὲν ἰδὼν θανάτου κακόν, ἢ τὸ Πλάτωνος°Ἐν τὸ περὶ ψυχῆς γράμμ᾽ ἀναλεξάμενος. Agathias A. P. xi. 354. 17 Εἰ δ᾽ ἐθέλεις, τὸν παῖδα Κλεόμβροτον Ἀμβρακιώτην Μιμοῦ, καὶ τεγέων σὸν δέμας ἐκχάλασον. Cic. Tusc. Disp. i. 34. 84 *Callimachi quidem epigramma in Ambraciotam Cleombrotum est: quem ait, quom et nihil accidisset aduersi, e muro se in mare abiecisse lecto Platonis libro.* Pro Scauro § 4 *At Graeculi quidem multa fingunt, apud quos etiam Cleombrotum Ambraciotam ferunt se ex altissimo praecipitasse muro, non quo acerbitatis accepisset aliquid, sed, ut uideo scriptum apud Graecos, cum summi philosophi Platonis grauiter et ornate scriptum librum de morte legisset, in quo, ut opinor, Socrates illo ipso die, quo erat ei moriundum, permulta disputat, hanc esse mortem quam nos uitam putaremus,* *cum corpore animus tamquam carcere saeptus teneretur, uitam autem esse eam, cum idem animus uinclis corporis liberatus in eum se locum unde esset ortus retulisset.* **opus** Platonis Phaedonem. Suidas s. u. Ἄρατος dicit Aratum scripsisse Ἐπικήδειον Κλεομβρότου. **495.** qui, Aegeus, Cat. lxiv. 241–244, Stat. Theb. xii. 624–6, Diod. iv. 61, Paus. i. 22, Hyg. 242. **496.** **puer**, Astyanax, quem de Troiae muris praecipitauit Hector, ut narrauit Lesches in Parua Iliade fr. 18 Kinkel Αὐτὰρ Ἀχιλλῆος μεγαθύμου φαίδιμος υἱὸς Ἐκτορέην ἄλοχον κάταγεν κοίλας ἐπὶ νῆας· Παῖδα δ᾽ ἑλὼν ἐκ κόλπου εὐπλοκάμοιο τιθήνης Ῥῖψε ποδὸς τεταγὼν ἀπὸ πύργου· τὸν δὲ πεσόντα Ἕλλαβε πορφύρεος θάνατος καὶ μοῖρα κραταίη. Cf. Sen. Troad. 1069–1118. **497, 498.** 'Or she who aunt and nurse was bothe to Bacchus youthfull boye, Or he to whom thinuented sawe, was losse of lyuely Joy.' T. Vnderdown. **497. teneri** infantis.   **nutrix eadem matertera Bacchi** Ino soror Semeles Hyg. 179, quae, cum Semele fulmine periisset, filium eius Bacchum accepit nutriendum ; propter quod irata Iuno insaniam ei ac marito Athamanti iniecit, ut hic natum suum Learchum tamquam ceruum necaret, Ino alterum natum Melicertam incenso lebeti imponeret, dein cum eo in mare desiliret : unde ipsa Leucothea, natus Palaemon uocitati, Apollod. iii. 4. 2.   **498. cui** Perdix (Hyg. 39, 244, 274, Seru. ad G. i. 143) siue Talos (Apollod. iii. 15. 9, Diod. iv. 76. 4) filius sororis Daedali. Apollod. iii. 15. 9 οὗτος (Δαίδαλος) ἐξ Ἀθηνῶν ἔφυγεν, ἀπὸ τῆς ἀκροπόλεως βαλὼν τὸν τῆς ἀδελφῆς Πέρδικος υἱὸν Τάλω, μαθητὴν ὄντα, δείσας μὴ διὰ τὴν εὐφυΐαν αὐτὸν ὑπερβάλῃ· σιάγονα γὰρ ὄφεως εὑρὼν ξύλον λεπτὸν ἔπρισε. Ouidius ubi rem narrat M. viii. 236–259 filium germanae Daedali eum uocat, nomen tamen omisit.   Idem circinum repperit M. viii. 247–249, Hyg. 274. **499, 500.** Plerique secuti Ian. Parrhasium (Epist. 49) intelligunt de Aglauro Cecropis filia, quae Mercurium accedentem ad Hersen exclusit, nimiam fortunam sorori inuidens, unde *Liuida* siue *Inuida* uirgo dici potuit.   Nam Aglauros et Herse ap. Hyg. 166, 238, Paus. i. 18. 2, quia cistulam aperuerant in qua seruabatur Erichthonius, insania a Minerua obiecta, ab Acropoli, uel ut Hyginus docet, in mare se praecipitauerunt.   Sed codices habent **Lindia** uel **Lidia** ; Aglauron autem Ouidius in loco ubi hanc fabulam narrat (M. iii. 708–832) dicit a Mercurio in saxum conuersam fuisse.   Itaque aut (1) **Lindia** ex G retinendum, et **inuicto deo** de Hercule intelligendum, explicatio autem petenda ex iis quae Conon xi, Hesych. s. u. Λίνδιοι τὴν θυσίαν, Apostol. x. 71, Diogen. vi. 15, Zenob. iv. 95, Origen. contra Cels. vii. 54, Lact. i. 21, Philostr. Imagin. ii. 24 tradiderunt.   Sic enim Zenobius: Λίνδιοι τὴν θυσίαν· παροιμία ἐπὶ τῶν δυσφήμως ἱερουργούντων. Ἀπὸ Ἡρακλέους ἐν Λίνδῳ βοῦν ἀποσπάσαντος γεωργοῦ καὶ θοινησαμένου, τοῦ δὲ γεωργοῦ λοιδορουμένου αὐτόν. ὅθεν καὶ Λίνδιοι κατὰ χρησμὸν οὕτω θύουσιν Ἡρακλεῖ λοιδορούμενοι. Virgo Lindia aut ipsa cibum negarat Herculi cum conuiciis aut importuna eius fame incensa quod aratori bouem eripuisset ac comedisset, effusius maledixerat.   Hoc alterum tradit Schol. G ; uix enim potest uerum esse quod habet schol. P, uirgines Lindias, cum uno anno sacrum populare Herculis intermissum esset, furore correptas in mare se praecipitasse, nisi forte id ex Diod. v. 55 elici posse existimaris.   **inuicto deo** bene ad Herculem refertur, qui καλλίνικος proprie uocatus fuerit, Archil. fr. 119 Bergk, Apollod. ii. 6. 4, cf. Eur. H. F. 180, 581 οὐκ ἄρ' Ἡρακλῆς Ὁ καλλίνικος ὡς πάροιθε λέξομαι, 680, 961, Romanis autem Hercules Victor siue Inuictus (Preller Röm. Myth. 650–652, Mommsen C. I. L. i. 541, Zangemeister Inscr. Pomp. 733, Wordsworth Fragm. and Specim. p. 473, Macrob. iii. 6. 9–11, Seru. ad Aen. viii. 362).   Aut (2) **Lidia uirgo** quae fuerit, collatis Diod. v. 62, Parthen. Erot. 1 elicias, quos locos in Excursu addidi. **501.** **Feta** quae nuper peperit M. xiii. 803 *feta truculentior ursa.*   **popularis** recte uidetur Saluagn. ad Libycos leones (Cat. xlv. 6) referre, ut qui Ibidis populares essent.   Sic *popularia flumina* Penei dicuntur amnes Thessalici

L

M. i. 577. Sed tamen in simili loco de leone Plut. de Fluuiis xviii. 4.
quem in Apparatu Critico citaui, Apesantus Argiuus dicitur ποιμήν τις
τῶν ἐγχωρίων, ut uocabulum illud ex eodem fonte et Ouidius et Plutarchus potuerint inferre, si recte conieci hic legendum esse *Apesanteae.*
502. **Phalaeceae** an *Phayleae* eruendum sit ex corrupto codicum *Paphagee* incertum est. Fabulam seruarunt Scholiastae : nomen diuerse
traditur. Antoninus Liberalis qui Nicandri Metamorphoses et Athanadae
Ambracica secutus est, Phalaecum appellat Met. iv. "Αρτεμις δὲ τὸ μὲν
νεῖκος κατέπαυε τὸ πρὸς τὸν Ἀπόλλωνα, παρ' ἑκόντος δ' ἠξίου τὴν Ἀμβρακίαν
ἔχειν· ἐφίεσθαι γὰρ τῆς πόλεως κατὰ πρόφασιν τοιαύτην· ὅτε Φάλαικος ἐτυράν-
νευε τῆς πόλεως, οὐδενὸς αὐτὸν δυναμένου κατὰ δέος ἀνελεῖν αὐτὴ κυνηγετοῦντι τῷ
Φαλαίκῳ προφῆναι σκύμνον λέοντος, ἀναλαβόντος δὲ εἰς τὰς χεῖρας ἐκδραμεῖν ἐκ
τῆς ὕλης τὴν μητέρα, καὶ προσπεσοῦσαν ἀναρρῆξαι τὰ στέρνα τοῦ Φαλαίκου, τοὺς
δ' Ἀμβρακιώτας ἐκφυγόντας τὴν δουλείαν "Αρτεμιν Ἡγεμόνην ἱλάσασθαι, καὶ
ποιησαμένους ἀγροτέρης εἴκασμα παραστήσασθαι χάλκεον αὐτῷ θῆρα. Aelianus
H. A. xii. 40 Phaylum nominat. 503. **Qui . . aper** talis aper, qualis.
Notandus hic usus relatiui. Sic *quo orbe* 588. **Lycurgiden** Ancaeum
Argonautam τὸν μέν ῥα πατὴρ Λυκόοργος ἔπεμπε Ap. R. i. 164 : Hyg. 14 *Ancaeus Lycurgi filius, alii nepotem dicunt, Tegeates,* cf. 138. Grat. Cyn. 66
*flet adhuc et porro flebit Adonin Victa Venus ceciditque suis Ancaeus in
armis Vt praedexter erat geminisque securibus ingens.* Hic ap. Ouidium
M. viii. 391 *bipennifer Arcas* audit ; a Calydonio apro interfectus est.
Lycurgiden ī producta Ouidius scripsisse propter accentum Graecum
Λυκουργίδης uidetur Birtio de Halieuticis p. 116, qui comparat *Belīdes
pompīlus,* quibus adcensendum est *Coronīdes,* nisi hoc a *Coroneus* ductum
est. **letauit.** M. viii. 400 *Summa ferus geminos direxit ad inguina
dentes. Concidit Ancaeus, glomerataque sanguine multo Viscera lapsa
fluunt, madefactaque terra cruore est. Letare* rarius inuenitur, M. iii. 55
letataque corpora uidit. Pausanias viii. 45 dicit Tegeae in fastigio templi
Athenes Aleae insculptam fuisse uenationem Calydonii ; in his Ἀγκαῖον
ἔχοντα ἤδη τραύματα καὶ ἀφέντα τὸν πέλεκυν ἀνέχων ἐστιν "Εποχος. **arbore**
natum Adonin, filium Smyrnae quae *patre nesciente per nutricem cum eo
concubuit, ex quo concepit ; idque ne palam fieret pudore stimulata in siluis
se abdidit. cuius Venus postea miserta est et in speciem arboris eam com-
mutauit, unde myrrha fluit, ex qua natus est Adonis, qui matris poenas a
Venere est insecutus* Hyg. 58. Bion Eid. i. 7 Κεῖται καλὸς "Αδωνις ἐν ὤρεσι
μηρὸν ὀδόντι, Λευκῷ μηρὸν ὀδόντι τυπείς. 504. **Idmona** cum Adonide et
Ancaeo recenset inter eos qui ab apro percussi interierunt Hyginus 248
*Idmon Apollinis filius qui stramentatum exierat cum Argonautis apud
Lycum regem.* Vates fuit Argonautarum, μαντοσύνῃσι κεκασμένος Ap. R. ii.
818, fatumque sibi iam ante prospexerat (Ap. R. i. 140 δεδαὼς τὸν οἷο μόρον
οἰωνοῖσιν "Ηιε. Hyg. 14 *Quamuis praedicentibus auibus mortem sibi denun-
tiari intellexit, fatali tamen militiae non defuit.* Val. F. i. 360 *adest
quamuis arcentibus Idmon Alitibus ; sed turpe uiro timuisse futura*) unde
audax hic dicitur. Mortem eius ab apro apud Mariandynos narrat Ap.
R. ii. 817-836. Aliter Val. F. v. 2, 3, Sen. Med. 652, 3. **rumpat** 'rend.'
Am. iii. 9. 16 de Adonide *Quam iuueni rupit cum ferus inguen aper.*
Turnebus Aduers. xxiv. 21 comparat *frangere,* ut in Hor. C. i. 23. 10
Non ego te tigris ut aspera Gaetulusue leo frangere persequor. 505.
Isque aper uel **exanimis** etiam mortuus **faciat** tibi **uulnus** incidendo
in caput ut illi factum est uulnus (Dräger i. pp. 203, 204). 506. **Ora.**
Diod. iv. 22 Ἐντεῦθεν δὲ ἀναζεύξας κατήντησε τῆς Ποσειδωνιατῶν χώρας
πρός τινα πέτραν, πρὸς ᾗ μυθολογοῦσιν ἴδιόν τι γενέσθαι καὶ παράδοξον· τῶν
γὰρ ἐγχωρίων τινὰ κυνηγὸν ἐν τοῖς κατὰ τὴν θήραν ἀνδραγαθήμασι διωνομασμένον
ἐν μὲν τοῖς ἔμπροσθεν χρόνοις εἰωθέναι τῶν ληφθέντων θηρίων τὰς κεφαλὰς καὶ
τοὺς πόδας ἀνατιθέναι τῇ Ἀρτέμιδι καὶ προσηλοῦν τοῖς δένδρεσι· τότε δ' οὖν
ὑπερφυῆ κάπρον χειρωσάμενον καὶ τῆς θεοῦ καταφρονήσαντα, εἰπεῖν ὅτι τὴν

COMMENTARIVS. 147

κεφαλὴν τοῦ θηρίου ἑαυτῷ ἀνατίθησι, καὶ τοῖς λόγοις ἀκολούθως ἐκ τινος δένδρου κρεμάσαι ταύτην, αὐτὸν δὲ καυματώδους περιστάσεως οὔσης, κατὰ τὴν μεσημβρίαν εἰς ὕπνον τραπῆναι· καθ' ὃν δὴ χρόνον τοῦ δεσμοῦ λυθέντος αὐτομάτως, πεσεῖν τὴν κεφαλὴν ἐπὶ τὸν κοιμώμενον καὶ διαφθεῖραι. Hunc Scholiastae Thoantem siue Thoonem appellant: sed neque hoc nomen nec quod ap. Mure reperitur, Driamas, aliunde uidetur cognitum. Posidoniates ager in Lucanis fuit. **fixi.** Mos erat uenantibus, si bona fortuna usi essent, ferarum cornua uel προτομὰς interdum delubris, praecipue Dianae, interdum arboribus antefigere. Prop. ii. 19. 19 *Incipiam captare feras et reddere pinu Cornua.* Met. xii. 266 *in alta Quae fuerant pinu uotiui cornua cerui.* Schol. Aristoph. Plut. 943. Anth. P. vi. 110. 3 τὰ δ' ὀκτάρρͅιζα μετώπων Φράγμαθ' ὑπὲρ ταναὰν ἅλος ἔπαξε πίτυν. Longi Pastor. ii. p. 57 Villoison τὸ δὲ δέρας κέρασιν αὐτοῖς ἐνέπηξαν τῇ πίτυι, quos locos attulit Hertzbergius ad Prop. ii. 19. 19: quibus adde A. P. vi. 111. 5, 6, 112. 1, 2. **507, 8.** Merkelius sic explicat. **Siue** uel potius **idem** tu, utriusque personam gerens, **sis is quem pinus simili morte peremit** **Phryx** Marsyas (Stat. Theb. i. 704) in pinu excoriatus (Nicand. Alex. 301 et Schol.) et Attis *uenator* **Berecyntiades** qui sub pinu *nomine spoliauerat se uiri* (Arnob. v. 7). Sane Marsyan Phryga comitem facit Attinis Diodorus iii. 58. Ouidium tamen **Phrygem** alium quam Attin intellexisse, praesertim sequente uenator **Berecyntiades** uix est uero simile. Et *duo* Attines diserte memorantur a Plutarcho Sert. i. et Pausania vii. 17. Itaque sic potius interpretor : *sis Phryx idem peremptus morte simili* eius qui sub pinu iacens exstinctus est (506), *et uenator Berecyntiades,* h. e. sis Attis qui idem Phryx sub pinu exsectis uirilibus periit et uenator Berecyntiades ab apro confossus est (Plut. Sert. i, Paus. vii. 17. 9). ' Or else may you have the fate of him that was at once the Phrygian, slain like the Posidoniat under a pine, and the huntsman sprung from Berecyntus.' Quibus uerbis hoc significat, inprecari se inimico suo duplex genus mortis quo ferebatur Attis periisse, castrationem sub pinu et uulnus ab apro acceptum: quod post *apri* mentionem (504) quam cum arbore mox coniunxit (505, 6) recte uidetur subnexum. Vix tamen dubito quin uerius scripserim id quod habet Conradus de Mure **Venator Phrygia sis Berecyntiades** eodem sensu, structura paulum immutata. **507. Siue** pro *uel* rarius inuenitur apud poetas teste Muellero ap. Dräger Hist. Synt. ii. p. 148 : et cod. Vindobonensis hic habet *Atque.* **508. Phryx** Attis, F. iv. 223 ; subest uocabulo mollitiae uel castrationis significatio, Cat. lxiii. 22, Stat. x. 170 ubi uide Lactantium, Mart. viii. 46. 4 *Te Cybele totum mallet habere Phryga,* h. e. non castratum Attin. Cf. Aen. xii. 99, Stat. Ach. ii. 363, Eur. Orest. 1528. *Venator Phrygia* si scribas, ablatiuus originis erit ut Plautina illa *hospitem Zacyntho* Merc. v. 2. 99, *Rhodo mercator* Asin. ii. 4. 92 (Dräger i. p. 458). Similia sunt Hesiodi Μοῦσαι Πιερίηθεν, Theocriti Ἀργόθεν ἄνδρες xxiv. 110, Callimachi Δωδώνηθε Πελασγοὶ Del. 284, Nicandri φύτον Κρήτηθεν Alex. 235, Λιβύηθε ῥίζας ib. 368, ceteraque quae congessit Schneiderus Nicand. p. 95. **Berecyntiades.** Pers. i. 93 *Berecyntius Attis.* Patronymicum de eo qui de Berecynto monte originem traxit, ut *Taenarides* x. 183, *Borysthenidae* Prop. ii. 7. 18. *Berecyntum,* non *Berecynthum,* scribendum esse iam ex Steph. B. enotarat Const. Fanens. Hecatost. 81. **509. Minoas** Cretae, quae ipsa *Minoia* dicitur F. iii. 81. Sed et hic et in uersu Her. vi. 114 *Minoo nata Thoante feror* ipse Minos respicitur. **510. Corcyraeum** hostem, quales Corcyraeos experti erant Cretes, cum Minoïs ossa ex Sicilia referentes Corcyraeis quorum ad litus appulerant uexabantur. Hinc ira Cretum in Corcyraeos, si qui ad se adplicuerant. Haec Scholiastae, incertum quo auctore. Mortem Minois (289, 290) narrarant Callimachus in Aetiis et Philostephanus (Schol. Il. ii. 145, Grote Hist. of Greece i. p. 308) : ex eodem fonte fortasse et hoc petiit, cf. Schneid. Callim. ii.

L 2

148   COMMENTARIVS.

p. 109. In hospites plerumque φιλάνθρωποι Cretes erant, teste Heraclide
Pontico iii. 6.   **511. Lapsuramque donum subeas.**   Cic. de Orat.
ii. 86 *Dicunt enim cum cenaret Crannone in Thessalia Simonides apud
Scopam, fortunatum hominem et nobilem, cecinissetque id carmen quod
in eum scripsisset, in quo multa ornandi causa poetarum more in
Castorem scripta et Pollucem fuissent* (carmen uidetur esse illud nobi-
lissimum cuius relliquias seruauit Plato in Protagora Ἄνδρ᾽ ἀγαθὸν μὲν
ἀλαθέως γενέσθαι Simon. fr. 5 Bergk, cf. Schneid. Callim. ii. p. 224) *nimis
illum sordide Simonidi dixisse, se dimidium eius ei quod pactus esset
pro illo carmine daturum; reliquum a suis Tyndaridis quos aeque lau-
dasset peteret si ei uideretur. paullo post esse ferunt nuntiatum Simonidi,
ut prodiret: iuuenes stare ad ianuam duos quosdam, qui eum magnopere
euocarent: surrexisse illum prodisse uidisse neminem. hoc interim spatio
conclaue illud ubi epularetur Scopas concidisse: ea ruina ipsum oppressum
cum suis interiisse.* Eadem ap. Val. Max. i. 8. 7, Phaedr. iv. 25 (Burm.)
Rem narrarat Callimachus (fr. 71 Schneider) ap. Suid. s. u. Σιμωνίδης.
Ὅπως ἐτίμησάν τε καὶ ἐφίλησαν οἱ Διόσκουροι τὸν μελοποιὸν Σιμωνίδην, καὶ πῶς
ἐρρύσαντο, καλέσαντες ἔξω τοῦ ἀνδρῶνος, ἔνθα κατώλισθεν, ἐρῶ ἀλλαχόθι. ἄξιον
δὲ μηδὲ ταῦτα παραλιπεῖν. Ἀκραγαντῖνος στρατηγὸς ἦν ὄνομα Φοῖνιξ. Συρακο-
σίοις δὲ ἐπολέμουν οὗτοι· οὐκοῦν ὅδε ὁ Φοῖνιξ διαλύει τὸν τάφον τοῦ Σιμωνίδου
μάλα ἀκηδῶς τε καὶ ἀνοίκτως καὶ ἐκ τῶν λίθων τῶνδε ἀνίστησι πύργον· καὶ κατὰ
τοῦτον ἑάλω ἡ πόλις· ἔοικε δὲ καὶ Καλλίμαχος τούτοις ὁμολογεῖν· οἰκίζεται
γοῦν τὸ ἄθεσμον ἔργον, καὶ λέγοντά γε αὐτὸν ὁ Κυρηναῖος πεποίηκε τὸν γλυκὺν
ποιητήν· Οὐδὲ τὸ γράμμα Ἡιδέσθη τὸ λέγον μ᾽ υἷα Λεωπρεπέος Κεῖσθαι
Κήιον ἄνδρα. κᾆτ᾽ εἰπὼν ἅττ᾽ ἐπιλέγει. Οὐδ᾽ ὑμέας, Πολύδευκες, ὑπέ-
τρεσεν, οἵ με μελάθρου Μέλλοντος πίπτειν ἐκτὸς ἔθεσθέ ποτε
Δαιτυμόνων ἄπο μοῦνον, ὅτε Κρανώνιος αἲ αἲ Ὤλισθεν μεγάλους
οἶκος ἐπὶ Σκοπάδας, sic enim correxit Bentleius. Similia de Pindaro
traduntur et Theramene Ael. V. H. ix. 21. **domum.** Quintil. xi. 2. 11
tradit fuisse magnam inter auctores dissensionem Pharsaline fuerit haec
domus an Crannone. Alciphr. Epist. iii. 68 Μήποτε οἱ σωτῆρες ἄνακες, ὡς
Σιμωνίδη τὸν Λεωπρέπους τοῦ Κρανωνίου συμποσίου ἐξήρπασαν; **sanguis Aleuae** Scopas ex Aleuadarum família : Scopadae Crannone,
Aleuadae Larisae habitabant. Schol. Theocr. xvi. 36 Οἱ Σκοπάδαι Κρανώνιοι
τὸ γένος. Κράνων δὲ πόλις Θεσσαλίας ὅθεν Σκόπας ὁ Κρανώνιος Κρέοντος καὶ
Ἐχεκρατείας υἱός. καὶ Σιμωνίδης ἐν Θρήνοις. Idem Schol. et Clemens Alex.
Strom. i. p. 389 S. tradunt Euphorionem de Aleuadis scripsisse ; unde
Meinekius Anal. Alex. p. 66 opinatus est ab eo etiam hanc de Simonide
seruato fabulam expositam fuisse. Cf. Buttmann de Aleuadis, Abhandlungen der Berlin. Akadem. der Wissenschaften pp. 194, 5.   **512.
Stella** Dioscurorum.   **Leoprepidae** Simonides de se bis dicit fr. 146,
147 Bergk Ὀγδωκονταέτει παιδὶ Λεωπρέπεος.   **aequa** propitia.   **uiro** cum
Leoprepidae coniunctum patris laudem laudi filii adnectit ; quod ipse
fecerat Simonides. Fuitque ipse Leoprepes uir egregius ut ex Aelian.
V. H. iv. 24 apparet.   ' Leoprepes' famous son.'   **513. Euenus.** Plut.
de Flu. viii. Λυκόρμας ποταμός ἐστι τῆς Αἰτωλίας· μετωνομάσθη δ᾽ Εὔηνος δι᾽
αἰτίαν τοιαύτην. Ἴδας, ὁ Ἀφαρέως παῖς, δι᾽ ἐρωτικὴν ἐπιθυμίαν Μάρπησσαν
ἁρπάσας ἀπήνεγκεν εἰς Πλευρῶνα. κατηχηθεὶς δὲ περὶ τῶν συμβεβηκότων ὁ Εὔηνος,
ἐπεδίωκεν τὸν ἐπίβουλον τῆς ἰδίας θυγατρός· γενόμενος δὲ κατὰ Λυκόρμαν
καὶ τῆς συλλήψεως ἀπελπίσας, ἑαυτὸν εἰς ποταμὸν ἔβαλεν· ὃς ἀπ᾽ αὐτοῦ Εὔηνος
μετωνομάσθη. Similia ap. Plut. Parall. xl ubi ex Dosithei Italicis sumpta
dicuntur, Apollod. i. 7. 8, Schol. Ven. Il. ix. 557, Stob. Flor. 100. 15.
Hyg. 242 *Euhenus Herculis filius in flumen Lycormam se praecipitauit.*
514. Tiberinus. Liu. i. 3 *Capeto Tiberinus (ortus) qui in traiectu Albulae
amnis summersus celebre ad posteros nomen flumini dedit.* Excerpt. Diod.
vii (Schoenii Chron. Euseb. i. p. 287) *Tiberius Siluius uero annis octo.
Hic aduersus Tyrenos exercitum mouens, cum per Albam amnem copias*

traduceret, in gurgitem lapsus obiit; unde et fluuius appellatus est Tiberis.
Hanc historiam tradiderat L. Cincius, teste eo qui scripsit de Orig. Gent.
Rom. 18. Met. xiv. 614 *Regnum Tiberinus ab illis Cepit, et in Tusci
demersus fluminis undis* Nomen fecit aquae. **515. Astacidaeque
modo defixa cadauera sunto.** Sic uersum ex Conr. de Mure restitui ;
uide me in *Journal of Philology* vii. p. 250. Tydeus pugnantibus septem ad
Thebas cum a Menalippo Astaci filio uulneratus paene ad mortem esset,
eique Athena medicamentum ferret ex quo immortalis futurus esset Amphiaraus, caput Menalippi abscisum Tydeo, quem oderat, adportauit.
Is cerebrum exsorbuit ; quod ob facinus auersata eum Athena non iam
passa est uiuere. Apollod. iii. 6. 8. Stat. Th. viii. 753 *ut singultantia uidit
Ora trahique oculos seseque agnouit in illo, Imperat abscisum porgi,
laeuaque receptum Spectat atrox hostile caput, gliscitque tepentis Lumina
torua uidens et adhuc dubitantia figi.* Hinc Lyc. 1066 κρατόβρως Tydeus
dicitur (Saluagn.). **defixa.** Corpus hasta ad terram defixum fingitur, dum
caput abscisum esset. **cadauera** de unius cadauere, ut supra *corpora.*
Sunto, Neue Formenl. ii. p. 364 : sic *dicta esto* M. vi. 138, *estote rogati* M.
iv. 154. Quod Merkelius et Riesius exhibent *decisa cadauere trunco* ideo
non probo (1) quod in nullo bono reperitur codice, (2) quod mire dicitur
esca decisa cadauere 'may your head be the food of a human being, cut
away from the mutilated carcase, a food such as wild beasts might eat,'
a quo caput potius abscidendum erat. De re cf. Tac. Hist. iv. 42 *Occurrit
truci oratione Curtius Montanus, eo usque progressus ut . . . datam inter-
fectori Pisonis pecuniam a Regulo* adpetitumque morsu Pisonis
caput obiectaret. Val. Max. iii. 2. 11 *Eiusdem temporis et notae miles . . .
cum ad retinenda arma inutiles uulneribus manus haberet, spoliare se
conantis Numidae ceruicem complexus os naribus et auribus corrosis deforme reddidit, inque plenae ultionis morsibus exspirauit.* **517,518** uidetur
recte interpretatus Leopardus Emendat. i. 10 de Biothea (Athen. 349) siue
Axiothea, uxore Nicocreontis siue Nicotheontis, regis Cyprii. Neque tamen
uerum potest esse quod scribebat Leopardus *Biothean,* quam synizesin nullo
modo admissurus erat Ibidis scriptor : sed *Biothean* lingua Cypriorum in
Brothean uel *Brotean* uidetur corrupisse, quemadmodum Cypriis τρέμιθος
erat quod Graecis τερέβινθος (Steph. B. s. u. Τρεμιθοῦς, Schol. Nicand.
Ther. 844), ἀθρίζειν i. q. αὐρίζειν (Hesych.). Simili contractione Tyana
Dana, Triocala Tricala uocabantur : sed ex mero scribae errore uidetur
Braciden pro *Biaciden* positum fuisse Hyg. P. A. ii. 20, ubi Bursianus
coni. *Ladicen,* uix satis probabiliter. Sic Ἀρηίλυκος Homeri Il. xiv. 451
Ἀρχίλυκος est Diodoro iv. 67. Certe non erat cur in Machonis uersibus
(Athen. 349) Βιοθέα eiceretur a Wesselingio ad Diod. xx. 21 et Meinekio
in Anal. Critic. ad Athen. l. c. Rem narrant Diod. xx. 21, Polyaen.
viii. 48. Cum Nicocles siue Nicocreon*, et frater eius iussu Ptolemaei
primi sese interfecissent, Axiothea conuocatis horum sororibus matribus-
que ac coniugibus auctor fuit ut secum morerentur potius quam uitam
Ptolemaeo acceptam referrent. Itaque clausis foribus in tecta ascende-
bant ; dein his incensis, sese in ignem coniciebant : nouissime Axiothea
postquam gladio iugulum transegisset in flammas praeceps data est.

* ' Notandum hic est Nicocreontem eundem esse cum Nicocle, quem eundem Origenes
contra Celsum (vii. 54) Aristocreontem uocat. Testantur hoc Athenaeus et Diodorus
Siculus. Nam quum hic Machon (Athen. 349 f. ἐν τῷ πελάγει διέλυσε τὴν παρρησίαν)
scribat Stratonicum occisum a Nicocreonte, eum Phanias (Athen. 352 c.) a Nicocle
interfectum est auctor. Rursus quem Diodorus Siculus Nicoclem uocat, hunc is qui
indicem Graecum in eum edidit, Nicocreontem nominat.' Leopardus l. c., cui adstipulatur Wesselingius ad Diod. xx. 21 : nec multum moror Droysenum Nicoclem Paphium
a Nicocreonte quem Salaminis regem fecit Ptolemaeus distinguentem (Hellenismus i.
p. 404 not.) cum hic ipse fateatur quae de Nicocle et Axiothea narrentur optime in
Nicocreontem cadere.

150   COMMENTARIVS.

Similia de uxore Hasdrubalis tradunt Flor. ii. 15, Val. Max. iii. 2. 8.
Sed tamen uix satisfactum sic censeo uerbis cupidine mortis, cum
potius uitae contemptu Axiothea perierit ; praeterea succensae pyrae
melius de morte interpreteris qualis fuit Euadnes ac Semiramis ap.
Hyg. 243. Vide Excursum.   519. Inclususque necem cauea. Recte
Laurentius Abstemius et ante eum Scholiasta P de Callisthene locum
intellexerunt. De eo omnia collegit C. Muellerus in Fragm. Historicorum
qui de Alexandro scripserunt. Iustin. 15. 3 *Cum Alexander magnus Callisthenen philosophum propter salutationis Persicae interpellatum morem,
insidiarum, quae sibi paratae fuerant, conscium fuisse iratus finxisset,
eumque truncatis crudeliter omnibus membris abscisisque auribus ac naso
labiisque deforme ac miserandum spectaculum reddidisset, insuper in
cauea cum cane clausum ad metum ceterorum circumferret; tunc
Lysimachus, audire Callisthenen et praecepta ab eo uirtutis accipere
solitus, miseratus tanti uiri non culpae, sed libertatis poenas pendentis,
uenenum ei in remedia calamitatium dedit.*   Diog. L. v. 5 Δόξας Ἑρμολάῳ
συμμετεσχηκέναι τῆς εἰς Ἀλέξανδρον ἐπιβουλῆς ἐν σιδηρᾷ περιήγετο γαλεάγρᾳ,
φθειριῶν καὶ ἀκόμιστος· καὶ τέλος λέοντι παραβληθεὶς οὕτω κατέστρεψεν.
Similia Suidas s. u. Καλλισθένης.   Sed Plutarchus Alex. 55, Arrianus iv.
14, Curtius viii. 8 alia et ueriora tradunt, Callisthenen aut post tormenta
suspensum fuisse, aut uinctum et cum exercitu huc illuc circumlatum,
donec morbo perierit. Grote Hist. of Greece xii. p. 302.   Idem supplicium caueae siue γαλεαγρᾶς perpessus est a Lysimacho Telesphorus
Plut. de Exil. xvi, Athen. 616, Sen. de Ira iii. 17. ut ille. Celebris inter
scriptores mors Callisthenis. Fuit Theophrasti liber singularis Καλλισθένης ἢ περὶ πένθους (Diog. L. v. 44, Tusc. Disp. iii. 10. 21, v. 9. 25).
Sen. N. Q. vi. 23 *Si quid apud te profectura testium turba est : hanc enim
Callisthenes probat, non contemptus uir.   fuit enim illi nobile ingenium
et furibundi regis impatiens.   hic est Alexandri crimen aeternum quod
nulla uirtus, nulla bellorum felicitas redimet.*   520. Non profecturae
quominus moreretur.   M. vi. 261 *Vltimus Ilioneus non profectura pre-
cando Brachia sustulerat,* xiii. 411.   conditor Tr. ii. 416 *Eubius inpurae
conditor historiae.* historiae Alexandri rerum gestarum, τῶν κατ᾽ Ἀλέξανδρον.   Cic. de Orat. ii. 14. 58 *Post ab Aristotele (profectus) Callisthenes
comes Alexandri scripsit historiam.   Et hic quidem rhetorico paene more.*
(Abstemius).   521. repertori.   Recte Archilochum intelligunt, qui *iam-
bicum metrum primus inuenit,* Acron ad Hor. A. P. 79 *Archilochum
proprio rabies armauit iambo,* cf. Plut. de Mus. xxviii ; quamuis etiam
Simonidi Amorgino id a nonnullis adtributum dicat Suidas s. u. Σιμωνίδης,
Anonym. ap. Welcker in Mus. Rhen. 1835 p. 354 (Mure Crit. Hist. of
Greece iii. p. 173); Aristoteles autem Poet. iv iambum naturale quiddam
et ex loquendo quasi sponte ortum censeat. pugnacis. Hor. Epod. 6. 11
*in malos asperrimus Parata tollo cornua Qualis Lycambae spretus infido
gener.* Sic Catullus xl. 2. 4 monet Rauidum ne actus praeceps in suos
iambos *Vecordem paret excitare rixam.*   522. in exitium neque de
Archilocho hoc traditum neque Simonide : nam de Simonidis morte non
constat, Archilochum in·pugna necauit Calondas, cognomine Corax, teste
Suida, h. e. ut uidetur, Aeliano, cf. Plut. de Sera Num. Vind. xvii.   Sed
fortasse recordatus est poeta notum illud Archilochi τέττιγα τοῦ πτεροῦ
συνείληφας (Lucian. Pseudol. i) quod is in maledicentem sibi ob nimiam
asperitatem carminum fertur dixisse : nam ut cicada si alas prehenderis
quamuis sit natura loquacissima, fit apprehensa loquacior, sic Archi-
chus, cum natura esset acerbissimus, etiam acerbior corripienti fiebat ;
quae proteruitas linguae non mirum si in exitium ipsius a nonnullis
fingebatur exarsisse, quemadmodum cicada prehendentis iram in se
irritat magis magisque obstrepens.   Et Pindarus dicit Pyth. ii. 55, quem
locum attulit Saluagn. Εἶδον γὰρ ἑκὰς ἐὼν τὰ πόλλ᾽ ἐν ἀμαχανίᾳ Ψογερὸν

Ἀρχίλοχον βαρυλόγοις ἔχθεσιν Πιαινόμενον. Ad exilium uix retulerim; quod librorumne *quos Lacedaemonii e ciuitate exportari iusserunt, quia domum sibi inuisam obscenis maledictis lacerauerat* (Val. Max. vi. 3. 1 Ext.), an ipsius Archilochi fuerit (Plut. Lacon. Instit. xxxiv) in dubio est. **523. parum stabili** Alciatus (Parerg. Iur. v. 18) interpr. de Hipponacte qui *parum stabili carmine* h. e. ischiorrogico uel scazonte laesit *Athenin* (sic enim legit Alc.) et Bupalum statuarios, quia imagines eius in ludibrium fecerant, teste Suid. s. u. Ἱππῶναξ: et hoc placuit Turnebo ix. 25, Ten Brink in Philolog. vi. p. 68, Bergkio Poet. Lyr. p. 755. Sane de paupertate sua saepius questus est Hipponax, ut fr. 17 B Δὸς χλαῖναν Ἱππώνακτι, κάρτα γὰρ ῥιγῶ Καὶ βαμβακύζω, fr. 19 Ἐμοὶ γὰρ οὐκ ἔδωκας οὔτε κω χλαῖναν Δασεῖαν, ἐν χειμῶνι φάρμακον ῥίγευς, Οὔτ' ἀσκέρῃσι τοὺς πόδας δασείῃσιν Ἔκρυψας, ὡς μή μοι χίμετλα ῥήγνυται. Sed Hipponactem fame periisse non constat (Weichert Poet. Lat. Rell. p. 320) nec *Athenin* habent MSS sed *Athenas.* Mihi uidetur significari Euboeus Parius de quo Athenaeus 698 haec habet Πολλοί τινες παρωδιῶν ποιηταὶ γεγόνασιν, ἐνδοξότατος δ' ἦν Εὔβοιος ὁ Πάριος, γενόμενος τοῖς χρόνοις κατὰ Φίλιππον. οὗτός ἐστιν ὁ καὶ Ἀθηναίοις λοιδορησάμενος, καὶ σῴζεται αὐτοῦ τῶν παρωδιῶν βιβλία τέσσαρα. Cum Boeoto, et ipso parodiarum scriptore, comparatur ab Alexandro Aetolo ap. Athen. 699, cuius uerba de Boeoto Φλύων ἀνθηρῇ σὺν κακοδαιμονίῃ egestatem significant qualis etiam in Euboeo, simili scriptore et qui in Athenienses inuectus fuerit, potuit esse. Nec male de parodiis dicitur *parum stabili,* h. e. non in longum duraturo. Vel (2) Menippus, qui σπουδογέλοια scripsit, *parum stabile carmen,* ut docet Lucianus Bis Accus. xxxiii citatus a Riesio Varron. Sat. p. 11 Κρᾶσίν τινα παράδοξον κέκραμαι καὶ οὔτε πεζός εἰμι οὔτε ἐπὶ τῶν μέτρων βέβηκα, ἀλλὰ ἱπποκενταύρου δίκην σύνθετόν τι καὶ ξένον φάσμα τοῖς ἀκούουσι δοκῶ. Hic pannis uelatus inducitur a Luciano (Dial. Mort. i. 2) et ad summam inopiam redactus suspendio uitam finiuit (Diog. L. vi. 100). An est (3) Diagoras Melius, contemptor deorum philosophus, idem poeta lyricus? (Suid. s. u.) Hic enim cum Athenis agens multa de Eleusiniis probrosa effudisset, accusatus tamquam impius, Pallenen Achaiae in exilium se recepit, postremo Corinthum, ubi mortuus est (Suid. s. u., Hesych. Milesius ap. Muelleri Fragm. Hist. Graec. iv. p. 160). Nam si dithyrambicis quae scripsisse fertur (Schol. Ar. Ran. 320) contumeliosius dixerat de sacris uel diis Atheniensium, merito poterat dici *parum stabili carmine laesisse Athenas.* Cf. Lys. in Andoc. 17 Τοσούτῳ δ' οὗτος Διαγόρου τοῦ Μηλίου ἀσεβέστερος γεγένηται· ἐκεῖνος μὲν γὰρ λόγῳ περὶ τὰ ἀλλότρια ἱερὰ καὶ ἑορτὰς ἠσέβει, οὗτος δὲ ἔργῳ περὶ τὰ ἐν τῇ αὑτοῦ πόλει. ὀργίζεσθαι οὖν χρή, ὦ ἄνδρες Ἀθηναῖοι, τοῖς ἀστοῖς ἀδικοῦσι μᾶλλον ἢ τοῖς ξένοις περὶ ταῦτα τὰ ἱερά. Qui quamquam a nullo, quod sciam, dicitur **periisse inuisus deficiente** cibo, quanto odio fuerit Atheniensibus testatur decretum quod ex Crateri Συναγωγῇ ψηφισμάτων citat Schol. Arist. Au. 1073 Τῷ μὲν ἀποκτείναντι αὐτὸν τάλαντον λαμβάνειν, τῷ δὲ ἄγοντι δύο: cf. Diod. xiii. 6; neque a uero abhorret huiusmodi mortem fictam postea fuisse ab iis qui ἄθεον uocatum Diagoran meminissent. Ceterorum coniecturas uide ap. Weichert. Poet. Lat. p. 319. **525. lyrae uates fertur periisse seuerae.** Hic quis fuerit, incertum. Si ex Saluagnii sententia **dextera laesa** fides uiolata intelligenda est, equidem de Timocreonte potius quam de Alcaei minacibus Camenis (Hor. C. iv. 9. 7) interpretor, quamuis id nemo ante me uideatur coniecisse. Plut. Them. xxi Τιμοκρέων δ' ὁ Ῥόδιος μελοποιὸς ἐν ᾄσματι καθάπτεται πικρότερον τοῦ Θεμιστοκλέους, ὡς ἄλλους μὲν ἐπὶ χρήμασι φυγάδας διαπραξαμένου κατελθεῖν, αὐτὸν δὲ ξένον ὄντα καὶ φίλον προεμένου δι' ἀργύριον. λέγει δ' οὕτως (post laudes Aristidis) ἐπεὶ Θεμιστοκλῆ' ἤχθαρε Λατώ, Ψεύσταν ἄδικον, προδόταν, ὃς Τιμοκρέοντα Ξεῖνον ἐόντ' ἀργυρίοισι κυβαλικοῖσι πεισθεὶς οὐ κατάγεν Ἐς πατρίδ' Ἰάλυσον, λαβὼν δὲ Τρί' ἀργύρου τάλαντ' ἔβα πλέων εἰς ὄλεθρον, Τοὺς μὲν κατάγων ἀδίκως, τοὺς δ' ἐκδιώκων, τοὺς δὲ καίνων,

152   COMMENTARIVS.

'Αργυρίων ὑπόπλεως (Bergk P. L. p. 1202). Πολὺ δ' ἀσελγεστέρᾳ καὶ
ἀναπεπταμένῃ μᾶλλον εἰς τὸν Θεμιστοκλέα βλασφημίᾳ κέχρηται μετὰ
τὴν φυγὴν αὐτοῦ καὶ τὴν καταδίκην ὁ Τιμοκρέων ᾆσμα ποιήσας, οὗ ἐστιν ἀρχή·
Μοῦσα τοῦδε τοῦ μέλεος Κλέος ἀν' Ἕλλανας τίθει Ὡς ἐοικὸς καὶ δίκαιον. Cf.
Suidas s. u. Τιμοκρέων· εἰς ὃν (Themistoclem) καὶ ἐξύφανε ψόγον δι' ἐμμε-
λοῦς τινὸς ποιήματος. Timocreon poeta lyricus (uide Bernhardium ad
Suid. ii. p. 1143) exul de patria Ialyso, urbe Rhodia, quod Medis faueret,
cum amicum Themistoclem frustra implorasset ut in patriam reuocaretur,
poema scripsit quo eum arguebat tamquam spreta amicitia pecuniam
accepisset ne sibi reditum efficeret.   Diciturque Themistocles ipse suf-
fragium contra Timocreontem de medismo reum tulisse.   Nec semel
tantum Timocreon eum lacessiuit, sed alia etiam scripsit postquam Themistocles exul ipse factus est.   Quam asperae linguae fuerit testatur
epigramma ap. Athen. 415 Πολλὰ φαγὼν καὶ πολλὰ πιὼν καὶ πολλὰ κάκ' εἰπὼν
'Ανθρώπους κεῖμαι Τιμοκρέων 'Ρόδιος.   526. dextera laesa a Themistocle
uiolata fides amicitiae, cf. Aen. iv. 597 En dextra fidesque. Quod sane durius.
Vide Excursum.   527. Steph. B. s. u. 'Ορέσται. Θεαγένης ἐν Μακεδονικοῖς
φησιν ὅτι ἐπεὶ ἀφείθη τῆς μανίας 'Ορέστης, φεύγων διὰ τὴν αἰδῶ μετὰ τῆς 'Ερ-
μιόνης εἰς ταύτην ἦλθε τὴν γῆν καὶ παῖδα ἔσχεν 'Ορέστην, οὗ ἄρξαντος ἐκλήθησαν
'Ορέσται· αὐτὸς δὲ ὑπὸ ἐχίδνης δηχθεὶς θνήσκει εἰς χωρίον τῆς 'Αρκαδίας, τὸ
λεγόμενον 'Ορέστειον. Eadem habet Schol. Eurip. Orest. 1645, Tzetz. ad
Lyc. 1374.   528. uirus habente Trist. iv. 1. 84 telo uirus habente perit.
529. coniugii nox prima.   Sen. Controu. i. 2. 22 Burs. Nouimus istam
maritorum abstinentiam, qui etiamsi primam uirginibus timidis
remisere noctem, uicinis tamen locis ludunt.   nouissima ultima.
530. Eupolis.   A. P. vii. 298 Αἰαῖ τοῦτο κάκιστον, ὅταν κλαίωσι θανόντα Νυμφίου
ἢ νύμφην· ἡνίκα δ' ἀμφοτέρους, Εὔπολιν ὡς ἀγαθήν τε Λυκαίνιον, ὧν ὑμέναιον
Ἔσβεσεν ἐν πρώτῃ νυκτὶ πεσὼν θάλαμος, Οὐκ ἄλλου τόδε κῆδος ἰσόρροπον, ὡς
σὺ μὲν υἱόν, Νῖκι, σὺ δ' ἔκλαυσας, Θεύδικε, θυγατέρα (Const. Fanensis).
Etiam Anth. P. ix. 422 Diogenes quidam dicitur nouum iniens coniugium
prima nocte cum nupta periisse.   531. cothurnatum tragicum poetam
Am. ii. 18. 18 : sic cothurnatum uatem dicit Euripidem 595.   Lycophrona Tzetz. Schol. Lyc. p. 263 Müller 'Ο Λυκόφρων τῷ μὲν γένει ἦν Χαλ-
κιδεὺς υἱὸς Σωκλέους, ἢ Λύκου τοῦ ἱστοριογράφου κατά τινας. ἦν δὲ εἷς τῶν
ἑπτὰ ποιητῶν, οἵτινες διὰ τὸ ἑπτὰ εἶναι τῆς πλειάδος ἐλέγοντο. ἦσαν δὲ οὗτοι
ἐν χρόνοις Πτολεμαίου τοῦ Φιλαδέλφου καὶ Βερενίκης. Idem dicit Lycophrona
64 uel 46 tragoedias scripsisse praeter Alexandram (p. 270), ex quibus 19
nomina habent ap. Suidam (Clinton F. H. iii. p. 502).   532. Haereat
fixa figat se et haereat.   fibris siue iecoris siue pulmonis. Hoc ab
alio nemine uidetur traditum.   Sed non sine causa Lycophronis atri
(Stat. S. v. 3. 157) mentionem fecit poeta Ibidis, carminis uix minus
tenebricosi.   Qui quod cothurnatum eum uocat, respexit credo Alexandram quae sola dicta est ἡ τραγῳδία (Schol. Lyc. 1226), cf. Welckeri
Griech. Trag. iii. p. 1259.   533. lacer spargare. Sic de eadem re
M. iii. 522, 3 Mille lacer spargere locis, et sanguine siluas Foedabis
matremque tuam matrisque sorores. 534. angue creatus auo
Pentheus, filius Echionis, nepos Cadmi Apollod. iii. 4. 1, iii. 5. 2, qui
a matre et materteris discerptus est.   Eur. Bacch., Theoc. xxvi. 535.
feros 'rude.' Verg. E. 5. 21 montesque feri siluaeque locuntur. Sic
mare ferum Cat. lxiii. 40, feris Scythiae Sarmatiaeque iugis Trist. i.
8. 40.   536. coniunx Dirce. Hyg. 7 Lycus Dircen in matrimonium duxit, cui suspicio incidit uirum suum clam cum Antiopa concubuisse: itaque imperauit famulis ut eam in tenebris uinctam clauderent.
cui postquam partus instabat, effugit ex uinculis Iouis uoluntate in
montem Cithaeronem : cumque partus premeret et quaereret ubi pareret,
dolor eam in ipso biuio coegit partum edere.   quos pastores pro suis
educarunt et appellarunt Zethon ἀπὸ τοῦ ζητεῖν τόπον, alterum autem

Amphionem ὅτι ἐν διόδῳ ἢ ὅτι ἀμφὶ ὁδὸν αὐτὸν ἔτεκεν id est quoniam in biuio eam edidit. qui postquam matrem agnouerunt Dircen ad taurum indomitum deligatam uita priuarunt. **inperiosa.** Prop. iii. 15. 13 *A quotiens pulcros ussit regina* (Dirce) *capillos* (Antiopes) *Molliaque inmites fixit in ora manus. A quotiens famulam pensis onerauit iniquis Et caput in dura ponere iussit humo. Saepe illam inmundis passa est habitare tenebris, Vilem ieiunae saepe negauit aquam.* **Lyci** regis Thebanorum Apollod. iii. 5. 5. Varie tradita est historia, ut ex Hygino 7, 8 apparet. **537. paelex inuita sororis** Philomela quam Tereus, maritus Procnes sororis eius, *inuitam in morte compressit* (Hyg. 45), *Luctantemque loqui, comprensam forcipe linguam, Abstulit ense fero* (M. vi. 556). Haec ab Hygino *paelex Terei,* ab Ouidio *paelex sororis* bis uocatur (M. vi. 537, 606). **538. ante pedes tuos** te ipso inspectante. **539, 540.** Recepi emendationem Leopardi, etsi codicum scripturam ipse tutatus fueram in Diario Philologiae Cantabrig. vii. pp. 252, 3. Fons uitii in corrupta uoce *lesus* quod uerum non esse indicio est *leius,* quod habet Conradus de Mure. **Conditor tardae Cyrae** est Battus, qui Cyrenas condidit, sed post multos annos quibus in uarias regiones orbis diuagatus est, ut narrant Herodotus iv. 153–158, Iustinus xiii. 7. **539. Conditor.** Iustin. xiii. 7 *Cyrene condita fuit ab Aristaeo,* cui nomen Batto propter linguae obligationem *fuit.* Herod. iv. 156 συγκτίζουσι Βάττῳ Κυρήνην. Heraclid. Pont. p. 212 Müller Κυρήνην ᾤκισε Βάττος. **Conditor Cyrae** sic dictum uidetur ut Graeci non solum πόλιν κτίζειν, sed κόλπον μυχὸν et similia dixerunt. (Vit. Herodot.ii.) Sic *uastare exscindere hostem* ap. Tacitum. (Shilleto ad Thuc. ii. 61.) Pari modo Statius S. iv. 3. 72 *Camporum bone conditor meorum* dixit de Domitiano Vulturnum alueo continente et pontem super struente. **tardae** Secundum Herodotum Battus cum Theraeis Platean per duos annos, Azirin per sex incolebat priusquam in Cyrenaicam uenit (iv. 157, 158). Sed et post acceptum a Pythia responsum, quo iussi erant Africam petere, interiectum tempus fuisse, nec statim rem adgressos tradit Iustinus xiii. 7. **Blaesus.** Sic Romano nomine uocat *Battum,* tamquam ἰσχνόφωνον καὶ τραυλὸν (Herod. iv. 155). Hesych. Βάττος Λίβυες· τραυλόφωνος ἰσχνόφωνος. Orta uidetur haec interpretatio nominis ex oraculo Βάττ', ἐπὶ φωνὴν ἦλθες: quamquam reuera *Battus* Libycum nomen *regis* fuit teste Herod. iv. 155. **Cyrae** fontis (Steph. B. s. u. Κυρήνη, Schol. Pind. Pyth. iv. 523, Callim. H. Apoll. 88 et Schol.) uel montis (Iust. xiii. 7 *pulsis accolis montem Cyran et propter amoenitatem loci et propter fontis ubertatem occupauere*) in quo condita est Cyrene. Quod *Cyrae* priore syllaba producta posuit, id non ex Callim. H. Apoll. 88 excuses (nam ibi scribendum est cum O. Schneidero ex Pindari Schol. P. iv. 523 Οἳ δ' οὔπω πηγῇσι Κύρης ἐδύναντο πελάσσαι, non πηγῆς (codd. πηγῆς), sed ex pari inconstantia qua Κυρήνη primam syllabam modo longam, modo correptam habet, ut fusius docet Schneiderus in loc. **540.** Notandum triplex sonus *in,* quod in Ouidio sane rarius. Ad sententiam similiter Lycophron de Menelao Al. 823 Ποίους θαλάσσης οὐκ ἐρευνήσει μυχούς; Ποίαν δὲ χέρσον οὐκ ἀνιχνεύσει μολών; Val. F. iv. 447 *Nec mihi diuersis erratum casibus orbem Amissas aut flere domos aut dulcia tempus Lumina.* **541.** 'And that the busy Bee in th' Eyes hurtfull stinge may sticke : As with the same in times agoe they did Acheus pricke.' T. Vnderdown. **opifex,** ἐργοφόρος Ael. H. A. v. 42. Nescio an genus apum siluestre respexerit quae *multo iracundiores sed opere ac labore praestantes* dicuntur a Plinio xi. 59. Aristot. H. A. ix. 40 αἱ ἀπὸ τῶν ὑλονόμων δασύτεραι καὶ ἐλάττους καὶ ἐργατικώτεραι καὶ χαλεπώτεραι. **uati quod fecit** 'as it treated the seer.' Cf. 574. Hic datiuus rarissimus dicitur ap. Drägero Hist. Synt. i. p. 519, qui citat Ter. Andr. i. 1. 85, Cic. pro Caec. xi. 30. **Achaeo** quis fuerit, incertum. Scholiastae poetam huius

nominis intelligunt.   Sane duos Achaeos Suidas commemorat, tragicos
utrosque ; quorum prior aequalis Euripidi, alter recentior fuit : sed nihil
de horum morte constat.   Mihi *uates Achaeus* uidetur Aristaeus esse :
hic enim et χρησμολόγος dicitur Clem. Strom. 144 S. et *Achaeus* suo iure
uocandus erat, ut pote Thessalus (Schol. Ap. R. i. 177, 284, iii. 775, iv.
1329), et contra apum morsus operimentum quoddam oculorum inuenit.
Nonn. Dionys. v. 243 Κεῖνος ἀνὴρ ἐνόησε πολυτρήτων στίχα σίμβλων Πλαζο-
μένης δ᾽ ἔστησεν ἐρημάδος ἔργα μελίσσης.   247 Καὶ λινέαις ἀψῖσι πολυπλέκτοιο
χιτῶνος Γυῖα περισφίγξας ὀνύχων ἄπο μέχρι κομάων Φρικτὰ κορυσσομένης
ἐφυλάσσετο κέντρα μελίσσης, quod non fecisset nisi apum aculeos ipse expertus esset.   Neque a uero abhorret Aristaeum a nonnullis dictum esse
sic oculis caruisse, nam secundum Plut. Amat. xiv Εὔχονται δ᾽ Ἀρισταίῳ
δολοῦντες ὀρύγμασι καὶ βρόχοις λύκους καὶ ἄρκτους, Ὃς πρῶτος θήρεσσιν
ἔθηκε ποδάγρας.   Apum uulnera interdum letifera fuisse docent non
solum Nicander Ther. 805-9, Anth. P. ix. 302, et 548, sed etiam quae de
Rhauciis Cretensibus ex Antenoris Creticis sumpsit Aelianus H. A. xvii. 35.
Aristaeum uero hic significari etiam haec persuadent (1) quod a Batto,
cui cognomen *Aristaeo* fuit, transitus sic fit ad cognominem Aristaeum,
uelut uu. 457-460 ab Hippomene transitur ad Hippomenem, uu. 555-558
tres Glauci propter simile nomen simul inducuntur, (2) quod fabula de
Cyrene eiusque Aristaeo filio quasi perpetuo uinculo cum Batto atque
eius urbe Cyrenis cohaeret.   Vide Pind. P. v, Iustin. xiii. 7. 7-11, (3)
quod ab Aristaeo non temere transitur ad Prometheum.   Nam Hydro-
choeus siue Aquarius teste Schol. Germanici Arat. p. 55 Breysig nonnullis *Pyrrhae* (544) maritus Deucalion, ab antiquis Aristaeus filius
Cyrenes habebatur.   **542. spicula** aculeos ut *spicula crabronum* M. xi.
335.   **condat** 'bury' 'sheathe,' M. xiii. 458 *iugulo uel pectore telum Conde
meo,* 561 *digitos in perfida lumina condit.*   **543. carparis uiscera,**
uulturium feras laniantem uiscera.   **544. Vt cui,** ut is qui fratrem
habuit genitorem Pyrrhae; quibus ambagibus αἰνίττεται Epimetheum,
fratrem Promethei.   Nam *ex Iapeto et Clymene Atlas Epimetheus Prometheus* (Hyg. Praef.), *Pyrrha Epimethei filia* (Hyg. 155).   **545. Vt
puer Harpagides** filius Harpagi.   'Harpagus, a quo Harpagides
patronymicum trahitur, fuit amicus Astyagis Medorum regis ; cui rex
iratus, quod Cyrum ex filia nepotem uiuere comperisset, quem illi, ut
fido et arcanorum participi necandum tradiderat, proprium filium epu-
landum apposuit.'   Laurentius Abstemius, qui primus locum recte interpretatus est.   Rem narrant Herodotus i. 117-119, Iustinus i. 5.   **referas
exempla Thyestae,** et Thyestae et Harpago apposita sunt corpora
filiorum praeter caput pedes manus (Aesch. Ag. 1594, Herod. i. 119).
546. uiscera patris.   Ag. 1097 Ὀπτάς τε σάρκας πρὸς πατρὸς βεβρωμένας.
547. Trunca, sc. membra.   **mutilatis,** 'hacked in pieces,'   **partibus**
quid sit docet M. xiv. 61 *primo non credens corporis illas Esse sui* partes,
64 *Et corpus quaerens femorum crurumque pedumque Cerbereos rictus
pro* partibus *inuenit illis.*   xiv. 541 *membrorum partes et membra meorum.*
548. Mamertae.   Sic Merkelium secutus scripsi, non ut plerique *Mimnermi.*   Hunc Mamertam eundem habeo qui Mamercus a Plutarcho Timol.
xiii, xxxi, xxxiv, Diod. xvi. 69, Corn. Nep. Tim. ii, a Polyaeno v. 12
Milarchus dicitur.   Fuit tyrannus Catanensium, et cum aliis Timo-
leontem aggressus est, mox ab eo uictus ad flumen Abolum Lucaniam
cum classe aduehebatur ut inde auxilia asportaret, cum retroactis tri-
remibus qui cum eo erant in Siciliam reuertuntur et Catanam Timoleonti produnt.   Mamercus Messenen ad Hipponem, eius tyrannum,
confugit : quo capto et per tormenta interempto ipse se Timoleonti
tradidit.   Ab hoc missus Syracusas, in theatro conatus se oratione
defendere, cum strepitu audientium exciperetur, illiso capite in sub-
sellium mortem sibi inferebat, sed uiuus abductus piratae more exstinctus

est (Timol. xxxiv). Scripsit carmina, ex quibus epigramma extat ap. Plut. Timol. xxxii, Bergk P. L. p. 638, cf. Grote Hist. of Greece xi pp. 259, 260. **membra.** Mamercus ἥνπερ οἱ λῃσταὶ δίκην ἔδωκε (Plut. Tim. xxxiv). Qualis ea mors fuerit docet Anth. P. xi. 280. 1, 3 ubi Hegemon quidam piratas concidere (κατατέμνειν) dicitur. Suid. s. u. Κιλίκιος ὄλεθρος dicit piratas ἐπ᾽ ὠμότητι διαβεβλῆσθαι unde non mirum si ipsi crudelibus suppliciis afficiebantur. **549. Syracosio.** Scholiastae Theocritum intelligunt, qui in epigrammate Anth. P. ix. 434. 2 de se loquens Εἷς ἀπὸ τῶν πολλῶν, ait, εἰμὶ Συρηκοσίων, et sic Vergilius Ecl. vi. 1 *Syracosio uersu* se ludere *id est imitari Theocritum Syracusanum* (Seru. ad᾽ loc.) profitetur. Sed hunc laqueo periisse apud neminem constat, quamquam non absurde Alciatus Parerg. ix. 23 coniecit allusisse Ouidium ad eum amatorem qui ap. Theocritum Id. xxiii se ipsum amore dilecti pueri suspenderit (49–52): idque eo ueri similius fit quod hoc carmen, ut inter Theocriti idyllia locum habet, ita a Theocrito nullo modo scribi potuit, uide Wordsworthium p. 173 : nam siue ab antiquis cum Theocriteis legebatur, satis ad hoc causae fuit quod Theocriti mortem credebatur narrare ; siue a recentiore aliquo Theocriti idylliis adnumeratum est, fecit id quia ad poetae fatum pertinere carmen antiquitus traditum uiderat. Certe non potest significari Antiphon, ut post Bonannum * Syracus. Antiq. ii. 2, Welckero (Griech. Tragöd. iii. p. 1041) placuit. Hic enim etsi Syracusis uixit cum Dionysio tyranno eiusque tragoedias refingebat, atque adeo mortem sibi peperisse dicebatur quod eas acerbius reprehenderet, laqueo non est interemptus, sed aut tormentis (Plut. de Stoic. Repugn. xxxvii) aut fuste (μέλλων ἀποτυμπανίζεσθαι Arist. Rhet. ii. 6). Neque uero est Empedocles, quamuis eum Demetrius Troezenius ap. Diog. L. viii. 74 narret Ἁψάμενος βρόχον αἰπὺν ἀφ᾽ ὑψηλοῖο κρανείης Αὐχέν᾽ ἀποκρεμάσαι : nam Empedocles dicitur uu. 597, 8 in Aetnam insiluisse. An est Philoxenus? Huic enim siue propter helluationem qua polypum δίπηχυν fertur deglutisse precatusque ut tria colla haberet quibus omnia et sine fine uoraret (Athen. 341, Ael. V. H. x. 9), siue ob epistulam quam Dionysio postquam euaserat ex latomiis Syracusanis, quo a tyranno damnatus erat, rescripsit, nihil continentem praeter unum οὐ siue ϖ, h. e. simul imaginem restis, simul recusandi signum, huiusmodi mors per laqueum merito adfingi potuit. Suidas Φιλοξένου γραμμάτιον᾽ ἐπὶ τῶν μὴ πειθομένων ἐφ᾽ οἷς παρακαλοῦνται, ἀλλ᾽ ἀπαγορευόντων μᾶλλον. Φιλόξενος γὰρ ὁ Κυθήριος διαφυγὼν τὰς εἰς Συρακούσας λιθοτομίας, εἰς ἃς ἐνέπεσεν, ὅτι τὰς Διονυσίου τοῦ τυράννου τραγῳδίας οὐκ ἐπήνει, διέτριβεν ἐν Τάραντι τῆς Ἰταλίας. μεταπεμπομένου δὲ Διονυσίου αὐτὸν καὶ ἀξιοῦντος διὰ γραμμάτων ἐλθεῖν, ὁ Φιλόξενος ἀντιγράψαι μὲν οὐδὲ ἔγνω, λαβὼν δὲ βιβλίον τὸ οὖ στοιχεῖον ἔγραψε μόνον πολλάκις ἐν αὐτῷ διὰ τούτου δηλώσας ὅτι τὴν παράκλησιν διωθεῖται. Cf. Scaligeri Auson. Lect. ii. 20. Quamquam huic suam uoracitatem exitium tulisse, testis est Athenaeus 341. **praestricta fauce** 'by strangulation,' Plin. H. N. xvii. 234 *crassescens (cortex) praestringit et strangulat.* **550. animae** genituum credo, cf. *uocis iter* 570. **551. Nuda pateant,** i. q. nudentur et pateant. **direpta pelle** 'by stripping away the skin.' M. vi. 387 *Clamanti cutis est summos*

---

* Bonannus (Syracus. Antiq ii. 2) in disputatione quam de hoc loco Ibidis scripsit, negauit significari posse Theocritum Syracusanum, qui epoto ueneno periisse dicatur in Idyllio quod de eo sub Bionis nomine scripserit Moschus (iii. 111) ; idemque suspicatus est ad Syracusanum tralata fuisse quae de Chio uerius narrentur ; sed in nullo loco ex iis quos de Theocrito Chio citant Bernhardius ad Suidam s. u. Müllerus in Fragm. Hist. Graec. ii. pp. 86, 87 constat hunc *strangulatum* fuisse, sed tantum ab Antigono necatum ; nisi forte ex uerbis Antigoni ap. Plut. Mor. 11 τοιγαροῦν, ἔφη, τὴν κεφαλὴν οὐχ ἕξεις compresso per laqueum spiritu periisse iudicabitur. Vide Macrob. Sat. vii.

3. 12.

direpta per artus. Nicand. Al. 302 Μαρσύου ἧχί τε Φοῖβος ἀπὸ φλόα δύσατο
γυίων. **552. cuius nomina** Marsyas. Hyg. 165 *Quas* (Mineruae
abiectas tibias) *Marsyas Oeagri filius unus e Satyris inuenit. quibus
assidue commeletando sonum suauiorem in dies faciebat, adeo ut Apollinem ad citharae cantum in certamen prouocaret. quo ut Apollo uenit,
Musas iudices sumpserunt: et cum iam Marsyas inde uictor discederet,
Apollo citharam uersabat, idemque sonus erat; quod Marsya tibiis facere
non potuit. itaque Apollo uictum Marsyan ad arborem religatum Scythae
tradidit, qui eum membratim separauit. reliquum corpus discipulo
Olympo sepulturae tradidit: e cuius sanguine flumen Marsya est appellatum.* M. vi. 400 *Marsya nomen habet, Phrygiae liquidissimus amnis,*
quem locum attulit Mauricius Schmidt ad Hyg. 165. **553. Saxificae
Medusae.** M. v. 216 *Vincis, ait, Perseu; remoue tua monstra, tuaeque*
Saxificos uultus, *quaecunque ea, tolle* Medusae. **554. Cephenum**
Aethiopum. Tzetzes ad Lyc. 834 docet a stultis (μωροὶ) tantummodo
Cephenas Aethiopas dici. Sed iam Deinias ap. Phot. p. 443 Bekker narrat
ἐξ Ἄργους εἰς Αἰθιοπίαν, ἐκαλεῖτο δὲ τότε Κηφηνία, παραγεγονότα ἐπὶ λύσει
τῆς Κηφέως θυγατρὸς τὸν Περσέα: Alexander Polyhistor ap. Steph. B. s. u.
Λιβύη inter Libyae nomina retulerat Κηφηνίαν: ut non sine causa Ouidius
Met. iv. 763, v. 97 Cephenas uocat eos de quibus ante (iv. 668) dixerat
Aethiopum populos Cepheaque conspicit arua. Historia extat ap. Apollod.
ii. 4. 3, Met. v. 1 sqq. Hyg. 64 *Cassiope filiae suae Andromedae formam
Nereidibus anteposuit. ob id Neptunus expostulauit, ut Andromeda
Cephei filia ceto obiceretur. quae cum esset obiecta Perseus Mercurii
talaribus uolans eo dicitur uenisse et eam liberasse a periculo. quam cum
abducere uellet, Cepheus pater cum Agenore, cuius sponsa fuit, Perseum
clam interficere uoluerunt. ille cognita re caput Gorgonis eis ostendit,
omnesque ab humana specie sunt informati in saxum.* **multos.** M. v. 207
*Nomina longa mora est media de plebe uirorum Dicere. Bis centum
restabant corpora pugnae. Gorgone bis centum riguerunt corpora uisa.*
555. Potniadum. Potniae urbs Boeotiae. Probus ad Verg. G. iii. 267,
p. 67 Keil *Potnia urbs est Boeotiae ubi Glaucus Sisyphi filius et Meropes,
ut Asclepiades* in Τραγῳδουμένων *libro primo ait, habuit equas, quas ad-
sueuerat humana carne alere, quo cupidius in hostem irruerent et per-
niciosius. ipsum autem, cum alimenta defecissent, deuorauerunt in ludis
funebribus Peliae.* Alii aliter rem narrant Hyg. 250, 273, Seru. ad G.
iii. 267, Philargyr. ibid., Schol. Eur. Orest. 1124, Pausanias vi. 20. 19
ubi Ταράξιππος nominatur. Aelianus H. A. xv. 25 tradit fontem fuisse
Potniis quem bibentes equi insanirent. **556. Glaucus** ut alter, ὁ
Ἀνθηδόνιος ἁλιευτὴς (Athen. 679). De eo quidquid ueteres tradiderant
collegit Athenaeus 296, 297. Paus. ix. 22. 7 Τούτων τὲ δή ἐστι τῇ Ἀνθηδόνι
μνήματα, καὶ ἐπὶ τῇ θαλάσσῃ καλούμενον Γλαύκου πήδημα. εἶναι δὲ αὐτὸν
ἁλιέα, καὶ ἐπεὶ τῆς πόας (herbam dicit cuius gustu immortalitatem consecutus est Glaucus, cf. Aesch. fr. Glauci 27 Nauck, Athen. 679, Apostol.
v. 49, Ouid. M. xiii. 905, sqq., Lobeck Agl. p. 866, Meineke Anal. Al.
p. 238) ἔφαγε, δαίμονα ἐν θαλάσσῃ γενέσθαι καὶ ἀνθρώποις τὰ ἐσόμενα ἐς
τόδε προλέγειν οἵ τε ἄλλοι πιστὰ ἥγηνται, καὶ οἱ τὴν θάλασσαν πλέοντες πλεῖστα
ἀνθρώπων ἐς τὴν Γλαύκου μαντικὴν κατὰ ἔτος ἕκαστον λέγουσι. Scripsit
tragoediam de hoc Glauco Aeschylus, hymnos Euanthes et Pindarus,
epos Alexander Aetolus, cuius fragm. extat ap. Athen. 296. **557.
nomen.** Glauco Minois filio, qui infans adhuc dum murem persequitur
(Apollod. iii. 3. 1) uel pila ludit (Hyg. 136) in dolium mellis cecidit, et
sic exstinctus est. Hunc Polyidus uates, monumento cum eo inclusus,
cum occisum anguem reuocatum ad uitam ab alio herbam adferente
uidisset, eadem usus herba reuiuiscere fecit. Claudianus B. Get. 443
*Cretaque, si uerax narratur fabula, uidit Minoum rupto puerum prodire
sepulcro, Quem senior uates auium clangore repertum Gramine restituit;*

mirae nam munere sortis Dulcia mella necem, uitam dedit horridus anguis (Const. Fanensis). Extat epistula quae fertur Eratosthenis ad Ptolemaeum de sepulcro quod Glauco Minos exstruxit, nota propter cubi duplicationem, ap. Eutocium ad Archimed. de Sphaer. et Cyl. ii. p. 144 ed. Torelli. Eam exhibuit in Eratosthenis relliquiis Hillerus p. 125. Rem fusius narrant Apollod. iii. 3. 1, Hyg. 136. Coniunxerunt trium Glaucorum fabulas etiam Apostolius v. 47, 48, 49, Eudocia Viol. 242-244. **558. Praefocent** uocabulum medicorum 'choke.' **noxia.** Melius fortasse scripserim *Gnosia.* Gnosos enim Minois regia Od. xix. 178. **559. Sollicitoque ore** ob metum mortis. **Anyti** qui cum Meleto et Lycone Socratem accusarunt Plat. Apol. x ᾿Εκ τούτων καὶ Μέλητός μοι ἐπέθετο καὶ Ἄνυτος καὶ Λύκων, Μέλητος μὲν ὑπὲρ τῶν ποιητῶν ἀχθόμενος, Ἄνυτος δὲ ὑπὲρ τῶν δημιουργῶν καὶ τῶν πολιτικῶν, Λύκων δὲ ὑπὲρ τῶν ῥητόρων. **doctissimus.** Nam in eo praecipue uertebatur accusatio Socratis quod σοφὸς esset et σοφίαν indagare se profiteretur. Responderatque Chaerephonti Pythia, sciscitanti numquis Socrate esset sapientior, μηδένα σοφώτερον εἶναι (Apol. v). *Anyti reum* Socratem dixerat Horatius S. ii. 4. 3. **560. Inperturbato** 'unruffled,' 'composed' uidetur Stoicorum esse. Sen. Ep. 85. 2 *Qui constans est, inperturbatus est. qui inperturbatus est, sine tristitia est.* **quod bibit** cicutae potum. Phaed. lxvi Καὶ ἅμα ὤρεξε τὴν κύλικα τῷ Σωκράτει. καὶ ὃς λαβὼν καὶ μάλα ἵλεως, ὦ ᾿Εχέκρατες, οὐδὲν τρέσας οὐδὲ διαφθείρας οὔτε τοῦ χρώματος οὔτε τοῦ προσώπου, ἀλλ᾿ ὥσπερ εἰώθει ταυρηδὸν ὑποβλέψας πρὸς τὸν ἄνθρωπον, Τί λέγεις, ἔφη, περὶ τοῦδε τοῦ πόματος πρὸς τὸ ἀποσπεῖσαί τινι; ἔξεστιν, ἢ οὔ; **561. si quid amas si** quid amati habes. **Haemone** quam Haemoni, compendiarii comparatiui rariore usu; simillime tamen Scriptor Nucis 17, 18 *At postquam platanis sterilem praebentibus umbram Vberior quauis arbore uenit honor,* h. e. quam ulli arbori. Haemon filius Creontis, sponsus Antigonae, cum eam Creon damnasset ut in sepulcro uiua clauderetur, iuxta eam gladio se interfecit, uti narrat Sophocles Antig. 1220–1225 ἐν δὲ λοισθίῳ τυμβεύματι Τὴν μὲν κρεμαστὴν αὐχένος κατείδομεν, Βρόχῳ μιτώδει σινδόνος καθημμένην, Τὸν δ᾿ ἀμφὶ μέσσῃ περιπετῆ προσκείμενον Εὐνῆς ἀποιμώζοντα τῆς κάτω φθορὰν Καὶ πατρὸς ἔργα καὶ τὸ δύστηνον λέχος. 1234–1239 εἶθ᾿ ὁ δύσμορος Αὐτῷ χολωθείς, ὥσπερ εἶχ᾿, ἐντανθεὶς Ἤρεισε πλευραῖς μέσσον ἔγχος, ἐς δ᾿ ὑγρὸν Ἀγκῶν᾿ ἔτ᾿ ἔμφρων παρθένῳ προσπτύσσεται. Καὶ φυσιῶν ὀξεῖαν ἐκβάλλει ῥοὴν Λευκῇ παρειᾷ φοινίου σταλάγματος. Prop. ii. 8. 21–24. Aliter Euripides in Antigona, quem secutus uidetur Hyginus 72. Scholiastae de Haemo interpretantur, qui cum sorore Rhodope, quia se inuicem amantes Iouem ac Iunonem appellabant, in montes conuersi sunt, Plut. de Flu. xi, Met. vi. 87–89. Sed Haemonem dici Haemum potuisse non credo, etsi melius sic ad Macareum transitur. **cedat** euentum habeat Pont. iv. 2. 48 *Vtiliter studium quod tibi cedit ama.* **562. sua** puella quam amabat, amoribus suis. Tib. i. 4. 75 *Pareat ille suae, uos me celebrate magistrum,* ii. 5. 103 *ferus ille suae plorabit.* **Macareus.** Plut. Parall. xxviii Αἴολος τῶν κατὰ Τυρρηνίαν βασιλεὺς ἔσχεν ἐξ ᾿Αμφιθέας θυγατέρας ἓξ καὶ ἴσους ἄρρενας· Μακαρεὺς δ᾿ ὁ νεώτατος ἔρωτι ἔφθειρε μίαν, ἡ δὲ παιδίον ἐκύησεν. Ἔμπαις οὖσα δὲ καὶ ξίφους πεμφθέντος ὑπὸ τοῦ πατρὸς νόμον κρίνασα, ἑαυτὴν διεχρήσατο· ὁμοίως δὲ καὶ ὁ Μακαρεύς· ὡς Σώστρατος ἐν δευτέρᾳ Τυρρηνικῶν. **tua.** Prop. i. 9. 22 *Et nihil iratae posse negare tuae.* **563. uideas** infestum adstantem exercitum hostium, nec quicquam auxili Eur. Troad. 752–756. **iam cum tenerent** struendum. **flammae** incensi Ilii postquam *omnis humo fumat Neptunia Troia* Aen. iii. 3. **564. Hectoreus** Troad. 1134 Θάψαι νεκρὸν τόνδ᾿ ὃς πεσὼν ἐκ τειχέων Ψυχὴν ἀφῆκεν Ἕκτορος τοῦ σοῦ γόνος. **patria ab arce.** Troad. 779 βαῖνε πατρῴων Πύργων ἐπ᾿ ἄκρας στεφάνας, ὅθι σοι Πνεῦμα μεθεῖναι ψῆφος ἐκράνθη. **puer** Astyanax, de quo iam u. 496. **565. Sanguine probra luas** infamiam generis incesti caede tua expies, ut Adonis ab apro caesus. **Sanguine.** Bion Epit. Adon. 9 τὸ δὲ οἱ μέλαν εἴβεται αἷμα Χιονέας κατὰ σαρκός. 64 Δάκρυον ἁ Παφία τόσσον χέει, ὅσσον Ἄδωνις Αἷμα χέει, τὰ δὲ πάντα ποτὶ χθονὶ γίνεται ἄνθη· Αἷμα ῥόδον τίκτει, τὰ δὲ δάκρυα τὰν ἀνεμώναν. auo genitore creatus 'he whose grandsire was the father that begot him.' Nam Cinyras Adonin ex filia sua Myrrha procreauit. **566.** cui sua parens Myrrha siue Smyrna per facinus facta est soror, cum ambo Cinyrae liberi essent. **567.** teli genus, aculeus trygonis 'prickly roach' quo Vlysses a filio suo *Telegono* uulneratus est. De hoc Aelianus H. A. ii. 36 dicit κέντρον πικρότατον καὶ κίνδυνον φέρον ἁπάντων μᾶλλον ἡ τρυγὼν ἡ ἐκ τῆς θαλάσσης ἔχει. Nicand. Ther. 828 τρυγόνα ὀλοεργὸν, 834 ἀνδρὶ δὲ σάρκες Πυθόμεναι μινύθουσι· λόγος γε μὲν (**Traditur**) ὥς ποτ᾿ 'Οδυσσεὺς Ἔφθιτο λευγαλέοιο τυπεὶς ἁλίου ὑπὸ κέντρου. Historiam narrarat Sophocles in 'Οδυσσεῖ 'Ακανθοπλῆγι, tetigerat Aeschylus in Ψυχαγωγοῖς, Parthenius Erot. iii (Merry ad Od. xi. 134). **568. Icarii gener.** Penelope filia Icarii. Tzetz. ad Lyc. 794 Ὑπεργήρως ὁ 'Οδυσσεὺς ἐτελεύτησεν ἀναιρεθεὶς ὑπὸ Τηλεγόνου, τοῦ ἐκ Κίρκης αὐτῷ γεννηθέντος υἱοῦ, πολεμῶν ὑπὲρ τῶν ἑαυτοῦ ποιμνίων. Μέμνηται δὲ τούτου καὶ ὁ 'Οππιανὸς εἰς τὰ περὶ τρυγόνος, λέγων οὑτωσί πως Κεῖνο ποτ᾿ αἰγανέῃ δολιχήρεϊ κωπηέσσῃ Κίρκη Τηλεγόνῳ πολυφάρμακος ὤπασε μήτηρ, Αἰχμάζειν δηίοις ἄλιον μόρον. Αὐτὰρ ὁ νήσῳ Αἰγιβότῳ προσέκελσε καὶ οὐ μάθε, πῶ̣εα πέρθων Πατρὸς ἑοῦ· γεραρῷ δὲ βοηδρομέοντι τοκῆι Αὐτῷ τὸν μάστευε κακὴν ἀνεμάξατο κῆρα. Hyg. 127 *Telegonus Vlyssis et Circes filius missus a matre ut genitorem quaereret, tempestate in Ithacam est delatus ibique fame coactus agros depopulari coepit. cum quo Vlysses et Telemachus ignari arma contulerunt. Vlysses a Telegono filio est interfectus, quod ei responsum fuerat, ut a filio caueret mortem.* **569.** loquax Anticlus qui equo durateo cum aliis primoribus Graiorum inclusus accedenti Helenae et uocem imitanti uxorum cuiusque solus responsurus erat, nisi Vlysses os manibus occlusisset. Od. iv. 285–289 Ἔνθ᾿ ἄλλοι μὲν πάντες ἀκὴν ἔσαν υἷες 'Αχαιῶν, Ἄντικλος δὲ σέ γ᾿ οἷος ἀμείψασθαι ἐπέεσσιν Ἤθελεν· ἀλλ᾿ 'Οδυσσεὺς ἐπὶ μάστακα χερσὶ πίεζεν Νωλεμέως κρατερῇσι, σάωσε δὲ πάντας 'Αχαιούς, ui uersus ab Aristarcho tamquam supposticii reiecti sunt. Paulo aliter Tryphiodorus in 'Ιλίου 'Αλώσει, apud quem dum Helena iuxta aedem Mineruae circa equum incedens uxores Achiuum nominat, ceteri inclusi flent, Ἄντικλος δ᾿ ὅτε κέντρον ἐδέξατο Λαοδαμείης, Μοῦνος ἀμοιβαίην ἀνεβάλλετο γῆρυν ἀνοίξας. 'Αλλ᾿ 'Οδυσσεὺς κατέπαλτο καὶ ἀμφοτέρῃς παλάμῃσιν 'Αμφιπεσὼν ἐπίεζεν ἐπειγόμενον στόμα λῦσαι· Μύστακα δ᾿ ἀρρήκτοισιν ἀλυκτοπέδῃσι μεμαρπὼς Εἶχεν ἐπικρατέως· ὁ δ᾿ ἐπάλλετο χερσὶ πιεσθείς, Φεύγων ἀνδροφόνοιο πελώρια δεσμὰ σιωπῆς. Καὶ τὸν μὲν λίπεν ἄσθμα φερέσβιον· οἱ δὲ μιν ἄλλοι Δάκρυσι λαθριδίοισιν ἐπικλαύσαντες 'Αχαιοὶ Κοῖλον ὑποκρύψαντες ἐς ἰσχίον ἔνθεσαν ἵππου Καὶ χλαῖναν μελέεσσιν ἐπὶ ψυχροῖσι βαλόντες.* Eudocia Viol. 276 Flacm nominatis 12 qui in equo inclusi sunt dubitat de Anticlo Εἰ δὲ τοῦθ᾿ οὕτως ἔχει, ποῦ ἐστιν Ἄντικλος οὗ φθάσας ἐμνημόνευσεν ὁ ποιητής; **elisus.** Her. ix. 85 *elisos faucibus.* acerno. Aen. ii. 112 *cum iam hic trabibus contextus acernis Staret ecus.* 'In describing the Trojan horse, Virgil first speaks of it as pinewood, then as maple, and lastly as oak; not, I think, from confusion or forgetfulness, but as an assertion of the poet's privilege to represent, in as many ways as he pleased, the general notion of wood.' Conington, Introd. to Aeneid p. 10. Optimi codices habent *agenor*; fuitque Agenor inter Troianos quos nocte caesos dixit Lesches qua Troia capta est. Paus. x. 25. 5, 6, 27. 2, Kinkel Epic. Graec. Fragm. pp. 44, 45 : ut non desit causa erroris inueterati. **571. Anaxarchus.** Diog. L. ix. 58 'Ανάξαρχος, 'Αβδηρίτης. ὁ δ᾿ οὖν 'Ανάξαρχος καὶ 'Αλεξάνδρῳ συνῆν, καὶ ἤκμαζε κατὰ τὴν δεκάτην καὶ ἑκατοστὴν 'Ολυμπιάδα, καὶ εἶχεν ἐχθρὸν Νικοκρέοντα τὸν Κύπρου τύραννον. καί ποτε ἐν συμποσίῳ τοῦ 'Αλεξάνδρου

---

* Primus ex Odyssea et Tryphiodoro locum sic interpretatus est Politianus Misc. 75.

COMMENTARIVS. 159

ἐρωτήσαντος αὐτὸν τί ἄρα δοκεῖ τὸ δεῖπνον; εἰπεῖν φασίν, Ὦ βασιλεῦ, πάντα
πολυτελῶς· ἔδει δὲ λοιπὸν κεφαλὴν σατράπου τινὸς παρατεθεῖσθαι· ἀπορρίπτων
πρὸς τὸν Νικοκρέοντα. ὁ δὲ μνησικακήσας μετὰ τὴν τελευτὴν τοῦ βασιλέως, ὅτε
πλέων ἀκουσίως προσηνέχθη τῇ Κύπρῳ ὁ Ἀνάξαρχος, συλλαβὼν αὐτὸν καὶ εἰς
ὅλμον βαλών, ἐκέλευσε σιδηροῖς ὑπέροις τύπτεσθαι· τὸν δὲ οὐ φροντίσαντα τῆς
τιμωρίας εἰπεῖν ἐκεῖνο δὴ τὸ περιφερόμενον, Πτίσσε τὸν Ἀναξάρχου θύλακον,
Ἀνάξαρχον δὲ οὐ πλήττεις. κελεύσαντος δὲ τοῦ Νικοκρέοντος καὶ τὴν γλῶτταν
αὐτοῦ ἐκτμηθῆναι, λόγος ἀποτραγόντα ἐμπτύσαι αὐτῷ. Val. Max. iii. 3. 4 Ext.,
Philo p. 881, Cic. Tusc. ii. 22. 52, de N. D. iii. 33. 82. Tertullian. Apolog.
532 Migne *Anaxarchus cum in exitium ptisanae pilo tunderetur,* Tunde,
Tunde, *aiebat,* Anaxarchi follem; *Anaxarchum enim non tundis.*
Vide quae ad Diog. L. ix. 58 congessit Menagius. Nonnus ad Greg.
Inuect. 15 ab Archelao tradit cruciatum Anaxarchum; id quod nullo
modo fieri potuit (Bentleius ad Phal. p. 95). **pila** mortario. **minuaris** comminuaris 'may be crushed small.' F. ii. 647 *Ligna senex
minuit, concisaque construit arte.* **572. Ictaque** tunsa. **pro solitis
frugibus** loco frugum quae ibi tundi solent. **573, 4.** Quod uiderant
Schol. et Domitius in comment. ad h. l., pleraque in hoc disticho excepto
nomine Psamathes conueniunt fabulae quam narrat Ouidius M. iv. 190–
255, Lactantius Narrat. iv. 5, Anonymus ap. Mythog. Graec. Westermann
p. 348. Ἥλιος Λευκοθόη τῇ Ὀρχομένου (l. Ὀρχάμου) μιγῆναι θελήσας εἰς τὴν
μητέρα τῆς προειρημένης μετεμορφώθη. ταύτην ὁ πατὴρ ζῶσαν.κατώρυξεν, Ἥλιος
δὲ εἰς δένδρον λιβανοφόρον μετεμόρφωσε, ποιήσας ἐκ τοῦ τάφου αὐτῆς φῦναι,
τὴν δὲ ἀδελφὴν αὐτῆς εἰς πόαν ἡλιοτρόπιον διὰ τὸ κατηγορῆσαι αὐτῆς. Bene
enim cum uerbis **condat te Phoebus in ima Tartara quod natae
fecerat ille suae** conueniunt M. iv. 237 *Ille* (parens Leucothoes) *ferox
inmansuetusque precantem Tendentemque manus ad lumina solis et 'Ille
Vim tulit iratae'* dicentem defodit alta Crudus humo, *tumulumque
super grauis addit harenae:* quod autem in Metam. non addidit Ouidius
patrem Leucothoes ipsum interfectum fuisse, id ne de Crotopo quidem
nisi ex hoc loco Ibidis constat. Praetuli tamen Scholiastarum G et Ask.
interpretationem, quamuis haesitans; cum in sequente disticho de Crotopo transitus fiat ad Coroebum, h. e. ad eiusdem fabulae alteram partem.
573. patrem Psamathe Crotopum, qui filiam Psamathen, Lini ex
Phoebo matrem, interfici iussit. Paus. i. 43. 7 Ἐπὶ Κροτώπου λέγουσιν ἐν
Ἄργει βασιλεύοντος Ψαμάθην τὴν Κροτώπου τεκεῖν παῖδα ἐξ Ἀπόλλωνος, ἐχο-
μένην δὲ ἰσχυρῶς τοῦ πατρὸς δείματι τὸν παῖδα ἐκθεῖναι. καὶ τὸν μὲν διαφθεί-
ρουσιν ἐπιτυχόντες ἐκ τῆς ποίμνης κύνες τῆς Κροτώπου, Ἀπόλλων δὲ Ἀργείοις
ἐς τὴν πόλιν πέμπει Ποινήν· ταύτην τοὺς παῖδας ἀπὸ τῶν μητέρων φασὶν ἁρπάζειν,
ἐς ὃ Κόροιβος ἐς χάριν Ἀργείοις φονεύει τὴν Ποινήν (575, 6). Cf. Anth. P. vii.
154. Sed Crotopum ipsum aut ex immissa Poena aut alio quo supplicio
periisse non comperi. Sepulcrum eius Argis uidit Pausanias ii. 23. 7.
in ima Tartara ex mente Ouidii in Ibin. **574. natae fecerat** ut *uati
quod fecit Achaeo* 541. Con. xix Ἡ ὑπερπαθήσασα κατάφωρος γίνεται τῷ
πατρὶ καὶ δικάζει αὐτῇ θάνατον, πεπορνεῦσθαι καὶ καταψεύδεσθαι αὐτὴν
Ἀπόλλωνος οἰηθείς. Stat. T. i. 594 *Occurrit confessa patri: nec motus et
atro Imperat* (infandum) *cupientem occurrere leto.* **575. pestis** Ποινή.
Vide locum Pausaniae citatum ad 573. Κὴρ dicitur Anth. P. vii. 154. 3.
Statius sic descripsit T. i. 598 *cui uirginis ora Pectoraque, aeternum
stridens a uertice surgit Et ferrugineam frontem discriminat anguis.*
Argolicisque: notandum *que* post tertium demum uocabulum additum,
quod non rarum Ouidio in Fastis Tristibus Epistulis de Ponto: et *Argo-
licis* pro *Argiuis* quod uereor ut Latinum sit. An *Argolisin?* Nam in
matres praecipue Poena saeuiebat. **577. nepos Aethrae,** Hippolytus.
Veneris moribundus ob iram recte Saluagnius explicat ex F. v. 309
*Hippolyte infelix, uelles coluisse Dionen, Cum consternatis diripereris
equis* et Euripidis Hippolyto. Hipp. 1400 ΑΡΤ. Κύπρις γὰρ ἡ πανοῦργος ὧδ'

ἐμήσατο. III. Ὦμοι. φρονῶ δὴ δαίμον᾽ ἥ μ᾽ ἀπώλεσε. APT. Τιμῆς ἐμέμφθη, σωφρονοῦντι δ᾽ ἤχθετο. **moribundus** de eo dicitur qui grauiter uulneratus mortem toto corpore accepit. Cic. Sest. xxxix. 85 *tribunum plebis plus uiginti uulneribus acceptis iacentem moribundumque uidistis.* Sed hic fortasse praestat quod habet T *moriturus* h. e. cui in fatis erat ut moreretur. **578. Exul** in exilium actus propter suspiciones Thesei Hipp. 1048–1050, 1125. **attonitis,** exterritis, primum sonitu subterraneo, deinde ingenti fluctu ex quo taurus prouenit, postremo mugitu et praesentia tauri (Hipp. 1201–1217). **excutiaris** 'may you be dashed to the ground.' Aen. x. 590 Excussus *curru* moribundus *uoluitur aruis.* **579. Propter opes magnas.** Eur. Hec. 10 Πολὺν δὲ σὺν ἐμοὶ χρυσὸν ἐκπέμπει λάθρα Πατὴρ (Priamus, Polydori pater). **ut perdidit hospes alumnum.** Hec. 25 Κτείνει με χρυσοῦ τὸν ταλαίπωρον χάριν Ξένος πατρῷος καὶ κτανὼν ἐς οἶδμ᾽ ἁλὸς Μεθῆχ᾽ ἵν᾽ αὐτὸς χρυσὸν ἐν δόμοις ἔχῃ. hospes, Polymnestor cui Priamus Polydorum educandum tradiderat. **580. exiguas.** Hinc suspiceris Ibidis fortunas non ita magnas fuisse. **581. sex cum Damasichthone fratris,** filios Niobes. Erant secundum Apollod. iii. 5. 5 Sipylus Minytus (Eupinytus Hyg. 11) Ismenus Agenor (Archenor Hyg.) Phaedimus Tantalus. Hos septem Apollo interfecit, sorores et ipsas septem Diana, quia Niobe fecunditate se parem Latonae dixerat. Homerus Il. xxiv. 602 bis sex liberos Niobae tribuit, Mimnermus et Pindarus bis decem, alii aliter (Apollod. l. c. Ael. V. H. xii. 36). **583. Addidit,** mortes liberorum cumulauit sua, 'completed the tale of his children's deaths by his own.' F. vi. 798 *coeptis addite summa meis.* **fidicen** Amphion, maritus Niobes. **sua funera.** Met. vi. 271 *Nam pater Amphion, ferro per pectus adacto, Finierat moriens pariter cum luce dolorem.* Sed Hyginus 9 docet Amphionem cum templum Apollinis expugnare uellet ab Apolline sagittis interfectum esse. **584. iusta** 'well-merited,' qualia te subire par est, qui talis sis. Pont. iv. 15. 29, 30 *Et pudet et metuo semperque eademque precari, Ne subeant animo* taedia iusta *tuo.* **585. soror Pelopis** Niobe, Tantali filia. **saxo.** Hyg. 9 *At genitrix liberis orba flendo lapidea facta esse dicitur in monte Sipylo, eiusque hodie lacrimae manare dicuntur.* Il. xxiv. 614 Νῦν δέ που ἐν πέτρῃσιν, ἐν οὔρεσιν οἰοπόλοισιν, Ἐν Σιπύλῳ ὅθι φασὶ θεάων ἔμμεναι εὐνὰς Νυμφάων, αἵ τ᾽ ἀμφ᾽ Ἀχελώιον ἐρρώσαντο, Ἔνθα θεός περ ἐοῦσα θεῶν ἐκ κήδεα πέσσει. **oborto.** M. v. 202 *Gorgone conspecta saxo concreuit oborto,* x. 67 *saxo per corpus oborto* 'by a sudden growth of stone.' **586. lingua.** Lact. Narrat. ii. 11 *Apollo Iouis et Latonae filius cum pecus Admeti Pheretis filii pasceret, fistulae causa solitudinem protegens, boues eius in agros Pyliae regionis progressae sunt, quas Mercurius auertit et in silua occubuit. quod cum Battus Nelei filius equas pascens uidisset, Mercurius uero ut indicium premeret, ex armentis formosissimam uaccam ei concessit. at ille discedenti affirmauit lapidem proximum quem uidisset celerius quam se quicquam indicaturum. deus uero ut mortalis fidem experiretur, paullo post mutata figura ad eundem reuersus est, simulauitque se amissas boues quaerere, et praemium promisit si demonstrasset. at ille cum sub quo monte pascerentur ostendisset, Mercurius perfidia eius offensus* in lapidem eum mutauit, *qui ab euentu* index *circa Pylum uocatur.* Historiam narrant Ouidius M. ii. 683–707, Ant. Liberalis xxiii, qui inter auctores nominat Nicandrum in Heteroeumenis, Hesiodum in Eoeis, Apollonium Rhodium in Epigrammatibus. **Battus.** Erant quaedam Βάττου σκοπιαὶ iuxta Maenalum quae causam dederunt fabulae, et, si fides Ouidio M. ii. 706, nomen *Indicis* retinebant. **587. Aëra.** Non ad certum ac finitum terminum mittebant discos, sed conabantur quantum longissime per uacuum aërem prospiciebant iaculari. Sic Phlegyas ille ap. Stat. T. vi. 678 *non protinus horrida campi Iugera, sed* caelo dextram metitur, *humique Pressus*

utroque genu, collecto sanguine discum Ipse super sese rotat atque in
nubila condit. **misso** 'by launching.' **iaculabere** 'fling at.' Idem
fere quod metiere. **588.** Quo orbe, ut *qui aper* 503, 4 : nam neque
discus neque aper *unus* intelligitur, sed est brachylogia pro 'eodem
modo te aper rumpat quo Lycurgiden, discus quo Hyacinthum.' **orbe,**
disci M. x. 183 *Tollere Taenarides orbem properabat, at illum Dura
repercussum subiecit in aëra tellus In uultus, Hyacinthe, tuos.* Stat. T. vi.
656. **Oebalides** M. x. 196. Hyacinthus Oebali filius est Hygino 271,
Luciano Dial. Mort. 14. Plerisque Hyacinthus filius Amyclae, patruus
Oebali est : Oebalus enim filius Cynortae, fratris Hyacinthi. Paus. iii.
1. 3. **589.** alternos lacertos, quod fit in nando. M. iv. 353 *Desilit in
latices, alternaque brachia iactans In liquidis translucet aquis.* **590.**
Abydena in qua Leander periit. **peior** infestior, ut *melior* 629 est
tutior. **591. Comicus.** (1) *Eupolis.* Suid. s. u. Εὔπολις. Ἀπέθανε
ναυαγήσας κατὰ τὸν Ἑλλήσποντον ἐν τῷ πρὸς Λακεδαιμονίους πολέμῳ· καὶ ἐκ
τούτου ἐκωλύθη στρατεύεσθαι ποιητήν. Quibus uerbis Meinekius Com.
Fragm. i. p. 105 non dubitauit quin aut celebris illa Atheniensium uictoria
de Lacedaemoniis ad Cynossema reportata aut proelium ad Aegospota-
mos commissum significatum sit. Plures Eupolin 'ab Alcibiade in
Siciliam nauigante propter Baptas fabulam in mare deiectum esse ferunt.'
Meinekius l. c. Schol. Aristidis p. 444 Dindorf ap. Bergk. Poet. Lyr. p. 593
Ἐκωμῴδουν ὀνομαστὶ τοὺς ἄνδρας μέχρις Εὐπόλιδος· περιεῖλε δὲ τοῦτο Ἀλκιβιάδης
ὁ στρατηγὸς καὶ ῥήτωρ. κωμῳδηθεὶς γὰρ παρὰ Εὐπόλιδος ἔρριψεν αὐτὸν ἐν τῇ
θαλάττῃ ἐν Σικελίᾳ συστρατευόμενον, εἰπὼν Βάπτε με (Βάπτεις μ' Bergkius) ἐν
θυμέλῃσιν, ἐγὼ δέ σε κύμασι πόντου Βαπτίζων ὀλέσω νάμασι πικροτάτοις. Cic.
ad Att. vi. 1. 18 *Nos publicam prope opinionem secuti sumus ut multa
apud Graecos. Quis enim non dixit* Εὔπολιν τὸν τῆς ἀρχαίας *ab Alcibiade
nauigante in Siciliam deiectum esse in mare? Redarguit Eratosthenes,
affert enim quas ille post id tempus fabulas docuerit.* Cum itaque uulgatam
fuisse hanc de Eupolidis morte fabulam diserte doceat Cicero, non multum
contra ualet id quod idem Meinekius ostendit, Aelianum H. A. x. 41 et
Tzetzam Chil. iv. 245 Eupolin in Aegina insula mortuum sepultumque
tradere, Pausaniam autem ii. 7. 4 monumentum eius in agro Sicyonio se
uidisse narrare. Fuitque haec sententia Politiani*, Turnebi Aduers.
ix. 26, Schotti Obs. ii. 32. (2) *Menander.* Schol. Saluagnii dicit
hunc dum in Piraeeo nataret submersum esse : quod uerum habuit
Meinekius Prolegom. ad Menandri Fragm. p. xxv, quamuis ex tanta
eorum qui uitam Menandri attigere multitudine nemo id alius com-
memorarit. Sane sepulcrum eius in uia quae a Piraeeo Athenas ducebat
uidit Pausanias i. 2. 2, et in Piraeeo praedium habuit, si non commenta
finxit Alciphron ii. 4. Sed tam multa Scholiastae Ibidis aut ficta aut
certe falsa habent ut nolim his contra Ciceronem credere. (3) *Terentius.*
Sueton. in uit. Terentii p. 32 Reyfferscheid *De morte eius Volcatius sic
tradit. Sed ut Afer populo sex dedit comoedias, Iter hinc in Asiam fecit.
nauem autem ut semel Conscendit, uisus numquam est : sic uita uacat.
Q. Cosconius redeuntem e Graecia perisse in mari dicit cum* C *et* VIII
*fabulis conuersis a Menandro: ceteri mortuum esse in Arcadia Stimphali
siue Leucadiae tradunt, Cn. Cornelio Dolabella M. Fuluio Nobiliore
consulibus, morbo implicatum ex dolore ac taedio amissarum sarcinarum
quas in naue praemiserat, simul fabularum quas nouas fecerat†.* Fuit
haec sententia Phil. Beroaldi : ueram tamen non credo. Semper in his

---

* Nutricia 681 *Eupolin in medium quem mendax fabula pontum Cliniadae manibus
puppi deturbat ab alta.*

† Emendarunt hunc locum Suetonii Ritschelius ap. Reyfferscheid pp. 520, 1, Behrensius et Fleckeisenus in Annal. Philol. Fleckeiseni anni 1876, pp. 594-6, sed ut litem
quae de eo est maxima non diremerint.

M

162 COMMENTARIVS.

historiis Graeca Romanis praetulit Ouidius. **liquidis** dicitur respectu
nantis ut M. i. 95 *in liquidas pinus descenderat undas,* Cat. lxiv. 2 *liquidas
Neptuni nasse per undas.* **dum nabat** 'swimming.' Sperabat nando
se in tutum euasurum. **592. Et etiam,** cf. 460. **Stygius.** Inepte
Saluagnius ad Styga Arcadicam retulit, quasi *uenenatis* aquis Ibis
periturus esset. (Paus. viii. 17. 6 sqq., Strab. 389, Ael. H. A. x. 40,
Vitruu. viii. 3, Sen. N. Q. iii. 25, Plin. H. N. ii. 231, xxx. 149, xxxi. 26).
Stygius liquor eodem sensu dicitur quo M. xij. 321 '*Miscenda'que dixit
'Cum Styge uina bibes,'* h. e. bibes cum uino mortem, bibentem mors
ex me occupabit. Sic *Stygia unda, aqua, Stygiae undae, aquae* constanter usurpantur Ouidio. Sed hic non bene Stygis uel leti amnem
cum ueris aquis confudit quibus inimicum strangulare cupit, nimirum
quod quae aquae mersurae, eaedem leto essent daturae. Et sic Merkelius ad loc. Eodem fere modo dum in undis iactatur marinos deos
alloquens dicit *Mittere me Stygias si iam uoluisset ad undas Caesar,
in hoc uestra non eguisset ope.* Tr. i. 2. 65, 6. **strangulet ora liquor.**
Sic de Paeto naufragante Propertius iii. 7. 52 *Et miser inuisam
traxit hiatus aquam,* 56 *Cum moribunda niger clauderet ora liquor.*
593. superaris euaseris. Agric. xxxiii *Superasse tantum itineris, siluas
euasisse, transisse aestuaria.* **594. humo.** Aen. vi. 355 *Tres Notus
hibernas inmensa per aequora noctes Vexit me uiolentus aqua : uix
lumine quarto Prospexi Italiam summa sublimis ab unda. Paulatim
adnabam terrae : iam tuta tenebam, Ni gens crudelis madida cum ueste
grauatum Prensantemque uncis manibus capita aspera montis Ferro
inuasisset, praedamque ignara putasset.* **595. cothurnatum uatem,**
Euripidem. **tutela Dianae,** canes qui Dianae aedem tuebantur, ut ex 596
uigilum *canum* apparet, et ex Hyg. 247 *Euripides tragoediarum scriptor*
in templo *consumptus est.* Sic M. viii. 711 *templi tutela fuere* (Baucis
et Philemon), id quod petiuerant 707, *Esse sacerdotes, delubraque uestra
tueri Poscimus;* sic M. iii. 617 *flauus prorae tutela Melanthus.* ' Or as
the wrathfull dogges that kept Dianas thinges in peace : In peeces may
thee teare, as once they did Euripides.' T. Vnderdown. Non est ' canes
qui in tutela erant Dianae,' etsi nonnumquam sic usurpatur *tutela,* Trist.
i. 10. 1, nec raro struitur cum genitiuo, qui dicitur, subiecti, ut *tutela
Priapi* G. iv. 111, *t. deorum* Grat. 407, 482 ; canes autem Dianae sacros
fuisse notissimum est. Eudoc. Viol. iv. de Diana uenatrice agens Συνῳδὸν
δὲ τούτῳ καὶ τὸ τοὺς κύνας ἱερούς αὐτῆς νομισθῆναι, πρός τε τὰς θύρας ἔχοντας
ἐπιτηδείως καὶ ἀγρυπνεῖν ἐν ταῖς νυξὶ καὶ ὑλακτεῖν πεφυκότας. Ar. Ran. 1360,
Grat. 483-496 : denique Euripides a Molossis discerptus dicitur quod
genus canum uenantibus utilissimum erat. **596. Dilaniet.** Euripides
in Bormisco Macedoniae κυνοσπάρακτος traditur fuisse a canibus quos ἐστε-
ρικὰς uocitabant Macedones (Steph. B. s. u. Βορμίσκος). Hermesianax ap.
Athen. 598 Εἰσόκε σοὶ δαίμων, Εὐριπίδη, εὗρετ' ὄλεθρον Ἀμφιβίου στυγνῶν
ἀντιάσαντι κυνῶν. Anth. P. vii. 44. 2 Καί σε λυκορραῖσται δεῖπνον ἔθεντο
κύνες. Gell. xv. 20. 9 *Is cum in Macedonia apud Archelaum regem
esset utereturque eo rex familiariter rediens nocte ab eius cena canibus
a quodam aemulo inmissis dilaceratus est.* Res uarie tradita est ; nam
ut omittam eos qui ut Addaeus Anth. P. vii. 51 negabant poëtam aut
a canibus aut a feminis discerptum esse, scriptores uitae Euripidis, quos
Dindorfius in Schol. T. i. pp. 1-15 exhibet quinque, non inter se consentiunt. Horum primus dicit Archelai uagam canem Molossicam
cum Thraces patrio more mactassent comedissentque et ab Archelao
talento multarentur, Euripidem multam deprecatum : postea dum in
nemore (sic etiam quartus) conquiescit uenantis Archelai canibus ex
cane illa editis dilaniatum. Tertius, noctu ab Archelao redeuntem a
regis canibus periisse ; quintus, insidiatos ei duos poetas Arribaeum
Macedonem, Thessalum Crateuam persuasisse seruo Archelai Lysi

macho,* ut regios canes in eum inmitterent. Aliam narrationem secutus
uidetur Ouidius, nescio unde mutuatus. **uigilum.** M. ii. 538 *Nec serua-*
turis uigili *Capitolia uoce Cederet anseribus.* **597. Trinacrius,**
Empedocles *philosophus Agrigentinus id est Siculus, qui cum lacum*
Aetnae montis inuestigare contenderet, decidit in igneam foueam et
incendio consumptus est, ut docet Placidus s. u. Casus Empedocleos.
salias. Diog. L. viii. 69 Ἱππόβοτος δέ φησιν ἐξαναστάντα αὐτὸν ὠδευκέναι ὡς
ἐπὶ τὴν Αἴτνην· εἶτα παραγενόμενον ἐπὶ τοὺς κρατῆρας τοῦ πυρὸς ἐναλέσθαι καὶ
ἀφανισθῆναι, βουλόμενον τὴν περὶ αὐτοῦ φήμην βεβαιῶσαι ὅτι γεγόνοι θεός,
ὕστερον δὲ γνωσθῆναι ἀναρριπισθείσης αὐτοῦ μιᾶς τῶν κρηπίδων· χαλκᾶς γὰρ
εἴθιστο ὑποδεῖσθαι. Hor. A. P. 462 *Qui scis an prudens huc se proiecerit*
atque Seruari nolit, dicam, Siculique poetae Narrabo interitum. Deus
inmortalis haberi Dum cupit Empedocles ardentem frigidus Aetnam
Insiluit. Simili morte anno 1821 Gallicus quidam iuuenis in Vesuuium
se praecipitasse dicitur. 'On the third day he went out as usual to collect
and examine the volcanic matter on the mountain, and on approaching
this crater, then in action, desired the guide to fetch him a particular
stone at a little distance off, but on the instant of his turning his back he
threw himself headlong into the burning crater. The guide instantly ran
to the spot, but only in time to see him thrown up, and immediately
reduced to a cinder.' Life of Charles J. Mathews, I. p. 131. **ora.**
Menagius ad Diog. L. l. c. 'Crateres sunt quas Latini *fauces* siue *ora*
appellant. Lucretius in vi (702) ubi de Aetna *In summo sunt uertice*
item crateres, ut ipsi Nominitant, nos quod fauces perhibemus et ora.'
Hunc sensum credo Ouidium respexisse. **Gigantis.** Pont. ii. 10. 23, 24
Vidimus Aetnaea caelum splendescere flamma Suppositus monti quam
uomit ore gigans. Hunc alii alium tradunt : Pindarus Pyth. i. 34,
Aeschylus Prom. 365, 370, Val. Fl. ii. 24, Ouid. F. iv. 491, Typhoeum :
Callimachus H. Del. 143 Briareum : Vergilius Aen. iii. 578, scriptor Aetnae
71-73 Munro, Lucanus vi. 294, Statius T. xi. 8, Silius xiv. 580, Enceladum.
Cf. Coningtonem ad Aen. iii. 578. **598. Plurima Aetna.** Significationem superlatiui a re ad locum transtulit. Simillime Statius T. i.
114 *abrupta qua plurimus arce Cithaeron Occurrit caelo.* Minus dure
Vergilius Aen. viii. 257 *qua plurimus undam Fumus agit,* 'in volumes.'
599. Diripiantque. Plat. Rep. x. 620 Ἰδεῖν γὰρ ψυχὴν ἔφη τήν ποτε
Ὀρφέως γενομένην κύκνου βίον αἱρουμένην, μίσει τοῦ γυναικείου γένους διὰ τὸν
ὑπ᾽ ἐκείνων θάνατον οὐκ ἐθέλουσαν ἐν γυναικὶ γεννηθεῖσαν γενέσθαι. (Saluagn.)
insanis unguibus. Orphei mortem descripsit M. xi. 1–66, ubi Ciconum
nurus postquam uelut Maenades (22), feras uolucresque, theatrum uatis,
rapuere, *Inde cruentatis uertuntur in Orphea dextris* (23). **600. Stry-**
moniae matres. Vergilio *Ciconum matres* sunt G. iv. 520. **601.**
Natus ut Althaeae, Meleager. **flammis absentibus,** titione qui
quamdiu esset incolumis, Meleager uicturus erat : quem titionem mater
Althaea, irata quod is apri Calydonii pellem Atalantae donatam auun-
culis suis Idaeo Plexippo Lynceo nollet concedere eosque ui eripientes
occidisset, *memor Parcarum praecepti ex arca prolatum in ignem*
coniecit (Hyg. 174). Aesch. Choëph. 605 Τὰν ἁ παιδολύμας τάλαινα
Θεστιὰς μήσατο Πυρδαῆ τινα πρόνοιαν, καταίθουσα παιδὸς δαφοινὸν Δαλὸν
ἥλικ᾽ ἐπεὶ μολὼν ματρόθεν κελάδησε Σύμμετρόν τε διαὶ βίου μοιρόκραντον
ἐς ἦμαρ. Prop. iii. 22. 31 *Nec cuiquam* absentes arserunt *in caput*
ignes *Exitium nato matre parante suo* (Saluagn.) Swinburne Atalanta
in Calydon *Without sword, without sword is he stricken; Slain, and*
slain without hand. He wastes as the embers quicken, With the brand

* Suidas haec tradit s. u. Προμέρου κύνες· τοῦτόν φασι βασιλικὸν δοῦλον ὄντα
μισῆσαι Εὐριπίδην καθ᾽ ὑπερβολήν· ὥστε καὶ κύνας ἀγρίους ἐπαφεῖναι αὐτῷ, οἵτινες
αὐτὸν κατεθοινήσαντο, quae eadem extant ap. Diogenianum vii. 52.

M 2

164   COMMENTARIVS.

he fades as a brand.   **602. Sic,** absente te, nec sciente unde tua
mors ueniat. Precatur ut Ibis per magicas deuotiones pereat. ' So
may a fire-brand kindle thy funeral-pile.'   **603. Phasiaca** Colcha,
quo uocabulo corona et Medeae fuisse et uenenata significatur.   Hyg.
25 *Huic* (Iasoni) *Creon Menoecei filius rex Corinthius filiam suam
minorem Glaucen dedit uxorem. Medea cum uidit se erga Iasonem
bene merentem tanta contumelia esse affectam coronam ex uenenis fecit
auream eamque muneri filios suos iussit nouercae dare. Creusa munere
accepto cum Iasone et Creonte conflagrauit.* Naphtha delibutam coronam rati sunt Plutarchus Alex. xxxv et Suidas s. u. Μήδεια. (Muncker.)
conpressa est 'was crushed,' cum capiti adhaereret immobilis. Eur.
Med. 1190 Φεύγει δ᾽ ἀναστᾶσ᾽ ἐκ θρόνων πυρουμένη Σείουσα χαίτην κρᾶτά
τ᾽ ἄλλοτ᾽ ἄλλοσε, 'Ρῖψαι θέλουσα στέφανον· ἀλλ᾽ ἀραρότως Σύνδεσμα χρυσὸς
εἶχε, πῦρ δ᾽ ἐπεὶ κόμην "Εσεισε, μᾶλλον δὶς τόσως τ᾽ ἐλάμπετο.   Sed uerum
potest esse **conprensa** 'took fire,' quod de subito incensis usurpari
probauit Heinsius ex Liu. xxvi. 27, M. ix. 235.   **nupta** Glauce siue
Creusa.   **604. pater** Creon.   **domus.** Hyg. 25 *Medea ubi* regiam
*ardere uidit, natos suos ex Iasone Mermerum et Pheretem interfecit et
profugit Corintho.*   **605. cruor** Nessi Centauri.   **abiit.** Eodem
sensu de Hercule moriente M. ix. 161 *Incaluit uis illa mali, resolutaque
flammis Herculeos* abiit *late diffusa per artus.* Absorptum uenis uirus
sanguinis dicit.   Trach. 832, 3 Χρίει δολοποιὸς ἀνάγκα Πλευρὰ προστακέντος
ἰοῦ.   **607, 8. Penthiladen** si uere tradunt MSS, uidetur is ex Penthila-
darum fuisse stirpe, qui Penthilo filio Orestis orti Lesbi in Mitylenis
tyrannidem exercebant.   Aristot. Polit. v. 10 Πολλοὶ δὲ καὶ διὰ τὸ εἰς
τὸ σῶμα αἰκισθῆναι πληγαῖς ὀργισθέντες οἱ μὲν διέφθειραν οἱ δὲ ἐνεχείρησαν
ὡς ὑβρισθέντες, καὶ τῶν περὶ τὰς ἀρχὰς καὶ βασιλικὰς δυναστείας, οἷον ἐν
Μιτυλήνῃ τοὺς Πενθαλίδας Μεγακλῆς περιόντας καὶ τύπτοντας ταῖς κορύναις
ἐπιθέμενος μετὰ τῶν φίλων ἀνεῖλεν, καὶ ὕστερον Σμέρδις πληγὰς λαβὼν καὶ
παρὰ τῆς γυναικὸς ἐξελκυσθεὶς διέφθειρεν.   Cf. Plut. de Sollert. Animal.
984, Conuiu. Sapient. 163.   Sed Lycurgum aliquem inter hos fuisse
non reperio.   Ceterum Aristotelis codices πενθαλίδας uel πενταλίδας exhibent, quod sane ad Penthiladen Pentheliden Penteliden (sic
enim scriptum est in Ibidis codicibus) proxime accedit. Iam Penthilus
filius Erigones (Tzetz. ad Lyc. 1374): Erigone autem alia, filia Icarii,
paulo post inducitur (613): quo filo interdum conectuntur Ibidis historiae.
Historia quamquam periit, potuit huiusmodi aenigma subesse ; talis
teli plaga te maneat qualis Lycurgum, qui cum nouum genus teli in
supplicium reorum excogitasset, hoc proprio inuento et quasi quadam
prole sua extinctus est.   Sic Θηρικλέους τέκνον culicem a Thericle reper-
tam uocabant teste Photio in Lex. s. u.   Vide Excursum.   **609.
Milon.** Val. Max. ix. 12. 9 Ext. *Milo Crotoniates, cum iter faciens
quercum in agro* cuneis adactis fissam *uidisset, fretus uiribus, accessit
ad eam, insertisque manibus diuellere conatus est : quas arbor excussis
cuneis in suam naturam reuocata compressit, eumque cum tot gymnicis
palmis lacerandum feris praebuit.* Gell. xv. 16, Strab. 263, Paus. vi.
14. 2.   Vide Mayor ad Iuuen. x. 10.   **fissile** 'wedge-split.' G. i. 144
Nam primi cuneis scindebant fissile lignum. Aen. vi. 181 *cuneis et fissile
robur.*   **610. captas.** Gell. xv. 16 *Quercus autem in duas diducta
partes, cum ille, quasi perfecto quod erat conixus, manus laxasset, cessante
ui rediit in naturam,* manibusque eius retenti inclusisque *stricta
denuo et cohaesa dilacerandum hominem feris praebuit.*   **611. Icarus.**
Hyg. 130 *Cum Liber pater ad homines esset profectus, ut suorum fructuum
suauitatem atque iucunditatem ostenderet, ad Icarium et Erigonam in
hospitium liberale deuenit. iis utrem plenum uini muneri dedit iussitque
ut in reliquas terras propagarent. Icarius plaustro onerato cum Erigone
filia et cane Maera in terram Atticam ad pastores deuenit et genus*

suauitatis ostendit. pastores cum immoderatius biberent ebrii facti conciderunt, qui arbitrantes Icarium sibi malum medicamentum dedisse fustibus eum interfecerunt. Icarus pro solito Graecorum *Icarius*, et hic et M. x. 450 posuit, quod monuit Buntius ad Hyg. 130. Fluctuasse Romanos indicio est Hygini cod. Frisingensis qui in 224 *Icarus Icari Icarus* ter exhibet, teste M. Schmidtio. in quem. Vsitatior datiuus post *inferre.* 613. dolore necis patriae. Hyg. 130 *Icarium autem occisum canis ululans Maera Erigonae monstrauit ubi pater insepultus iaceret. quo cum uenisset, super corpus parentis in arbore suspendio se necauit.* Eadem historia in scholiis Arateorum Germanici p. 66 Breysig. 614. Vincula per laquei. M. xiv. 735 *Cum foribus laquei religaret uincula summi.* 615. Obstructoque. Primus Const. Fan. Hecatost. 9 interpretatus est de Pausania rege Spartanorum ex Thuc. i. 134 Καὶ ἐς οἴκημα οὐ μέγα, ὃ ἦν τοῦ ἱεροῦ, ἐσελθὼν ἵνα μὴ ὑπαίθριος ταλαιπωροίη, ἡσύχαζεν (Pausanias). οἱ δὲ τὸ παραυτίκα μὲν ὑστέρησαν τῇ διώξει, μετὰ δὲ τοῦτο τοῦ τε οἰκήματος τὸν ὄροφον ἀφεῖλον καὶ τὰς θύρας ἔνδον ὄντα τηρήσαντες αὐτὸν καὶ ἀπολαβόντες εἴσω ἀπῳκοδόμησαν, προσκαθεζόμενοί τε ἐξεπολιόρκησαν λιμῷ. Καὶ μέλλοντος αὐτοῦ ἀποψύχειν ὥσπερ εἶχεν ἐν τῷ οἰκήματι αἰσθόμενοί τε ἐξάγουσιν ἐκ τοῦ ἱεροῦ ἔτι ἔμπνουν ὄντα καὶ ἐξαχθεὶς ἀπέθανε παραχρῆμα. Idem narrant Lycurgus c. Leocr. 132, Corn. Nep. Paus. v, Diod. xi. 45, Polyaen. viii. 51. limine tecti. Nep. Paus. v *In aedem Mineruae, quae Chalcioecos uocatur, confugit. hinc ne exire posset, statim ephori ualuas eius aedis obstruxerunt tectumque sunt demoliti, quo celerius sub diuo interiret.* Miror in nullo codice scriptum uideri templi. 616. parens. Nep. Paus. l. c. *Dicitur eo tempore matrem Pausaniae uixisse eamque iam magno natu, postquam de scelere filii comperit, in primis ad filium claudendum lapidem ad introitum aedis attulisse.* Cum Ouidio facit Diodorus xi. 45 qui dicit ephoros Pausaniae matrem rogasse num eum punirent, hanc nihil dixisse sed laterem ad templi introitum uexisse, et abiisse : tum Lacedaemonios matris secutos iudicium ostium aedis obstruxisse. Addit Polyaenus viii. 51 cum primum laterem mater Theano aduexisset, ceteros pro se quemque laterem adposuisse. 617. Ex Pausaniae caede transitur ad Palladium per simulacra. Nam ut expiaretur Pausaniae caedes Lacedaemonii *duas aeneas eius imagines* in templo sacrauerunt. Thuc. i. 134. Sed et *Theano* commune nomen utriusque historiae : nam Tzetzes ad Lyc. 658 tradit Vlixen Palladium surripuisse dono Antenoris, cuius uxor Theano Mineruae sacerdos esset. Illius *Vlyssis* qui cum Diomede Palladium rapuit Aen. ii. 164 sqq. *Tydides sed enim scelerumque inuentor Vlixes, Fatale adgressi sacrato auellere templo Palladium, caesis summae custodibus arcis, Corripuere sacram effigiem, manibusque cruentis Virgineas ausi diuae contingere uittas,* ubi Seruius *Diomedes et Vlixes ut alii dicunt cuniculis ut alii cloacis ascenderunt arcem, et occisis custodibus sustulere simulacrum. qui cum reuerterentur ad naues, Vlixes, ut sui tantum operis uideretur effectus, uoluit sequens occidere Diomedem; cuius ille conatum cum ad umbram lunae notasset, religatum prae se usque ad castra Graecorum egit : ideo autem hoc negotium his potissimum datur, quia cultores fuerunt Mineruae.* Hoc igitur inprecatur Ibidi, ut fortuna utatur Vlixis rapientis Palladium ; per angustias et stercus accedas, ut Vlixes et Diomedes ap. Sophoclis Λακαίνας fr. 337 Στένην δ' ἔδυμεν ψαλίδα κοὐκ ἀβόρβορον; partes agas secundas, et terga praebeas alteri, sicut Vlixis super umeris Diomedes in aedem Mineruae iter penetrauit, nec Vlixem post se adtraxit (Conon xxxiv) ; decipiaris, ut Vlixi Diomedes ementiebatur non uerum se Palladium surripuisse, ne is sibi gloriam furti per insidias adsumeret ; fraudem frustra cupias ulcisci, nec nisi cum ignominia et indignissima coactus pati a sacrilego facinore reuertaris. Conon. ib. Notum est prouerbium Διομηδεία ἀνάγκη, quod ad hanc Vlixis cum Diomede expeditionem referebant. **simulacra.** Palladii et ἀρχέτυπον et imago seruabatur Troiae, Dionys. Antiq. Rom. i. 69 ap. Kinkel Ep. Fragm. p. 50. Sed Ouidius solet pluraliter *simulacra* ponere ubi unum tantum intelligitur, M. x. 280. **618. Aulidis a portu** struendum cum **iter,** non cum **uertit.** 'May you suffer the fate of the ravisher of the Palladium, who turned aside the ill-considered journey from Aulis' harbour.' Videtur tempus respicere quo Agamemnoni in Aulide tempestatibus per iram Dianae retento,*cum Calchas scelus* (ceruae uiolatae) *respondisset aliter expiari non posse nisi Iphigeniam filiam immolasset* et *re audita Agamemnon recusare* coepisset, Vlysses eum consiliis ad rem pulcram transtulit, et *cum Diomede ad Iphigeniam missus est adducendam, qui cum ad Clytaemnestram matrem eius uenissent, ementitur Vlysses eam Achilli in coniugium dari* (Hyg. 98). leue iter est Agamemnonis et Graecorum ex Aulide, quod inconsiderate parabant facere obstante Diana ac tempestatibus: Cic. de diuin. i. 16. 29 *quod eodem modo euenit Agamemnoni : qui cum Achiui coepissent* Inter sese strepere aperteque artem obterere extispicum, Soluere imperat secundo rumore aduersaque aui. Hoc iter Vlysses **uertit,** h.e. fecit ut ab eo reuerterentur neque ante temptarent quam placata dea esset. Nec temere Vlysses sic inducitur, nam et in hoc incepto ut in Palladio furando et in Palamedis morte cum Diomede coniungitur. **a portu.** Hesych. ἐς Αὐλίδα· ἐς λιμένα. Sen. Med. 622 *Aulis amissi memor inde regis Portubus lentis retinet carinas stare querentes.* **uertit iter.** Aen. v. 22 *superat quoniam fortuna sequamur, Quoque uocat, uertamus iter.* Tib. i. 2. 46 *Fluminis haec rapido carmine uertit iter.* Met. ii. 730 *Vertit iter caeloque petit terrena relicto.* Pont. iv. 4. 20 *Ad gentes alias hinc dea uertit iter.* 6. 46 *Ister In caput Euxino de mare uertet iter.* Tac. Hist. ii. 2 *Fuere qui accensum desiderio Berenices reginae uertisse iter crederent.* Iustin. xxiv. 6 *Delphos iter uertit.* Ex quibus apparet *uertere iter* non esse i. q. iter dirigere, sed aut regredi aut certe iter ab alia regione in aliam mutare. An potius significatur *Acamas,* filius Thesei, frater Demophoontis ? Hic enim antequam Graeci ex Aulide classem soluerent, missus est Troiam cum Diomede Helenam repetiturus (Parthen. Erot. xvi, Tzetz. ad Lyc. 447, 495), ibique cum Laodice rem habuit. Quo ex itinere cum redisset ἄπρακτος, merito dicendus erat leue, h. e. inutile **iter uertisse.** Iam hic idem Acamas cum inter eos fuerit qui Athenis egressi Graecos cum Palladio redeuntes Troia adorti sunt (Eustath. 1419. 55, quem locum in Excursu addidi), quamuis id inuitus fecerit, uiolauit simulacra Mineruae. *Illius exemplo* significat mortem qua Acamas periit; nam cum post deceptam Phyllidem in Cyprum uenisset, ibi incitati uehementius equi tergo delapsus gladio suo transfigitur (Tzetz. ad Lyc. 495). **619. Naupliadae.** Palamedis, filii Nauplii. Hyg. 105 *Vlysses quod Palamedis Nauplii filii dolo erat deceptus, in dies machinabatur, quomodo eum interficeret. tandem inito consilio ad Agamemnonem militem suum misit, qui diceret ei, in quiete uidisse, ut castra uno die mouerentur. id Agamemnon uerum existimans castra uno die imperat moueri. Vlysses autem clam noctu solus magnum pondus auri, ubi tabernaculum Palamedis fuerat, obruit ; item epistulam conscriptam Phrygi captiuo ad Priamum dat perferendum, militemque suum priorem mittit, qui eum non longe a castris interficeret. postero die cum exercitus in castra rediret, quidam miles, epistulam, quam Vlysses scripserat, super cadauer Phrygis positam ad Agamemnonem attulit, in qua scriptum fuit : PALAMEDI A PRIAMO MISSA, tantumque ei auri pollicetur, quantum Vlysses in tabernaculo obruerat, si castra Agamemnonis ut ei conuenerat proderet. itaque Palamedes cum ad regem esset productus et factum negaret, in tabernaculum eius ierunt et aurum effoderunt. quod Agamemnon ut uidit uere factum esse credidit. quo facto Palamedes dolo Vlyssis deceptus ab exercitu uniuerso innocens occisus est.*

Tragoedias de Palamede scripserunt Aeschylus Sophocles Euripides
Astydamas, cf. Seru. ad Aen. ii. 82, Philostr. Heroic. 714 ἀλλ' ἔφθησαν
αὐτὸν αἱ Ὀδυσσέως μηχαναὶ σοφῶς ξυντεθεῖσαι καὶ χρυσοῦ μὲν ἥττων ἔδοξε,
προδότης τε εἶναι κατεψεύσθη, περιαχθεὶς δὲ τὼ χεῖρε κατελιθώθη, βαλλόντων
αὐτὸν Πελοποννησίων τε καὶ Ἰθακησίων. ἡ δὲ ἄλλη Ἑλλὰς οὐδὲ ἑώρα ταῦτα,
ἀλλὰ καὶ δοκοῦντα ἀδικεῖν ἡγάπα. ὠμὸν καὶ τὸ ἐπ' αὐτῷ κήρυγμα· μὴ γὰρ θάπτειν
τὸν Παλαμήδην μηδὲ ὁσιοῦν τῇ γῇ, ἀποθνήσκειν δὲ τὸν ἀνελόμενόν τε καὶ θάψαντα.
621, 2. Historia ignota, et nominibus incerta.   Quam nunc coniecturam
propositurus sum, pendet ex Diod. i. 88, ubi de Aegyptiis dicens haec
habet. Τοὺς δὲ πυρροὺς βοῦς συγχωρηθῆναι θύειν διὰ τὸ δοκεῖν τοιοῦτον τῷ χρώματι
γεγονέναι Τυφῶνα τὸν ἐπιβουλεύσαντα μὲν Ὀσίριδι, τυχόντα δὲ τιμωρίας ὑπὸ τῆς
Ἴσιδος διὰ τὸν τἀνδρὸς φόνον.   Καὶ τῶν ἀνθρώπων δὲ τοὺς ὁμοχρωμάτους τῷ
Τυφῶνι τὸ παλαιὸν ὑπὸ τῶν βασιλέων φασὶ θύεσθαι πρὸς τῷ τάφῳ τοῦ Ὀσίριδος·
τῶν μὲν οὖν Αἰγυπτίων ὀλίγους τινὰς εὑρίσκεσθαι πυρροὺς, τῶν δὲ ξένων τοὺς
πλείους· διὸ καὶ περὶ τῆς Βουσίριδος ξενοκτονίας παρὰ τοῖς Ἕλλησιν ἐνισχῦσαι
τὸν μῦθον, οὐ τοῦ βασιλέως ὀνομαζομένου Βουσίριδος, ἀλλὰ τοῦ Ὀσίριδος τάφου
ταύτην ἔχοντος τὴν προσηγορίαν κατὰ τὴν τῶν ἐγχωρίων διάλεκτον. Plut. de Is.
et Osir. xxxiii Τυφῶνα δὲ πᾶν τὸ αὐχμηρὸν καὶ πυρῶδες καὶ ξηραντικὸν ὅλως καὶ
πολέμιον τῇ ὑγρότητι.   Διὸ καὶ πυρρόχρων γεγονέναι τῷ σώματι καὶ πάρωχρον
νομίζοντες οὐ πάνυ προθύμως ἐντυγχάνουσιν οὐδὲ ἡδέως ὁμιλοῦσι τοῖς τοιούτοις
τὴν ὄψιν ἀνθρώποις· τὸν δὲ Ὄσιριν αὖ πάλιν μελάγχρουν γεγονέναι μυθολογοῦσιν,
ὅτι πᾶν ὕδωρ καὶ γῆν καὶ ἱμάτια καὶ νέφη μελαίνει μιγνύμενον. Hinc edocemur
homines rufo colore odio fuisse Aegyptiis, et antiquitus ad sepulcrum
Osiridis immolatos tamquam inimicum eius Typhona qui ipse rufus
esset referentes ; praeterea hoc colore qui essent, uelut externos notari
ab Aegyptiis, nec libenter adiri solitos.   Haec poëtam sic adumbrare
censeo ut Aethalos sit i. q. πυρρόχρως, hoc autem nomine uniuersa gens
τῶν πυρρῶν, id quod solet in mythis fieri, denotetur. Hunc **Aethalon**
siue externum **hospes** suus Aegyptius **in** Isidis templo fertur coniectis
telis (625) occidisse ; unde institutum ut qui simili specie essent a ritu
deae arcerentur.   **621. uita spoliauit**, interfecit. Aen. vi. 168
Postquam illum uita *uictor* spoliauit *Achilles.* Iustin. xvi. 4 *spoliatos*
fortunis uita *quoque* spoliauit. xxxv. 1 *uictumque* uita *pariter ac regno*
spoliat.   **in Isidis** templo. Callim. Ep. 57. 1 Ἰναχίης ἔστησεν ἐν Ἴσιδος.
622. memor, ut memoria facti extet 'recording' siue 'in record of the
event.' Io sic ĭ correpta legitur Her. xiv. 103 *Quae tibi causa fugae ?*
quid Io freta longa pererras ? 'quamquam libellus iste, qualis nunc
quidem fertur, adeo omnis generis ineptiis dissonantiisque scatet, uix
quidquam ut indignum uideatur eius auctore.' Luc. Mueller de re
Metrica p. 247, quocum facit etiam A. Palmer. Sed in Ibidis uersu
nonnulli codices habent *ion.* Cf. Varro L. L. viii. 22 *huius Artemidori et*
huius Ionis et huius Ephesii : sic in casibus aliis. Quo retento, scriptoque in
u. 621 *Isindius* uel *Sindius*, sic interpretaberis, ut credas Isindium aliquem
(Steph. B. Ἴσινδος, πόλις Ἰωνίας. ὁ πολίτης Ἰσίνδιος, cf. s. u. Ἀμβλαδα
et Σινδία) hospitem Aethalon uel Attalon occidisse ; cuius facti memores
Ionas a festo Panioniorum Isindios arcuisse. Panionia Strabonis
aetate nondum haberi desierant 384, 639 : cf. Philostr. Vit. Apollon. 143
p. 66 Kayser.   **623, 4.** Historia ex Odyssia sumpta, leuiter tamen
immutata : **parens** enim hic est quae in Odyssia *nutrix.*   **623. Vtque**
Vlyssem **tenebris latentem a Melantha caede** conuertentem se in
obscuriorem partem atrii ne, si agnitus fuisset, intelligeretur caedes
quam Melanthio parabat, **ipsa parens** Anticlea **prodidit** indicauit quis
esset **officio luminis** cum foci lumine cicatricem uidisset.   **623.**
Melanthea. Melanthius siue Melantheus (Od. xvii. 212 υἱὸς Δολίοιο
Μελανθεύς) caprarius Vlyssis quem cum ancillis Penelopes Vlysses interfecit Od. xxii. 474.   **tenebris**, nam ut foco adsidebat Vlysses, ad
tenebras se conuertit, ne agnosceretur cicatrice dum a nutrice lauatur.

Od. xix. 386 γρηὺs δὲ λέβηθ' ἔλε παμφανόωντα. Τοῦ πόδαs ἐξαπένιζεν, ὕδωρ δ' ἐνεχεύατο πουλὺ Ψυχρόν, ἔπειτα δὲ θερμὸν ἐπήφυσεν· αὐτὰρ Ὀδυσσεὺs Ἷζεν ἐπ' ἐσχαρόφιν, ποτὶ δὲ σκότον ἐτράπετ' αἶψα. Αὐτίκα γὰρ κατὰ θυμὸν ὀἴσατο, μή ἑ λαβοῦσα Οὐλὴν ἀμφράσσαιτο καὶ ἀμφαδὰ ἔργα γένοιτο. **a caede latentem** durius dictum de eo qui se occultat ne prodatur caedes quam parat. An ex memoria dixit poeta? ut putaret Vlyssem lotum fuisse *postquam* Melanthium necasset. Nam et in eo quod parens Vlyssem, non nutrix lauat, alios secutus est, non Homerum. **624. Prodidit.** Od. xix. 473 Ἀψαμένη δὲ γενείου Ὀδυσσῆα προσέειπεν. Ἦ μάλ' Ὀδυσσεύς ἐσσι, φίλον τέκος· οὐδέ σ' ἔγωγε Πρὶν ἔγνων πρὶν πάντα ἄνακτ' ἐμὸν ἀμφαφάασθαι. Quae uerba ut locuta est, Penelopen intuens iam iam significatura erat rediisse Vlyssem, nisi is dextra os nutricis occlusisset, his additis 482 Μαῖα, τίη μ' ἐθέλεις ὀλέσαι; **officio** ope, ut M. xii. 91 *remouebitur omne Tegminis officium, tamen indestrictus abibo.* **parens,** immo nutrix, Od. xix. 354, quae apud Homerum Euryclea audit 357. Atqui ap. Cic. Tusc. Disp. v. 16. 46 Anticlea Vlixi pedes abluens inducitur ex Niptris Pacuuii. Itaque siue Pacuuium siue Ciceronem errasse credideris, habes cur *parens* haec in Ibidis uersu uocata sit : nam mater Vlyssis Anticlea. **626. auxiliis,** iis qui tibi opitulari debuerant. **627, 8. Qualis nox acta est Phrygi timido** Doloni equos pacto quos f. a. **Achilles** postquam pactus esset cum Hectore ut ab eo equos Achillis acciperet, si ex Graecorum castris certum nuntium reportasset eos fugam meditari (Il. x. 309, 321-323), **nox tibi talis eat,** hoc modo agatur. Dolon, Troianus, Eumedis filius, Ὃs δή τοι εἶδος μὲν ἔην κακός, ἀλλὰ ποδώκης, noctu egressus ex suis ab Vlysse et Diomede nequiquam fugiens deprehenditur (Il. x. 322 sqq.). Orantem ne pereat interrogant de Troianorum fortuna, et quem quisque ordinem teneat ; tum compertis quae ibi agebantur, Diomedes interficit. **627. equos pacto.** Il. x. 321 καί μοι ὄμοσσον Ἦ μὲν τοὺς ἵππους τε καὶ ἅρματα ποικίλα χαλκῷ Δωσέμεν, οἳ φορέουσιν ἀμύμονα Πηλείωνα. **628. timido.** Il. x. 374 ὁ δ' ἄρ' ἔστη ταρβήσέν τε Βαμβαίνων, ἄραβος δὲ διὰ στόμα γίγνετ' ὀδόντων, Χλωρὸς ὑπαὶ δείους. **629. Rhesus** de quo Dolon interrogatus ab Vlysse haec retulerat Il. x. 435 Ἐν δέ σφιν Ῥῆσυς βασιλεύς, πάις Ἠϊονῆος, Τοῦ δὴ καλλίστους ἵππους ἴδον ἠδὲ μεγίστους· Λευκότεροι χιόνος, θείειν δ' ἀνέμοισιν ὁμοῖοι. **somno meliore quiescas.** Rhesum inter comites Thracas dormientem cum duodecim ex suis interfecti Diomedes ; equos eius iuxta dominum religatos Vlysses abegit Il. x. 473, 4, 488, 498. **630. Quam comites Rhesi tum necis, ante uiae.** Notandus duplex genitiuus ex uoce **comites** pendens, quam nolui immutare, quamuis *Rheso* Merkelius ex coniectura posuerit, et datiuum personae post *comites* plerumque praeferat Ouidius. Cic. de Amic. xi. 37 *Non enim paruit ille Ti. Gracchi temeritati, sed praefuit, nec se comitem illius furoris, sed ducem praebuit.* **tum necis, ante uiae.** Necis, cum leto datus est, uiae, cum simul aduentabant ex Thracia. Il. x. 434 Θρήικες οἶδ' ἀπάνευθε νεήλυδες, ἔσχατοι ἄλλων, Ἐν δέ σφιν Ῥῆσος βασιλεύς, πάις Ἠετίωνος. Plerique codd. habent *ante diem,* satis commode ad sensum : nam noctu Rhesus occisus est, et reuersis domum Vlysse ac Diomede Ἠὼς ἐκ λεχέων παρ' ἀγαυοῦ Τιθωνοῖο Ὤρνυθ' Il. xi. 1. Hoc retento scribendum erit *Quam comites Rhesi, tu, necis ante diem,* neque omni ui caret *tu* ἐμφατικὸs sic repetitum : quamquam Ouidium ita scripsisse non crediderim. **631. quos.** Aen. ix. 315 *multis tamen ante futuri Exitio.* Niso tres famuli Ramnetis, Remus cum armigero et auriga, Lamyrus Lamus Serranus ; Euryalo Fadus Herbesus Rhoetus Abaris sternuntur. **Ramnete.** Aen. ix. 324 *simul ense superbum Ramnetem aggreditur, qui forte tapetibus altis Exstructus toto proflabat pectore somnum, Rex idem et regi Turno gratissimus augur, Sed non augurio potuit depellere pestem.* **632. Hyrtacides** Nisus. Aen. ix. 176 *Nisus erat portae custos, acerrimus armis, Hyrtacides.* Hinc **inpiger** dicitur.

comes Euryalus. Aen. ix. 179 *Et iuxta* comes *Euryalus.* **633. Cliniadae** Alcibiadis, Cliniae filii. **circumdatus ignibus atris.** Corn. Nep. Alcib. x *Itaque misit* (Pharnabazus) *Susamithren et Bagaeum ad Alcibiadem interficiendum, cum ille esset in Phrygia iterque ad regem compararet. missi clam uicinitati, in qua tum Alcibiades erat, dant negotium ut eum interficiant. illi cum ferro aggredi non auderent,* noctu ligna contulerunt circa casam eam in qua quiescebat, *eaque succenderunt, ut incendio conficerent, quem manu superari posse diffidebant. ille autem ut sonitu flammae est excitatus, etsi gladius ei erat subductus, familiaris sui subalare (?subulare) telum eripuit. namque erat cum eo quidam ex Arcadia hospes, qui numquam discedere uoluerat. hunc sequi se iubet et id quod in praesentia uestimentorum fuit, arripit. his in ignem eiectis flammae uim transiit. quem ut barbari incendium effugisse uiderunt, telis eminus missis interfecerunt, caputque eius ad Pharnabazum retulerunt**. Idem tradit Diodorus xiv. 11, Plutarchus Alc. xxxix ; hic tamen alios dicit narrasse Alcibiadem a fratribus mulierculae quam rapuisset confossum telis, dum incensa casa fugam pararet. Paulo aliter Iustinus v. 8 *Quem cum profectum ad Artaxerxen Persarum regem conperisset, citato itinere miserunt, qui eum interciperent : a quibus occupatus, cum occidi aperte non posset, uiuus in cubiculo, in quo dormiebat, crematus est.* Ignes **atri** dicuntur tamquam fumo pleni. Vide Coningtonem ad Aen. iv. 384. **634. semicremata** ἡμίφλεκτα. Sic de Hercule Lucianus Dial. Mort. xiii. 2 Πρῴην ἀνῆλθες ἡμίφλεκτος ὑπ' ἀμφοῖν διεφθαρμένος τὸ σῶμα, καὶ τοῦ χιτῶνος καὶ μετὰ τοῦτο τοῦ πυρός. **Stygiae neci** 'So that thou mayst halfe burned beare thy members to thy grave.' T. Vnderdown. Merkelius comparat M. iii. 694 *cruciataque diris Corpora tormentis Stygiae demittite morti.* **635. Remo.** Liu. i. 7 *Vulgatior fama est ludibrio fratris Remum nouos transiluisse muros, inde ab irato Romulo, cum uerbis quoque increpitans adiecisset, 'Sic deinde quicunque alius transiliet moenia mea' interfectum.* Alii, ab iis qui cum Romulo erant, Ouidius F. iv. 843, a Celere, quem urbi condendae praefecerat, interfectum Remum tradiderunt. **636. rustica,** F. iv. 809 *omne* Pastorum *gemino sub duce uulgus erat. Contrahere* agrestes *et moenia ponere utrique Conuenit : ambigitur, moenia ponat uter.* Ibi Ouidius dicit Celerem *rutro*, quod est instrumentum agrestium, Remum oppressisse (843). **638. his . . locis** hac regione Ponti. **639-644.** 'These things in sodain mode thus pend to thee directed be, That thou neede not complayne that I unmindefull am of thee. They are but few, I graunt, but God can geue my prayers more, And with his fauor my requestes can multiply with store. Hereafter thou much more shalt reade wherin shalbe thy name:

---

* Similis fuit mors imperatoris Romani Valentis post pugnam ad Hadrianopolim A.D. 378. Gibbon, Decline and Fall, c. xxvi, 'By the care of his attendants, Valens was removed from the field of battle to a neighbouring cottage, where they attempted to dress his wound, and to provide for his future safety. But this humble retreat was instantly surrounded by the enemy : they tried to force the door ; they were provoked by a discharge of arrows from the roof, till at length, impatient of delay, they set fire to a pile of dry faggots, and consumed the cottage with the Roman Emperor and his train.' Estque dignum notatu quoties in proeliis et rebus gestis Gothorum mortes Ibidis ac supplicia renouentur. Sic Tydeus Menalippi caput exsorbens similem sui habet Saracenum illum ap. Amm. Marc. xxxi. 16 *Crinitus quidam nudus omnia praeter pubem, subraucum ac lugubre strepens, educto pugione agmini se medio Gothorum inseruit et interfecti hostis iugulo labra admouit, effusumque cruorem exsuxsit.* Sic Mettii Suffetii poenam Hermanricus rex Gothorum imitatus est cum *quamdam mulierem Suanihildam nomine equis ferocibus illigatam incitatisque cursibus per diuersa diuelli praecepisset.* Iordan. de Get. Orig. xxiv. Sic Sardanapalli funus cum carissimis suorum repraesentant exsequiae Attilae *cum sepelientibus sepulti* (Iordan. xlix), et Hunnorum (Procop. Bell. Pers. i. 3).

170 COMMENTARIVS.

And in such verse as men are wont such cruell warres to frame.' T. Vnderdown. **639. sint missa,** missa habeto. **tantisper** refertur ad
tempus quo aliud et longius et iambis scriptum poema ad inimicum
missurus sit. Tusc. Disp. v. 7. 20 *Sed uidero quid efficiat.* Tantisper
hoc ipsum magni aestimo, quod pollicetur (Roby, Lat. Gram. ii. 1485),
'for the present,' 'in the meanwhile.' **subito** 'hasty,' 'extemporized.'
Her. iii. 103 *ossa uiri* subito *male tecta sepulcro,* ubi A. Palmer affert
F. vi. 532 *liba Traditur in* subito *cocta dedisse foco.* **641. rogatis**
quam quae ab iis rogaui. **642. fauore** 'countenance,' 'good will.'
uota fauore mea, clausula uere Ouidiana. **644. pede** scripta *ἰάμβοις.*

EXCVRSVS.

Ad Ib. **99**. Quisquis ades sacris, lugubria dicite uerba.
Optime haec illustrantur iis quae de Lindiorum sacris tradit Lactantius i. 21 *Non εὐφημίᾳ sed maledictis et exsecratione celebrantur,* eaque pro uiolatis habent, si quando inter sollemnes ritus uel imprudenti alicui exciderit bonum uerbum.
Ad **287**. Aut uelut †Eurylochi, qui sceptrum cepit ab illo,
Sint artus auidis anguibus esca tui.
Codices *Eurilocum* hunc plerique nominant, unus Turonensis habet *Yrioni*. Εὐρυλόχου τοῦ Θεσσαλοῦ mentionem fecit Strabo 418 ubi dicit eum κατὰ τὸν Κρισαῖον πόλεμον fuisse, iterum 421 μετὰ τὸν Κρισαῖον πόλεμον οἱ Ἀμφικτύονες ἱππικὸν καὶ γυμνικὸν (ἀγῶνα) ἐπ' Εὐρυλόχου διέταξαν στεφανίτην καὶ Πύθια ἐκάλεσαν. Eiusdem meminit Schol. Pind. Pyth. p. 298 Boeckh ubi citantur tres hexametri Euphorionis, quibus ὁπλότερος Ἀχιλεὺς dictus est. Ibi Meinekius (Anal. Alex. p. 95) 'Crisaei quum iniustius uectigalia exigerent ab iis, qui oraculum consulturi Delphos proficiscerentur, tandem Eurylochus Larisaeus extitit, qui eorum temeritatem comprimeret et debellatis Crisaeis, longo tempore intermissam Pythiorum solennitatem instauraret Olymp. xlvii.' Eodem refert Polyaeni narrationem vi. 13, ubi dicitur Eurylochus Amphictyonibus suasisse ut aquam quae in Crisaeorum urbem cuniculo influeret helleboro corrumperent : quo facto urbem cepisse. Sed hic cum Ol. xlvii uixerit, nec quisquam tradat anguibus consumptum fuisse, non potest is esse de quo dixit Ouidius.
Neque uero ad Thessaliam pertinet is Eurylochus qui Cychrea interfectorem (Diod. iv. 72, Tzetz. ad Lycoph. 110), vel expulsorem (Strab. 393) draconis Salaminii, ipse post expulit et in regnum Salaminis receptus est. Quamquam aliis testibus, Stephano Byz. s. u. Σαλαμίς, Eustath. ad Dionys. Perieg. 512, Cychreus hic ipse propter morum asperitatem Ὄφις cognominatus ab Eurylocho pulsus Salamine fuit. Neque absurdum qui talia fecisset, eum anguibus deuoratum memorari. Vide Mein. Anal. Alex. p. 52.
Superest ut meam sententiam de uersu firmem argumentis. Nam qui Triopas est Hygino P. A. i. 14, is modo natus (Diod. iv. 58) modo pater (Hom. H. ii. 211, Hyg. P. A. 14) dicitur Phorbantis, quem Rhodii a Thessalia arcessiuerunt ut angues perimeret (Diod. v. 58). Hunc Hyginus narrat et ipsum, sicut Triopam, a nonnullis pro Ophiucho habitum esse (P. A. i. 14). Atqui Phorbas, Lapithae et Orsinomes filius, nepos *Eurynomi* fuit (Diod. iv. 69). Itaque Eurynomus auus Phorbantis, proauus Triopae : unde non inepte conicias aut ad hunc tralatam fuisse fabulam de anguibus, aut ipsum Triopam proaui nomine a nonnullis appellatum fuisse. Nam non deerant qui Eurynomum socium facerent Phorbantis, non propinquum (Schol. Ven. Hom. Il. xviii. 483). Certe non multum a scriptura T *Yrioni* hoc nomen *Eurynomi* distat.
Ad **293, 4**. Si per codices liceat, bene de Eryce interpreteris, quem Hercules τρὶς περιγενόμενος κατὰ τὴν πάλην (Apollod. ii. 5. 11) occidit et ex alto praecipitauit (Tzetz. ad Lyc. 866). Et uictus quidem scriptum est in T. Sed non multum praesidii habebis ex scriptura G ethreclides,

quamquam potuit Eryx Erechthides uocari, siue quod Ποσειδῶνος
'Ερεχθέως (Tzetz. ad Lyc. 158, Hesych. 'Ερεχθεὺς Ποσειδῶν ἐν 'Αθήναις) ex
Venere, siue quod Butae filius habitus est (Seru ad Aen. v. 24).
Nam Pandionis, regis Atheniensium, filii Butes, Erechtheus ; Erechthei autem
fratris natam, Chthoniam, duxit Butes ; (Apollod. iii. 14 et 15): Eryx
igitur, si huius Butae filius habitus est a scriptore Ibidis, (et potuit, nam
Butes is quem Apollonius inter Argonautas recenset i. 95 et Atheniensis
filius fuit et a Venere Erycina ex mari, in quod se coniecerat ut Sirenas
adiret, dicitur seruatus fuisse iv. 910 sqq., cf. Seru. ad Aen. v. 24,) Erechthides iure suo uocari meruit.   Colebanturque uicinis aris Poseidon cum
Erechtheo et Butes Athenis teste Paus. i. 26. 5.

An retinendum est Echecratides et ea significatione explicandum qua
Euphorion κακοζήλως Iasonem ναυαγὸν dixit quasi ναῦν ἄγοντα, oliuam
γλαυκώπιδα, aratrum ἐνοσίχθονα, Dionysius tyrannus uirginem μένανδρον,
columnam μενεκράτην, iaculum βαλλάντιον, murium latibula μυστήρια,
(Meinek. An. Alex. p. 136)?   Sic Atreus Hector Hippodamia Antenor
Cyclops Diomedes Aristarchus Agesilaus Telemachus pro adiectiuis
usurpata fuisse docet ex Athen. 98, 99 idem Meinekius ad Euphor. fr. 95.
Certe non immerito 'Εχεκρατίδης Eryx uocandus erat qui praepotens
uiribus aduenas caestibus prouocabat uictosque perimebat (Seru. ad Aen.
i. 570) uel uiribus suis fidens legem posuit uenientibus ad se ut secum
caestibus decertarent (Myth. Vat. i. 94). Nam ut Egestiades uel Acestiades
scribam uix adducor.

Ad 307, 8. Incertum est quo pertineat Phot. Bibl. p. 530 Bekker. "Οτι
ὄνομα θεραπαίνης Πηλούσιον ἦν, δι' ἧς ὁ Μολοσσὸς Πύρρος ἀνεῖλε φαρμάκῳ τὴν
μητέρα.   Si ad Pyrrhum II, conicias Olympiadem postquam Tigrin
amicam filii ueneno necasset, ipsam postea a filio ope Pelusii inter-
emptam esse.   Sed hoc discordat cum Ouidio.

Certe non potest nepos dicti modo regis ad Hieronymum, Pyrrhi I
ex filia Nereide nepotem, tyrannum Syracusanum, referri.   Is enim confossus uulneribus periit in turba Leontinis, teste Liuio xxiv. 7.

Sed explicatione Saluagnii inueni quae melius uel certe non minus
locum expedirent.   Lycophron enim, de Vlysse mortuo dicens, haec habet
Al. 799

    Μάντιν δὲ νεκρὸν Εὐρυτὰν στέψει λεώς,
    "Ο τ' αἰπὺ ναίων Τραμπύας ἐδέθλιον,
    'Εν ᾗ ποτ' αὖθις 'Ηρακλῆ φθίσει δράκων
    Τυμφαῖος ἐν θοίνῃσιν Αἰθίκων πρόμος,
    Τὸν Αἰακοῦ τε κἀπὸ Περσέως σπορᾶς
    Καὶ Τημενείων οὐκ ἄπωθεν αἱμάτων.

Ubi Tzetzes ἐν ᾗτινι Τραμπυίᾳ ποτὲ αὖθις, φθίσει καὶ φθερεῖ ἐν θοίναισι καὶ
εὐωχίαις ὁ δράκων ὁ Τυμφαῖος καὶ 'Ηπειρώτης, ἤτοι ὁ Πολυσπέρχων, ὁ πρόμος
καὶ ὁ πρόμαχος τῶν Αἰθίκων καὶ 'Ηπειρωτῶν.   Τίνα φθίσει; τὸν 'Ηρακλέα, τὸν
ἀπὸ τῆς σπορᾶς τοῦ Αἰακοῦ καὶ Περσέως, καὶ οὐ πόρρω τῶν αἱμάτων τοῦ Τημένου.
'Η δὲ ἱστορία τοιαύτη.   'Αλεξάνδρου τοῦ Μακεδόνος καὶ Βαρσίνης τῆς Περσίδος
υἱὸς ἐγένετο καλούμενος 'Ηρακλῆς, ὃν ἀνεῖλε καλέσας εἰς δεῖπνον Πολυσπέρχων ὁ
Τυμφαῖος, Αἰθίκων βασιλεύς, χαριζόμενος Κασσάνδρῳ.   Tum ad δράκων] ὁ Πολυσπέρχων, διὰ τὸ ἰῶδες τῶν φαρμάκων, ὡς φαρμάκοις αὐτὸν ἀνελών.   Et ad 803
τὸν 'Ηρακλῆ τοῦτον ἀπὸ ταύτης λέγει κατάγεσθαι τῆς σειρᾶς, ὅτι ὁ τούτου πατὴρ
'Αλέξανδρος ὁ Μακεδὼν, κατὰ μὲν τὸν πατέρα εἰς 'Ηρακλέα καὶ Περσέα ἀνάγει τὸ
γένος· κατὰ δὲ μητέρα, εἰς Νεοπτόλεμον καὶ 'Αχιλλέα καὶ Αἴακον.

Hunc Heraclem, Barsines et Alexandri Magni filium, ueneno exstinc-
tum in epulis a Polysperconte in gratiam Cassandri (Paus. ix. 7. 2) ab
Ouidio significari credo potuisse his causis.

    1. Aeacidarum gentem, primum Epiri reges, deinde Neoptolemum,
Achillem, Aeacum per matrem attigit.   Nam Plutarcho teste Pyrrh. i.
Νεοπτόλεμος ὁ 'Αχιλλέως λαὸν ἀγαγὼν αὐτός τε τὴν χώραν (Epirum) κάτεσχε

καὶ διαδοχὴν βασιλέων ἀφ᾿ αὑτοῦ κατέλιπε Πυρρίδας ἐπικαλουμένους. Regum
Epiri hoc est stemma (Plut. Pyrr. I, Paus. i. 11. 1, iv. 35. 3)

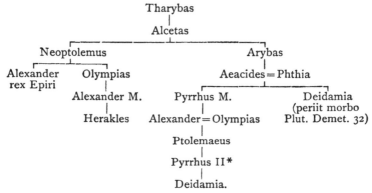

Tharybas
|
Alcetas
|
Neoptolemus   Arybas
|
Alexander   Olympias   Aeacides = Phthia
rex Epiri |
      Alexander M.   Pyrrhus M.   Deidamia
      | | (periit morbo
      Herakles   Alexander = Olympias   Plut. Demet. 32)
                |
             Ptolemaeus
               |
             Pyrrhus II*
               |
             Deidamia.

Olympias mater Alexandri magni, auia Heraclis. Heracles igitur *pronepos* Neoptolemi, regis Epirotarum, quem credibile est Ouidium uerbis dicti modo regis hic significasse. Nam ut per *Achilliden* intellexit Pyrrhum Magnum, ut per *Pyrrhum* Neoptolemum, filium Achillis, sic per *Aeaciden* Neoptolemum regem Epiroticum potuit indicare : quo obscurius fieret aenigma nominum. Quod si uerum est, nata Aeacidae non Deidamia, sed ipsa Olympias fuit, quam capta Pydna propinqui eorum quos interfecerat ingestis siue telis siue, ut Pausanias ix. 7. 3 tradit, saxis necarunt. Sic a Neoptolemi filia Olympiade transitur ad huius ex Alexandro nepotem Heraclem, cui Barsine, mater sua, uenenum, fortasse inscia, tradidisse fingitur.

Quod Heracles Neoptolemi nepos, non pronepos, dicitur, propter in-cestum mutata est necessitudo. Nam cum Neoptolemi filius Alexander, frater Olympiadis, sororis huius filiam Cleopatram duxerit, Neoptolemus quasi pater nepti suae, mox etiam nepotibus, in his Alexandro Magno, habitus est ; unde Heracles, filius Alexandri, et pronepos fuit et nepos potuit existimari. Quod si cui contortius uidebitur, poterit sic explicare ut Heraclem Ouidius putarit Alexandri regis Epirotici, non Alexandri Magni, filium fuisse.

2. *Thessalidum* quod pro *Cantharidum* exhibent nonnulli codices Ibidis conuenit cum Scholiasta Il. ii. 744, quem Potterus laudat ad Lyc. 802 Αἴθικες ἔθνος Θετταλικὸν, ὑπερκείμενον τῆς Ἠπείρου.

3. Mortes Olympiadis et Heraclis eodem modo coniunxit quo Pausanias ix. 7. 2 et Porphyrius Tyrius in Euseb. Chron. p. 232 Tom. i. Schöne, Ἀριδαῖον μὲν οὖν Ὀλυμπιὰς ἔκτεινεν ἡ μήτηρ Ἀλεξάνδρου· αὐτὴν δὲ καὶ τοὺς δύο παῖδας Ἀλεξάνδρου Κάσανδρος ὁ Ἀντιπάτρου ἀναιρεῖ, τὸν μὲν αὐτὸς φονεύσας, τὸν δ᾿ ἐκ Βαρσίνης Πολυσπέρχοντα πείσας.

4. In utraque morte praecipuae partes Polyspercontis fuerunt, si quidem teste Polyaeno iv. 11 Olympias Pydna exire conata est fide signatae anulo Polyspercontis epistulae quam prius Cassander interceperat ; unde spe triremis decepta qua noctu auehenda fuisset, a Polysperconte se delusam credidit ac Pydnam Cassandro tradidit. Quod mors ipsius con-secuta est.

5. Verba Non licet hoc Cereri dissimulare sacrum satis bene ex-

_____

* Hunc Pyrrhum Ptolemaei fratrem, non filium, facit Iustinus xxviii. 3, et Ouidius, si modo hic Pyrrhus est *nepos dicti nostro modo carmine regis.*

174 EXCVRSVS.

plicantur ex Plut. Al. ii. Λέγεται Φίλιππος ἐν Σαμοθράκῃ τῇ Ὀλυμπιάδι συμμυη-
θεὶς αὐτός τε μειράκιον ὢν ἔτι κἀκείνης παιδὸς ὀρφανῆς γονέων ἐρασθῆναι καὶ τὸν
γάμον οὕτως ἁρμόσας, et iis quae ibidem de Olympiade dicit, quod non solum
Cabirorum sed etiam Orphicis et Bacchicis mysteriis initiata fuerit, μᾶλλον
ἑτέρων ζηλώσασα τὰς κατοχὰς καὶ τοὺς ἐνθουσιασμοὺς ἐξάγουσα βαρβαρικώτερον.
Nam Cabirorum mysteria ad Cererem eiusque filios Dardanum et Iasionem
redibant, ut fusius docet Lobeckius Aglaoph. p. 1221 sqq. ex Strab. 198
Ὁμοῖα τοῖς ἐν Σαμοθράκῃ περὶ τὴν Δημήτραν καὶ τὴν Κόρην ἱεροποιεῖται, Schol.
Ap. R. i. 917 Μυοῦνται δὲ ἐν τῇ Σαμοθράκῃ τοῖς Καβείροις, ὡς Μνασέας φησί.
Καὶ τὰ ὀνόματα αὐτῶν ὃ τὸν ἀριθμόν, Ἀξίερος Ἀξιόκερσα Ἀξιόκερσος. Ἀξίερος
μὲν οὖν ἐστιν ἡ Δημήτηρ, Ἀξιόκερσα δὲ ἡ Περσεφόνη, Ἀξιόκερσος δὲ ὁ Ἅιδης, ὁ
δὲ προστιθέμενος τέταρτος Κάσμιλος ὁ Ἑρμῆς ἐστιν.* Itaque εἰρωνικῶς dicit
poëta : 'multa tu quidem, Olympias, mysteriorum ac Cereris nomine
facinora patraras, idque secreto : hoc sacrum, quo initiati te occiderunt,
non iam dissimulandum erit, sed palam enuntiandum, cum auctor tu tot
facinorum moriaris.'
    6. Sic si interpreteris, non turbatur ordo uersuum. Contra si cum
plerisque 305, 6 de Laodamia siue Deidamia, 307, 8 de Pyrrho II intelligas, post commemoratum 301, 2 Pyrrhum Magnum, 303, 4 Pyrrhum
filium Achillis, quasi reditus fit 305, 6 ad Pyrrhi Magni natam, et hinc
307, 308 ad eiusdem Pyrrhi nepotem. Et ne hoc quidem nisi admisso
errore fit : nam ut Pyrrho Magno filia Deidamia siue Laodamia fuerit, ex
uno loco Iustini xxviii. 3 elicitur. Qui cum dicat ex gente regia solam
Nereidem uirginem cum Laodamia sorore superfuisse, e quibus Nereis
nubat Geloni, Laodamia a populo interfecta sit, Pausanias autem vi. 13. 3
et Polybius vii. 4. 5 Pyrrhum M. filiam Nereidem Geloni collocasse
tradant, concludunt Pyrrho alteram filiam Laodamiam fuisse. Atqui
Iustino Nereis et Laodamia solae ex gente regia Epirotarum supererant
post interfectos Ptolemaeum et Pyrrhum Pyrrhi M. nepotes ; quibus
mortuis et matre Olympiade, sic demum Geloni nubit Nereis, Laodamia
interficitur. Itaque Iustinus non Pyrrhi M. filias Nereidem et Laodamiam,
sed multo recentioris habuit, credo Pyrrhi II cui filiam Deidamiam
Pausanias iv. 35. 3 tribuit, additque eam, cum fuerit sine liberis, rem
Epirotarum populo demandasse. Nec tamen infitior potuisse Ouidium
sic errare, cum Aeacides Pyrrhus M. non semel uocatus sit, qui autem
Aeacides uero nomine fuit, et natam Deidamiam habuit (Diod. xvi. 72,
xix. 35) ab Ouidio significari nequeat, siue quod haec Deidamia morbo,
non ui, periit (Plut. Demet. xxxii), siue quod huius Aeacidae nepos nullus
ueneno exstinctus dicitur. Sed esto : non sic errarit poëta, sed Aeacidae
natam intellexerit Pyrrhi II Laodamiam siue quo alio nomine usa est : at
restabit non minus explicatu difficile, quomodo dicti modo regis non ad
proxime praecedentem Aeaciden h. e. Pyrrhum II referatur, sed ad eum
cuius sex ante uersibus mentionem fecit, Achilliden h. e. Pyrrhum Magnum. Nam hic ordo euadit, Pyrrhus M., Pyrrhus Achillis f., Pyrrhi II
filia, Pyrrhus II ipse. Ecquid futtilius magisue praeposterum ?
    Ad 309, 310. Aut pia te caeso dicatur adultera, sicut
              Qua cecidit Leucon uindice dicta piast.
    Dixi cur Scholiastae non adstipulor, Leuconem regem Bosporanum
significari ; nam hic et ad senectutem produxit imperium nec quicquam
de adulterio eius nec de morte quae id ulta sit ab antiquis traditur.
    Alius Leuconis (Schol. Il. ii. 649) siue Leuci extat memoria ap.
Lycoph. 1214–1225.

---

* Ad Cabirorum et Cereris initia non iniuria referas quod idem Plutarchus tradit de
serpente qui Olympiadi accubuerit (Al. ii), et de mansuetis anguibus quos thyrsis et
cistis bacchantium circumplicari instituerit ; nam serpentes Δήμητρος ἀμφιπόλους memorat Strabo 394.

Ἥξει δὲ Κνωσσὸν κἀπὶ Γόρτυνος δόμους
Τοὐμὸν ταλαίνης πῆμα, πᾶς δ' ἀνάστατος
Ἔσται στρατηγῶν οἶκος. οὐ γὰρ ἥσυχος
Πορκεὺς δίκωπον σέλμα ναυστολῶν ἐλᾶ,
Λεῦκον στροβήσων φύλακα τῆς μοναρχίας,
Ψυδραῖσί τ' ἔχθραν μηχαναῖς ἀναπλέκων.
Ὅς οὔτε τέκνων φείσετ' οὔτε συγγάμου
Μήδας δάμαρτος, ἠγριωμένος φρένας,
Οὐ Κλεισιθήρας θυγατρός, ἧς πατὴρ λέχος
Θρεπτῷ δράκοντι συγκαταινέσει πικρόν.
Πάντας δ' ἀνάγνοις χερσὶν ἐν ναῷ κτενεῖ
Λώβαισιν αἰκισθέντας Ὀγκαίου βόθρου.

Vbi Tzetzes Ὁ Λεῦκος τοῦ Χαλκοῦ Τάλου τοῦ Κρητὸς ἦν υἱός, ᾧτινι Ἰδομένευς
τὴν βασιλείαν καὶ τὸν οἶκον παρέθετο, ἐπὶ τὴν Τροίαν ἀπαίρων. Τοῦτον πείθει
Ναύπλιος ἐπιθέσθαι τῇ βασιλείᾳ τοῦ Ἰδομενέως· ὃς τὴν γυναῖκα τοῦ Ἰδομενέως
Μήδαν καλουμένην ἀνεῖλε, καὶ τὴν θυγατέρα Κλεισιθήραν, ἣν ὑπέσχετο αὐτῷ
δώσειν γυναῖκα ἐπειδὰν ἀπὸ τῆς Τροίας ὑποστρέψῃ· ἀνεῖλε δὲ καὶ τοὺς παῖδας
αὐτῆς Ἴφικλον καὶ Λεῦκον. Οὗτος δὲ ὁ Λεῦκος παῖς ὢν ἐξετέθη, ὃν λαβὼν
Ἰδομένευς ἔθρεψε καθ' ἑαυτοῦ· διὸ καὶ θρεπτὸν δράκοντα τοῦτον καλεῖ.
Idem ad Lyc. 384. Τότε δὲ μαθὼν τὴν τοῦ υἱοῦ ἀναίρεσιν ὁ τούτου πατὴρ
Ναύπλιος ἔπλευσε πρὸς τοὺς Ἕλληνας καὶ τὴν τοῦ παιδὸς ἀπῄτει ποινήν.
Ἄπρακτος δὲ ὑποστρέψας, πάντων χαριζομένων τῷ βασιλεῖ Ἀγαμέμνονι, μεθ'
οὗ τὸν Παλαμήδην ἀνεῖλεν ὁ Ὀδυσσεύς, περιπλέων λοιπὸν τὰς Ἑλληνίδας χώρας,
παρεσκεύασε τὰς τῶν Ἑλλήνων γυναῖκας μοιχευθῆναι, οἷον Κλυταιμνήστραν τὴν
τοῦ Ἀγαμέμνονος Αἰγίσθῳ, Αἰγιάλειαν τὴν Διομήδους τῷ υἱῷ τοῦ Σθενέλου, Μήδαν
δὲ τὴν Ἰδομενέως ὑπὸ Λεύκου, ἣν καὶ ἀνεῖλε Λεῦκος, καὶ Κλεισιθήραν τὴν θυγατέρα
αὐτῆς ἐν τῷ ναῷ καταφυγούσας καὶ τῶν λοιπῶν ὁμοίως. Καὶ δέκα πόλεις τῆς
Κρήτης ἀποσπάσας ἐτυράννησε καὶ μετὰ τὸν Τρωικὸν πόλεμον καὶ τὸν Ἰδομενέα
τῇ Κρήτῃ καταίροντα ἐξήλασε. Idem Tzetzes ad 1093 eadem fere dicens de
Clytaemnestra et Aegiale haec subiungit καὶ ἐν Κρήτῃ Λεῦκον τὸν τοῦ Τάλω
ἔπεισεν ἀντᾶραι καὶ ἀνελεῖν τὴν Ἰδομενέως γυναῖκα Μήδαν καὶ τὰ τέκνα αὐτῆς.
Haec non prorsus inter se conuenire uidentur : sed tamen huius modi
fabulam elicias.

Leucus, Cres, filius Tali, puer adhuc expositus ab Idomeneo seruatur
et educatur. Huic Idomeneus in Troiam proficiscens regni curam tradit.
Leucus, Nauplii dolis obsequens, Medam Idomenei uxorem corrumpit,
imperium occupat: mox incensus ira Medam et filiam Medae Cleisi-
theram, quam ei Idomeneus desponderat si a Troia rediisset, occidit in
templo quo confugerant, simul Iphiclum ac Leucum, Medae liberos.
Mox decem urbes Cretae rapit, Idomeneum domum redeuntem abigit.
Tetigit haec eadem scholiasta Il. ii. 649 ubi Λεύκων ὁ Τάλας dicitur, quod
per errorem scriptum putat Dindorfius pro ὁ Τάλω, quod habet Schol.
Od. xix. 174. Eustathius p. 1860 Leuconis cum Meda stuprum cum Clytaemnestrae et Aegiales coniungit adulteriis. Haec utraque in Ibide narrantur;
unde Medae quoque flagitium commemorari potuit. At Meda a Leucone
periisse dicitur a Lycophrone, non Leucon a Meda. Aut aliter fabulam
legerat Ouidius, aut corrupta sunt quae habent codices. Nam si legeris
               Quae cecidit Leuco uindice, dicta piast
finxeris autem Medam *pietatis* nomen sibi arrogasse quod cum Leuco
mallet adulterari quam in Idomenei redire matrimonium, postquam is
filium uel filiam (nam utrumque traditum est, Seru. ad Aen. xi. 264,
Mythogr. Vat. i. 195, ii. 210) aut immolasset aut immolaturum uouisset;
mortem denique de qua dicit Lycophron post hoc cognitum uotum
factam sumpseris, satis commode mea se expediet. Dicit enim Ouidius
'Habeas coniugem quae et adultera sit et pietatis laudem mereatur si te
necauerit, quemadmodum Idomenei uxor Meda et adultera in Leuco
fuit et pia dicta est quod maritum liberos suos immolantem non tulerit.'

176   EXCVRSVS.

Ad 325. Vtque †Milo sub quo cruciata est †Pisa tyranno
Viuus in occultas praecipiteris aquas.
Mira in his uersibus uarietas scripturae. Nam pro *Milo* quod exhibent plerique, in Vaticano est *nullo*, in Vindobonensi *malo*. Deinde pro
quo Vat habet *qua*; denique pro *pisa* uel *pysa* F habet *ipsa*, Vat *pyra*,
G *Roma*. Dixi in annot. ad loc. posse Etruscorum significari Pisam. Quod si
uere conclusi, fortasse huc spectant quae ap. Plutarchum leguntur Parall.
xl. Ἄννιος δὲ Τούσκων βασιλεύς, ἔχων θυγατέρα εὔμορφον, τοὔνομα Σαλίαν,
παρθένον ἐτήρει. Κάθητος δ' ἐκ τῶν ἐπισήμων ἰδὼν τὴν παρθένον παίζουσαν
ἠράσθη καὶ μὴ στέγων ἥρπασε καὶ ἦγεν εἰς Ῥώμην. ὁ δὲ πατὴρ ἐπιδιώξας καὶ
μὴ συλλαβών, ἥλατο εἰς τὸν Παρεούσιον ποταμόν, ὃς Ἀνίων μετωνομάσθη : ut
legendum sit Vtque Anio, occultas autem aquas intelligas de κατα-
ράκτῃ ὃν ποιεῖ πλωτὸς ὢν ὁ Ἀνίων ἀφ' ὕψους μεγάλου καταπίπτων εἰς φάραγγα
βαθεῖαν καὶ καταλσῆ (Strab. 238).
Hanc fabulam ita coniunctam crediderim cum altera ut in unum coal-
uerint. Est autem haec altera de muliere, quam uariis nominibus pro
loco ubi res geri fingebatur, *Setaeam siue Seten* (Lyc. 1075, cum Schol.
Kinkeliano), *Caietam* (Aurel. Victor x, quem locum attulit Heynius
in Excursu ad Aen. v. 604), *Romam* (Tzetz. ad Lyc. 1075, Festus. s.u.
Romam. *Lembos, qui appellatur Heraclides, existimat reuertentibus ab
Ilio Achiuis quendam (quosdam* Muellerus) *tempestate deiectos in Italiae
regiones secutos Tiberis decursum peruenisse ubi nunc sit Roma, ibique
propter taedium nauigationis impulsas captiuas auctoritate uirginis
cuiusdam tempestiuae nomine Rhomes incendisse classem,* Aristoteles ap.
Dionys. Antiqq. i. 72, Eusebii Chron. i. p. 277 Schöne), credo etiam *Pisam*
siue *Pissam* (Seru. ad Aen. x. 179) uocabant. Hanc mulierem, quam
Setaeam appellat, Lycophron dicit dum a Graecis inter captiuas Troadas
in Italiam ducitur circa Sybarin naues incendisse, et propterea in scopulis
tamquam cruce suspensam periisse.

Σήταια τλῆμον, σοὶ δὲ πρὸς πέτραις μόρος
Μίμνει δυσαίων, ἔνθα γυιούχοις πέδαις
Οἴκτιστα χαλκείησιν ὠργυιωμένη
Θανῇ, πυρὶ φλέξασα δεσποτῶν στόλον,
Ἔκβλητον αἰάζουσα Κράθιδος πέλας
Τόργοισιν αἰώρημα φοινίοις δέμας.

Incensas a uirgine naues alii alibi retulerunt, ad Crathin et Neaethum
Strabo 262, ad Tiberis ostium uel in alia parte Latii, Aristoteles cum
Heraclide et Damaste Sigeensi, cf. Plut. Romul. i, ad Egestam Vergilius
et Dionysius Antiqq. i. 52, ad Scionen Conon xiii et Polyaenus vii. 47,
Pisis denique Italiae Seruius ad Aen. x. 179.
Hos parere iubent Alpheae origine Pisae;
Vrbs Etrusca solo.
Tercentum adiciunt (mens omnibus una sequendi)
Qui Caerete domo, qui sunt Minionis in aruis,
Et Pyrgi ueteres, intempestaeque Grauiscae.
Quibus conferenda sunt quae habet Mela ii. 72 *Ardea Laurentum Ostia
citra Tiberim in hoc latere sunt. ultra Pyrgi Anio* (*Minio* Cluuerius)
*Castrum Nouum Grauiscae Cosa Telamon Populonia Pisae Etrusca et
loca et nomina.*
Credo igitur fabulam istam qua Setaea cruci affixa fuerit ad Pisas
simul cum incendio quod Troiana mulier fecisset nauium tralatam
fuisse; et hoc esse quod poëta significarit *cruciata est Pisa*, uel ut est in
G, *Roma*.
Iam uidimus esse iuxta Pisas amnem Minionem, siue, ut est apud
Melam, Anionem; nec mirum ut locos, sic nomina in eadem fabula con-
iungi. Itaque Anio uel Minio iste sub quo tyranno cruciata est Pisa,

fingebatur et rex* fuisse Pisarum, et idem uitam simul ac crudelitatem praecipitatus in profundum finiuisse. Nihil moror quod Annius iste quem Plutarchus scribit ob crudelitatem in filiam insiluisse in fluuium et huic Anienem nomen indidisse, non Pisis uicinus amniculus, sed maior ille Anio fuerit. Quid enim crebrius quam idem nomen ab obscuris ad notiora transdi? Certe sic expeditur quod est difficillimum, *Roma* scriptum in Galeano, *Pisa* in plerisque.

Quamquam ne illud quidem reticendum est, quod alii fortasse amplectentur, *Roma* illud potuisse Galeani scribam de suo inferre. Nam G exeunte saeculo xii scriptus est, quo tempore Milo, notarius mox legatus Papae Innocentii III, Albigenses in Gallia omni studio insectabatur. Qui cum nihil non paratus fuerit in eos moliri (Bénoit, Histoire des Albigeois T. i. p. 145) merito locum tenere potuit inter eos qui crudelitatis supplicium passi sunt. Hoc uolens significare scriba codicis G quid potius faceret quam ut Romam, sedem papae, ubi Milo plerumque habitabat, unde ad delendam haeresin profectus est, cum Milonis nomine uno uersu coniungeret? Non quo Milo hic legatus Papae in aquas praecipitatus sit, nam subito morbo correptus periit : satis est ad id quod agimus si odio instinctus scriba eam mortem huic attribuit qua dignum arbitrabatur.

Ad **351, 2**. Quaeque sui uenerem iuncxit cum fratre mariti, Locris in ancillae dissimulata nece.

Haec minus commode explicabis de *Helena* quae post Paridis mortem fratri eius Deiphobo nupsit, *Locris* autem siue ob perfidiam ac fraudes (Eustath. 275. 44 Λοκρῶν ξύνθημα ἐπὶ ἀπατεώνων, cf. Apostol. x. 76 Leutsch) siue ob inpudicitiam (Athen. 639 A, 697 B) uocari meruit. Nam haec quoque, teste Polyaeno i. 9, dum ab Aegypto cum Menelao rediens Rhodum applicat, iam in eo erat ut a Rhodiis opprimeretur igni ac lapidibus, nisi sumpta uesta ancillae adgredientium uim in eam a se auertisset. Quae si uera est sententia, in ancillae dissimulata nece pro epexegesi Locridis addidit quasi diceret 'quae ueros mores Locridis referebat, simulatione qua ancillae personam in se sumpsit, suam huic transtulit, ut mutatis inuicem uestibus ancilla moreretur, ipsa incolumis euaderet.' Quod si cui durius uidebitur, scribat Latris, quod Phillippici scholio subesse existimo, *ancilla siquidem locris* (l. *latris*) *uocabatur*. Hesych. λάτρις θεραπαίνη, παιδίσκη ὑπηρετοῦσα, ἢ δούλη. Nam hoc uerbo recte Helena tamquam Therapnaea (A. A. iii. 49) significari potuit : est enim θεράπνη θεραπαινίς, δούλη (Hesych.) et Θεράπνη ὄνομα μὲν τῷ χωρίῳ γέγονεν, Μενελάου δέ ἐστιν ἐν αὐτῇ ναός, καὶ Μενέλαον καὶ Ἑλένην ἐνταῦθα ταφῆναι λέγουσι (Paus. iii. 19. 9). Itaque *Latris* i.q. *Therapnis* h. e. (1) Helena *rure Therapnaeo nata* (Her. xvi. 196), (2) ancilla, siue quae ancillae uestes sumpsit et sic mortem effugit. Quid quod a Theodecte tragico hoc ipsum λάτρις de Helena usurpatum est ap. Aristot. Pol. i. 6 Θείων δ' ἀπ' ἀμφοῖν ἔκγονον ῥιζωμάτων, Τίς ἂν προσειπεῖν ἀξιώσειεν λάτριν ;

Iam inter adulteras nulla Helena famosior, quae non solum Menelaum reliquerit, Paridi nupserit, sed ne hoc quidem contenta Deiphobo, Paridis fratri, post huius mortem cesserit ; Deiphobum denique immisso Menelao occiderit (Aen. vi. 511–530).

Ad **418**. Quique tenet pontem, qui tibi maior erit. Sic ut scribas et de senibus intelligas depontatis suadent quae Philippus Beroaldus, non de hoc uersu disserens, attulit in Centum Annotationibus, fol. 3ᵃ Macrob. Sat. i. 5. 10 *Tamquam* sexagenarios maiores *de ponte deicies?* h. e. maiores annis sexaginta. Varro Sexagessi ap. Non. 214, fr. xviii Riese, *Acciti sumus ut depontare*(-*mur* add. Iunius) *murmur fit ferus*,

---

* Tota fabula uidetur ad tempus referenda quo *Tusci piraticam exercebant* (Seru. ad Aen. x. 184) ; quorum crudelitas *Tyrrhenorum* nomen ad *tyrannos* deflexit.

N

et 86, fr. xix Riese, *Vix ecfatus erat, cum more maiorum ultro casnares* (sic Iunius, *carnales* MSS) *arripiunt, de ponte in Tiberim deturbant.*
Ad **447.** Et quae Panthoides fecit de fratre Medusae Eueniant capiti uota sinistra tuo. Nihil his uersibus Ibis habet difficilius. Nolo morari in iis quae ad explicandum locum Scholiastae tradidere: adeo sunt confusa et carentia fundamento. Sane Bupalum Hipponactis actum conuiciis ut se suspendio necaret ex Plin. xxxvi. 12, Acronis Schol. Hor. Epod. 6. 14 scimus, quamuis uerum id fuisse Plinius neget: sed Hipponactem ipsum nescio cuius Penthidae opprobriis uexatum laqueo uitam finiuisse quis credat ? Immo Hipponax Pythei filius potuit Pythides uocari, potuit diras inprecari alicui cuius soror Medusa uel Melusa esset : sed haec ita euenisse uix satis tuto confirmes ex ineptiis scholiastarum. Codices habent pentides GHMPX Vat, penthides de Mure cum VF, pentelides T, pitoides Harleianus : de fratre FHMT de Mure, fraterque GPX : meduse omnes sinceri, meluse Harl., medulle Phillippicus 3360.

Penthides si uere traditum est de uno Menoeceo explicari poterit. Hic enim filius Oclasi, nepos Penthei fuit (Schol. Phoen. 942), sese autem pro patria deuouit et de muris Thebarum praecipitauit. Neque id sane a Curtii morte (443, 4) neque a deuotione auis Ibidis (449–450) abhorret, nec denique a mentione Spartorum. Haec enim Menoeceus de se dicit Phoen. 1006.

Μὰ τὸν μετ' ἄστρων Ζῆν' Ἄρη τε φοίνιον
Ὅς τοὺς ὑπερτείλαντας ἐκ γαίας ποτὲ
Σπαρτοὺς ἄνακτας τῆσδε γῆς ἱδρύσατο.
Ἀλλ' εἶμι καὶ στὰς ἐξ ἐπάλξεων ἄκρων
Σφάξας ἐμαυτὸν σηκὸν ἐς μελαμβαθῆ
Δράκοντος, ἔνθ' ὁ μάντις ἐξηγήσατο,
Ἐλευθερώσω γαῖαν. εἴρηται λόγος.
Στείχω δὲ θανάτου δῶρον οὐκ αἰσχρὸν πόλει
Δώσων, νόσου δὲ τήνδ' ἀπαλλάξω χθόνα.
Εἰ γὰρ λαβὼν ἕκαστος ὅ, τι δύναιτό τις
Χρηστὸν διέλθοι τοῦτο, κεἰς κοινὸν φέροι
Πατρίδι, κακῶν ἂν αἱ πόλεις ἐλασσόνων
Πειρώμεναι τὸ λοιπὸν εὐτυχοῖεν ἄν.

Cf. Hyg. 67 *interrogatus Tiresias quid ita Thebae uexarentur respondit; si quis ex* Dracontio genere superesset *et pro patria interiisset pestilentia liberaturum. Tum Menoeceus Iocastae pater se de muris praecipitauit.*
Neque a Menoecei fabula dissident quae secuntur si cum Galeano (G) legeris fraterque Medusae. Nam Polybus qui Oedipum pro filio suo aluit teste Pherecyde ap. Schol. Soph. O. T. 785 uxorem habuit Medusam Orsilochi, fratris sui, filiam. Huius igitur Polybi natus, ut habebatur, Oedipus, Orsilochum patruum, Orsilochi filiam patruelem habuit ; unde *frater Medusae* dici potuit. Oedipodis autem *uota sinistra* ea dicit quibus inprecatus est filiis Eteocli et Polynici ut regnum Thebarum ensibus partirentur (Phoen. 68, 765, 876, 1053).
Quod si quis obiciat non bene coniungi uota Menoecei se pro patria deuouentis, Oedipodis filiis imprecantis dissidium, scripto Pitthides huic uitio medebitur. Nam Theseus Aegei et Aethrae Pitthei filiae filius (Hyg. 14) cum ei *tres optationes Neptunus dedisset, optauit interitum Hippolyti filii, cum is patri suspectus esset de nouerca; quo optato impetrato Theseus in maximis fuit luctibus.* (Cic. de Off. iii. 24. 94.) Et sane Aethra *filia penthei* per errorem sic dicta est in Scholiis C. C. C. ad Ib. 577. Neque illud omittendum uidetur, Oedipum a Scholiasta Ven. Il. iv. 376 mortua Iocasta cum Astymedusam duxisset, haec autem priuignos suos accusaret tamquam se temptassent, id inprecatum dici

iis quod ante commemoraui, h. e. δι᾽ αἵματος παραλαβεῖν τὴν χώραν.* Hanc
Astymedusam siue Medusam (Schol. Phoen. 55, Apollod. ii. 4. 5) si
scriptor Ibidis, nescio quem secutus, patruelem finxerat eius cui nupsit
Oedipodis, artissime cohaerebunt *uota sinistra* Thesei in Hippolytum,
Oedipodis in filios suos : nam et hi et ille nouercam sollicitasse crede-
bantur. Atque Pitthiden uerum esse magis adducor ut credam, quod
Merkelium uideo sic coniecisse
Et quae Pitthides fecit, pariterque Molinae.
Cf. Paus. v. 2. 2 ὡς δὲ ἡμάρτανον καὶ τούτου, Μολίνην θέσθαι φασὶν ἐπὶ τοῖς
πολίταις κατάρας, ἣν Ἰσθμίων μὴ θελώσι εἴργεσθαι : in Isthmo enim etiam
Hippolytum afflictum fuisse. Quod quamquam ingeniose ut solet excogitauit, obscurior illa Molinae deuotio quam quae cum Hippolyti conexa
sit : tum uix Ouidianum erat post *quae Pitthides fecit* noua structura
addere *pariterque Molinae* (uota). Neque ipse Merkelius coniecturam
suam in carmen admisit.

Ceterum post interpretationes aliorum—nam nihil ex his nouum fuit
nisi quod *fraterque Medusae* de Oedipo primus interpretatus sum—liceat
mihi aliquid peculiare proferre et de meo.

Nam sub dubio illo Penthides Pentides poterat etiam aliud latere.
Hauthalius in Scholiis Acronis ad Hor. i. 28. 10 panthoi uarie scriptum
panthois panthi penthus tradit : quam eandem corruptelam Rib-
beckius Proleg. pp. 384, 5 fuse ex Vergilii codicibus illustrauit. Itaque
Panthoides ex Penthides elicio. Quod si uere elicui, ad Homerum
reuoluimur. Panthous enim unus ex principibus Troianorum ex Phron-
tide filios tres creauit Pulydamanta Euphorbum Hyperenora. Ex his
Panthoi filiis Romani poetae unum Euphorbum Panthoiden uidentur
nominasse, quod nomen etiam in Iliade habet xvi. 808 Πανθοΐδης Εὔφορβος,
cf. xvii. 81, et 70 Πανθοΐδαο. Hor. C. i. 28. 20 *habentque Tartara Panthoiden.* Ouid. M. xv. 161 *Panthoides Euphorbus eram.* Iam ut Panthous
circa Priamum (Il. iii. 146) sic Panthoi filius Pulydamas circa Hectorem
plerumque uersatur (xiii. 725, 756, xiv. 440, 449, xv. 446, 458, 515, 518,
xviii. 249). Nam reliqui filii Euphorbus et Hyperenor semel tantum in
aciem prodeunt, Euphorbus quo die Patroclum telo coniecto uulnerat,
atque ipse a Menelao occiditur (xvi. 808 sqq., xvii. 59, 60), Hyperenor
cum a Menelao perimitur, quod ne ipsum quidem nisi a Menelao narratum est (xvii. 24). Sed quoniam Panthoi cum Priamo, Panthoidarum
cum Priamidis maxima fuit necessitudo, habemus quo referatur quod in
Ibidis uersu est obscurissimum frater Medusae. Nam Medusa inter
filias Priami recensetur a multis Hyg. 89, Apollod. iii. 12. 5, Paus. x. 26 :
idque fecerat Stesichorus (Paus. u. s.); nam apud Homerum nomen non
inuenitur. Sed age uersus inspiciantur.
Et quae Panthoides fecit de fratre Medusae
Eueniant capiti uota sinistra tuo.
In quibus uerba ista *capiti tuo* non temere posita sed quasi certa
designatione ad ipsum Sphingos cubile nos deductura arbitror. Nam Il.
xvii. 38 Panthoides Euphorbus, postquam ei mortem Menelaus minatus
est, haec dicit
Ἦ κέ σφιν δειλοῖσι γόου κατάπαυμα γενοίμην,
Εἴ κεν ἐγὼ κεφαλήν τε τεὴν καὶ τεύχε᾽ ἐνείκας
Πάνθῳ ἐν χείρεσσι βάλω καὶ Φρόντιδι δίῃ.
Hanc capitis deuotionem Euphorbus inprecatur Menelao memor
ille quidem fratris ab eo ante occisi, quod idem fatum Menelaus ipsi
minitatus erat. Sed non de hoc fratre *uota* illa *sinistra* facit, utpote diu
iam mortuo, sed de eo quem paulo ante caesum a Graecis aut uiderat

---

* Plut. Pyrr. ix. τῆς τραγικῆς ἀρᾶς ἐκείνης; θηκτῷ σιδήρῳ δῶμα διαλαχεῖν τοὺς
ἀδελφούς.

N 2

aut uidentibus superuenerat. Dico Cebrionen, *νόθον υἱὸν ἀγακλῆος Πριά-
μοιο*, ut etiam Medusa a *concubina* orta est (Apollod. l. c.), eundem
aurigam Hectoris, quem paucis ante horis de curru deiecerat Patroclus,
addideratque ludibria Il. xvi. 745.

> ᾿Ω πόποι ἦ μάλ᾿ ἐλαφρὸς ἀνήρ, ὡς ῥεῖα κυβιστᾷ.
> Εἰ δή που καὶ πόντῳ ἐν ἰχθυόεντι γένοιτο,
> Πολλοὺς ἂν κορέσειεν ἀνὴρ ὅδε τήθεα διφῶν
> Νηὸς ἀποθρῴσκων, εἰ καὶ δυσπέμφελος εἴη,
> ῾Ως νῦν ἐν πεδίῳ ἐξ ἵππων ῥεῖα κυβιστᾷ.
> ᾿Η ῥα καὶ ἐν Τρώεσσι κυβιστητῆρες ἔασιν.

Est enim haec mors Cebrionae quasi primus actus tragoediae quae
finem habet mortem Euphorbi. Interposita est mors Patrocli, quae sic
narratur. Occiso Cebrione, super corpore eius decertant Hector et
Patroclus (755); tandem uictores Graeci corpus auferunt (782). Dein
Patroclum a tergo Apollo manu premit, galeam deicit (793); eum sic
confusum Euphorbus, hoc die primum in pugnam progressus, telo
fodit (812); Hector denique interficit (822). Tum quae pugna fuerat
inter Hectorem ac Patroclum de Cebrione, eadem nunc fit inter Euphorbum ac Menelaum de Patroclo : denique Euphorbum Menelaus, spreta
eius inprecatione Εἴ κεν ἐγὼ κεφαλήν τε τεὴν etc., imo gutture transfixum
spoliat.

Has tres heroum mortes Ouidium credo ita animo sibi figurasse ut
quae prima esset, Cebrionae, hanc cum extrema illa Euphorbi quasi
perpetuo uinculo conecteret : neque illud iniuria, cum altera ex altera in
Iliade haereat semper ac pendeat. Non absurdum igitur si, alternatis
uicibus leti Troianorum Graecorumque, Euphorbus, dum hostis Patrocli
corpus uindicat tamquam a se occisum, ipse animo reuolutus ad amici
Cebrionae fatum quem hic extinxerat, *uota sinistra* fingitur concepisse
quibus Cebrionem *fratrem Medusae* ac Priamidarum ulcisceretur. Ea
uota *sinistra* dixit tamquam in Euphorbum redundantia ; qui enim optarat
ut Menelai caput cum armis in Panthi sinu deponeret ipse a Menelao
occisus armis exuitur.

Non me fugit posse haec quibusdam dicta uideri arbitrario. Quibus
illud responderim : Ouidium Tomis exulantem non semper ad amussim
singula exegisse, sed quaedam ex memoria prout sibi animo inhaesissent
repraesentasse. Quamquam ne hoc quidem necessarium : nam post
Homerum multos uaria de Euphorbo tradidisse docent Eustathius,
Scholiastae, Ptolemaeus Hephaestion in secundo Καινῆς ῾Ιστορίας.

Ad **451, 2.** Menedemus dicitur *δαίμων ἐπιχώριος* fuisse Cythniorum a
Clem. Alex. Protr. 12 S.

Ad **465.** Verba sacras macteris ad aras optime illustrantur iis quae
Diegylis, rex Thracum, a Diodoro dictus Phalaride et Apollodoro
crudelior, in duos adulescentes patrauit. Diod. xxxiii. 14 Τούτους ἀμφοτέρους καταστέψας ἱερείου τρόπον εἰσήγαγε καὶ τὸν μὲν νεώτερον κατατείνας
μακρὸν διὰ τῶν ὑπηρετῶν ὡς μέσον διακόψων, ἀνεφώνησεν ὡς οὐχ ὁμοίοις ἱερείοις
δεῖ χρῆσθαι τοὺς ἰδιώτας καὶ τοὺς βασιλεῖς. Κλαίοντος δὲ τοῦ πρεσβυτέρου
καὶ φιλάδελφον πάθος προφαίνοντος καὶ τιθέντος ἑαυτὸν ὑπὸ τὸν σίδηρον,
προσέταξε τοῖς ὑπηρέταις καὶ τοῦτον ὁμοίως τεῖναι μακρόν. Διπλασιάζων δὲ τὴν
ὠμότητα, καὶ μιᾷ πληγῇ καθ᾿ ἑκατέρου χρησάμενος, ἐν ἀμφοτέροις εὐστόχησε,
παίανι τῶν θεωμένων ἐπισημηνάντων τὴν κατόρθωσιν.

Ad **467.** Locus Philostrati hic est, iv. 147. Ξυναγαγὼν οὖν τοὺς ᾿Εφεσίους,
Θαρσεῖτε, ἔφη, τήμερον γὰρ παύσω τὴν νόσον, καὶ εἰπὼν ἦγεν ἡλικίαν πᾶσαν ἐπὶ
τὸ θέατρον, οὖ τὸ τοῦ ᾿Αποτροπαίου ἵδρυται· πτωχεύειν δέ τις ἐνταῦθα ἐδόκει
γέρων ἐπιμύων τοὺς ὀφθαλμοὺς τέχνῃ, καὶ πήραν ἔφερε καὶ ἄρτου ἐν αὐτῇ
τρύφος, ῥάκεσί τε ἡμφίεστο καὶ αὐχμηρῶς εἶχε τοῦ προσώπου. περιστήσας
οὖν τοὺς ᾿Εφεσίους αὐτῷ, Βάλλετε τὸν θεοῖς ἐχθρὸν, εἶπε, ξυλλεξάμενοι τῶν λίθων
ὡς πλείους. θαυμαζόντων δὲ τῶν ᾿Εφεσίων ὅ, τι λέγοι, καὶ δεινὸν ἡγουμένων,

εἰ ξένον ἀποκτενοῦσιν ἀθλίως οὕτω πράττοντα, καὶ γὰρ ἱκέτευε καὶ πολλὰ ἐπὶ
ἐλέῳ ἔλεγεν, ἐνέκειτο παρακελευόμενος τοῖς Ἐφεσίοις ἐρείδειν τε καὶ μὴ ἀνιέναι.
ὡς δὲ ἀκροβολισμῷ τινες ἐπ' αὐτῷ ἐχρήσαντο, καὶ καταμύειν δοκῶν ἀνέβλεψεν
ἀθρόον, πυρός τε μεστοὺς τοὺς ὀφθαλμοὺς ἔδειξε, ξυνῆκαν οἱ Ἐφέσιοι τοῦ
δαίμονος καὶ κατελίθωσαν οὕτως αὐτόν, ὡς κολωνὸν λίθων περὶ αὐτὸν χώσασθαι.
διαλιπὼν δὲ ὀλίγον ἐκέλευσεν ἀφελεῖν τοὺς λίθους καὶ τὸ θηρίον ὃ ἀπεκτόνασι
γνῶναι. γυμνωθέντος οὖν τοῦ βεβλῆσθαι δοκοῦντος ὁ μὲν ἠφάνιστο, κύων δὲ
τὸ μὲν εἶδος ὅμοιος τῷ ἐκ Μολοττῶν, μέγεθος δὲ κατὰ τὸν μέγιστον λέοντα
ξυντετριμμένος ὤφθη ὑπὸ τῶν λίθων καὶ παραπτύων ἀφρόν, ὥσπερ οἱ λυττῶντες.
Nempe, ut ipse pro se loquens dicit 340 Τὸ τοῦ λοιμοῦ εἶδος, πτωχῷ δὲ
γέροντι εἴκαστο, καὶ εἶδον καὶ ἰδὼν εἶλον οὐ παύσας νόσον ἀλλ' ἐξελών.
An legendum est Abdira, quem locum Ptolemaeus Geog. iv. 3. 34
non longe Carthagine statuit? Nam si Ibis ille, quisquis fuit, in hoc
loco natus est, poterat Ouidius id sic commemorare ut diceret, Vtinam
tibi diras inprecetur *oppidum istud in quo editus es;* quod cum Abdira
uocaretur, uera nominis significatio latitura erat, cum omnibus illa altera
Abdera animo obuersaretur. Certe non disconuenit id quod in P scriptum est, Abdrida. Afros autem, Aegyptios saltem lapides conicere
solitos in deuotum testis est Diodorus i. 91. 4 ap. Lob. Aglaoph. p. 676.

Ad 475. Scholiastarum confirmant quodammodo explicationem uerba
Caesarii πύστεων in Bibl. Graec. Patrum T. 38 p. 993 Migne, citata a
Lobeckio Aglaoph. p. 574 Ἰλιεῖς τὸν Ἕκτορα μᾶλλον δὲ οὐδ' ἀλέκτορα χρηστόν,
οἱ ἐν Λεύκῃ τὸν ἴκαχον Ἀχιλλέα, Πόντιοι (Ὀπούντιοι Lobeck) τὸν πατραλοίαν
Πάτροκλον, Ῥόδιοι τὸν εἰκημάχον Μακεδόνα. Rhodos sedes Telchinum;
bellum temerarium putes id esse quod cum superis gessisse Telchinas
credibile est, quos Seruius ad Aen. iv. 377 ab Apolline occisos in lupi
habitu, alii Rheae aduersatos esse tradiderint (Schol. Apoll. R. i. 1141,
Ἀνταία. ἡ Ῥέα οὕτω λέγεται διότι ἐναντία τοῖς Τελχίσιν ἐγένετο, cf. Etym. M.
p. 111, Lob. Aglaoph. p. 1197).

Iam si quae partes Curetum, eaedem erant Telchinum, ut deos modo
educandos susciperent modo amolirentur, uelut Iouem Bacchumque
tutati, Epapho leto dedisse dicuntur (Apollod. ii. 1. 3), non mirum
si Telchines alternis uicibus Rheae filium Neptunum educasse (Diod.
v. 55), iidem mox Rheae aduersati perhibentur. Curetas autem ut ob
occisum Epaphon Iupiter peremit (Apollod. l. c.), Telchinas propter
iniuriam aliquam fulminatos dici quis miretur? Et erat inter Curetas
Telchinasque necessitudo, teste Strabone 472 ap. Lobeck. Agl. p. 1148.
Quae si Lobeckium secutus p. 1197 uere colligo, scribendum erit ex T X
Vt Macedon rapidis ictus cum coniuge flammis.

Ad 499, 500. Diod. v. 62 Ἔστι δ' ἐν Καστάβῳ τῆς Χερρονήσου ἱερὸν
ἅγιον Ἡμιθέας, ἧς τὴν περιπέτειαν οὐκ ἄξιον παραλιπεῖν. Πολλὰ μὲν οὖν καὶ
ποικίλοι λόγοι περὶ αὐτῆς παραδέδονται τὸν δ' ἐπικρατοῦντα καὶ συμφωνούμενον
παρὰ τοῖς ἐγχωρίοις διέξιμεν. Σταφύλου γὰρ καὶ Χρυσοθέμιδός φασι γενέσθαι
τρεῖς θυγατέρας Μολπαδίαν καὶ Ῥοιὼ καὶ Παρθένον ὄνομα. Καὶ τῇ μὲν Ῥοιοῖ
τὸν Ἀπόλλωνα μιγέντα ἔγκυον ποιῆσαι· τὸν δὲ πατέρα αὐτῆς ὡς ὑπ' ἀνθρώπου
τῆς φθορᾶς γεγενημένης ὀργισθῆναι, καὶ διὰ τοῦτο τὴν θυγατέρα εἰς λάρνακα
συγκλείσαντα βαλεῖν εἰς τὴν θάλατταν. Προσενεχθείσης δὲ τῆς λάρνακος τῇ
Δήλῳ τεκεῖν ἄρρενα καὶ προσαγορεῦσαι τὸ παιδίον Ἄνιον. Τὴν δὲ Ῥοιὼ παραδόξως σωθεῖσαν ἀναθεῖναι τὸ βρέφος ἐπὶ τὸν βωμὸν τοῦ Ἀπόλλωνος, καὶ
ἐπεύξασθαι τῷ θεῷ, εἰ ἔστιν ἐξ ἐκείνου, σώζειν αὐτό. Τὸν δ' Ἀπόλλωνα
μυθολογοῦσι τότε μὲν κρύψαι τὸ παιδίον, ὕστερον δὲ φροντίσαντα τῆς τροφῆς
διδάξαι τὴν μαντικήν, καί τινας αὐτῷ περιτιθέναι μεγάλας τιμάς. Τὰς δὲ τῆς
φθαρείσης ἀδελφὰς Μολπαδίαν καὶ Παρθένον φυλαττούσας τὸν τοῦ πατρὸς
οἶνον, προσφάτως κατ' ἀνθρώπους εὑρημένον, εἰς ὕπνον κατενεχθῆναι· καθ' ὃν
δὴ καιρὸν τὰς τρεφόμενας παρ' αὐταῖς ὗς εἰσελθεῖν, καὶ τόν τε ἔχοντα τὸν οἶνον
κέραμον συντρίψαι καὶ τὸν οἶνον διαφθεῖραι. Τὰς δὲ παρθένους μαθούσας τὸ
γεγονός, καὶ φοβηθείσας τὸ ἀπότομον τοῦ πατρός, φυγεῖν ἐπὶ τὸν αἰγιαλὸν καὶ

ἀπό τινων πετρῶν ὑψηλῶν ἑαυτὰς ῥῖψαι. Ἀπόλλωνα δὲ διὰ τὴν οἰκειό-
τητα τὴν πρὸς τὴν ἀδελφὴν ὑπολαβόντα τὰς κόρας εἰς τὰς ἐν Χερρονήσῳ πόλεις
καταστῆσαι· καὶ τὴν μὲν ὀνομαζομένην Παρθένον ἐν Βουβάστῳ τῆς Χερρονήσου
τιμὰς ἔχειν καὶ τέμενος. Μολπαδίαν δὲ εἰς Κάσταβον ἐλθοῦσαν διὰ τὴν ἀπὸ τῆς
Θεοῦ γενομένην ἐπιφάνειαν Ἡμιθέαν ὠνομάσθαι καὶ τιμᾶσθαι παρὰ πᾶσι τοῖς ἐν
Χερρονήσῳ.
Etiam apud Parthenium Erot. i Hemithea et Rhoeo Staphyli, Baccho
progeniti, filiae dicuntur et in Bubasto Cariae habitasse ; quamquam
cetera non congruunt, cum Hemitheam pater Lyrco ebrio concubinam
fecerit, deque eo concubitu inuida Rhoeo tamquam sororis riualis
inducatur. Sed diuersis modis fabulam narratam fuisse ipse Diodorus
testatur : nobis eliciendum quomodo eam sibi scriptor Ibidis reprae-
sentarit. Nam Hemitheam intelligi Lydiam uirginem eo fit ueri simile
quod Leucotheam uersus proxime antecedens (unus 498 interpositus est)
habet : Leucothea autem et Hemithea ita inter se conectuntur ut interdum utroque nomine una denotetur, uelut Tenis soror (Tzetz. ad
Lyc. 232, Schol. Il. i. 38), interdum, facta alterius mentione, altera
sequatur, uelut ap. Lyc. 229, 232 ubi post inductum Palaemonem,
Leucotheae filium, transitus fit ad Tenen Hemitheamque. Idem etiam
alibi fecit : sic a Crotopi filio Lino transitus fit ad Oeagri Calliopesque
nurum Eurydicen : Oeagrus autem et Calliope Linum et Orphea pro-
genuerunt (Apollod. i. 3. 2).
    Versus Ibidis hi sunt
          Lidia se scopulis ut uirgo misit ab altis
          Dixerat inuicto (inuito) quae mala uerba deo.
Ad quae Schol. C et Ask *Lidiae uirgines conuitia Baccho ingerentes et
festum eius profanantes nimium potae de quodam monte praecipitarunt,
ut ait Gallus :* unde quasi ex fumo scintilla quaedam perlucet. Nam
quod dixit *uirgines,* non *uirginem,* bene ad Hemitheam et sorores
referas : nec male *inuicto deo* de Baccho interpreteris, cf. Eur. Bacch.
975 ὁ νικήσων δ᾽ ἐγὼ Καὶ Βρόμιος ἔσται, 777 Διόνυσος ἥσσων οὐδενὸς θεῶν
ἔφυ, Macrob. i. 19 *plerique Liberum cum Marte coniungunt, unum deum
esse monstrantes : unde Bacchus* Ἐννάλιος *cognominatur . . . nec non et
calor uini, cuius Liber pater auctor est, saepe homines ad furorem
bellicum usque propellit . . . Hinc etiam Liber pater bellorum potens probatur, quod eum primum ediderunt auctorem triumphi.*
    Iam attende quam dextre narrationi Diodori poëtae uerba se accom-
modent. Non enim temere ne illud quidem accidit quod uirgo in hoc
uno uersu Ibidis scriptum est. Quis enim dubitet Hemitheam a poëta
Parthenon, non Molpadiam, designari ? Sane Diodorus tradit Hemi-
theae nomine Molpadiam uocitatam fuisse ; sed idem addidit Parthenon
in Bubasto lucum habere et cultus diuinos : unde credas Hemitheam
Bubastiam (Parth. Erot. i) modo huius, modo huius personam suscepisse.
Quod uirgines Diodorus tradit metu repertoris Staphyli se praecipitasse,
poëta propter ingesta Baccho conuicia, uides parua esse quibus a se
differant, unum quod ambobus sit commune in eo uerti omnia, ut poenam
sororibus intulerit is a quo uinum repertum est.
    Hemitheam *Lydiam* uocare duplici modo potuit, siue quod hoc nomine
urbes Caricae nonnumquam designantur ut Tralles ap. Steph. Byz., et
quod Maeandrus utramque regionem Lydorum ac Carum perfluit, siue
Bacchi respectu, cuius cultus, ut uitium repertoris ac uini, ad Lydiam
saepius refertur. Sic Eur. Bacc. 13 Bacchus de se dicens Λιπὼν δὲ Λυδῶν
τοὺς πολυχρύσους γύας, 55 Bacchas alloquens Ἀλλ᾽, ὦ λιποῦσαι Τμῶλον,
ἔρυμα Λυδίας, Θίασος ἐμὸς, γυναῖκες : sic de se ipsis Bacchae 64 Ἀσίας ἀπὸ
γαίας Ἱερὸν Τμῶλον ἀμείψασα θοάζω Βρομίῳ πόνον ἡδύν, cf. 153 ; sic de
Baccho Pentheus ξένος Γόης, ἐπῳδὸς Λυδίας ἀπὸ χθονός. Sic Diogenes tragicus ap. Athen. 636 Κλύω δὲ Λυδὰς Βακχιάς τε παρθένους dixit ; sic Statius

S. iii. 3. 61, 2 *Hermique uadum, quo Lydius intrat Bacchus et aurato reficit sua cornua limo* Hermi flumen cum Bacchi cultu confunxit. Ad 517, 518. Faciunt uerba cupidine mortis ut de interpretatione Leopardi haeream : non enim mori cupiens sed potius metu ne in manus Ptolemaei ueniret incendio Biothea perire destinauit. Idem suadent uerba succensae pyrae, etiam fortasse des tua membra cremanda : nam illa pyram solito more structam paratamque ut subditis facibus incenderetur, haec uoluntariam poenam, uel transitum de uita mortalium ad immortalem qualis Callani fuit uidentur significare. Sane non rara haec mors inter antiquos Cic. de Diuin. i. 23. 47 *Ad mortem proficiscens Callanus Indus cum inscenderet in rogum ardentem ' O praeclarum discessum' inquit 'e uita, cum ut Herculi contigit, mortali corpore cremato in lucem animus excesserit.'* Tusc. Disp. ii. 22. 52. Plut. Alex. lxvii Ὁ δὲ Καλλανὸς ἐνταῦθα χρόνον οὐ πολὺν ὑπὸ κοιλίας ἐνοχληθεὶς ἠτήσατο πυρὰν αὑτῷ γενέσθαι. Καὶ κομισθεὶς ἵππῳ πρὸς αὐτήν, ἐπευξάμενος καὶ κατασπείσας ἑαυτοῦ καὶ τῶν τριχῶν ἀπαρξάμενος, ἀναβαίνων ἐδεξιοῦτο τοὺς παρόντας τῶν Μακεδόνων, καὶ παρεκάλει τὴν ἡμέραν ἐκείνην ἡδέως γενέσθαι καὶ μεθυσθῆναι μετὰ τοῦ βασιλέως, αὐτὸν δὲ ἐκεῖνον ἔφη μετ' ὀλίγον χρόνον ἐν Βαβυλῶνι ὄψεσθαι. Ταῦτα δ' εἰπὼν κατακλιθεὶς καὶ συγκαλυψάμενος οὐκ ἐκινήθη τοῦ πυρὸς πλησιάζοντος, ἀλλ' ἐν ᾧ κατεκλίθη σχήματι, τοῦτο διατηρῶν ἐκαλλιέρησεν ἑαυτὸν τῷ πατρίῳ νόμῳ τῶν ἐκεῖ σοφιστῶν. Similia Strabo 715–716 ubi dicit Callanum ἐξάγειν ἑαυτὸν διὰ πυρός, νήσαντα πυράν, ὑπαλειψάμενον δὲ καὶ καθίσαντα ἐπὶ τὴν πυρὰν ὑφάψαι κελεύειν. In quibus ut ὑφάψαι ad uerbum exprimit *succensae,* sic quae ex Megasthene sumpsit Strabo tamquam dicta a Callano 718 ἀποθανὼν δὲ ἀπαλλάξαιτο τῆς τετρυχωμένης ἀπὸ γήρως σαρκός, μεταστὰς εἰς βελτίω καὶ καθαρώτερον βίον mire conueniunt iis quae in Ibide sunt cupidine mortis. Curtius de Indis sapientibus viii. 9 *Viuos,* ait, *cremari se iubent quibus aut segnis aetas aut incommoda ualitudo est : expectatam mortem pro dedecore uitae habent, nec ullus corporibus, quae senectus soluit, honos redditur.* Hanc mortem habuit Augusti tempore Athenis ipso praesente Augusto Ἰνδὸς σοφιστὴς quem Strabo Zarmanochegan (720), Dion (liv. 9) Zarmaron uocat, cuius sepulcro inscriptum est Ζαρμανοχηγας Ἰνδὸς ἀπὸ Βαργόσης κατὰ τὰ πάτρια Ἰνδῶν ἔθη ἑαυτὸν ἀπαθανατίσας κεῖται. De eo Dion dicit ἀποθανεῖν ἐθελήσας ἐμνήθη τε τὰ τοῖν θεοῖν ... καὶ πυρὶ ἑαυτὸν ζῶντα ἐξέδωκεν. Etiam ex athletis commemorantur qui hunc exitum habuerunt : uelut Timanthes ille Cleonaeus ap. Paus. vi. 8 cum deficiente robore arcum intendere non iam posset, in ardentem pyram uiuus se iniecit : quod facinus cum ceteris eiusdem modi uel ante editis uel post edendis exemplis insaniae partem, non uirtutis Pausanias habuit.

Illud sane mirum de his Ibidis uersibus quod iam Alciatus obseruarat, non longe abesse nomen quale in codicibus inuenitur *Broteam* G *broteā* T *brotheam* de Mure *prothean* Pal. 1709 a nomine illo satis celebri Peregrini Protei de quo haec in Euseb. Chron. Ol. ccxxxvi. 1, 167 A. D. extant *apud Pisas Peregrinus filosofus rogo quod* (? *quem*) *ex lignis conposuerat incenso semet superiecit.* De huius uiri morte scripsit Lucianus libellum singularem Περὶ τῆς Περεγρίνου τελευτῆς, in quo philosophum nec Gellio (viii. 3, xii. 11) contemptum nec Ammiano (xxix. 1) omni contumelia insectatus est. Cynicus fuit, unde ὁ κύων Πρωτεὺς dictus est Philostrato (Vit. Sophist. ii. 13) cuius haec sunt uerba Ἦν μὲν γὰρ τῶν οὕτω θαρραλέως φιλοσοφούντων ὁ Πρωτεὺς οὗτος, ὡς ἐς πῦρ ἑαυτὸν ἐν Ὀλυμπίᾳ ῥῖψαι : quibus adde Tert. ad Mart. 4. p. 625 Migne *Heraclitus, qui se bubulo stercore oblitum exussit, item Empedocles, qui in ignes Aetnaei montis dissiliuit* (l. *desiliuit*)*; et Peregrinus, qui non olim se rogo immisit, cum feminae quoque contempserint ignes.* Ad hunc Peregrinum siue Protea Alciatus uerba Ibidis retulit, distichon ratus post Peregrini mortem carmini inlatum esse. Sed Peregrinus ille quamuis propter

184 EXCVRSVS.

celebritatem mortis iure inter eos accensendus fuerit qui se in pyra combusserunt, facta est enim res Olympiae in maximo conuentu spectatorum (Pereg. xxi ἐν Ὀλυμπίᾳ τῆς πανηγύρεως πληθούσης μόνον οὐκ ἐπὶ σκηνῆς ὀπτήσει ἑαυτὸν), neque in uniuersum inconueniens sit uerbis poëtae exitus Peregrini qualis a Luciano narratur, cf. cupidine mortis cum Luc. xxi ἐχρῆν μὴ δραπετεύειν ἐκ τοῦ βίου, xxxii θανατιῶντι σοφιστῇ, succensae pyrae cum xxix πῦρ ἀνακαύσας, xxxv καταλαμβάνομεν πυρὰν νενησμένην ἐν βάθει ὅσον ἐς ὀργυιὰν τὸ βάθος. Δᾷδες ἦσαν τὰ πολλὰ καὶ παρεβέβυστο τῶν φρυγάνων, ὡς ἀναφθείη τάχιστα—non ea tamen est conformatio uersuum quam uere huic respondere censeas. Quid enim ferunt? Num de eo dicendum erat cuius mors erat notissima? nonne de eo potius qui multis ante saeculis uixerat, ut incerta tantum fama ad posteros peruenerit? Neque in Peregrino tantum ualuit ad cremationem mortis cupido quam iactantia et gloriae amor. Saepius hoc iterat Lucianus, xiv δέξαιτ᾽ ἂν ἀποθανεῖν, ὡς δόξαν ἐπὶ τούτῳ ἀπολίποι, xx οὐδὲν ἔτι καινουργεῖν ἐδύνατο ἐφ᾽ ὅτῳ ἐκπλήξει τοὺς ἐντυγχάνοντας καὶ θαυμάζειν καὶ πρὸς αὐτὸν ἀποβλέπειν ποιήσει, οὗπερ ἐξ ἀρχῆς δριμύν τινα ἔρωτα ἐρῶν ἐτύγχανε, xxx Ἀλλ᾽ ὁπόταν Κυνικὸς πολυώνυμος ἐς φλόγα πολλὴν Πηδήσῃ δόξης ὑπ᾽ ἐρινύι θυμὸν ὀρινθείς, xxxiv οὕτω δυσέρωτα τῆς δόξης ἄνθρωπον, ib. ἐνεφορεῖτο τῆς δόξης, xxxviii τὸ φιλόδοξον οἷόν τί ἐστιν ἀναλογιζόμενος. Et quod est multo grauissimum Proteus semper uocatur a Luciano, ὡς αὐτὸς ἔχαιρεν ὀνομάζων ἑαυτὸν Πρωτεύς, αὐτὸ δὴ ἐκεῖνο τὸ τοῦ Ὁμηρικοῦ Πρωτέως ἔπαθεν, iii ἐς τὸν Πρωτέα, iv Πρωτέα τὸν ἐν Συρίᾳ δεθέντα, v οὐκ εἰς μακρὰν καύσει ἑαυτὸν ὁ Πρωτεύς, cf. vi, xii, xv, xxiii, xxvii, xxviii, xxix, xxx, xxxii, xxxvi, xxxix, xl, xlii, et sic ap. Ammian. xxix. 1, Philost. Vit. Soph. ii. 13, Gell. xii. 11. Contra codices Ibidis optimi *Brŏtean* exhibent, nec breuitate primae syllabae nec accusatiui forma congruentem cum *Prŏteo*; nec uideo quomodo ex *protheam* quod habet codex recentissimus Pal. 1709 quicquam sis extorturus quod Ibidis uersus possit recipere.

Nam si nomen per se spectes neque ad Proteum neque ad Biotheam referendum erat. Sensit id Gerhardus in Mus. Rhen. Nou. viii. 130–133, ubi locos affert ueterum quibus Broteas mentionem habet. Sunt autem (praeter Ouid. M. v. 107, ubi inter Cephenas Broteas est, xii. 260 ubi inter Lapithas) hi : Paus. ii. 22. 3, ubi Tantalum τὸν Θυέστου παῖδα ἢ Πρωτέου Pausanias distinguit ab alio Iouis et Plutus filio ; iii. 22. 4 Μάγνησι (a Sipylo) Μητρός ἐστι θεῶν ἀρχαιότατον ἁπάντων ἄγαλμα· ποιῆσαι δὲ οἱ Μάγνητες αὐτὸ Βροτέαν λέγουσι τὸν Ταντάλου. Ad eandem Tantali stirpem Broteas refertur in Schol. Eur. Orest. 5, Mantissa Prouerb. ii. 94 Leutsch, Tzetz. Exeg. Il. p. 68 Hermann, sed ut Tantali filius, non pater dicatur (Ταντάλου καὶ Εὐρυανάσσης Πέλοψ Βροτέας Νιόβη). Iam cum in Paus. iii. 22 et Tzetz. Exeg. Il. p. 68 Βροντέας pro u. l. inueniatur, Gerhardus, allato Merkelii Scholio p. 471 *Brothea filius Iouis excaecatus est a Ioue quia nequissimus erat, et ideo proiecit se in pyram ardentem odio habens uitam suam, ut ait Darius* coniecit posse ad hoc nomen Βροντέου reuocari fabulam illam qua ipse se Broteas igni absumpserit eodem modo quo tonitrua in sese reuolui ac resorberi uideantur. Quod quamuis ipse reiecerit, uero similius iudico iis quae post subnexuit, nec quemquam fugit quantae partes in mythologia sint caeli ac similium.

Vnum tamen locum Gerhardus praetermisit qui si minus ad expediendam rem, ad Scholiorum certe explicationem est maximi. Nam Tzetzes ad Lyc. 111 haec habet Ἀθηνᾷ τινι Βασιλίδι, τῇ καὶ Βελονίκῃ λεγομένῃ, θυγατρὶ δὲ Βροντέου ὑπαρχούσῃ, Ἥφαιστος γάμῳ μιγεὶς γεννᾷ Ἐριχθόνιον, ὃς ἐβασίλευσεν τῆς Ἀττικῆς. Recte igitur ab Hieronymo in Euseb. Chron. p. 31 Schöne Erichthonius Vulcani et Mineruae filius dicitur : quem secutus Scholiasta cod. Reg. 2061 addit Brotheam uel Brotheum eundem fuisse atque hunc Erichthonium, Vulcani et Mineruae filium. Quod ut non Tzetzes tradiderit, ad hunc tamen redire scholion uidetur.

An est Broteas Hercules Bruttius? Nam Hercules in Bruttiorum numo fulmen tenens inuenitur (Cuper Harpocr. p. 65): neque incredibile est et huic tamquam tonitrali deo (Gloss. Laudunense p. 70 in *Notices et Extraits* anni 1880, Βροταῖος *tonitralis*) Broteae nomen adhaesisse ; sicut Bruttiorum nomen ab eadem stirpe duci credas ex Hesychianis Βρέντιοι ἔθνος ἐν Ἰταλίᾳ. Βρενταί· Βρονταί. Sed et simpliciter Hercules sic uocari potuit ; cum hoc nomine aliis dis adsimilaretur, qui rogis consumpti, ex mortalibus immortales, arces attigerunt igneas. Audi Welckerum Griechisch. Götterl. ii. p. 797. So ist der Selbstverbrennung des Assyrisch-Lydischen und Kilikischen Sandon in dem Oetäischen Flammentode des Herakles nachgeamt, indem der Geist desselben zu den Olympischen Göttern übergeht, während der Leib in Asche zerfällt. In der Trachinierinnen hat dieser entlehnter Mythus deutlich genug nicht den Phönixartigen Character der Verbrennung einer Zeitperiode. Münzen von Tarsos hingegen, wo man jährlich die symbolische Cäremonie wiederholte, enthalten den Assyrischen Rogus nach seiner Kosmischen Bedeutung.

Et adstipulatur Liuius xxxvi. 30 *Ipse Oetam ascendit Herculique sacrificium fecit in eo loco quem* Pyram, *quod ibi mortale corpus eius dei sit crematum, appellant.*

Ad 525, 6. Quam difficilis explicatu hic locus sit docent non recentiorum solum opiniones sed scholiastarum quoque commenta. Vnum tamen ueteres Scholiastae habent commune quod dextera laesa de accepto uulnere interpretantur. Horum optimus G haec dicit *Orpheus repertor illiciti amoris a sacerdotibus Bacchi dexteram amisit. Tunc ille uidens se non posse citharizare irruit in eas nihil curans de uita et mortuus est.* Quae ut non possunt esse uera, ita potest illud subesse ueri, quod *dextera laesa* eius creditur qui *lyram seueram* tractauerat. Nec sane mirum si citharista uel lyricen fractis chordis uulnus manu accepit. Itaque non de poëta rectius, quam de fidicine, uersus explices. Quamquam satis cohaerebunt uersus, si fidicen ille, quisquis fuit, dum segniorem discipulum instituit, iratus eum uulnerasse et ob hoc ipse interfectus fuisse fingetur.

Inter citharistas nemo Lino notior. Vide quae congessit Clintonus F. H. i. pp. 341, 2, Welckerus Kl. Schrift. i. pp. 8–55. Hunc duplici modo interemptum tradunt : alii, ab Apolline, quod primus omisso lini usu ex neruis chordas fecerit (Eustath. 1163, Schol. Il. xviii. 570) alii ab Hercule, cum a Lino uerberatus quod parum sollers in discendo esset, magistrum suum plectro uel lyra enecauit (Ael. V. H. iii. 32, Paus. ix. 29. 9, Diod. iii. 67, Apollod. ii. 4. 9). Scriptor uersuum siue Apollinem siue Herculem respexit, non inepte omnia expedientur. (1) Vt Linus, uates lyrae seuerae, h. e. repertor * seuerioris musicae, cum ex neruis chordas primus intenderit, et naeniarum siue Threnorum auctor fuerit (Plut. Mus. iii), ob hanc rem ab Apolline peremptus dicitur, laesa manu per intentiorem et acutiorem chordarum formam, siue quod ei Apollo tamquam aemulo inuidens, manum qua praecipue ad psallendum usus erat uulnerauit ne amplius artem ostentaret, Eustath. ἄγροικος νεανίας ὁ Λίνος ᾠδῆς τινος εὑρετής, Οὐρανίας υἱός· ὃν ἀνεῖλεν Ἀπόλλων ἐπεὶ τὸ λίνον καταλύσας χορδαῖς ἐνέτεινεν ὄργανον. (2) Vt Linus, seuerior magister fidium, dum Herculi discipulo iratus dextram, qua inperitius psallebat, percutit,

---

* Schol. Il. xviii. 570 Φασὶ δὲ αὐτὸν ἐν Θήβαις ταφῆναι καὶ τιμηθῆναι θρηνῳδέσιν ᾠδαῖς, ἃς λινῳδίας ἐκάλεσαν. ἔστι δὲ μέλος θρηνητικὸν ὁ λίνος μετ᾽ ἰσχνοφωνίας ᾀδόμενος . . . . ἐθρηνεῖτο γὰρ οὗτος παρὰ τῶν Μουσῶν οὕτως. Ὦ Λίνε (πᾶσι) θεοῖσιν Τετιμένε σοὶ γὰρ ἔδωκαν Πρώτῳ μέλος ἀνθρώποισιν Φωναῖς λιγυραῖς ἀείσαι· Φοῖβος δὲ κότῳ σ᾽ ἀναιρεῖ Μοῦσαι δέ σε θρηνέουσιν (sic Bergkius P. L. p. 1297).

186   EXCVRSVS.

uim eius in se conuertit, et ab eo peremptus est.   Diod. iii. 67 τὸν δὲ Λίνον
ἐπὶ ποιητικῇ καὶ μελῳδίᾳ θαυμασθέντα μαθητὰς σχεῖν πολλούς, ἐπιφανεστάτους
δὲ τρεῖς Ἡρακλέα Θαμύραν καὶ Ὀρφέα.   Τούτων δὲ τὸν μὲν Ἡρακλέα κιθαρίζειν
μανθάνοντα διὰ τὴν τῆς ψυχῆς βραδυτῆτα μὴ δύνασθαι δέξασθαι τὴν μάθησιν,
ἔπειθ᾽ ὑπὸ τοῦ Λίνου πληγαῖς ἐπιτιμηθέντα διοργισθῆναι, καὶ τῇ κιθάρᾳ τὸν
διδάσκαλον πατάξαντα ἀποκτεῖναι.   Plaut. Bacch. i. 2. 43 Lyd. *Magistron
quemquam discipulum minitarier?*   Pistocler. *Iam excessit mi aetas ex
magisterio tuo.*   Lyd. *Nil moror discipulos mihi esse plenos sanguinis.
Valens afflictet me uaciuom uirium.*   Pistocler. *Fiam, ut ego opinor,
Hercules, tu autem Linus.*   Haec altera explicatio praeferenda uidetur
siue quod melius sic uerbis poëtae consulitur, cum Lini seueritatem laesa
dextra Herculis quae sensit, eadem ulciscatur, siue quod inter antiquos
ualde celebris haec historia fuit.   Demonstrauit hoc O. Iahnius (Berichte
der Säxisch. Gesellschaft, 1853, pp. 145–150) qui duas tabulas exprimen-
das curauit quibus res manifesto depicta est.   Prima (Mus. Pio-Clement.
Tab. x. 2) Linum habet in sella sedentem, sublata dextra tamquam discipulum uehementius admoneat.   Puer torosus Hercules ex aduerso stans
lyram magnam sinistra tenet, dextra ferit.   Post hunc astat femina.   In
altera est barbatus Linus innixus dextro genu, dextra sublata lyram
torquens qua se contra Herculem iuuenem tutetur, eundem sinistra
protenta implorans.   In eum ruens Hercules sinistra iugulum Lini
premit, dextra pedem sellae, cuius fracta membra humi iacent, in-
tentat, iam iam occisurus.   Circumstant quattuor iuuenes trepidi nec
Lino succurrere audentes.
    Ceterum in obscuriore loco non inutile erit quaedam de dextra com-
memorare quae aliis possint esse adiumento.   Nam profecto non temere
Merkelius Scholiastam audire maluit quam Saluagnii statim adprobare
sententiam.   Potuit igitur *dextera laesa* esse (1) Eorum qui ut pugnam
detrectarent, manum hastae gestatricem (H. F. 268, Tyrt. fr. 11. 25)
truncarunt, uelut Aeschines accusauit Demosthenem quod caput con-
cideret ne in bellum iret Ctesiph. 213.   Praeter Archilochum Alcaeum
Horatium qui parmulas abiecerunt in proelio, etiam Xenoclides poëta
ap. Dem. Neaer. 1353 ἀστρατείας conuictus dicitur.   Sed nihil de horum
dextris traditum est.
    (2) Eorum qui ne militarent, dextra mutilabantur.   Sic Athenienses
Aeginetis qui classe ualebant pollices praeciderunt (Cic. Off. iii. 11. 46).
Paullo aliter Aelianus V. H. ii. 9 Ἐψηφίσαντο οἱ Ἀθηναῖοι Αἰγινητῶν ἑκάστου
τὸν μέγαν ἀποκόψαι τῆς χειρὸς δάκτυλον τῆς δεξιᾶς, ἵνα δόρυ μὲν βαστάζειν μὴ
δύνωνται, κώπην δὲ ἐλαύνειν δύνωνται.   Sic iidem Athenienses si mari
uicissent Aegospotamis destinarunt dextras omnibus abscidere quos uiuos
cepissent Xen. Hellen. ii. 1. fin., Plut. Lys. ix.
    (3) Pugnantium, ut Cynaegiri, fratris Aeschyli, cum nauem Persicam
manu adprehendisset Herod. vi. 114, Val. Max. iii. 2. 22 : et C. Acilii
siue Atilii qui *nauali ad Massiliam proelio, iniecta in puppim hostium
dextra et abscisa memorabile illud apud Graecos Cynaegiri exemplum
imitatus transiluit in nauem, umbone obuios agens,* Suet. Caes. 68, cf.
Val. Max. iii. 2. 22, Plut. Caes. xvi, Luc. iii. 610.   Hunc nisi Suetonius
Plutarchus Valerius ad unum omnes militem uocassent, crederem
cum eo confusum fuisse quem Cic. ad Att. xiv. 20. 3 *poëtam durissi-
mum,* Licinius ap. Cic. Fin. i. 2. 5 *ferreum scriptorem* dixerunt.   Illud
certe nemodum probauit, hunc Atilium eundem esse quem Gellius
xv. 24, Varro ap. Charis. 215 cum Trabea et Caecilio inter comicos
posuerunt.
    Ad 607, 608.
        Qua sua †Penthiladen proles est ulta Lycurgum,
            Haec maneat teli te quoque plaga noui.
    Pro *Penteliden* quod habent plerique codices, G *pentiladen*, Vindob. et

P *pentheliden*, Conradus de Mure. *penthidem* exhibet. Sed hoc *penthidem* mira constantia boni respuunt codices, nec potest uerum esse, quamuis in editiones suas Merkelius et post eum Riesius admiserint. Causa erroris ex eo quod Penthea cum Lycurgo solent poëtae coniungere tamquam impios. Diod. iii. 65. 4 Τῶν δὲ κολασθέντων ὑπ᾽ αὐτοῦ φασιν ἐπιφανεστάτους εἶναι Πενθέα μὲν παρὰ τοῖς Ἕλλησι, Μύρρανον δὲ τὸν βασιλέα παρ᾽ Ἰνδοῖς, Λυκοῦργον δὲ παρὰ τοῖς Θραξί. Hor. C. ii. 19. 14 *tectaque Penthei Disiecta non leni ruina Thracis et exitium Lycurgi*. Prop. iv. 17. 23 *Vesanumque noua nequiquam in uite Lycurgum, Pentheos in triplices funera grata greges*. Trist. v. 3. 39 *Ossa bipenniferi sic sint male pressa Lycurgi Impia nec poena Pentheos umbra uacet*. Met. iv. 22 *Penthea tu, uenerande, bipenniferumque Lycurgum Sacrilegos mactas*. Apollod. iii. 5. 1, 2.

Fabulam Lycurgi primus Homerus narrauit Il. vi. 130
> Οὐδὲ γὰρ οὐδὲ Δρύαντος υἱὸς κρατερὸς Λυκόοργος
> Δὴν ἦν, ὅς ῥα θεοῖσιν ἐπουρανίοισιν ἔριζεν.
> Ὅς ποτε μαινομένοιο Διωνύσοιο τιθήνας
> Σεῦε κατ᾽ ἠγάθεον Νυσήιον· αἱ δ᾽ ἅμα πᾶσαι
> Θύσθλα χαμαὶ κατέχευαν, ὑπ᾽ ἀνδροφόνοιο Λυκούργου
> Θεινόμεναι βουπλῆγι. Διώνυσος δὲ φοβηθεὶς
> Δύσεθ᾽ ἁλὸς κατὰ κῦμα, Θέτις δ᾽ ὑπεδέξατο κόλπῳ
> Δειδιότα· κρατερὸς γὰρ ἔχε τρόμος ἀνδρὸς ὁμοκλῇ.
> Τῷ μὲν ἔπειτ᾽ ὀδύσαντο θεοὶ ῥεῖα ζώοντες,
> Καί μιν τυφλὸν ἔθηκε Κρόνου παῖς· οὐδ᾽ ἄρ᾽ ἔτι δὴν
> Ἦν, ἐπεὶ ἀθανάτοισιν ἀπήχθετο πᾶσι θεοῖσιν.

Et apud Homerum quidem Lycurgus propter impietatem caecus fit. Apud Sophoclem Antig. 955 sqq. πετρώδει κατάφρακτος ἐν δεσμῷ saxo inclusus a Baccho perit. Apollodorus in Pangaeo monte equis dilaniatum, Hyginus in Rhodope pantheris obiectum tradit. Idem tamen Hyginus alio loco 242 ipsum se interfecisse dicit. Sed discrepant etiam reliqua. Nam Apollodoro teste iii. 5. 1 Lycurgus postquam insanus factus esset a Baccho, filium suum Dryantem, uitis surculum ratus, securi interfecit, seque ipse mutilauit. Secundum Hyginum 132 *Lycurgus Dryantis filius Liberum de regno fugauit. quem cum negaret deum esse uinumque bibisset et ebrius matrem suam uiolare uoluisset, tunc uites excidere est conatus, quod diceret illud malum medicamentum esse, quod mentes immutaret. qui insania ab Libero obiecta uxorem suam et filium interfecit.* Hunc uidetur secutus Val. Flaccus i. 729 *talem incita longis Porticibus coniunxque fugit natique Lycurgum*. Denique teste Seruio ad Aen. iii. 14 ed. Thilo *dum contempnens Liberum eius amputat uites, crura sua incidit*, quocum faciunt Acron et Porphyrion ad Hor. C. ii. 19. 14. Et Lucanus iii. 431 *In sua credebant redituras membra secures* hanc narrationem respexit ut monuit Schol. Vseneri in loc. *Licurgi uidelicet exemplum timentes quae passus est a Libero*.

Ex· his satis bene uersus Ibidis explicabis, si finges Lycurgum cum filium suum tamquam uitem securi necasset, idem *telum* (Luc. i. 576 *saeui contorsit* tela *Lycurgi*) in se conuertisse : nam hac siue morte, siue membrorum amputatione, filii patris in se furorem *ulciscuntur*. Quod dixit telum nouum potuit ambiguam uocem βουπλῆγι respicere, quam alii stimulum, alii securim interpretabantur.

Penteliden quid sit, haereo. Putaram ex *theroleten* * corrumpi potuisse, tamquam Lycurgus Bacchum sub ferae specie tauri leonis pardi pantherae (Ant. Lib. x) adgressus fuerit. Nunc propius ad uerum puto accedere *Pantaliden* uel *Paetaliden* ex Ptol. iii. 11, 12, Steph. Byz. Παιταλία μοῖρα Θρᾴκης. τὸ ἐθνικὸν Παιταλιώτης. Quod si recte

---

* Hesych. θηρολέτης· κυνηγός. Fulgent. Myth. iii. 2 *contheroletas*.

scripsi, Pantalides siue Paetalides Lycurgus eodem modo dictus uidetur quo *Caspiadae* Val. Fl. vi. 107, *Gangaridae* vi. 67, *Berecyntiades* Ib. 508, ubi alia attuli. Sed et de Lycurgo altero, Alei filio, Arcade potest uersus explicari. Historia extat ap. Hom. Il. vii. 136–149, Apoll. R. i. 161–171, Paus. viii. 4. 7 Μετὰ δὲ Ἄλεον τελευτήσαντα Λυκοῦργος ὁ Ἀλέου τὴν βασιλείαν πρεσβεῖα ἔσχε· παρέσχετο δὲ ἐς μνήμην Ἀρηΐθοον ἄνδρα πολεμικὸν δόλῳ καὶ οὐ σὺν τῷ δικαίῳ κτείνας. γενομένων δὲ αὐτῷ παίδων Ἀγκαίου τε καὶ Ἐπόχου, τὸν μὲν νοσήσαντα ἐπιλαμβάνει τὸ χρεών, Ἀγκαῖος δὲ Ἰάσονί τε τοῦ πλοῦ μέτεσχεν ἐς Κόλχους, καὶ ὕστερον ὁμοῦ Μελεάγρῳ τὸ ἐν Καλυδῶνι κατεργαζόμενος θηρίον ἀπέθανεν ὑπὸ τοῦ ὑός. Λυκοῦργος μὲν δὴ πορρωτάτω γήρως ἀφίκετο ἐπιδὼν τοὺς παῖδας ἀμφοτέρους τελευτήσαντας. Videlicet Lycurgus Areithoum Coryneten per insidias occidit : quod facinus filius ipsius Lycurgi Ancaeus ulciscitur dum aprum Calydonium cum Meleagro adgrediens eius dente confoditur. Penteliden fortasse explicabis ex Hesychiano Πεντέλεια ὄρος Ἀρκαδίας, ἐξ οὗ Λάδων ὁ ποταμὸς καταφέρεται, quae eadem omisso καταφέρεται habet Photius in Lexico. Eundem locum Plutarchus cum Pheneo bis coniunxit Cleom. xvii, Arat. xxix Φένεον καὶ Πεντέλειον.

Ad **615, 616.** Locus Eustathii hic est, 1419. 51 Ἔστιν εὑρεῖν παρὰ τοῖς παλαιοῖς οἳ καὶ δικαστήριον ἱστοροῦσιν Ἀθήνησιν ἐπώνυμον τῆς Παλλάδος. Ἀριστοφάνης. Ἄκων κτενῶ σε, τέκνον· ὁ δ' ὑπεκρίνατο Ἐπὶ παλλαδίῳ, παρ' ᾧ (Elsmleius τἄρ' ὤ), πάτερ, δώσεις δίκην. ἐδίκαζον δὲ κατὰ Παυσανίαν (i. 28) ἐκεῖ ἀκουσίους φόνους οἱ ἐφέται. Ἀργεῖοι γάρ, φησιν, ἀπὸ Ἰλίου πλέοντες, ἡνίκα πρόσεσχον Φαληροῖς, ὑπὸ Ἀθηναίων ἀγνοούμενοι ἀνηρέθησαν. ὕστερον δὲ Ἀκάμαντος γνωρίσαντος καὶ τοῦ ἱστορουμένου Παλλαδίου εὑρεθέντος κατὰ χρησμὸν αὐτόθι τὸ δικαστήριον ἀπέδειξαν. Κλειτόδημος δέ φησιν Ἀγαμέμνονος σὺν τῷ Παλλαδίῳ προσενεχθέντος ταῖς Ἀθήναις, Δημοφῶντα τὸ Παλλάδιον ἁρπάσαι καὶ πολλοὺς τῶν διωκόντων ἀνελεῖν· τοῦ δὲ Ἀγαμέμνονος δυσχεραίνοντος κρίσιν αὐτοὺς ὑποσχεῖν ἐπὶ πεντήκοντα Ἀθηναίων καὶ τοσούτων Ἀργείων. Eadem ap. Pollucem viii. 10, Suid. Harpocrat. Etym. M. s. u. ἐπὶ Παλλαδίῳ.

Hinc collato loco Pausaniae i. 28 constat in Palladio rapiendo partes modo Acamanti modo Demophoonti adtributas fuisse. Sed et in omni uita eaedem res utriusque communes finguntur. Nam ad Helenam repetendam cum Diomede modo Acamas, modo Demophoon missus traditur; uterque Aethram matrem reposcebat a Troianis : Laodicen ab aliis Acamas, ab aliis Demophoon amasse et ex hac filium Munitum genuisse ferebatur; Phyllida uterque et deperisse et reliquisse. Itaque quod de Acamante potius Ibidis uersus intelligo, propter mortem huius feci, nam de Demophoonte nihil eiusmodi traditum repperi. Credideram- que distichon de Demophoontis *leuitate* explicandam esse, nisi uiderentur obstare uerba uertit iter quae uix satis sic expediuntur.

INDEX.

Exiguumque 114.
Exilio 12.
Exitio 258.
Exitium 522.
Experiare 250, 324.
Expertus 262.
Extat 3.
Externati 430.
Extinguere 19.
Exul 113, 578.
Exulis 178.

F.

Fac 614.
Faces 160, 238.
Faciant 353.
Facias 429.
Faciat 505.
Facient 207.
Facies 122, 258, 380.
Faciet 27.
Facinus 566.
Facis 357.
Facito 65.
Facta 51, 146, 372, 566.
Factas 237.
Facti 444.
Factis 96.
Factorum 143.
Falciferique 216.
Fallacia 495.
Fallere 432.
Fame 426.
Famem 615.
Famesque 318.
Famulae 391.
Fastidia 427.
Fastis 219.
Fata 246, 289.
Fateor 641.
Fauce 549.
Fauete 98.
Fauni 81.
Fauore 121, 642.
Fecerat 574.
Fecerunt 382.
Fecisse 517.
Fecit 363, 370, 390,
447, 492, 541, 613.
Felicius 303, 561.
Felle 227.
Femina 118, 455.
Fera 215.
Ferae 396.
Ferales 103.
Ferantur 280.
Ferare 320.

Feras 120, 282, 486,
634.
Ferat 200.
Feriare 469.
Feriaris 481.
Feris 516.
Fero 460.
Feros 535.
Ferox 341, 439.
Ferro 49.
Fertur 336.
Ferrugine 233.
Feruidus 290.
Ferunt 79, 517, 548,
581.
Ferus 473, 489.
Feta 501.
Fiant 89.
Fias 455.
Fiat 202.
Fibris 532.
Ficto 619.
Fictum 93.
Fida 297, 358.
Fideli 353.
Fidicen 583.
Fido 85.
Fidos 323, 324.
Fiet 171.
Figat 339.
Figuras 425.
Filia 261, 359, 544, 613.
Filius 419.
Finem 312.
Finiet 139, 195.
Fissile 609.
Fixa 340, 532.
Fixit 484.
Fixus 292, 543.
Flabit 34.
Flagello 183.
Flammae 167, 563.
Flammas 19, 598.
Flammis 475, 601.
Flauentis 47.
Flebat 239.
Flere 16.
Fletu 100.
Fletus 208.
Flores 199.
Fluctibus 71.
Flumen 552.
Fluminaque 82.
Flumine 513.
Fluxerat 226.
Fodiantur 625.
Foeda 431.

Foedere 15.
Foedo 222.
Fores 80, 366.
Forma 144.
Formam 373, 438.
Foro 14, 232.
Forsitan 27.
Fortes 395.
Fortis 627.
Fortuna 417, 423.
Fortunae 122.
Fracta 277.
Frater 276, 399.
Fraterno 35.
Fratre 351, 447.
Fratris 544, 581.
Fraude 315, 432.
Fretum 294.
Frigidus 136.
Frigus 318.
Frondes 197.
Fruges 107.
Frugibus 572.
Frustra 193, 371, 419.
Fuerat 333.
Fuere 212, 340.
Fuerit 359.
Fuero 141.
Fugabere 173.
Fugiat 124.
Fugient 167.
Fuisse 90, 548.
Fuit 2, 210, 218, 258,
265, 347, 362, 416,
498, 512.
Fulmine 341.
Fultum 235.
Fumabunt 160.
Fumantes 186.
Fumis 239.
Fumo 35.
Funera 16, 583.
Funereoque 224.
Funeris 104.
Funus 163.
Furiis 161, 183, 343.
Fusus 393.
Futura 162.
Futuri 127.
Futuros 269.

G.

Ganges 136.
Gaudeat 118.
Gaudere 353.
Gelidas 154.

O

O 2

FINIS.

For EU product safety concerns, contact us at Calle de José Abascal, 56–1°,
28003 Madrid, Spain or eugpsr@cambridge.org.

www.ingramcontent.com/pod-product-compliance
Ingram Content Group UK Ltd.
Pitfield, Milton Keynes, MK11 3LW, UK
UKHW010343140625
459647UK00010B/796